人力资源管理法规与"案"例

HUMAN RESOURCE MANAGEMENT Regulations and Cases

（第2版）

高 翔 ◎ 主 编

清华大学出版社
北京

内 容 简 介

本书从人力资源管理从业者的角度,并按照从业者遇到的相关法律问题,有针对性地论述了劳动人事法规。

第1章从宏观上概述劳动就业的有关法律问题。从第2章到第10章,具体论述了劳动合同、职业培训、工作时间与休息休假、薪酬福利、社会保险、劳动保护、工会与职工管理、劳动人事、劳动争议等九个企业人力资源管理法律法规。最后,用三章篇幅说明了涉外劳动管理、事业单位、公务员中的劳动法律问题。

全书对重要的法律条文都直接引用原文,只是对不重要而篇幅较大的法律法规进行高度概括。为了增加读者的整体认识,本书在每章开始部分都对相关概念进行界定,并综述相关法规政策总体情况和发展过程。为了增加读者的感性认识,文中有大量的案例和知识链接穿插其中。

该书适合各类组织机构的人力资源管理人员以及高校相关专业师生阅读。

本书封面贴有清华大学出版社防伪标签,无标签者不得销售。
版权所有,侵权必究。举报:010-62782989,beiqinquan@tup.tsinghua.edu.cn。

图书在版编目(CIP)数据

人力资源管理:法规与"案"例/高翔主编. —2版. —北京:清华大学出版社,2014(2023.2重印)
 ISBN 978-7-302-37976-8

Ⅰ.①人… Ⅱ.①高… Ⅲ.①人力资源管理-劳动法-法规-研究-中国 Ⅳ.①D922.504

中国版本图书馆 CIP 数据核字(2014)第 209520 号

责任编辑:左玉冰
封面设计:汉风唐韵
责任校对:王凤芝
责任印制:刘海龙

出版发行:清华大学出版社
 网　　址:http://www.tup.com.cn,http://www.wqbook.com
 地　　址:北京清华大学学研大厦 A 座　　邮　　编:100084
 社 总 机:010-83470000　　邮　　购:010-62786544
 投稿与读者服务:010-62776969,c-service@tup.tsinghua.edu.cn
 质量反馈:010-62772015,zhiliang@tup.tsinghua.edu.cn
印 装 者:三河市龙大印装有限公司
经　　销:全国新华书店
开　　本:185mm×260mm　　印　张:20.25　　字　数:468千字
版　　次:2008年1月第1版　　2014年11月第2版　　印　次:2023年2月第8次印刷
定　　价:55.00元

产品编号:053791-02

第二版前言
FOREWORD

写的书能够卖得好总是让人高兴的事。《人力资源管理：法规与"案"例》(第1版)出版后，被一些专业院校选作教科书或参考书，被有关考试主管部门选作人事专业考试指定教材，先后印刷9次，等等，都说明该书确实满足了相关市场的需要，起到了其应有的作用。

这次第2版，在框架结构上，只是删除了跟"劳动合同"等章节有所重叠的第8章"离职、退休和裁员"，其他章节及顺序安排均保持不变。但因法律、法规的变化很快，文中内容除少数章节大致未动之外，绝大部分内容都进行了重写。

水平所限，缺点和错漏在所难免，望广大读者朋友批评指正！

高 翔

第一版前言
FOREWORD

现实与理论总是存在差距。在学习人力资源管理课程时,学生们所见皆是:人力资源规划、工作分析、招聘甄选、薪酬设计、绩效考核、职业规划,等等,看上去轰轰烈烈,好像只要掌握了这些知识,就可以去公司大展拳脚,一尽所长了。

而从我在企事业单位工作的实际经验来看,人力资源管理部门的职员,更多地从事的是事务性的工作:发工资、做考勤、办社保、整档案……所有这些,与之联系更加紧密的,乃是各种各样的劳动法规,至于人力资源规划、工作分析等等,其实只是偶尔用之(当然,这里只是讨论这些知识在实际工作中的应用频率,并没有否认其重要性)。

一般来说,市场像一只看不见的手,会自发调节,以满足人们的需要。如果市场运转正常的话,在有关人力资源管理法规的书籍这个市场上,供给应该很多才对。但是,这一次,市场这只看不见的手好像运转失灵了,相关书籍颇为缺乏。最常见的著作是劳动相关法规及其解释,但是,这些著作基本上都是从法律的角度来进行论述,对法律专业人士适合,而对人力资源管理人员来说,实用性还是差了点。另一类比较常见的书籍,就是各种劳动人事法规大全,特点明显,不用多说。

现在,这一情况已经开始为有关学者所注意。上海交大姜红玲主编的《新编劳动人事法规教程》,试图从人力资源管理的角度论述相关法规。但是,该书受劳动法影响的痕迹较重,显得比较理论化,缺乏实用性。陕西李珺律师编著的《人力资源经理适用法规精解》,从劳动人事法律纠纷的角度进行论述,实用性很强,但读者对象更多地倾向于产生法律纠纷的相关人士。对人力资源管理来说,虽然也很适用,但范围明显过窄。

笔者就是在发现这一市场空白的基础上编写此书的。笔者试图从人力资源管理者的角度来论述劳动人事法规,并按照从业者遇到的相关法律问题,有针对性地安排章节。本书最大的追求,就是实用性。

全书共 14 章,具体章节安排如下:

第 1 章从宏观上概述劳动就业的有关法律问题。从第 2 章到第 11 章,分别论述企业人力资源管理的 10 个具体法律问题。这 10 个具体问题是:劳动合同、员工培训、工作时间与休息休假、薪酬福利、社会保险、劳动保护、离职退休与裁员、工会与职工管理、劳动人事、劳动争议。最后,用 3 章的篇幅说明涉外劳动管理、事业单位、公务员中的劳动法律问题。

全书对重要的法律条文都直接引用原文,对不重要而篇幅较大的法律法规进行高度概括。为了使读者获得整体认识,本书在每章开始的部分,都对相关概念进行了界定,并综述了相关法规政策的总体情况和发展过程。

本书适合各类组织机构的人力资源管理者以及高校相关专业师生阅读。

全书由哈尔滨工业大学深圳研究生院经济管理学科部师生共同撰写。各章节具体分工如下：第1章，张玮；第2章，高翔、于澜；第3章，韩丽媛；第4章，高翔、肖寅梅；第5章，韩茜；第6章，胡俊；第7章，赵晓；第8章，徐阳燕、高翔；第9章，岳丽娜；第10章，康凯；第11章，邹韩英；第12章，崔夷修；第13章，王琳琳；第14章，张圣碌。高翔作为主编，负责策划、组织并统稿。林淡雯律师从法律专业角度进行审阅把关。

由于编写者水平有限，肯定会存在疏漏不足乃至错误之处，望广大读者朋友批评指正！

高　翔

目录

第1章 劳动就业 ... 1
1.1 概述 ... 1
- 1.1.1 劳动就业的概念 ... 1
- 1.1.2 我国劳动就业的立法概况 ... 2

1.2 就业支持、公平就业与就业援助 ... 3
- 1.2.1 就业政策支持 ... 3
- 1.2.2 公平就业 ... 4
- 1.2.3 就业援助 ... 6

1.3 特殊就业保障 ... 6
- 1.3.1 未成年人就业保护 ... 6
- 1.3.2 残疾人就业保障 ... 8
- 1.3.3 少数民族人员就业保障 ... 10

1.4 就业服务与管理 ... 11
- 1.4.1 政府的服务与管理 ... 11
- 1.4.2 职业中介机构 ... 12

1.5 劳动监督与监察 ... 12
- 1.5.1 劳动监督 ... 12
- 1.5.2 劳动监察 ... 14

1.6 劳动信访和劳动行政复议 ... 16
- 1.6.1 劳动信访 ... 16
- 1.6.2 劳动和社会保障信访 ... 17
- 1.6.3 劳动和社会保障行政复议 ... 18

第2章 劳动合同 ... 21
2.1 概述 ... 21
- 2.1.1 劳动合同的概念 ... 21
- 2.1.2 我国有关劳动合同的法律法规 ... 21
- 2.1.3 劳动合同法的基本原则 ... 23

2.2 劳动合同的订立、履行和变更 ... 23
- 2.2.1 基本规定 ... 23
- 2.2.2 合同形式 ... 24
- 2.2.3 劳动合同条款 ... 25

2.2.4　试用期 …… 27
　　2.2.5　关于培训、保密和竞业限制问题 …… 28
　　2.2.6　无效合同 …… 30
　　2.2.7　劳动合同的履行和变更 …… 30
2.3　劳动合同的解除和终止 …… 31
　　2.3.1　劳动者主动解除合同 …… 31
　　2.3.2　用人单位主动解除合同 …… 31
　　2.3.3　用人单位不得解除劳动合同的规定 …… 32
　　2.3.4　解除合同程序 …… 32
　　2.3.5　劳动合同终止 …… 32
　　2.3.6　经济补偿 …… 33
2.4　集体合同 …… 33
　　2.4.1　集体合同的定义 …… 34
　　2.4.2　集体合同的内容 …… 34
　　2.4.3　集体协商代表 …… 34
　　2.4.4　集体协商程序 …… 35
　　2.4.5　集体合同的订立、变更、解除和终止 …… 36
　　2.4.6　集体合同的审查 …… 36
　　2.4.7　集体协商争议的协调处理 …… 38
2.5　劳务派遣和非全日制用工 …… 39
　　2.5.1　劳务派遣 …… 39
　　2.5.2　非全日制用工 …… 43

第3章　职业培训 …… 45

3.1　概述 …… 45
　　3.1.1　职业培训的概念 …… 45
　　3.1.2　职业培训立法概况 …… 45
　　3.1.3　《就业促进法》中对职业培训的支持 …… 46
3.2　职业培训的主要形式 …… 47
　　3.2.1　就业前培训 …… 47
　　3.2.2　学徒培训 …… 47
　　3.2.3　学校正规培训 …… 48
　　3.2.4　企业职工培训 …… 49
　　3.2.5　劳动预备培训 …… 51
3.3　职业培训的条件与保障 …… 52
　　3.3.1　职业培训的对象 …… 52
　　3.3.2　职业培训实体 …… 53
　　3.3.3　师资标准 …… 54
　　3.3.4　职业培训的经费 …… 55

    3.3.5 培训合同 ·· 56
 3.4 职业培训的考核 ··· 57
    3.4.1 取得培训学历证书和培训证书的考核 ························· 57
    3.4.2 职业技能考核 ··· 58
 3.5 技术工种的岗前培训 ··· 61
    3.5.1 技术工种的定义 ··· 61
    3.5.2 技术工种的培训要求 ·· 61

第4章 工作时间与休息休假 ··· 65

 4.1 概述 ·· 65
    4.1.1 基本概念和原则 ··· 65
    4.1.2 我国工时休假立法概况 ··· 66
 4.2 工作时间 ·· 66
    4.2.1 标准工时制度 ··· 66
    4.2.2 特殊工时制度 ··· 67
 4.3 休息休假 ·· 70
    4.3.1 劳动者的周、日、工作间隙休息 ······························· 70
    4.3.2 节日休息 ··· 70
    4.3.3 年休假 ··· 71
    4.3.4 其他特殊假期 ··· 72
 4.4 工作时间的缩短与延长 ··· 74
    4.4.1 缩短工作时间 ··· 74
    4.4.2 延长工作时间 ··· 76

第5章 薪酬福利 ·· 78

 5.1 概述 ·· 78
    5.1.1 工资的基本概念和特点 ··· 78
    5.1.2 工资立法的模式 ··· 79
    5.1.3 工资分配的基本原则 ·· 79
    5.1.4 我国工资立法概况 ·· 80
 5.2 工资总额 ·· 80
    5.2.1 工资总额的计算 ··· 80
    5.2.2 工资总额的组成 ··· 80
    5.2.3 工资总额不包括的项目 ··· 85
 5.3 最低工资保障制度 ··· 86
    5.3.1 最低工资的含义 ··· 86
    5.3.2 最低工资保障制度的适用范围 ································· 86
    5.3.3 最低工资标准的确定和调整 ···································· 86
    5.3.4 最低工资标准的发布程序 ······································ 88
 5.4 工资支付 ·· 89

        5.4.1 工资支付的含义 ………………………………………………………… 89
        5.4.2 工资支付水平 …………………………………………………………… 89
        5.4.3 工资支付形式 …………………………………………………………… 89
        5.4.4 工资支付对象 …………………………………………………………… 90
        5.4.5 工资支付时间 …………………………………………………………… 90
        5.4.6 应支付工资的劳动时间 ………………………………………………… 91
        5.4.7 延长工作时间的工资支付 ……………………………………………… 91
        5.4.8 特殊情况下的工资支付 ………………………………………………… 92
        5.4.9 克扣与拖欠工资 ………………………………………………………… 93
    5.5 个人所得税 ……………………………………………………………………… 94
        5.5.1 纳税对象 ………………………………………………………………… 94
        5.5.2 个人所得税税率 ………………………………………………………… 95
        5.5.3 免纳和减征 ……………………………………………………………… 96
        5.5.4 应纳税所得额的计算 …………………………………………………… 97
        5.5.5 个人所得税扣缴办法 …………………………………………………… 97
    5.6 职工福利 ………………………………………………………………………… 100
        5.6.1 职工福利的含义 ………………………………………………………… 100
        5.6.2 职工福利机构 …………………………………………………………… 100
        5.6.3 职工福利基金 …………………………………………………………… 100
        5.6.4 职工个人福利补贴 ……………………………………………………… 101
        5.6.5 职工集体福利 …………………………………………………………… 101

第6章 社会保险 ……………………………………………………………………………… 103
    6.1 概述 ……………………………………………………………………………… 103
        6.1.1 社会保险的概念 ………………………………………………………… 103
        6.1.2 我国社会保险的发展 …………………………………………………… 104
        6.1.3 社会保险费征缴 ………………………………………………………… 104
        6.1.4 社会保险基金 …………………………………………………………… 106
        6.1.5 社会保险经办 …………………………………………………………… 106
        6.1.6 社会保险监督 …………………………………………………………… 107
        6.1.7 法律责任 ………………………………………………………………… 108
    6.2 养老保险 ………………………………………………………………………… 109
        6.2.1 养老保险概述 …………………………………………………………… 109
        6.2.2 城镇职工基本养老保险 ………………………………………………… 109
        6.2.3 企业补充养老保险(企业年金) ………………………………………… 113
        6.2.4 个人储蓄性养老保险 …………………………………………………… 115
        6.2.5 城乡居民基本养老保险 ………………………………………………… 115
        6.2.6 城乡养老保险制度的衔接 ……………………………………………… 117
    6.3 医疗保险 ………………………………………………………………………… 119

	6.3.1 医疗保险的概念和历史概况	119
	6.3.2 城镇职工基本医疗保险	119
	6.3.3 城镇居民基本医疗保险	122
	6.3.4 新型农村合作医疗	125
6.4	工伤保险	130
	6.4.1 工伤保险概述	130
	6.4.2 工伤保险基金	130
	6.4.3 工伤认定	131
	6.4.4 劳动能力鉴定	132
	6.4.5 工伤保险待遇	133
	6.4.6 法律责任	136
	6.4.7 特殊事项说明	137
6.5	失业保险	138
	6.5.1 失业保险的概念和特点	138
	6.5.2 失业保险费的缴纳和失业保险基金	138
	6.5.3 失业保险待遇	139
6.6	生育保险	140
	6.6.1 生育保险概述	140
	6.6.2 生育保险费的缴纳	140
	6.6.3 生育保险待遇	141

第7章 劳动保护 142

7.1	概述	142
	7.1.1 劳动保护的基本概念	142
	7.1.2 劳动保护的起源	143
	7.1.3 我国劳动保护有关法规发展概况	143
7.2	安全生产	144
	7.2.1 生产经营单位的安全生产保障	148
	7.2.2 从业人员的安全生产权利义务	154
	7.2.3 安全生产的监督管理	155
	7.2.4 生产安全事故的应急救援与调查处理	157
	7.2.5 法律责任	158
7.3	职业病防治	162
	7.3.1 前期预防	163
	7.3.2 劳动过程中的防护与管理	163
	7.3.3 职业病诊断与职业病病人保障	166
	7.3.4 监督检查	169
	7.3.5 法律责任	170
7.4	女职工的特殊保护	175

　　　　7.4.1　基本保护 ·· 175
　　　　7.4.2　特殊生理期的保护 ·· 176
　　　　7.4.3　法律责任 ·· 177
　　7.5　未成年工劳动保护 ·· 178
　　　　7.5.1　未成年工的招用规定 ·· 178
　　　　7.5.2　未成年工体检规定 ·· 180
　　　　7.5.3　未成年工劳动范围规定 ·· 180

第8章　工会与职工管理 ·· 182
　　8.1　概述 ·· 182
　　　　8.1.1　世界工会运动的发展史 ·· 182
　　　　8.1.2　我国工会运动的发展概况 ·· 183
　　8.2　工会的职权 ·· 184
　　　　8.2.1　工会代表劳动者与用人单位签订集体劳动合同 ···························· 185
　　　　8.2.2　对不适当解除劳动合同提出意见权 ··· 186
　　　　8.2.3　对用人单位经济性裁员提出意见权 ··· 186
　　　　8.2.4　工会有维护职工劳动权益的权利 ·· 186
　　　　8.2.5　工会有依法调查的权利 ·· 186
　　　　8.2.6　工会参加劳动争议的调解和仲裁 ·· 187
　　8.3　工会的组织结构及成员构成 ·· 189
　　　　8.3.1　工会的组织结构 ·· 189
　　　　8.3.2　工会成员的加入和罢免 ·· 190
　　　　8.3.3　非专职工会委员工作时间 ·· 190
　　　　8.3.4　针对工会成员的特殊保护 ·· 191
　　8.4　工会经费 ·· 193
　　8.5　外企和私企建立工会的相关问题 ·· 194
　　　　8.5.1　外资企业中的工会权限 ·· 194
　　　　8.5.2　合资企业中的工会组织 ·· 194
　　8.6　职工民主管理和企业内部规则 ·· 194
　　　　8.6.1　职工民主管理的概念 ·· 194
　　　　8.6.2　职工民主管理的立法 ·· 195
　　　　8.6.3　职工代表大会的职权 ·· 195
　　　　8.6.4　企业内部劳动规则 ·· 196

第9章　劳动人事 ·· 199
　　9.1　概述 ·· 199
　　9.2　专业技术人员 ·· 200
　　　　9.2.1　专业技术人员及其分类 ·· 200
　　　　9.2.2　专业技术人员职称和职业资格制度的历史发展 ··························· 202
　　　　9.2.3　专业技术人员的职业资格证书制度 ··· 204

9.3 专家与留学回国人员 ... 207
9.3.1 人才引进和支持的目标任务 ... 208
9.3.2 引进和支持的人才的标准 ... 208
9.3.3 人才引进和遴选的程序 ... 209
9.3.4 人才支持和服务政策 ... 210
9.3.5 为外籍高层次人才来华提供签证及居留便利 ... 211
9.4 博士后 ... 213
9.4.1 流动站和工作站的设立 ... 213
9.4.2 博士后人员的招收 ... 214
9.4.3 博士后人员的管理 ... 214
9.4.4 博士后日常经费和公寓管理 ... 216
9.4.5 评估和表彰 ... 216
9.4.6 科研资助 ... 216
9.5 军转安置 ... 218
9.5.1 移交和接收 ... 218
9.5.2 自主就业 ... 219
9.5.3 安排工作 ... 220
9.5.4 退休与供养 ... 220
9.5.5 社保关系接续 ... 221
9.6 人才流动 ... 222
9.6.1 干部夫妻两地分居 ... 222
9.6.2 工人夫妻两地分居 ... 222
9.6.3 人事档案管理 ... 223
9.6.4 大专以上毕业生择业 ... 223

第10章 劳动争议 ... 224
10.1 概述 ... 224
10.1.1 劳动争议的基本概念 ... 226
10.1.2 劳动争议的处理程序 ... 226
10.2 调解 ... 227
10.2.1 调解组织 ... 227
10.2.2 调解要点 ... 228
10.3 仲裁 ... 228
10.3.1 仲裁组织 ... 228
10.3.2 劳动仲裁的管辖与参加 ... 229
10.3.3 劳动仲裁的申请与受理 ... 230
10.3.4 劳动仲裁的开庭与裁决 ... 231
10.4 诉讼 ... 233
10.4.1 劳动争议案件的诉讼条件 ... 233

	10.4.2 法院受理劳动争议案件范围	235
	10.4.3 劳动争议审判的基本原则	236

第 11 章 涉外劳动管理 ... 237

- 11.1 概述 ... 237
- 11.2 外国人在中国就业 ... 238
  - 11.2.1 就业许可 ... 239
  - 11.2.2 申请与审批 ... 240
  - 11.2.3 劳动管理 ... 242
  - 11.2.4 在中国境内就业的外国人参加社会保险问题 ... 243
  - 11.2.5 罚则 ... 243
- 11.3 台港澳居民在中国内地就业 ... 244
- 11.4 中国人出国就业 ... 245
  - 11.4.1 从事对外劳务合作的企业与劳务人员 ... 246
  - 11.4.2 与对外劳务合作有关的合同 ... 248
  - 11.4.3 法律责任 ... 250
  - 11.4.4 例外情形 ... 251

第 12 章 事业单位 ... 252

- 12.1 概述 ... 252
  - 12.1.1 事业单位的概念 ... 252
  - 12.1.2 事业单位的分类 ... 254
  - 12.1.3 事业单位人事管理制度变革 ... 257
- 12.2 岗位设置 ... 258
  - 12.2.1 岗位类别 ... 258
  - 12.2.2 岗位等级 ... 259
  - 12.2.3 岗位条件 ... 259
  - 12.2.4 岗位结构比例及等级确定 ... 260
  - 12.2.5 岗位设置程序及权限 ... 261
  - 12.2.6 岗位聘用 ... 261
- 12.3 公开招聘和竞聘上岗 ... 262
  - 12.3.1 公开招聘和竞聘上岗程序 ... 263
  - 12.3.2 考试与考核 ... 263
  - 12.3.3 聘用 ... 263
  - 12.3.4 纪律与监督 ... 263
- 12.4 聘用合同 ... 265
- 12.5 考核和培训 ... 266
  - 12.5.1 考核的内容和标准 ... 266
  - 12.5.2 考核的方法和程序 ... 268

		12.5.3 考核结果的使用	268
		12.5.4 考核的组织管理	268
	12.6	奖励和处分	269
		12.6.1 奖励	269
		12.6.2 处分的种类和适用	269
		12.6.3 违法违纪行为及其适用的处分	270
		12.6.4 处分的权限和程序	271
		12.6.5 处分的解除	272
		12.6.6 复核和申诉	273
	12.7	工资福利和社会保险	273
		12.7.1 事业单位岗位绩效工资制度	274
		12.7.2 事业单位养老保险	277
		12.7.3 职工在机关事业单位与企业之间流动时社会保险关系处理	278
	12.8	人事争议处理与法律责任	279
		12.8.1 人事争议处理	279
		12.8.2 法律责任	280

第 13 章 公务员 … 283

13.1	概述	283
	13.1.1 公务员的概念	283
	13.1.2 我国公务员制度的建立	284
13.2	公务员的条件、义务与权利	287
13.3	职务与级别	289
13.4	录用和职位聘任	291
	13.4.1 录用	291
	13.4.2 职位聘任	292
13.5	考核、奖励和惩戒	294
	13.5.1 考核	294
	13.5.2 奖励	295
	13.5.3 惩戒	296
13.6	职务任免和升降	298
	13.6.1 职务任免	298
	13.6.2 职务升降	298
13.7	培训、交流与回避	298
	13.7.1 培训	298
	13.7.2 交流	299
	13.7.3 回避	299

	13.8 工资福利保险	301
	13.9 辞职、辞退与退休	302
	13.9.1 辞职	302
	13.9.2 辞退	303
	13.9.3 退休	303
	13.10 申诉、控告与法律责任	304
	13.10.1 申诉和控告	304
	13.10.2 法律责任	304

参考文献 306

第 1 章
劳动就业

- 概述
- 就业支持、公平就业与就业援助
- 特殊就业保障
- 就业服务与管理
- 劳动监督与监察
- 劳动信访和劳动行政复议

1.1 概述

1.1.1 劳动就业的概念

在《劳动法》中,劳动就业指具有就业资格的公民获得某种有劳动报酬或劳动收入的职业,其实质是实现劳动力与生产资料的结合。从法律上把握此概念应明确下述要点。

1. 就业资格

就业资格即国家所确认的公民有权实现就业的资格。它包括两个必备条件:在法定劳动年龄范围内,并且具有劳动能力和就业愿望。

2. 就业界限

就业界限即国家确认的、公民已经实现就业的界限,也是国家据以确定就业人口的范围和统计就业人口数量的标准。实现就业的劳动必须具备以下三个特征:

(1) 合法性。凡从事不合法的活动,不能视为就业。

(2) 限于国民经济领域。即公民在国民经济的某个部门(行业)从事劳动,才可视为就业;如果从事的劳动不在国民经济领域之内,则不属于就业。

(3) 在一定期间内达到一定量。通常以一定期间内的劳动时间和劳动所得来衡量。

3. 就业形式

就业形式即国家政策法规确认的劳动者实现就业的方式。现阶段包括:

(1) 正规就业,是指劳动者在用人单位从事全时制劳动。

(2) 非正规就业,又称灵活就业,是指劳动者从事非全时制劳动,如小时工、弹性工时、阶段性就业等。

(3) 个体经营劳动,是指劳动者从事个体工商业经营活动。

综上所述,劳动就业是指处于法定年龄之内,具有劳动能力和就业愿望的公民,参加国民经济中某个部门的社会劳动,从而获得有劳动报酬或劳动收入作为其生活主要来源的状况。

1.1.2 我国劳动就业的立法概况

劳动关系的存续以就业为前提,就业也意味着公民实现其劳动权。因而,在劳动立法中,就业立法占有首要地位,甚至在一定意义上可以说,整个劳动法就是公民实现就业的保障法。

纵观各国就业立法,主要有三个组成部分:

(1) 宪法中关于公民劳动权的规定。如我国《宪法》第42条规定,公民有劳动的权利和义务。

(2) 劳动基本法中关于就业的规定。各国劳动法典中,几乎都有就业法的内容。我国《劳动法》中设有《促进就业》专章,对国家促进就业职责作了原则性规定。

(3) 关于就业的专项立法。例如,英国1980年、1982年的《就业法》;日本1947年的《职业安定法》;秘鲁1991年制定、1993年修改的《就业促进法》。

我国自共和国成立以来,尤其是十一届三中全会以后制定了许多重要法规和政策,对就业方针、就业形式、职工招用、劳动力流动、就业服务、就业管理和特殊就业政策等问题作了明确规定。其中比较重要的法规和政策包括《劳动就业服务企业管理规定》(1990)、《职业指导办法》(1994)、《农村劳动力跨省流动就业管理暂行规定》(1994)、《劳动法》(1995)、《就业登记规定》(1995)、《职业介绍服务规程(试行)》(1998)、《劳动力市场管理规定》(2000)等一系列配套法规。2007年起,为了进一步适应就业新形势,《劳动合同法》(2007)、《就业促进法》(2007)、《就业服务与就业管理规定》(2007)相继出台。

 知识链接:劳动节的由来

劳动节起源于美国。19世纪80年代,美国资产阶级为了进行资本积累,对工人阶级进行残酷的剥削压榨,他们用各种手段,迫使工人每天从事长达12~16小时甚至更多时间的劳动。美国广大工人逐渐认识到,为了保障自己的权利,必须进行斗争。

从1884年开始，美国先进的工人组织通过决议，要为实现"每天工作8小时"而战斗，并提出"8小时工作；8小时休息；8小时娱乐！劳动者创造全部财富！"等口号。

1886年5月1日，美国芝加哥的工人举行大罢工。那一天，以芝加哥为中心，美国全国约35万名工人参加了罢工和游行，要求改善劳动条件，实行8小时工作制。这场斗争撼动了整个美国。工人阶级团结战斗的强大力量，迫使资本家做出了让步，美国工人的这一大罢工取得了胜利。

1889年7月，由恩格斯领导的第二国际在巴黎举行代表大会。为了纪念美国工人的这次"五一"大罢工，会议通过决议，将每年的5月1日定为国际劳动节。从此，世界各国的工人团体在这一天会举行盛大庆祝活动，许多国家还放假一天。

中国中央人民政府政务院于1949年12月作出决定，将5月1日确定为劳动节。

资料来源：根据"百度百科：劳动节"等资料整理。

1.2 就业支持、公平就业与就业援助

国家发布《就业促进法》，首要目的就在于促进就业，保障公平就业，对就业困难人员进行就业援助。

1.2.1 就业政策支持

按照《就业促进法》的规定，县级以上人民政府应当把扩大就业作为重要职责，统筹协调产业政策与就业政策。国家鼓励各类企业在法律、法规规定的范围内，通过兴办产业或者拓展经营，增加就业岗位。国家鼓励发展劳动密集型产业、服务业，扶持中小企业，多渠道、多方式增加就业岗位。国家鼓励、支持、引导非公有制经济发展，扩大就业，增加就业岗位。国家发展国内外贸易和国际经济合作，拓宽就业渠道。

除了政策的支持外，《就业促进法》还提出了具体的措施安排，以促进就业：县级以上人民政府在安排政府投资和确定重大建设项目时，应当发挥投资和重大建设项目带动就业的作用，增加就业岗位。国家实行有利于促进就业的财政政策，加大资金投入，改善就业环境，扩大就业。县级以上人民政府应当根据就业状况和就业工作目标，在财政预算中安排就业专项资金用于促进就业工作。就业专项资金用于职业介绍、职业培训、公益性岗位、职业技能鉴定、特定就业政策和社会保险等的补贴，小额贷款担保基金和微利项目的小额担保贷款贴息，以及扶持公共就业服务等。就业专项资金的使用管理办法由国务院财政部门和劳动行政部门规定。

《就业促进法》还将就业促进措施落实到对从业（失业）者和企业的支持上。国家建立健全失业保险制度，依法确保失业人员的基本生活，并促进其实现就业。对从事个体经营的残疾人和符合国家规定条件的失业人员，有关部门应当在经营场地等方面给予照顾，免除行政事业性收费。国家鼓励企业增加就业岗位，扶持失业人员和残疾人就业，对下列企业、人员依法给予税收优惠：①吸纳符合国家规定条件的失业人员达到规定要求的企业；②失业人员创办的中小企业；③安置残疾人员达到规定比例或者集中使用残疾人的企业；④从事个体经营的符合国家规定条件的失业人员；⑤从事个体经营的残疾人；⑥国

务院规定给予税收优惠的其他企业、人员。国家实行有利于促进就业的金融政策,增加中小企业的融资渠道;鼓励金融机构改进金融服务,加大对中小企业的信贷支持,并对自主创业人员在一定期限内给予小额信贷等扶持。

国家的就业促进政策还要落实在国家的城乡发展、区域发展、小城镇发展等规划中。《就业促进法》规定:国家实行城乡统筹的就业政策,建立健全城乡劳动者平等就业的制度,引导农业富余劳动力有序转移就业。县级以上地方人民政府推进小城镇建设和加快县域经济发展,引导农业富余劳动力就地就近转移就业;在制定小城镇规划时,将本地区农业富余劳动力转移就业作为重要内容。县级以上地方人民政府引导农业富余劳动力有序向城市异地转移就业;劳动力输出地和输入地人民政府应当互相配合,改善农村劳动者进城就业的环境和条件。国家支持区域经济发展,鼓励区域协作,统筹协调不同地区就业的均衡增长。国家支持民族地区发展经济,扩大就业。各级人民政府统筹做好城镇新增劳动力就业、农业富余劳动力转移就业和失业人员就业工作。各级人民政府采取措施,逐步完善和实施与非全日制用工等灵活就业相适应的劳动和社会保险政策,为灵活就业人员提供帮助和服务。地方各级人民政府和有关部门应当加强对失业人员从事个体经营的指导,提供政策咨询、就业培训和开业指导等服务。

1.2.2 公平就业

公平就业机会旨在保证所有人,无论其种族、肤色、性别、宗教、血统、年龄,都能依据自身资格得到同样的工作机会。

《就业促进法》规定:各级人民政府创造公平就业的环境,消除就业歧视,制定政策并采取措施对就业困难人员给予扶持和援助。用人单位招用人员、职业中介机构从事职业中介活动,应当向劳动者提供平等的就业机会和公平的就业条件,不得实施就业歧视。

国家保障妇女享有与男子平等的劳动权利。用人单位招用人员,除国家规定的不适合妇女的工种或者岗位外,不得以性别为由拒绝录用妇女或者提高对妇女的录用标准。用人单位录用女职工,不得在劳动合同中规定限制女职工结婚、生育的内容。各民族劳动者享有平等的劳动权利。用人单位招用人员,应当依法对少数民族劳动者给予适当照顾。国家保障残疾人的劳动权利。各级人民政府应当对残疾人就业统筹规划,为残疾人创造就业条件。用人单位招用人员,不得歧视残疾人。用人单位招用人员,不得以是传染病病原携带者为由拒绝录用。但是,经医学鉴定传染病病原携带者在治愈前或者排除传染嫌疑前,不得从事法律、行政法规和国务院卫生行政部门规定禁止从事的易使传染病扩散的工作。农村劳动者进城就业享有与城镇劳动者平等的劳动权利,不得对农村劳动者进城就业设置歧视性限制。

 案例1.1　用人单位招工时歧视乙肝病毒携带者的责任认定

案情: 肖春辉到环胜电子(深圳)有限公司(以下简称环胜公司)应聘,并通过了该公司的笔试、面试,并就工作待遇、工作岗位达成了一致意见。2008年3月14日,肖春辉到环胜公司指定的医院参加入职体检,体检结论为:肖春辉是乙肝病毒携带者。之后,环胜公司未与肖春辉签订劳动合同,公司解释理由是该岗位择优录取,且已有其他候选人。肖春辉提交了其与环胜公司交涉的光盘录音,该录音不清晰,但可分辨有一位女性工作人员在向肖春辉解释不招录有传染病的人。

2009年1月16日,肖春辉提出劳动仲裁,深圳市劳动争议仲裁委员会以肖春辉与环胜公司不存在劳动关系为由不受理案件。肖春辉向法院起诉,请求法院判令:环胜公司与肖春辉订立劳动合同,并赔偿经济损失47 520元。

判决:广东省深圳市南山区人民法院经审理认为,肖春辉提交的证据不足以证明环胜公司有歧视乙肝病毒携带者的行为,判决驳回肖春辉的诉讼请求。肖春辉不服,提起上诉。

广东省深圳市中级人民法院经审理认为,肖春辉到环胜公司应聘,已通过了笔试、面试,并就工作待遇、工作岗位达成了一致意见,但该公司因肖春辉是乙肝病毒携带者而拒绝与之签订劳动合同有过错,应酌情赔偿肖春辉因此造成的经济损失。2010年7月20日,法院判决:改判环胜公司赔偿肖春辉经济损失5 000元,驳回肖春辉其他诉讼请求。

评析:据统计,我国乙肝病毒携带者约有9 300万人。无症状乙肝病毒携带者能正常学习、生活和工作,乙肝病毒携带者依法享有公平就业权。我国2008年1月1日实施的就业促进法第30条明确规定,用人单位招用人员,不得以是传染病病原携带者为由拒绝录用。与该法配套实施的《劳动就业服务与就业管理规定》也明确规定,用人单位不得强行进行乙肝体检。2007年5月18日《劳动和社会保障部关于维护乙肝表面抗原携带者就业权利的意见》要求,用人单位在招、用工过程中,除国家法律、行政法规和卫生部规定禁止从事的工作外,不得强行将乙肝病毒血清学指标作为体检标准。2010年2月10日,人力资源社会保障部、教育部、卫生部联合下发了《关于进一步规范入学和就业体检项目维护乙肝表面抗原携带者入学和就业权利的通知》,明确规定取消入学、就业体检中的乙肝病毒检测项目。

就本案来看,环胜公司与肖春辉为形成劳动合同关系已进入了缔约磋商并准备订立劳动合同阶段。具体表现为,肖春辉已通过环胜公司的笔试、面试,并就工作待遇、工作岗位达成了一致意见。

肖春辉到环胜公司指定的医院参加入职体检,环胜公司将乙肝抗原作为指定体检项目。肖春辉的体检结论显示其为乙肝病毒携带者。之后,环胜公司未与肖春辉签订劳动合同。由于肖春辉已进入体检阶段,按照公司的规定,只要肖春辉没有明显的心脏病、肺结核或谷丙转氨酶指数大于40的情形,就应录用肖春辉。但肖春辉因体检结论为乙肝病毒携带者,属于谷丙转氨酶指数大于40的情形。另外,肖春辉提供了其曾与环胜公司工作人员交涉的录音光盘,该录音光盘尽管播放效果不清晰,但可分辨出一位女性工作人员向肖春辉解释不招录有传染病的人。因此,结合上述证据可以认定,环胜公司是以乙肝病毒携带者的理由拒绝录用肖春辉,这表明环胜公司基于对乙肝病毒携带者的歧视,拒绝录用肖春辉,从而导致双方之间欲缔结的劳动合同无法成立,环胜公司在主观上存在过错。

在双方劳动合同的缔结过程中,肖春辉有合理的理由相信环胜公司会与其签订劳动合同,基于上述信赖,肖春辉会为与环胜公司签订劳动合同而支付一定的费用,比如交通费等,但因环胜公司以肖春辉是乙肝病毒携带者为由,拒绝录用肖春辉,从而使其遭受一定的财产损失,以及有可能丧失与其他用人单位签订劳动合同的机会。因肖春辉未举证证明其损失的准确数额,法院酌情认定环胜公司应赔偿肖春辉经济损失5 000元是妥当的。

资料来源:人民法院报,2010-11-04,作者:汪洪。

1.2.3 就业援助

《就业促进法》提出,各级人民政府建立健全就业援助制度,采取税费减免、贷款贴息、社会保险补贴、岗位补贴等办法,通过公益性岗位安置等途径,对就业困难人员实行优先扶持和重点帮助。就业困难人员是指因身体状况、技能水平、家庭因素、失去土地等原因难以实现就业,以及连续失业一定时间仍未能实现就业的人员。就业困难人员的具体范围,由省、自治区、直辖市人民政府根据本行政区域的实际情况规定。

政府投资开发的公益性岗位,应当优先安排符合岗位要求的就业困难人员。被安排在公益性岗位工作的,按照国家规定给予岗位补贴。地方各级人民政府加强基层就业援助服务工作,对就业困难人员实施重点帮助,提供有针对性的就业服务和公益性岗位援助。地方各级人民政府鼓励和支持社会各方面为就业困难人员提供技能培训、岗位信息等服务。各级人民政府采取特别扶助措施,促进残疾人就业。用人单位应当按照国家规定安排残疾人就业。县级以上地方人民政府采取多种就业形式,拓宽公益性岗位范围,开发就业岗位,确保城市有就业需求的家庭至少有一人实现就业。法定劳动年龄内的家庭人员均处于失业状况的城市居民家庭,可以向住所地街道、社区公共就业服务机构申请就业援助。街道、社区公共就业服务机构经确认属实的,应当为该家庭中至少一人提供适当的就业岗位。国家鼓励资源开采型城市和独立工矿区发展与市场需求相适应的产业,引导劳动者转移就业。对于因资源枯竭或者经济结构调整等原因造成就业困难人员集中的地区,上级人民政府应当给予必要的扶持和帮助。

1.3 特殊就业保障

特殊就业保障是指法规和政策特别规定,国家对妇女、未成年人、残疾人、少数民族人员、退役军人等特殊群体的就业所采取的特殊保障措施。国家所承担的保障公平就业任务,在很大程度上是通过为特殊群体提供就业保障来实现的。相关法律包括《劳动法》、《妇女权益保障法》、《残疾人保障法》等。由于妇女、退役军人的相关保障在本书其他章节中有介绍,这里只介绍关于未成年人、残疾人、少数民族人员的就业保障。

1.3.1 未成年人就业保护

按照《未成年人保护法》(1991年通过,2006年、2012年两次修正),未成年人是指未满18周岁的公民。未成年人享有生存权、发展权、受保护权、参与权等权利,国家根据未成年人身心发展特点给予特殊、优先保护,保障未成年人的合法权益不受侵犯。

为保护未成年人的身心健康,国务院公布了《禁止使用童工规定》(2002)。根据规定,包括国家机关、社会团体、企业事业单位、民办非企业单位、个体工商户在内的用人单位,均不得招用不满16周岁的未成年人,也就是童工;同时禁止任何单位或个人为不满16周岁的未成年人介绍就业,禁止不满16周岁的未成年人开业从事个体经营活动。不满16周岁的未成年人的父母或其他监护人有义务保障其不被用人单位非法招用。

用人单位在招用人员时也须核查被招用人员的身份证,县级以上各级人民政府劳动保障行政部门,公安、工商行政管理、教育、卫生等行政部门以及工会、共青团、妇联等群众组织负有相关义务。

凡用人单位使用童工的,由劳动保障行政部门按照每使用一名童工每月处5 000元罚款的标准给予处罚;在使用有毒物品的作业场所使用童工的,从重处罚;用人单位在规定期限内仍不改正的,将按照每使用一名童工每月处1万元罚款的标准给予处罚,并吊销营业执照或撤销民办非企业单位登记。单位或个人为不满16周岁的未成年人介绍就业的,按照每介绍一人处5 000元罚款的标准给予处罚。拐骗童工,强迫童工劳动,使用童工从事高空、井下、放射性、高毒、易燃易爆以及国家规定的第四级体力劳动强度的劳动,使用不满14周岁的童工,或造成童工死亡或严重伤残的,依法追究刑事责任。劳动保障部门、公安机关、工商行政管理部门等国家行政机关工作人员玩忽职守、滥用职权,构成犯罪的,也将依法追究其刑事责任。

文艺、体育单位经未成年人的父母或者其他监护人同意,可以招用不满16周岁的专业文艺工作者、运动员。用人单位应当保障被招用的不满16周岁的未成年人的身心健康,保障其接受义务教育的权利。文艺、体育单位招用不满16周岁的专业文艺工作者、运动员的办法,由国务院劳动保障行政部门会同国务院文化、体育行政部门制定。学校、其他教育机构以及职业培训机构按照国家有关规定组织不满16周岁的未成年人进行不影响其人身安全和身心健康的教育实践劳动、职业技能培训劳动,不属于使用童工。

案例1.2 禁止使用童工案例分析

相关案例一:2007年1月,劳动保障监察人员在对某洗车场进行巡视检查过程中,发现该单位使用一名疑似童工的员工。经询问,该洗车场负责人解释说该员工是其亲戚,利用假期在洗车场锻炼,才工作了十多天,录用时已满16岁,但是不能提供该员工的身份证以及其他录用登记证明材料。监察人员立即与该员工户籍所在地派出所联系,当地派出所积极配合,开具了户籍证明,证明该员工出生于1991年5月15日,即该员工被录用时年龄未满16周岁,确实是童工。劳动保障监察机构根据《禁止使用童工规定》(国务院令第364号)第6条的规定对该单位处以5 000元罚款,并责令在三日内将该童工送回原居住地交其父母。

相关案例二:2003年4月,劳动保障监察机构接到群众举报,反映某高校后勤集团食堂使用一名童工。劳动保障监察机构根据举报提供的线索找到一名疑似童工的员工,单位负责人解释说该员工是其在本单位食堂任厨师的舅舅介绍来打工的,才工作了20多天,录用他时其舅舅保证他已满16岁,但是单位不能提供该员工的身份证以及其他录用登记证明材料。劳动保障监察机构立即与该员工户籍所在地派出所联系,当地派出所积极配合,开具了户籍证明,证明该员工出生于 1987 年 5 月 15 日,即该员工年龄未满 16 周岁,确实是童工。劳动保障监察机构根据《禁止使用童工规定》(国务院令第 364 号)第 6 条和第 8 条规定对该单位处以 15 000 元罚款,并责令单位在三日内将该童工遣送回家。

案例分析:使用童工的行为是国家明令禁止的行为,《中华人民共和国劳动法》第 15 条规定:"禁止用人单位招用未满 16 周岁的未成年人。"《禁止使用童工规定》(国务院令〔2002〕第 364 号)中第 2 条规定:"国家机关、社会团体、企业事业单位、民办非企业单位或者个体工商户均不得招用不满 16 周岁的未成年人。"第 6 条规定:"用人单位使用童工的,由劳动保障行政部门按照每使用一名童工每月处 5 000 元罚款的标准给予处罚……劳动保障行政部门并应当责令用人单位限期将童工送回原居住地交其父母或者其他监护人,所需交通和食宿费用全部由用人单位承担。"本案中虽然该员工距 16 周岁仅剩几个月的时间,但是该单位行为仍属于使用童工行为。

针对一些用人单位招用人员随意,对年龄、身份情况不进行认真核查,以及故意不保存招用人员资料,造成是否使用童工难以查证的情况,国家对用人单位招用人员的录用备案资料也作出特别要求。《禁止使用童工规定》第 4 条规定:"用人单位招用人员时,必须核查被招用人员的身份证;对不满 16 周岁的未成年人,一律不得录用。用人单位录用人员的录用登记、核查材料应当妥善保管。"第 8 条规定:"用人单位未按照本规定第 4 条的规定保存录用登记材料,或者伪造录用登记材料的,由劳动保障行政部门处 1 万元的罚款。"

资料来源:新郑市人力资源和社会保障局网站,http://www.xzld.cn/zcfg/ShowArticle.asp?ArticleID=1079,2011-4-27。

1.3.2 残疾人就业保障

2007 年,为了促进残疾人就业,保障残疾人的劳动权利,国务院根据《中华人民共和国残疾人保障法》和其他有关法律,制定了《残疾人就业条例》。本小节内容主要依照该条例。

按照该条例,国家对残疾人就业实行集中就业与分散就业相结合的方针,促进残疾人就业。国家鼓励社会组织和个人通过多种渠道、多种形式,帮助、支持残疾人就业,鼓励残疾人通过应聘等多种形式就业。禁止在就业中歧视残疾人。中国残疾人联合会及其地方组织依照法律、法规或者接受政府委托,负责残疾人就业工作的具体组织实施与监督。

1. 用人单位的责任

用人单位应当按照一定比例安排残疾人就业,并为其提供适当的工种、岗位。用人单位安排残疾人就业的比例不得低于本单位在职职工总数的 1.5%。具体比例由省、自治区、直辖市人民政府根据本地区的实际情况规定。用人单位跨地区招用残疾人的,应当计入所安排的残疾人职工人数之内。用人单位安排残疾人就业达不到其所在地省、自治区、直辖市人民政府规定比例的,应当缴纳残疾人就业保障金。

政府和社会依法兴办的残疾人福利企业、盲人按摩机构和其他福利性单位（以下统称集中使用残疾人的用人单位），应当集中安排残疾人就业。集中使用残疾人的用人单位中从事全日制工作的残疾人职工，应当占本单位在职职工总数的25%以上。其资格认定，按照国家有关规定执行。

用人单位招用残疾人职工，应当依法与其签订劳动合同或者服务协议。用人单位应当为残疾人职工提供适合其身体状况的劳动条件和劳动保护，不得在晋职、晋级、评定职称、报酬、社会保险、生活福利等方面歧视残疾人职工。用人单位应当根据本单位残疾人职工的实际情况，对残疾人职工进行上岗、在岗、转岗等培训。

 案例1.3 残疾人就业四个典型案例

相关案例一：残疾人甲拿出工资折，问为什么他每月工资只有400多元，目前北京市最低工资不是1160元吗？

分析：残疾人就业后和其他在职职工一样享有领取劳动报酬的权利。残疾人工作后工资待遇不能因为身体原因打折扣，残疾人工资不能低于社会最低工资。按照北京市有关规定，残疾人甲的情况应该至少拿到1160元的最低工资。在具体实践中有的单位往往说要扣除残疾人的部分工资来为他们上社会保险，这种解释是不能成立的。最低工资是指职工上完各种社会保险后领取到手的工资额。

相关案例二：残疾人乙在某单位就业，由于身体重度残疾无法到岗上班，单位只给她上了社会保险，没有发工资。

分析：残疾人所在单位应该尽可能为残疾人提供必要的无障碍工作环境。对于残疾人乙这种情况是单位原因使其未能上班，残疾人同样应该享受到工资待遇。即使按照待岗或者病假人员来算，残疾人的工资也不能低于最低工资的80%。有些残疾人"挂靠"在单位没有实际在岗，每月只得到少量生活费，这是残疾人就业的一个事实。

相关案例三：残疾人丙到劳动和社会保障局查询过，她的社会保险只有工伤保险一项。

分析：社会保险问题是工资之外一个容易出现的问题。残疾人职工碰上的社会保险问题主要有"不上"、"少上"、"漏上"等问题。残疾人职工与健全职工一样，应享受社会保险待遇。

相关案例四：残疾人丁从原单位下岗后，将档案放在区劳动和社会保障局职业介绍中心，自己出钱上社会保险，这次发现打在银行存折上的钱并没有全部划转过去。

分析：发生这种情况主要是因为劳动保障部门在社会保险中养老、工伤、失业、生育四种保险共走一个流程，医保走另外一个流程，残疾人丁在社会保障部门办理手续时没有办理医保相关手续，就出现了医保相关费用不能划转的情况。对于这种问题，个体从业残疾人要特别注意。残疾人身体本来就有缺陷，加之很多残疾人收入不高，如果遇到医保中断情况有时会带来很大的麻烦。

资料来源：《从典型案例看残疾人就业问题》，作者：李洪，载《中国残疾人》2011年第6期。

2. 保障措施

县级以上人民政府应当采取措施，拓宽残疾人就业渠道，开发适合残疾人就业的公益性岗位,保障残疾人就业。县级以上地方人民政府发展社区服务事业,应当优先考虑残疾人就业。

依法征收的残疾人就业保障金应当纳入财政预算,专项用于残疾人职业培训以及为残疾人提供就业服务和就业援助,任何组织或者个人不得贪污、挪用、截留或者私分。残疾人就业保障金征收、使用、管理的具体办法,由国务院财政部门会同国务院有关部门规定。财政部门和审计机关应当依法加强对残疾人就业保障金使用情况的监督检查。

国家对集中使用残疾人的用人单位依法给予税收优惠,并在生产、经营、技术、资金、物资、场地使用等方面给予扶持。县级以上地方人民政府及其有关部门应当确定适合残疾人生产、经营的产品、项目,优先安排集中使用残疾人的用人单位生产或者经营,并根据集中使用残疾人的用人单位的生产特点确定某些产品由其专产。政府采购,在同等条件下,应当优先购买集中使用残疾人的用人单位的产品或者服务。

国家鼓励扶持残疾人自主择业、自主创业。对残疾人从事个体经营的,应当依法给予税收优惠,有关部门应当在经营场地等方面给予照顾,并按照规定免收管理类、登记类和证照类的行政事业性收费。国家对自主择业、自主创业的残疾人在一定期限内给予小额信贷等扶持。

地方各级人民政府应当多方面筹集资金,组织和扶持农村残疾人从事种植业、养殖业、手工业和其他形式的生产劳动。有关部门对从事农业生产劳动的农村残疾人,应当在生产服务、技术指导、农用物资供应、农副产品收购和信贷等方面给予帮助。

3. 就业服务

各级人民政府和有关部门应当为就业困难的残疾人提供有针对性的就业援助服务,鼓励和扶持职业培训机构为残疾人提供职业培训,并组织残疾人定期开展职业技能竞赛。中国残疾人联合会及其地方组织所属的残疾人就业服务机构应当免费为残疾人就业提供下列服务:①发布残疾人就业信息;②组织开展残疾人职业培训;③为残疾人提供职业心理咨询、职业适应评估、职业康复训练、求职定向指导、职业介绍等服务;④为残疾人自主择业提供必要的帮助;⑤为用人单位安排残疾人就业提供必要的支持。国家鼓励其他就业服务机构为残疾人就业提供免费服务。

受劳动保障部门的委托,残疾人就业服务机构可以进行残疾人失业登记、残疾人就业与失业统计;经所在地劳动保障部门批准,残疾人就业服务机构还可以进行残疾人职业技能鉴定。残疾人职工与用人单位发生争议的,当地法律援助机构应当依法为其提供法律援助,各级残疾人联合会应当给予支持和帮助。

1.3.3 少数民族人员就业保障

关于少数民族人员就业保障的法律规定,除劳动立法外,主要见诸于民族事务立法。

我国1993年颁布的《城市民族工作条例》第8条规定:城市人民政府应当重视少数民族干部的培养和选拔;城市人民政府有关部门应当重视少数民族专业技术人员的培养和使用;城市人民政府鼓励企业招收少数民族职工。

第16条规定:城市人民政府有关部门对进入本市兴办企业和从事其他合法经营活

动的外地少数民族人员,应当根据情况提供便利条件,予以支持。城市人民政府应当加强对少数民族流动人员的教育和管理,保护其合法权益。

1. 优先招收少数民族人员

民族自治地方的企事业单位在招收人员时,要优先招收少数民族的人员,并且可以从农村和牧区少数民族人员中招收。上级国家机关隶属的在民族自治地方的企事业单位招收人员时,应当优先招收当地少数民族人员。民族自治地方每年编制内的干部和职工自然减员、缺额及国家当年新增用人指标由民族自治地方通过考核予以补充,对少数民族人员优先录用。上级政府在每年下达的"农业户口转非农业户口"计划中,划出一定指标用于民族自治地方在农牧民中招收少数民族职工。

2. 培养少数民族人才

民族自治地方的自治机关要采取各种措施从当地民族中大量培养各级干部和各种科学技术、经营管理等专业人才和技术工人,并且注意在少数民族妇女中培养各级干部和各种专业技术人才;上级国家机关对此负有帮助职责。国家举办民族学院,在高等学校举办民族班、民族预科,专门招收少数民族学生,并且可以采取定向招生、定向分配的办法。高等学校和中等专业学校招收新生时,对少数民族考生适当放宽录取标准和条件。

此外,国家一直实行帮助各民族自治地方加速发展经济文化建设事业的政策,这也是为少数民族人员就业创造条件,从而保障其就业的根本措施。

1.4 就业服务与管理

2008年1月1日,我国《就业促进法》和《就业服务与管理规定》同时实施,对与就业相关的各机构行为进行了明确的要求。这里只简单地介绍与政府和职业中介机构相关的有关法律规范。

1.4.1 政府的服务与管理

县级以上人民政府需要做到:培育和完善统一开放、竞争有序的人力资源市场,为劳动者就业提供服务;鼓励社会各方面依法开展就业服务活动,加强对公共就业服务和职业中介服务的指导和监督,逐步完善覆盖城乡的就业服务体系;加强人力资源市场信息网络及相关设施建设,建立健全人力资源市场信息服务体系,完善市场信息发布制度。

建立健全公共就业服务体系,设立公共就业服务机构,为劳动者免费提供下列服务:①就业政策法规咨询;②职业供求信息、市场工资指导价位信息和职业培训信息发布;③职业指导和职业介绍;④对就业困难人员实施就业援助;⑤办理就业登记、失业登记等事务;⑥其他公共就业服务。公共就业服务机构应当不断提高服务的质量和效率,不得从事经营性活动。公共就业服务经费纳入同级财政预算。

县级以上地方人民政府对职业中介机构提供公益性就业服务的,按照规定给予补贴。国家鼓励社会各界为公益性就业服务提供捐赠、资助。地方各级人民政府和有关部门不得举办或者与他人联合举办经营性的职业中介机构。地方各级人民政府和有关部门、公共就业服务机构举办的招聘会,不得向劳动者收取费用。县级以上人民政府和有关部门应加强对职业中介机构的管理,鼓励其提高服务质量,发挥其在促进就业中的作用。

县级以上人民政府应建立失业预警制度,对可能出现的较大规模的失业,实施预防、调节和控制。国家建立劳动力调查统计制度和就业登记、失业登记制度,开展劳动力资源和就业、失业状况调查统计,并公布调查统计结果。

1.4.2 职业中介机构

从事职业中介活动,应当遵循合法、诚实信用、公平、公开的原则。用人单位通过职业中介机构招用人员,应当如实向职业中介机构提供岗位需求信息。禁止任何组织或者个人利用职业中介活动侵害劳动者的合法权益。设立职业中介机构应当具备下列条件:①有明确的章程和管理制度;②有开展业务必备的固定场所、办公设施和一定数额的开办资金;③有一定数量具备相应职业资格的专职工作人员;④法律、法规规定的其他条件。设立职业中介机构还应当依法办理行政许可。经许可的职业中介机构应当向工商行政部门办理登记。未经依法许可和登记的机构,不得从事职业中介活动。国家对外商投资职业中介机构和向劳动者提供境外就业服务的职业中介机构另有规定的,依照其规定。

职业中介机构不得有下列行为:①提供虚假就业信息;②为无合法证照的用人单位提供职业中介服务;③伪造、涂改、转让职业中介许可证;④扣押劳动者的居民身份证和其他证件,或者向劳动者收取押金;⑤其他违反法律、法规规定的行为。

1.5 劳动监督与监察

1.5.1 劳动监督

劳动监督又称劳动监督检查或劳动法监督,是指法定监督主体为保护劳动者合法权益,依法对用人单位和劳动服务主体遵守劳动法的情况,进行检查、督促、纠偏、处罚等一系列监督活动的总称。

根据《劳动法》和有关法规规定我国的劳动监督检查体系由行政监督和社会监督相结合而构成。其中,行政监督由劳动行政部门监督和相关行政部门监督所组成,社会监督主要由工会监督和其他单位与个人监督所组成。

1. 劳动行政部门监督

县级以上各级人民政府劳动行政部门依法对用人单位遵守劳动法律、法规的情况进行监督检查,对违反劳动法律、法规的行为有权制止,并责令改正。

县级以上各级人民政府劳动行政部门监督检查人员执行公务,有权进入用人单位了解执行劳动法律、法规的情况,查阅必要的资料,并对劳动场所进行检查。

劳动行政部门进行劳动监督检查的职责主要包括:①宣传劳动法律、法规及劳动方针政策,督促用人单位和劳动者贯彻执行;②对用人单位和劳动者遵守劳动法律、法规的情况进行监督检查;③对用人单位违反劳动法律、法规的行为,依法进行制止、责令改正,并给予处罚。

2. 相关行政部门监督

县级以上各级人民政府有关部门在各自职责范围内,对用人单位遵守劳动法律、法规的情况进行监督。

相关行政部门监督大致可分为以下两类:

(1)用人单位主管部门的监督。例如,矿山企业主管部门应当把检查矿山企业遵守矿山安全法规的情况作为其首要管理职责。

(2)其他专项行政执法机关的监督。它是指安全生产监督,卫生行政、工商行政、公安等专项执法部门的监督。例如《安全生产法》第9条规定国务院负责安全生产监督管理的部门依照本法,对全国安全生产工作实施综合监督管理;县级以上地方各级人民政府负责安全生产监督管理的部门依照本法,对本行政区域内安全生产工作实施综合监督管理。《职业病防治法》第8条规定国务院卫生行政部门统一负责全国职业病防治的监督管理工作。国务院有关部门在各自的职责范围内负责职业病防治的有关监督管理工作。县级以上地方人民政府卫生行政部门负责本行政区域内职业病防治的监督管理工作。县级以上地方人民政府有关部门在各自的职责范围内负责职业病防治的有关监督管理工作。

相关行政部门的监督方式主要有三种:一是依法独立开展劳动监督活动;二是依法对劳动行政部门、其他行政部门和工会组织的建议进行调查处理;三是会同劳动行政部门等监督主体实施劳动监督。

3. 工会监督

《劳动法》第88条规定,各级工会依法维护劳动者的合法权益,对用人单位遵守劳动法律、法规的情况进行监督。《工会法》规定,中华全国总工会及其各工会组织代表职工的利益,依法维护职工的合法权益。

工会的权限有:

(1)纠正企业、事业单位违反职工代表大会制度和其他民主管理制度的行为,保障职工依法行使民主管理的权利。

(2)依法要求企业承担违反集体合同,侵犯职工劳动权益的责任;因履行集体合同发生争议,经协商解决不成的,工会可以向劳动争议仲裁机构提请仲裁,仲裁机构不予受理或者对仲裁裁决不服的,可以向人民法院提起诉讼。

(3)对企业、事业单位处分职工,工会认为不适当的,有权提出意见。

(4)对企业、事业单位违反劳动法律、法规规定,有下列侵犯职工劳动权益情形,工会应当代表职工与企业、事业单位交涉,要求企业、事业单位采取措施予以改正;企业、事业单位应当予以研究处理,并向工会作出答复;企业、事业单位拒不改正的,工会可以请求当地人民政府依法作出处理。

克扣职工工资的;不提供劳动安全卫生条件的;随意延长劳动时间的;侵犯女职工和未成年工特殊权益的;其他严重侵犯职工劳动权益的。

工会有权对新建、扩建企业和技术改造工程中的劳动条件和安全卫生设施与主体工程同时设计、同时施工、同时投产使用进行监督;对企业违章指挥、强令工人冒险作业,或者生产过程中发现明显重大事故隐患和职业危害的行为提出建议;对企业、事业单位侵犯职工合法权益的问题进行调查,有关单位应当予以协助;参加职工因工伤亡事故和其他严重危害职工健康问题的调查处理。

4. 群众监督

《劳动法》第88条规定:任何组织和个人对于违反劳动法律、法规的行为有权检举和控告。

群众监督的一般途径主要有:①直接向用人单位提出批评、建议;②通过工会和职工民主监督的渠道,反映意见和问题;③直接向有关机关检举和控告用人单位违反劳动法的行为;④通过新闻舆论实施劳动监督,如在电视台、电台或报刊上开展批评、提出建议等。

1.5.2 劳动监察

1. 劳动监察的对象和范围

劳动监察是指法定专门机关代表国家对劳动法的遵守情况依法进行的检查、纠举、处罚等一系列监督活动。在我国1993年制定《劳动监察规定》中,曾将用人单位和劳动者都作为监察相对人,后来《劳动法》对此作了修改,明确规定:"县级以上各级人民政府劳动行政部门依法对用人单位遵守劳动法律、法规的情况进行监督检查。"

知识链接:劳动监督与监察的区别和联系

劳动监督检查与劳动监察有着密不可分的联系,二者有着共同的监督对象,在实现监督检查过程中,二者相互配合,起着互为补充的作用。同时,劳动监察又不同于一般的劳动监督检查,相对于一般的劳动监督检查,劳动监察主要有以下几个方面特征:

(1)法定性。劳动监察规则直接为法律所规定,这种法律规定是强行性规范。监察主体严格依据法律实施监察活动,被监察主体不得以协议或其他任何方式逃避监察。

(2)行政执法性。劳动监察属于行政执法和行政监督的范畴,是行使行政权力的具体行政执法行为。

(3)专门性。劳动监察是由法定的专门机构和人员,针对用人单位和劳动者对法律法规的遵守所实施的专门监督。

(4)唯一性。在劳动监督体系中,唯有劳动监察是以国家名义对劳动法的遵守实行统一的监督。

(5)全面性。劳动监察对本辖区内所有用人单位和劳动者对各项劳动制度和劳动法规的执行情况都具有监察权。

(6)处罚性。劳动监察依据法律、法规享有对用人单位的处罚权。

资料来源:姜红玲.新编劳动人事法规教程[M].北京:电子工业出版社,2005。

劳动监察机构的主要职责是:宣传国家劳动方针政策和劳动法律、法规,督促用人单位贯彻执行;对用人单位遵守劳动法律、法规情况进行监督检查,对违反劳动法律、法规的行为予以制止,并限其改正;对劳动和社会保障监察员进行培训、管理;法律、法规规定的其他劳动监察职责。《劳动保障监察条例》(2004)规定,劳动保障行政部门实施劳动保障监察,除上述职责外,还履行受理对违反劳动保障法律、法规或者规章的行为的举报、投诉的职责。

劳动保障监察事项有:用人单位制定内部劳动保障规章制度的情况;用人单位与劳动者订立劳动合同的情况;用人单位遵守禁止使用童工规定的情况;用人单位遵守女职工和未成年工特殊劳动保护规定的情况;用人单位遵守工作时间和休息休假规定的情况;用人单位支付劳动者工资和执行最低工资标准的情况;用人单位参加各项社会保险和缴纳社会保险费的情况;职业介绍机构、职业技能培训机构和职业技能考核鉴定机构遵守国家有关职业介绍、职业技能培训和职业技能考核鉴定的规定的情况;法律、法规规定的其他劳动保障监察事项。

另外,劳动安全卫生法规等对劳动保护监察所管辖的范围也有规定,这些规定表明我国劳动监察的对象范围过于宽泛,与劳动行政的对象范围几乎相同。

2. 劳动监察案件审议程序

劳动监察机构审议劳动监察案件,应按以下规定处理:①事实清楚,证据确凿,依法应当给予行政处罚的,应将案件处理报批表报劳动行政部门负责人批准。②依法不应给予行政处罚的,经劳动监察机构负责人批准,应做出撤销案件的决定。③证据不足的,应退回原承办人补充调查,补充调查应自退回之日起15日内结束。经补充调查,证据仍然不足的,应做出撤销案件的决定。④用人单位有违反其他法律、法规行为的,应建议有处理权的行政机关处理。⑤用人单位的违法行为构成犯罪的,应及时提请司法机关依法追究刑事责任。

3. 劳动监察执法检查程序

劳动执法检查是整个劳动监察程序中的组成部分,大致分为如下四个阶段:

(1) 准备阶段,即做好执法检查的准备工作,确定实施检查的人员,制定检查实施方案。

(2) 实施阶段,这是对检查范围内的用人单位遵守《劳动法》的情况实际调查了解的阶段,也是全部检查活动中的关键性阶段。

(3) 终结处理阶段,这是根据调查了解得到的事实和材料且依据劳动法律法规进行分析评价做出处理的阶段。

(4) 写出总结报告(即检查结果的书面材料)。报告的主要内容应当包括:执法检查工作的基本情况;检查中发现的问题与倾向;对问题产生原因的分析及处理意见。

4. 案件处理程序

(1) 登记立案。对发现的违反劳动法律、法规、规章的行为,经过审查,认为具有违法事实,必须依法追究的,应当登记立案。

(2) 调查取证。凡已立案的案件,应当及时调查取证,所取得的证据应当归入案件卷宗。

(3) 处理。在调查取证后,应听取当事人的陈述,对需要处罚的案件,应当作出处罚决定。

(4) 制作处理决定书。劳动监察机构做出行政处理决定,应当制作行政处理决定书。劳动监察员在规定的期限(2日)内制作劳动行政处理决定书,由领导审核后报主管局长审批。

(5) 送达。劳动监察机构在处罚决定做出之日起 7 日内,应当将处理决定送达当事人,处理决定书自送达之日起生效。

1.6 劳动信访和劳动行政复议

1.6.1 劳动信访

1. 信访渠道

根据《信访条例》,信访是指公民、法人或者其他组织采用书信、电子邮件、传真、电话、走访等形式,向各级人民政府、县级以上人民政府工作部门反映情况,提出建议、意见或者投诉请求,依法由有关行政机关处理的活动。采用前款规定的形式,反映情况,提出建议、意见或者投诉请求的公民、法人或者其他组织,称为信访人。

信访的渠道如表 1-1 所示。

表 1-1 信 访 渠 道

各级人民政府、县级以上人民政府工作部门	向社会公布信访工作机构的通信地址、电子信箱、投诉电话、信访接待的时间和地点、查询信访事项处理进展及结果的方式等相关事项
	在其信访接待场所或者网站公布与信访工作有关的法律、法规、规章,信访事项的处理程序
	建立或者确定本行政区域的信访信息系统,并与上级人民政府、政府有关部门、下级人民政府的信访信息系统实现互联互通
设区的市级、县级人民政府及其工作部门,乡、镇人民政府	建立行政机关负责人信访接待日制度,由行政机关负责人协调处理信访事项
国家信访工作机构	建立全国信访信息系统,为信访人在当地提出信访事项、查询信访事项办理情况提供便利

资料来源:根据《信访条例》(2005 年通过)整理。

2. 信访事项

信访人对下列组织、人员的职务行为反映情况,提出建议、意见,或者不服下列组织、人员的职务行为,可以向有关行政机关提出信访事项:①行政机关及其工作人员;②法律、法规授权的具有管理公共事务职能的组织及其工作人员;③提供公共服务的企业、事业单位及其工作人员;④社会团体或者其他企业、事业单位中由国家行政机关任命、派出的人员;⑤村民委员会、居民委员会及其成员。

对依法应当通过诉讼、仲裁、行政复议等法定途径解决的投诉请求,信访人应当依照有关法律、行政法规规定的程序向有关机关提出。

3. 信访形式

信访在形式上,一般应当采用书信、电子邮件、传真等书面形式;信访人提出投诉请求的,还应当载明信访人的姓名(名称)、住址和请求、事实、理由。有关机关对采用口头形式提出的投诉请求,应当记录信访人的姓名(名称)、住址和请求、事实、理由。

信访人采用走访形式提出信访事项的,应当到有关机关设立或者指定的接待场所提出。信访人对各级人民代表大会以及县级以上各级人民代表大会常务委员会、人民法院、人民检察院职权范围内的信访事项,应当分别向有关的人民代表大会及其常务委员会、人民法院、人民检察院提出。

信访人采用走访形式提出信访事项,应当向依法有权处理的本级或者上一级机关提出;信访事项已经受理或者正在办理的,信访人在规定期限内向受理、办理机关的上级机关再提出同一信访事项的,该上级机关不予受理。

1.6.2 劳动和社会保障信访

根据《劳动和社会保障信访工作暂行规定》,劳动和社会保障信访是指公民、法人和其他组织采用书信、走访和电话等形式,向县级以上人民政府劳动保障行政部门反映情况,提出意见、建议和合理要求,依法应当由劳动保障行政部门处理的活动。

1. 办理

劳动保障行政部门受理的信访事项,可按表1-2所示方式办理。

表1-2 劳动保障部门的办理方式

对询问有关劳动和社会保障法律、法规及有关政策规定的来信来访	按规定给予答复
对劳动和社会保障工作提出意见、建议和批评的信访材料	送部门领导和相关工作机构
对涉及劳动和社会保障的重要信访事项	经信访机构负责人批准后立项办理,同时报告主管领导
对检举、揭发劳动保障部门工作人员违法、违纪和失职、渎职行为的信访材料	转纪检、监察等部门处理
对反映紧急重大问题的	立即向部门领导报告
对不属于本部门受理的	及时转送、转交有关地区或部门办理
对集体来访	劳动保障行政部门应当要求来访群众按规定推选代表,并认真听取代表反映的情况,做好政策解释和疏导教育工作,积极协调有关部门,就地妥善予以处理
对涉及其他地区、部门的信访事项	劳动保障行政部门应当主动与有关地区、部门联系,协商办理,必要时报请上级行政机关协调处理
对信访事项发生地与当事人居住地不在同一地区的信访事项	原则上应当由信访事项发生地劳动保障行政部门办理,确需居住地协助办理的,居住地劳动保障行政部门应当积极配合
对可能造成社会影响的重大、紧急信访事项	劳动保障行政部门应当在职权范围内依法采取措施,果断处理,并及时报告当地人民政府和上级劳动保障行政部门
对直接办理、交办、转办和复查的信访事项	劳动保障行政部门应当按《信访条例》规定的时限办结
对办理的信访事项所作出的处理决定确有错误的	劳动保障行政部门应当重新办理,并作出处理决定
上级劳动保障行政部门认为下级劳动保障行政部门办理的信访事项确有错误的	有权直接办理或责成下级劳动保障行政部门重新办理

资料来源:根据《信访条例》整理。

2. 劳动保障部门的职责

劳动保障行政部门在办理信访事项时,应当履行下列职责:①宣传劳动和社会保障法律、法规和政策；②受理来信来访；③承办上级行政机关交办的信访事项；④向下级劳动保障行政部门交办信访事项，并负责督促、检查，直至办结；⑤向有关地区和部门转办信访事项；⑥协助有关部门处理与劳动和社会保障工作有关的信访事项；⑦检查、指导和协调下级劳动和社会保障信访工作；⑧对信访动态进行分析研究，及时向部门领导和上级机关反映情况，并提出解决问题的建议；⑨建立健全信访工作制度，开展调查研究，进行经验交流，培训工作人员；⑩办理其他劳动和社会保障信访事项。

1.6.3 劳动和社会保障行政复议

1. 申请复议事项

根据《劳动和社会保障行政复议办法》(1999)，公民、法人或者其他组织对劳动保障行政部门作出的下列具体行政行为不服，可以申请行政复议：

(1) 对劳动保障行政部门作出的警告、罚款、没收违法所得、没收非法财物、责令停产停业、吊销许可证等行政处罚决定不服的；

(2) 认为符合法定条件，申请劳动保障行政部门办理许可证、资格证等行政许可手续，劳动保障行政部门拒绝办理或者在法定期限内没有依法办理的；

(3) 对劳动保障行政部门作出的有关许可证、资格证等变更、中止、取消的决定不服的；

(4) 认为符合法定条件，申请劳动保障行政部门审批、审核、登记有关事项，劳动保障行政部门没有依法办理的；

(5) 认为劳动保障行政部门侵犯合法的用人自主权、工资分配权等经营自主权的；

(6) 申请劳动保障行政部门依法履行保护劳动者获取劳动报酬权、休息休假权、社会保险权等法定职责，劳动保障行政部门没有依法履行的；

(7) 认为劳动保障行政部门违法收费或者违法要求履行义务的；

(8) 对劳动保障行政部门认定工伤的具体行政行为不服的；

(9) 认为劳动保障行政部门作出的其他具体行政行为侵犯其合法权益的。

公民、法人或者其他组织认为劳动保障行政部门的具体行政行为所依据的除法律、法规、规章和国务院文件以外的其他规范性文件不合法，在对具体行政行为申请行政复议时，可以一并向劳动保障复议机关提出对该规范性文件的审查申请(见表1-3)。

表1-3 复 议 申 请

对县级以上劳动保障行政部门的具体行政行为不服的	向上一级劳动保障行政部门申请复议，也可以向本级人民政府申请复议
对依法受委托的属于事业组织的就业服务管理机构、职业技能鉴定指导机构、乡镇劳动工作机构等作出的具体行政行为不服的	可以向委托其行使行政管理职能的劳动保障行政部门的上一级劳动保障行政部门申请复议，也可以向该劳动保障行政部门的同级人民政府申请行政复议。委托的劳动保障行政部门是被申请人
对劳动保障行政部门和政府其他部门组织执法检查，以共同名义作出的具体行政行为不服的	可以向其共同的上一级行政机关申请复议。共同作出具体行政行为的劳动保障行政部门是共同被申请人之一

公民、法人或者其他组织对下列事项,不能申请行政复议:

(1) 劳动者与用人单位之间在执行劳动保障法律、法规、规章及其他规范性文件中发生的劳动争议;

(2) 对劳动鉴定委员会作出的伤残等级鉴定结论不服的;

(3) 对劳动争议仲裁委员会作出的仲裁决定或者裁决不服的;

(4) 向人民法院提起行政诉讼,人民法院已经依法受理的;

(5) 法律、法规规定的其他情形。

2. 复议申请受理

劳动保障行政部门的法制机构或者负责法制工作的机构收到复议申请后,应当注明收到日期,并在 5 日内进行审查,由劳动保障行政部门按照表 1-4 所示情况分别作出决定。

表 1-4 劳动保障部门受理决定

符合法定受理条件,并属于本机关受理范围的	作出受理决定,制作《行政复议受理通知书》,送达申请人和被申请人,该通知中应当告知受理日期
符合法定受理条件,但不属于本机关受理范围的	应当书面告知申请人向有关机关提出
不符合法定受理条件的	应当作出不予受理决定,并制作《行政复议不予受理决定书》,送达申请人,该决定书中应当说明不予受理的理由

资料来源:根据《信访条例》整理。

劳动保障行政部门的其他工作机构收到复议申请的,应当立即转送法制机构。除不符合行政复议的法定条件或者不属于本机关受理的复议申请外,行政复议申请自劳动保障复议机关的法制机构收到之日起即为受理。

劳动者与用人单位因工伤保险待遇发生争议,向劳动争议仲裁委员会申请仲裁期间,对劳动保障行政部门作出的工伤认定结论不服,又向劳动保障复议机关申请复议的,如果符合法定条件,劳动保障复议机关应当受理。

申请人认为劳动保障复议机关无正当理由不受理其复议申请的,可以向上级劳动保障行政部门反映,上级劳动保障行政部门在审查后可以作出以下处理决定:

(1) 申请人提出的申请符合法定受理条件的,应当责令下级劳动保障行政部门予以受理,其中申请人不服的具体行政行为是依据劳动保障法律、法规、本级以上人民政府制定的规章或者本机关制定的规范性文件作出的。或者上级劳动保障行政部门认为有必要直接受理的,可以直接受理。

(2) 上级劳动保障行政部门认为下级劳动保障行政部门不予受理行为确有正当理由,申请人仍然不服的,应当告知申请人可以依法对下级劳动保障行政部门的具体行政行为向人民法院提起行政诉讼。

劳动保障复议机关在审查申请人一并提出的作出具体行政行为所依据的有关规定的合法性时,应当根据具体情况,分别作出以下处理:

(1) 如果该规定是由本行政机关制定的,应当在 30 日内对该规定依法作出处理结论。

（2）如果该规定是由其他劳动保障行政部门制定的,应当在 7 日内将有关材料直接移送制定该规定的劳动保障行政部门,请其在 60 日内依法作出处理结论,并将处理结论告知移送的劳动保障复议机关。

（3）如果该规定是由政府制定的,应当在 7 日内按照法定程序转送有权处理的国家机关依法处理。对该规定进行审查期间,中止对具体行政行为的审查;审查结束后,劳动保障复议机关再继续本案具体行政行为的审查。中止审查期间,应当将有关中止的情况通知申请人和被申请人。

劳动保障复议机关对决定撤销、变更具体行政行为或者确认具体行政行为违法并且申请人提出行政赔偿请求的下列具体行政行为,应当在复议决定中同时作出被申请人依法给予赔偿的决定:

（1）被申请人违法实施罚款、吊销许可证、责令停产停业、没收财物等行政处罚行为的;

（2）被申请人非法对财产采取查封、扣押等行政强制措施的;

（3）被申请人造成申请人财产损失的其他违法行为。

劳动保障复议机关作出复议决定,应当制作复议决定书。复议决定书应当载明下列事项:

（1）申请人的姓名、性别、年龄、工作单位、住址(法人或者其他组织的名称、地址、法定代表人的姓名、职务);

（2）被申请人的名称、地址,法定代表人的姓名、职务;

（3）申请人的复议请求和理由;

（4）劳动保障复议机关认定的事实、理由,适用的法律、法规、规章及其他规范性文件;

（5）复议结论;

（6）申请人不服复议决定向人民法院起诉的期限;

（7）作出复议决定的年、月、日。

复议决定书应当加盖本行政机关的印章。

第 2 章
劳动合同

- 概述
- 合同的订立、履行和变更
- 合同的解除和终止
- 集体合同
- 劳务派遣和非全日制用工

2.1 概述

2.1.1 劳动合同的概念

《中华人民共和国劳动法》(以下简称《劳动法》)第 16 条将劳动合同界定为：劳动合同是劳动者与用人单位确立劳动关系、明确双方权利和义务的协议。通过劳动合同的签订、履行、终止以及变更接触、调解劳动关系，保障劳动者和用人单位的合法权益。劳动合同应当以书面形式订立，并由用人单位和劳动者本人各执一份。劳动合同依法订立即具有法律约束力，当事人双方必须履行劳动合同中规定的义务。由他人代签劳动合同属无效合同，对签约双方都无约束力。

2.1.2 我国有关劳动合同的法律法规

目前，在我国，现行与劳动合同相关的法律主要包括：
(1)《劳动法》(1994 年 7 月 5 日第八届全国人民代表大会常务委员会第八次会议通过)。

《劳动法》第3章对劳动合同和集体合同进行专章规定,共20条。

(2) 劳动部《关于贯彻〈劳动法〉若干条文的说明》(1994年9月5日发布)。该说明对《劳动法》的相关条文进行了详细解释。

(3)《中华人民共和国劳动合同法》(以下简称《劳动合同法》)。该法由中华人民共和国第十届全国人民代表大会常务委员会第28次会议于2007年6月29日通过,自2008年1月1日起施行。该法案的出台,对实施多年的各地方劳动合同条例已确定的劳动关系模式都有重大的调整,对企业人力资源管理现有方式会产生重大的影响。

2012年12月28日,《劳动合同法》进行了第一次修订,这次修订主要修改了关于劳务派遣的有关规定。本章所引述的法律条款,大部分出自本法,所以不再标明出处。

知识链接:理解《劳动合同法》存在6大误区

误区1:无固定期限合同是"铁饭碗"

不少用人单位和劳动者错误地认为,与用人单位签了无固定期限合同,劳动者就等于捧上了"铁饭碗",这种合同如同劳动者的"护身符"、用人单位的"终身包袱"。

法苑解读:无固定期限劳动合同是指用人单位与劳动者约定无确定终止时间的劳动合同。无确定终止时间就表明劳动合同的终止是不确定的,双方协商一致或是出现员工严重违反用人单位规章制度、严重失职、营私舞弊等情况,合同都有可能解除。

误区2:员工须无条件服从单位规章制度

不少单位认为,员工既然是单位的人,就必须无条件遵守单位的规章制度,如有违反,应该照章处罚。

法苑解读:根据《劳动合同法》规定,作为合法有效的规章制度必须有两个前提:一是程序合法;二是实体内容不得与现行法律相违背。规章制度如违法并给劳动者造成损害的,劳动者可随时解除合同并有权得到补偿。

误区3:《劳动合同法》不保护用人单位

《劳动合同法》一出台,用人单位纷纷采取裁员等方式应对。不少企业负责人认为,这部法律只保护劳动者,许多规定让他们很被动,可以说是用人单位的"毒药"。

法苑解读:《劳动合同法》不仅保护劳动者,同时也保护用人单位。总体上看,该法的相关规定向劳动者作了倾斜,但其中也不乏维护用人单位合法权益的内容。例如:该法新增了保护用人单位商业秘密的竞业限制规定,对负有保密义务的劳动者进行了约束,此外还放宽了用人单位依法解除劳动合同的条件。

误区4:单位可要求劳动者提供担保

收取职工押金、扣押身份证等违法违规行为这几年遭到严厉打击和查处,于是一些单位转而要求劳动者应聘时提供担保,否则不予录用,单位认为这种方式很合理。

法苑解读:《劳动合同法》第9条规定,用人单位招用劳动者,不得扣押劳动者的居民身份证和其他证件,不得要求劳动者提供担保或者以其他名义向劳动者收取财物。如果劳动者再遇此类情况,应大胆举报。

误区5:求职时须如实回答所有提问

求职者求职时经常会面对"何时要孩子"、"有没有恋人"等问题。一些用人单位误以为,根据《劳动合同法》中"用人单位有权了解劳动者与劳动合同直接相关的基本情况"的规定,上述做法仍然合法。

法苑解读:"与劳动合同直接相关的基本情况"包括知识技能、学历、职业资格、工作经历以及部分与工作有关的劳动者个人情况,如家庭住址、主要家庭成员构成等。为保护劳动者的隐私权,不属于"与劳动合同直接相关的基本情况"的,单位都无权过问,劳动者也有权拒绝作答。

误区 6:用人单位可随意裁员

一些用人单位认为,裁员是自己说了算的,想裁就裁,想裁多少就裁多少。面对单位的裁员,许多劳动者十分无奈。

法苑解读:《劳动合同法》明确,发生以下 4 种情况单位才能"大规模"裁员:依照企业破产法规定进行重整;生产经营发生严重困难;企业转产、重大技术革新或者经营方式调整,经变更劳动合同后,仍需裁减人员;其他经济情况发生重大变化,致使劳动合同无法履行。

此外《劳动合同法》还规定,需要裁减人员 20 人以上或者裁减不足 20 人但占企业职工总数 10% 以上的,用人单位应提前 30 日向工会或者全体职工说明情况,听取工会或者职工的意见后,裁减人员方案经向劳动行政部门报告,可以裁减人员。

资料来源:四川新闻网-成都晚报,2007-12-16。

2.1.3 劳动合同法的基本原则

《劳动合同法》总则第 3 条规定:订立劳动合同,应当遵循合法、公平、平等自愿、协商一致、诚实信用的原则。这可说是劳动合同法的基本原则。

作为这一原则的具体实施,《劳动合同法》第 4 条进一步规定:用人单位在制定、修改或者决定有关劳动报酬、工作时间、休息休假、劳动安全卫生、保险福利、职工培训、劳动纪律以及劳动定额管理等直接涉及劳动者切身利益的规章制度或者重大事项时,应当经职工代表大会或者全体职工讨论,提出方案和意见,与工会或者职工代表平等协商确定。在规章制度和重大事项决定实施过程中,工会或者职工认为不适当的,有权向用人单位提出,通过协商予以修改完善。用人单位应当将直接涉及劳动者切身利益的规章制度和重大事项决定公示,或者告知劳动者。

《劳动合同法》是否得以实施,由县级以上地方人民政府劳动行政部门负责本行政区域内劳动合同制度实施的监督管理。

2.2 劳动合同的订立、履行和变更

2.2.1 基本规定

签订劳动合同的双方,都要保证向对方提供完整的信息。用人单位招用劳动者时,应当如实告知劳动者工作内容、工作条件、工作地点、职业危害、安全生产状况、劳动报酬以

及劳动者要求了解的其他情况;用人单位有权了解劳动者与劳动合同直接相关的基本情况,劳动者应当如实说明。另外,用人单位招用劳动者,不得扣押劳动者的居民身份证和其他证件,不得要求劳动者提供担保或者以其他名义向劳动者收取财物。

劳动合同由用人单位与劳动者协商一致,并经用人单位与劳动者在劳动合同文本上签字或者盖章生效。劳动合同文本由用人单位和劳动者各执一份。

建立劳动关系,应当订立书面劳动合同。已建立劳动关系,未同时订立书面劳动合同的,应当自用工之日起一个月内订立书面劳动合同。用人单位与劳动者在用工前订立劳动合同的,劳动关系自用工之日起建立。

2.2.2 合同形式

《劳动合同法》第12～15条规定了劳动合同可以采取的形式。

劳动合同分为固定期限劳动合同、无固定期限劳动合同和以完成一定工作任务为期限的劳动合同。固定期限劳动合同是指用人单位与劳动者约定合同终止时间的劳动合同。无固定期限劳动合同是指用人单位与劳动者约定无确定终止时间的劳动合同。以完成一定工作任务为期限的劳动合同是指用人单位与劳动者约定以某项工作的完成为合同期限的劳动合同。

用人单位与劳动者协商一致,可以订立固定期限劳动合同和以完成一定工作任务为期限的劳动合同,也可以订立无固定期限劳动合同。但有下列情形之一,劳动者提出或者同意续订、订立劳动合同的,除劳动者提出订立固定期限劳动合同外,应当订立无固定期限劳动合同:①劳动者在该用人单位连续工作满10年的;②用人单位初次实行劳动合同制度或者国有企业改制重新订立劳动合同时,劳动者在该用人单位连续工作满10年且距法定退休年龄不足10年的;③连续订立两次固定期限劳动合同,且劳动者没有严重的违规违法行为或不能胜任情形的。另外,用人单位自用工之日起满1年不与劳动者订立书面劳动合同的,视为用人单位与劳动者已订立无固定期限劳动合同。

案例2.1　华为补偿10亿元鼓励7000名老员工"辞职"

"连任正非都要改工号了,我们老员工的卡号、ID都被注销,需要等待重新竞聘上岗。"昨日下午,华为员工黄明对记者说。今年9月底开始,华为共计7000多名工作满8年的老员工,相继向公司提交请辞自愿离职。

这次大规模的辞职是由华为公司组织安排的,辞职员工随后即可以竞聘上岗,职位和待遇基本不变,唯一的变化就是再次签署的劳动合同和工龄。全部辞职老员工均可以获得华为公司支付的赔偿,据了解总计高达10亿元。

1. 老员工先辞职再竞岗

来自华为员工的消息显示,华为鼓励员工辞职的方案9月已获通过,10月前华为公司先后分批次与老员工私下沟通取得共识,10月开始至11月底实施,必须在2008年1月1日《劳动合同法》实施之前完成。共计将有超过7000名工作超过8年的老员工,需要逐步完成"先辞职再竞岗"工作。

按照华为公司的要求,工作满8年的员工,由个人向公司提交一份辞职申请,在达成自愿辞职共识之后,再竞争上岗,与公司签订新的劳动合同,工作岗位基本不变,薪酬略有上升。

老员工辞职之后,这些有着华为最老的工号也将消失,某种程度上体现等级的工号制度取消,所有工号重新排序,排序不分先后,也不再体现员工工作年限长短。

据华为员工透露,华为总裁任正非、副总裁孙亚芳在内的一批华为创业元老,也将进行"先辞职再竞岗"。

2. 华为的补偿方案

华为多位员工提供的信息显示,此次"先辞职再竞岗"时,所有自愿离职的员工将获得华为公司相应的补偿,补偿方案为"N+1"模式。

N为在华为工作的年限,打个比方,如果某个华为员工的月工资是5 000元;一年的奖金是60 000元,平摊到每个月就是5 000元的奖金,假如他在华为工作了8年。那么他得到的最终赔偿数额就是10 000元(工资+年奖金平摊)乘以"8+1",计90 000元。

而此次自愿辞职的老员工大致分为两类:自愿归隐的"功臣"和长期在普通岗位的老员工,工作年限均在8年以上。其中一些老员工已成为"公司的贵族",坐拥丰厚的期权收益和收入,因而"缺少进取心"。由于这些老员工的收入较高,华为公司为他们辞工支付的赔偿费,外界预测总计将超过10亿元。

3. 来自外界的解读

即将于2008年1月1日实施的《劳动合同法》,此前即已经引起各方的强烈争议。此次华为"先辞职再竞岗",被外界解读为直接以规避《劳动合同法》相关条文为目的。

"华为向来倡导员工的危机意识,通过能上能下的机制激励员工,和7 000多人签订无固定期限劳动合同,与任正非和华为的管理风格矛盾。事实上,这也是越来越多的企业面对《劳动合同法》必须思考和应对的。"昨日下午,深圳雅而德律师事务所律师阎斌分析。

"这是《劳动合同法》即将实施之前出现的一个新问题。"昨日下午,深圳市劳动和社会保障局有关负责人表示,已经对华为的作法予以关注和研究。

另据记者了解,同在深圳的另外几家大公司如富士康、中兴以及比亚迪表示暂无类似举动。

资料来源:《南方都市报》,2007-11-02。

2.2.3 劳动合同条款

《劳动合同法》第17条规定,劳动合同应当具备以下条款:①用人单位的名称、住所和法定代表人或者主要负责人;②劳动者的姓名、住址和居民身份证或者其他有效身份证件号码;③劳动合同期限;④工作内容和工作地点;⑤工作时间和休息休假;⑥劳动报酬;⑦社会保险;⑧劳动保护、劳动条件和职业危害防护;⑨法律、法规规定应当纳入劳动合同的其他事项。

劳动合同除前款规定的必备条款外,用人单位与劳动者可以约定试用期、培训、保守秘密、补充保险和福利待遇等其他事项。

案例2.2 劳动合同与劳务合同的细微差别

一、劳务合同中劳动者不享有社会保险待遇

案例：宋某在北京工作已经3年了，一直在某公司做销售员。公司和她签订劳动合同时说，由于她没有北京户口，不能签订劳动合同，只能签订劳务合同。不料，她突然患病住院，医药费用去了几万元。这时她才想到自己还没有办理社会医疗保险。她找公司要求按医疗保险的相应标准报销医药费，公司却回答说，你与公司签订的是劳务合同，公司不承担医药费。

点评：在建立劳动关系时，一定要看清与单位建立的是什么关系，劳动合同与劳务合同一字之差，在性质上却是相差很大的。只有劳动合同才受《劳动法》的保护，劳动者才能享有劳保待遇；劳务合同是一种民事合同，是受《民法通则》与《合同法》调整的，劳动者是不能享受劳保待遇的。

二、国外公司办事处与中籍职工只能签订劳务合同

案例：刘小姐是新加坡某公司驻京办事处员工，月薪4 000元。当时刘小姐进公司时，是看到该公司在网上公布的招聘广告才去的。工作四年后，此办事处又招进了一批年轻的员工，这些员工的月薪只有2 000多元。为了减少开支，公司解聘了刘小姐。刘小姐不服，向海淀区劳动争议仲裁委员会申请劳动仲裁，要求经济补偿，结果被告知不予受理。

点评：国外公司办事处在国内没有用人权利，不能与中籍职工建立劳动关系。如果办事处想招聘职工，必须通过外服公司才行。所以，在此关系中，职工必须先与外服公司签订劳动合同，再由外服公司与国外公司办事处签订劳务输出合同。如果职工没有通过外服公司而是直接与国外公司办事处建立了"劳动关系"，签订了"劳动合同"，这种合同本身是无效的，在实践中劳动仲裁机关不受理此类纠纷，在法院诉讼阶段，法院把这种关系认定为一种劳务关系，而劳务关系是得不到经济补偿的。

三、退休后只能成立劳务关系

案例：李师傅退休后又被单位返聘，但是他发现这一次单位不再给他上各种劳动保险了，对此他十分不理解，于是就去申请了劳动仲裁。仲裁认为，李师傅与单位之间的关系不是劳动关系，而是一种劳务关系，于是驳回了他的仲裁请求；他不服，开始起诉，一审二审都被驳回。此案被中央电视台报道。

同时，也发生相似的一个案例：王师傅退休后被某公司聘用，当时约定的是月薪8 000元，2003年4月至8月这五个月的工资报酬公司一直拖欠不给。于是王师傅就直接向法院进行起诉，要求支付劳动报酬。单位提出了管辖权异议，认为公司与王师傅之间的关系是一种劳动关系，应该先经仲裁才能诉讼，所以请求法院驳回王师傅的诉讼请求。法院审理后，认为王师傅已经退休，退休后与单位就不能再形成劳动关系，而应是一种劳务关系。所以法院驳回了单位的管辖权异议，依法进行了案件的审理。

点评：在我国现行实践中，退休后的职工再与单位建立用工关系的，一律以劳务关系对待。虽然这一点在理论上还有争议，但是目前仍然是实践中的惯常做法。

四、事实劳动关系可以转化为劳务关系

案例：李先生与北京某有限公司维持了三年的劳动关系，但是一直没有签订劳动合同。在此期间，李先生的月薪是8 000元，但是每月都扣发20%作为风险抵押金。2003年9月，李先生跳槽，并去海淀区人民法院起诉公司，要求公司返还风险抵押金。公司在提交答辩状期间对法院的管辖权提出异议，认为李与公司之间的关系是劳动关系，双方所产生的纠纷是劳动纠纷，应先由劳动争议仲裁委员会作出仲裁，才能向法院起诉。所以请求驳回李先生的诉讼，转由劳动部门仲裁解决。海淀法院经审查后，认为被告没有提交劳动合同，也没有提供其他证据证明劳动合同主要条款的存在，所以认定原告与被告之间的关系是一种劳务关系，据此，以（2003）海民初字第599×号民事裁定书驳回了被告的管辖异议。

点评：事实劳动关系本来是一种劳动关系，但是由于它没有书面合同，所以劳动关系中的很多权利义务无法确定，这固然对单位有很多好处，可同时对单位也有很多弊端。对此种关系，劳动者可以随时要求终止，同时由于没有书面合同，单位也无法证明两者之间的具体的关系性质。如果劳动者要求以劳务关系的性质来对待的话，用人单位将会很被动的。

以上四点，仅仅是劳动合同与劳务合同在实践中的一点点比较典型突出的区别。其实两者之间还存在着很多相互包容相互转化的关系。

资料来源：劳动仲裁网，http://www.ldzc.com/html/2009/case_1210/2188.html。

2.2.4 试用期

劳动合同期限3个月以上不满1年的，试用期不得超过1个月；劳动合同期限1年以上不满3年的，试用期不得超过2个月；3年以上固定期限和无固定期限的劳动合同，试用期不得超过6个月。同一用人单位与同一劳动者只能约定一次试用期。以完成一定工作任务为期限的劳动合同或者劳动合同期限不满3个月的，不得约定试用期。试用期包含在劳动合同期限内。劳动合同仅约定试用期的，试用期不成立，该期限为劳动合同期限。

劳动者在试用期的工资不得低于本单位相同岗位最低档工资或者劳动合同约定工资的80%，并不得低于用人单位所在地的最低工资标准。

在试用期中，除劳动者有严重的违规违法行为，或不能胜任情形的，用人单位不得解除劳动合同。用人单位在试用期解除劳动合同的，应当向劳动者说明理由。

案例2.3 签订试用合同是违法行为

案情：经过面试、口试、笔试后，某食品有限公司决定招用陈女士。公司人力资源部负责人对陈女士说："按照公司的规定，凡是新招用的职工要先签订三个月的试用合同，约定每月工资500元，待试用合格以后再与员工签订正式的劳动合同，每月工资3 000元。"陈女士提出签订一年期的劳动合同，公司人力资源部负责人说："只能签订试用合同，试用合格后才能签订劳动合同。"陈女士认为该公司的做法违反了《劳动法》的规定，于

是到监察大队举报。

监察大队根据调查的事实,责令该食品有限公司立即纠正签订试用合同的违法行为。

评析：签订试用合同是违反劳动法的行为。

依据《劳动法》第16条第2款规定："建立劳动关系应当订立劳动合同。"《劳动法》第21条规定："劳动合同可以约定试用期。试用期最长不得超过6个月。"《上海市劳动合同条例》第13条规定："劳动合同当事人可以约定试用期。劳动合同期限不满6个月的,不得设试用期；满6个月不满1年的,试用期不得超过1个月；满1年不满3年的,试用期不得超过3个月；满3年的,试用期不得超过6个月。劳动合同当事人仅约定试用期的,试用期不成立,该期限即为劳动合同期限。"

根据上述规定,劳动者和用人单位建立劳动关系,就应当签订劳动合同。试用期是劳动者和用人单位劳动关系的一种表现形式,所以也应当签订劳动合同。劳动者和用人单位双方同意建立劳动关系,用人单位应当在劳动者开始工作之时就与其签订劳动合同。对于新上岗的劳动者,用人单位与劳动者可以约定试用期也可以不约定试用期。如果用人单位与劳动者约定试用期,试用期应在劳动合同中约定。劳动合同是劳动者与用人单位确立劳动关系,明确双方的权利和义务的协议,具有法律约束力。签订劳动合同对用人单位和劳动者都很重要,如果发生劳动争议,在申请劳动争议仲裁时,有利于维护劳动者和用人单位双方的合法权益。

目前,有些用人单位和劳动者对劳动合同不了解,将试用期与劳动合同分隔开来,这种做法是违法的。

资料来源：企业法律咨询网。

2.2.5 关于培训、保密和竞业限制问题

用人单位为劳动者提供专项培训费用,对其进行专业技术培训的,可以与该劳动者订立协议,约定服务期。劳动者违反服务期约定的,应当按照约定向用人单位支付违约金。违约金的数额不得超过用人单位提供的培训费用。用人单位要求劳动者支付的违约金不得超过服务期尚未履行部分所应分摊的培训费用。用人单位与劳动者约定服务期的,不影响按照正常的工资调整机制提高劳动者在服务期期间的劳动报酬。

用人单位与劳动者可以在劳动合同中约定保守用人单位的商业秘密和与知识产权相关的保密事项。对负有保密义务的劳动者,用人单位可以在劳动合同或者保密协议中与劳动者约定竞业限制条款,并约定在解除或者终止劳动合同后,在竞业限制期限内按月给予劳动者经济补偿。劳动者违反竞业限制约定的,应当按照约定向用人单位支付违约金。

竞业限制的人员限于用人单位的高级管理人员、高级技术人员和其他负有保密义务的人员。竞业限制的范围、地域、期限由用人单位与劳动者约定,竞业限制的约定不得违反法律、法规的规定。在解除或者终止劳动合同后,前款规定的人员到与本单位生产或者经营同类产品、从事同类业务的有竞争关系的其他用人单位,或者自己开业生产或者经营同类产品、从事同类业务的竞业限制期限,不得超过两年。

案例 2.4　公司实行竞业限制须支付经济补偿

案例介绍：小杨是一家计算机编程公司的程序员,与单位签有3年的劳动合同,劳动合同中约定了小杨在离职后两年内不得从事同行业与本单位有竞争关系的工作。2005年9月,劳动合同到期后,小杨和单位没有续签劳动合同。小杨离职时,单位一再强调要求其履行竞业限制的规定。

小杨在此后的半年多时间里一直履行她与单位的竞业限制约定,但因脱离本专业她没有其他行业的相关工作经验,所以也一直没找到工作,生活慢慢变得越来越艰难。小杨越想越觉得这种约定不公平,于是她咨询了专业律师。这才知道,根据法律规定原单位应当在她离职时开始为她履行竞业限制义务埋单,即支付竞业补偿金。如果单位拒不支付,她可以不履行竞业限制义务。交涉无果。她在2006年1月向区劳动争议仲裁委员会提出申诉,要求单位按其每月3 000元工资的标准支付其两年的竞业限制补偿金。

案例分析：本案是典型的竞业限制争议,许多技术性企业经常使用竞业限制的方式保护本单位的商业秘密以保障自身的竞争力,但在保护企业自身利益的同时,也应当依法办事,不侵害员工的合法权益。

竞业限制约定又称竞业禁止,是指对权利人(一般是用人单位)对有特定关系的义务人(一般指劳动者)特定竞争行为(自营或者为他人经营与原用人单位有竞争的业务)的禁止。竞业限制是净化市场环境、保护公平竞争秩序、协调市场主体之间(特指雇主与雇员之间)权益的一项重要法律制度。在市场经济运行过程中,以高薪挖墙脚,以不正当方式获得他人的商业秘密等情况时有发生,损害了相关市场主体的合法权益,危害市场经济的健康发展。为此,国家制定了一系列规定如《反不正当竞争法》《公司法》,其中对经理、董事等高级管理人员任职期间的竞业行为作出了相应要求。但这些都是法律要求竞业对象承担的竞业行为,属于法定竞业。而《劳动法》里规定的竞业限制则属于劳资双方约定的竞业限制,且只有那些负有保守用人单位商业秘密义务的劳动者才能约定竞业限制。劳动者竞业限制的依据是其与用人单位签订的竞业条款或竞业协议,竞业限制的期限和权利义务也是通过双方约定而产生的,但竞业限制的约定不得违反法律、法规的规定。根据《上海市劳动合同条例》规定,竞业限制的期限由劳动合同当事人约定,最长不得超过3年,法律、行政法规另有规定的除外。而且,劳动合同双方当事人约定竞业限制的,不得再约定解除劳动合同的提前通知期。

竞业限制约定是对劳动者自由择业权的限制,用人单位应当就此给予劳动者相应的经济补偿。《上海市劳动合同条例》明确规定:"对负有保守用人单位商业秘密义务的劳动者,劳动合同当事人可以在劳动合同或者保密协议中约定竞业限制条款,并约定在终止或者解除劳动合同后,给予劳动者经济补偿。"本案中单位与小杨签订的劳动合同中对竞业限制期限及内容以竞业条款的形式做了相关约定,但却未对给小杨的竞业经济补偿做出约定,并且在其离职时单位也未支付相应的竞业补偿。根据《关于实施〈上海市劳动合同条例〉若干问题的通知(二)》,竞业限制协议对经济补偿金的标准、支付形式等未作约定的,劳动者可以要求用人单位支付经济补偿金。双方当事人由此发生争议的,可按劳动争议处理程序解决。用人单位要求劳动者继续履行竞业限制协议的,应当按劳动争议处理机构确认的标准及双方约定的竞业限制期限一次性支付经济补偿金,劳动者应当继续履行竞业限制义务;用人单位放弃对剩余期限竞业限制要求的,应当按劳动争议处理机构确认的标准支付已经履行部分的经济补偿金。本案中,单位在劳动仲裁时明确放弃对剩余部分的竞业限制期限要求,这种放弃是允许的,但根据相关法律的规定,竞业限制协议生效前或者履行期间,用人单位放弃对劳动者竞业限制的要求,应当提前一个月通知劳动者。因此,法院酌情根据小杨履行竞业义务的时间及其工资状况判决单位支付相应的竞业经济补偿。

本案经过仲裁和一审,最终,法院在单位放弃对小杨以后竞业要求的情况下,支持了小杨6 000元的竞业经济补偿要求。

资料来源:华律网,http://www.66law.cn/goodcase/27709.aspx。

2.2.6 无效合同

第26条规定,下列劳动合同无效或者部分无效:①以欺诈、胁迫的手段或者乘人之危,使对方在违背真实意思的情况下订立或者变更劳动合同的;②用人单位免除自己的法定责任、排除劳动者权利的;③违反法律、行政法规强制性规定的。

对劳动合同的无效或者部分无效有争议,由劳动争议仲裁机构或者人民法院确认。

劳动合同部分无效,不影响其他部分效力的,其他部分仍然有效。劳动合同被确认无效,劳动者已付出劳动的,用人单位应当向劳动者支付劳动报酬。劳动报酬的数额,参照本单位相同或者相近岗位劳动者的劳动报酬确定。

2.2.7 劳动合同的履行和变更

用人单位应当按照劳动合同约定和国家规定,向劳动者及时足额支付劳动报酬。用人单位拖欠或者未足额支付劳动报酬的,劳动者可以依法向当地人民法院申请支付令,人民法院应当依法发出支付令。

用人单位应当严格执行劳动定额标准,不得强迫或者变相强迫劳动者加班。用人单位安排加班的,应当按照国家有关规定向劳动者支付加班费。劳动者拒绝用人单位管理人员违章指挥、强令冒险作业的,不视为违反劳动合同。劳动者对危害生命安全和身体健康的劳动条件,有权对用人单位提出批评、检举和控告。

用人单位变更名称、法定代表人、主要负责人或者投资人等事项,不影响劳动合同的履行。用人单位发生合并或者分立等情况,原劳动合同继续有效,劳动合同由承继其权利和义务的用人单位继续履行。用人单位与劳动者协商一致,可以变更劳动合同约定的内容。变更劳动合同,应当采用书面形式。变更后的劳动合同文本由用人单位和劳动者各执一份。

案例 2.5　因企业分立合并引发的劳动争议

案例：周先生通过招聘进入甲公司工作，与公司签订了为期 3 年的劳动合同。合同履行期间，由于经营上的原因，甲公司经资产重组，与乙公司合并，并将合并后的公司到工商部门重新注册登记为丙公司。丙公司成立后，以原劳动合同主体已变更，原劳动合同无法继续履行为由，要求周先生重新签订劳动合同，否则将按不愿签订合同作解除劳动关系处理。周先生认为在原岗位继续工作无须签订新合同而予以拒绝。丙公司见周先生拒签合同，即以周先生不愿与新单位签订劳动合同为由，随即作出了解除与周先生劳动关系的决定。周先生不予接受，遂提起劳动仲裁。

评析：《劳动合同法》规定：用人单位发生合并、分立等情况，原劳动合同继续有效，劳动合同由承继其权利义务的用人单位继续履行。仲裁委员会据此裁决，原劳动合同仍然有效，丙公司不得解除与周先生的劳动关系，应当继续履行原劳动合同。

资料来源：法律快车，http://anli.lawtime.cn/mflaodong/20111102226237.html。

2.3　劳动合同的解除和终止

第 36 条规定：用人单位与劳动者协商一致，可以解除劳动合同。

2.3.1　劳动者主动解除合同

劳动者提前 30 日以书面形式通知用人单位，或在试用期内提前 3 日通知用人单位，可以解除劳动合同。

第 38 条规定，用人单位有下列情形之一的，劳动者可以解除劳动合同：①未按照劳动合同约定提供劳动保护或者劳动条件的；②未及时足额支付劳动报酬的；③未依法为劳动者缴纳社会保险费的；④用人单位的规章制度违反法律、法规的规定，损害劳动者权益的；等等。

用人单位以暴力、威胁或者非法限制人身自由的手段强迫劳动者劳动的，或者用人单位违章指挥、强令冒险作业危及劳动者人身安全的，劳动者可以立即解除劳动合同，不需事先告知用人单位。

2.3.2　用人单位主动解除合同

《劳动合同法》第 39 条规定，劳动者有下列情形之一的，用人单位可以解除劳动合同：①在试用期间被证明不符合录用条件的；②严重违反用人单位的规章制度的；③严重失职，营私舞弊，给用人单位造成重大损害的；④劳动者同时与其他用人单位建立劳动关系，对完成本单位的工作任务造成严重影响，或者经用人单位提出，拒不改正的；⑤因本法第 26 条第 1 款第 1 项规定的情形致使劳动合同无效的；⑥被依法追究刑事责任的。

《劳动合同法》第 40 条规定，有下列情形之一的，用人单位提前 30 日以书面形式通知劳动者本人或者额外支付劳动者 1 个月工资后,可以解除劳动合同:①劳动者患病或者非因工负伤,在规定的医疗期满后不能从事原工作,也不能从事由用人单位另行安排的工作的;②劳动者不能胜任工作,经过培训或者调整工作岗位,仍不能胜任工作的;③劳动合同订立时所依据的客观情况发生重大变化,致使劳动合同无法履行,经用人单位与劳动者协商,未能就变更劳动合同内容达成协议的。

第 41 条规定,有下列情形之一,需要裁减人员 20 人以上或者裁减不足 20 人但占企业职工总数 10% 以上的,用人单位提前 30 日向工会或者全体职工说明情况,听取工会或者职工的意见后,裁减人员方案经向劳动行政部门报告,可以裁减人员:①依照企业破产法规定进行重整的;②生产经营发生严重困难的;③企业转产、重大技术革新或者经营方式调整,经变更劳动合同后,仍需裁减人员的。

裁减人员时,应当优先留用下列人员:①与本单位订立较长期限的固定期限劳动合同的;②与本单位订立无固定期限劳动合同的;③家庭无其他就业人员,有需要扶养的老人或者未成年人的。用人单位依照企业破产法规定进行重整而裁减人员后,在 6 个月内重新招用人员的,应当通知被裁减的人员,并在同等条件下优先招用被裁减的人员。

2.3.3 用人单位不得解除劳动合同的规定

第 42 条规定,劳动者有下列情形之一的,用人单位不得依照本法第 40 条、第 41 条的规定解除劳动合同:①从事接触职业病危害作业的劳动者未进行离岗前职业健康检查,或者疑似职业病病人在诊断或者医学观察期间的;②在本单位患职业病或者因工负伤并被确认丧失或者部分丧失劳动能力的;③患病或者非因工负伤,在规定的医疗期内的;④女职工在孕期、产期、哺乳期的;⑤在本单位连续工作满 15 年,且距法定退休年龄不足 5 年的;等等。

2.3.4 解除合同程序

用人单位单方解除劳动合同,应当事先将理由通知工会。用人单位违反法律、行政法规规定或者劳动合同约定的,工会有权要求用人单位纠正。用人单位应当研究工会的意见,并将处理结果书面通知工会。

2.3.5 劳动合同终止

第 44 条规定,有下列情形之一的,劳动合同终止:①劳动合同期满的;②劳动者开始依法享受基本养老保险待遇的;③劳动者死亡,或者被人民法院宣告死亡或者宣告失踪的;④用人单位被依法宣告破产的;⑤用人单位被吊销营业执照、责令关闭、撤销或者用人单位决定提前解散的;⑥法律、行政法规规定的其他情形。

劳动合同期满,有本法第 42 条规定情形之一的,劳动合同应当续延至相应的情形消失时终止。但是,本法第 42 条第 2 项规定丧失或者部分丧失劳动能力劳动者的劳动合同的终止,按照国家有关工伤保险的规定执行。

2.3.6 经济补偿

有下列情形之一的,用人单位应当向劳动者支付经济补偿:①劳动者依照本法第38条规定解除劳动合同的;②用人单位依照本法第36条规定向劳动者提出解除劳动合同并与劳动者协商一致解除劳动合同的;③用人单位依照本法第40条规定解除劳动合同的;④用人单位依照本法第41条第1款规定解除劳动合同的;⑤除用人单位维持或者提高劳动合同约定条件续订劳动合同,劳动者不同意续订的情形外,依照本法第44条第1项规定终止固定期限劳动合同的;⑥依照本法第44条第4项、第5项规定终止劳动合同的;等等。

经济补偿按劳动者在本单位工作的年限,每满1年支付1个月工资的标准向劳动者支付。6个月以上不满1年的,按1年计算;不满6个月的,向劳动者支付半个月工资的经济补偿。劳动者月工资高于用人单位所在直辖市、设区的市级人民政府公布的本地区上年度职工月平均工资3倍的,向其支付经济补偿的标准按职工月平均工资3倍的数额支付,向其支付经济补偿的年限最高不超过12年。这里所称月工资是指劳动者在劳动合同解除或者终止前12个月的平均工资。

案例2.6 经济补偿能否协商支付

冯某于2006年11月3日与某公司签订了为期10年的劳动合同,任销售部经理。2010年3月,该公司与冯某协商解除劳动合同,冯某同意。经协商,该公司向冯某支付经济补偿2.5万元,双方解除了劳动合同。冯某解除劳动合同前12个月的平均工资为1万元。2010年5月,冯某以该公司拖欠经济补偿为由,向当地劳动争议仲裁委员会提出仲裁,要求该公司补发经济补偿2万元并加付50%的额外经济补偿金1万元。仲裁委审理后,裁决支持了冯某的请求。

评析:根据《劳动合同法》第47条的规定,用人单位与劳动者协商解除劳动合同时的经济补偿标准应当按照其离职前12个月的平均工资计算。而且,根据《劳动合同法》第85条的规定,用人单位在解除或终止劳动合同时未依照法律规定向劳动者支付经济补偿的,由劳动行政部门责令限期支付差额部分;逾期不支付的,加付赔偿金。从此条款可以看出,原则上经济补偿不能低于法定标准。虽然冯某在解除劳动合同协议上签字,但该公司未提交有效证据证明冯某主动放弃了差额部分。因此,仲裁委的裁决是正确的。

在此提醒用人单位,如果双方就经济补偿的给付标准自行达成协议,如约定的给付标准低于法定标准,应在协议中特别注明已明确告知劳动者法定标准,并且要求劳动者在协议中明确已放弃要求补足差额的权利,以避免不必要的损失。

资料来源:劳动仲裁网,http://www.ldzc.com/html/2010/jiechu_0716/2570.html。

2.4 集体合同

签订集体合同必须依照法律的有关规定。以下引述的法律条款,如无特殊说明均引自《集体合同规定》(2003年通过,2004年5月1日起施行)。

2.4.1 集体合同的定义

《劳动法》第51条规定：企业职工一方与企业可以就劳动报酬、工作时间、休息休假、劳动安全卫生、保险福利等事项，签订集体合同。集体合同草案应当提交职工代表大会或者全体职工讨论通过。集体合同由工会代表职工与企业签订；没有建立工会的企业，由上级工会指导劳动者代表与企业签订。

《集体合同规定》第2条解释说：本规定所称集体合同，是指用人单位与本单位职工根据法律、法规、规章的规定，就劳动报酬、工作时间、休息休假、劳动安全卫生、职业培训、保险福利等事项，通过集体协商签订的书面协议；所称专项集体合同，是指用人单位与本单位职工根据法律、法规、规章的规定，就集体协商的某项内容签订的专项书面协议。

另外，用人单位与本单位职工签订集体合同或专项集体合同，以及确定相关事宜，应当采取集体协商的方式。集体协商主要采取协商会议的形式。

 知识链接：集体合同和专项集体合同

> 集体合同是指就集体协商的多项或全部内容达成一揽子协议后而签订的合同。专项集体合同是就集体协商的某一项内容通过集体协商达成一致意见而签订的合同，如工资集体协议、培训集体协议等，是集体合同的一种特殊形式。
>
> 考虑到一些用人单位暂时还不具备就集体合同协商的多项或全部内容通过集体协商达成一揽子协议，但这些企业可以结合企业自身优势，就具备集体协商条件的某一项内容进行协商，达成一致意见，因此区分集体合同与专项集体合同是必要的。从国外市场经济国家来看，签订专项集体合同的企业十分普遍，而签订集体合同的难度却要大得多，往往需要通过一年甚至多年的劳资谈判，协调不好极易使劳资双方产生矛盾、对劳资双方和社会均有不利影响。因此，鼓励双方就劳动关系方面的某一项内容达成一致，比如可以就本单位职工比较关心、矛盾比较突出的某一问题进行协商，形成专项协商逐步由专项发展成多项，进而形成一揽子协议。
>
> 资料来源：职工在线网站。

2.4.2 集体合同的内容

集体协商双方可以就下列多项或某项内容进行集体协商，签订集体合同或专项集体合同：劳动报酬；工作时间；休息休假；劳动安全与卫生；补充保险和福利；女职工和未成年工特殊保护；职业技能培训；劳动合同管理；奖惩；裁员；集体合同期限；变更、解除集体合同的程序；履行集体合同发生争议时的协商处理办法；违反集体合同的责任；双方认为应当协商的其他内容。

2.4.3 集体协商代表

订立集体合同，需要集体协商代表（以下统称协商代表）。集体协商代表是指按照法定程序产生并有权代表本方利益进行集体协商的人员。集体协商双方的代表人数应当对等,每方至少 3 人,并各确定 1 名首席代表。

职工一方的协商代表由本单位工会选派。未建立工会的,由本单位职工民主推荐,并经本单位半数以上职工同意。职工一方的首席代表由本单位工会主席担任。工会主席可以书面委托其他协商代表代理首席代表。工会主席空缺的,首席代表由工会主要负责人担任。未建立工会的,职工一方的首席代表从协商代表中民主推举产生。

用人单位一方的协商代表,由用人单位法定代表人指派,首席代表由单位法定代表人担任或由其书面委托的其他管理人员担任。

协商代表履行职责的期限由被代表方确定。用人单位协商代表与职工协商代表不得相互兼任。集体协商双方首席代表可以书面委托本单位以外的专业人员作为本方协商代表。委托人数不得超过本方代表的 1/3。首席代表不得由非本单位人员代理。

协商代表应履行下列职责:①参加集体协商;②接受本方人员质询,及时向本方人员公布协商情况并征求意见;③提供与集体协商有关的情况和资料;④代表本方参加集体协商争议的处理;⑤监督集体合同或专项集体合同的履行;等等。

协商代表应当维护本单位正常的生产、工作秩序,不得采取威胁、收买、欺骗等行为。协商代表应当保守在集体协商过程中知悉的用人单位的商业秘密。企业内部的协商代表参加集体协商视为提供了正常劳动。

职工一方协商代表在其履行协商代表职责期间劳动合同期满的,劳动合同期限自动延长至完成履行协商代表职责之时,除出现下列情形之一的,用人单位不得与其解除劳动合同:①严重违反劳动纪律或用人单位依法制定的规章制度的;②严重失职、营私舞弊,对用人单位利益造成重大损害的;③被依法追究刑事责任的。

职工一方协商代表履行协商代表职责期间,用人单位无正当理由不得调整其工作岗位。职工一方协商代表与用人单位发生争议的,可以向当地劳动争议仲裁委员会申请仲裁。工会可以更换职工一方协商代表;未建立工会的,经本单位半数以上职工同意可以更换职工一方协商代表。用人单位法定代表人可以更换用人单位一方协商代表。协商代表因更换、辞任或遇有不可抗力等情形造成空缺的,应在空缺之日起 15 日内按照本规定产生新的代表。

2.4.4 集体协商程序

集体协商任何一方均可就签订集体合同或专项集体合同以及相关事宜,以书面形式向对方提出进行集体协商的要求。一方提出进行集体协商要求的;另一方应当在收到集体协商要求之日起 20 日内以书面形式给以回应,无正当理由不得拒绝进行集体协商。

协商代表在协商前应进行下列准备工作:①熟悉与集体协商内容有关的法律、法规、规章和制度;②了解与集体协商内容有关的情况和资料,收集用人单位和职工对协商意向所持的意见;③拟定集体协商议题,集体协商议题可由提出协商一方起草,也可由双方指派代表共同起草;④确定集体协商的时间、地点等事项;⑤共同确定一名非协商代表担任集体协商记录员。记录员应保持中立、公正,并为集体协商双方保密。

集体协商会议由双方首席代表轮流主持,并按下列程序进行:

(1) 宣布议程和会议纪律。

(2) 一方首席代表提出协商的具体内容和要求；另一方首席代表就对方的要求作出回应。

(3) 协商双方就商谈事项发表各自意见，开展充分讨论。

(4) 双方首席代表归纳意见。达成一致的，应当形成集体合同草案或专项集体合同草案，由双方首席代表签字。

集体协商未达成一致意见或出现事先未预料的问题时，经双方协商，可以中止协商。中止期限及下次协商时间、地点、内容由双方商定。

2.4.5 集体合同的订立、变更、解除和终止

经双方协商代表协商一致的集体合同草案或专项集体合同草案应当提交职工代表大会或者全体职工讨论。

职工代表大会或者全体职工讨论集体合同草案或专项集体合同草案，应当有 2/3 以上职工代表或者职工出席，且须经全体职工代表半数以上或者全体职工半数以上同意，集体合同草案或专项集体合同草案方获通过。

集体合同草案或专项集体合同草案经职工代表大会或者职工大会通过后，由集体协商双方首席代表签字。集体合同或专项集体合同期限一般为 1 至 3 年，期满或双方约定的终止条件出现，即行终止。集体合同或专项集体合同期满前 3 个月内，任何一方均可向对方提出重新签订或续订的要求。

双方协商代表协商一致，可以变更或解除集体合同或专项集体合同。有下列情形之一的，可以变更或解除集体合同或专项集体合同：①用人单位因被兼并、解散、破产等原因，致使集体合同或专项集体合同无法履行的；②因不可抗力等原因致使集体合同或专项集体合同无法履行或部分无法履行的；③集体合同或专项集体合同约定的变更或解除条件出现的；等等。

变更或解除集体合同或专项集体合同都适用这里的集体协商程序。

2.4.6 集体合同的审查

集体合同或专项集体合同签订或变更后，应当自双方首席代表签字之日起 10 日内，由用人单位一方将文本一式三份报送劳动保障行政部门审查。

劳动保障行政部门对报送的集体合同或专项集体合同应当办理登记手续。

集体合同或专项集体合同审查实行属地管辖，具体管辖范围由省级劳动保障行政部门规定。中央管辖的企业以及跨省、自治区、直辖市的用人单位的集体合同应当报送劳动保障部或劳动保障部指定的省级劳动保障行政部门。

劳动保障行政部门应当对报送的集体合同或专项集体合同的下列事项进行合法性审查：①集体协商双方的主体资格是否符合法律、法规和规章规定；②集体协商程序是否违反法律、法规、规章规定；③集体合同或专项集体合同内容是否与国家规定相抵触。

劳动保障行政部门对集体合同或专项集体合同有异议的，应当自收到文本之日起 15 日内将《审查意见书》送达双方协商代表。《审查意见书》应当载明以下内容：①集体合同或专项集体合同当事人双方的名称、地址；②劳动保障行政部门收到集体合同或专

项集体合同的时间;③审查意见;④作出审查意见的时间。

《审查意见书》应当加盖劳动保障行政部门印章。

用人单位与本单位职工就劳动保障行政部门提出异议的事项经集体协商重新签订集体合同或专项集体合同的,用人单位一方应当将文本报送劳动保障行政部门审查。劳动保障行政部门自收到文本之日起15日内未提出异议的,集体合同或专项集体合同即行生效。生效的集体合同或专项集体合同,应当自其生效之日起由协商代表及时以适当的形式向本方全体人员公布。

案例2.7 个人标准不能低于集体合同

案情:谷先生与上海某企业签订有为期三年的劳动合同。合同中约定:谷先生的工资每月计发一次。合同履行期间,企业工会与企业经协商签订了一份集体合同,该份集体合同中约定:企业所有员工每年年终可获得一次第13个月的工资。根据这份集体合同的具体规定,谷先生属于可以享受第13个月工资的员工范围。

该企业的集体合同获得企业职代会的通过并经当地劳动行政部门审核后开始生效实施。但年终过后,谷先生没有得到企业支付的第13个月工资。于是,谷先生即向企业提出补发第13个月工资的要求。但企业表示,谷先生和企业签订的劳动合同中约定了劳动报酬的支付次数,双方应当严格按照劳动合同的约定履行,对谷先生提出的要求不予同意,双方由此产生争议。

评析:双方争议焦点是,劳动者和企业签订的劳动合同内容与企业工会和企业签订的集体合同内容不一致时如何处理?

《劳动法》第33条第1款规定:"企业职工一方与企业可以就劳动报酬、工作时间、休息休假、劳动安全卫生、保险福利等事项,签订集体合同。集体合同草案应当提交职工代表大会或全体职工讨论通过。"根据该条规定,企业职工一方(一般由工会代表)与企业可以就劳动报酬、工作时间、休息休假、劳动安全卫生、保险福利等事项签订集体合同,集体合同依法签订后也会产生法律约束力,当事人也应履行集体合同规定的义务,否则也将承担违约的责任。

那么,当劳动合同的内容与集体合同的内容不一致时如何处理?《劳动法》第35条规定:"依法签订的集体合同对企业和企业全体职工具有约束力;职工个人与企业订立的劳动合同中劳动条件和劳动报酬等标准不得低于集体合同规定。"《上海市劳动合同条例》第18条规定:"劳动合同约定的劳动条件和劳动报酬等标准,不得低于集体合同的规定,低于集体合同规定的,适用集体合同标准。"根据以上规定,当劳动合同的内容与集体合同的内容不一致时,劳动合同中有关劳动条件和劳动报酬等标准不得低于集体合同的规定,如低于集体合同规定的,适用集体合同标准,即按集体合同标准处理。

谷先生与企业签订的劳动合同中虽然没有约定可以享受第13个月工资,但工会与企业签订的集体合同中规定了第13个月工资的有关内容。根据《劳动法》及《上海市劳动合同条例》的有关规定,企业应当按照集体合同的规定补发谷先生年终第13个月工资。

资料来源:中国劳动争议网。

2.4.7 集体协商争议的协调处理

集体协商过程中发生争议,双方当事人不能协商解决的,当事人一方或双方可以书面向劳动保障行政部门提出协调处理申请;未提出申请的,劳动保障行政部门认为必要时也可以进行协调处理。

劳动保障行政部门应当组织同级工会和企业组织等三方面的人员,共同协调处理集体协商争议。

集体协商争议处理实行属地管辖,具体管辖范围由省级劳动保障行政部门规定。中央管辖的企业以及跨省、自治区、直辖市用人单位因集体协商发生的争议,由劳动保障部指定的省级劳动保障行政部门组织同级工会和企业组织等三方面的人员协调处理,必要时,劳动保障部也可以组织有关方面协调处理。

协调处理集体协商争议,应当自受理协调处理申请之日起 30 日内结束协调处理工作。期满未结束的,可以适当延长协调期限,但延长期限不得超过 15 日。

协调处理集体协商争议应当按照以下程序进行:①受理协调处理申请;②调查了解争议的情况;③研究制定协调处理争议的方案;④对争议进行协调处理;⑤制作《协调处理协议书》。

《协调处理协议书》应当载明协调处理申请、争议的事实和协调结果,双方当事人就某些协商事项不能达成一致的,应将继续协商的有关事项予以载明。《协调处理协议书》由集体协商争议协调处理人员和争议双方首席代表签字盖章后生效。争议双方均应遵守生效后的《协调处理协议书》。

案例 2.8　百事员工维权潮蔓延,称"要改嫁先赔钱"

案情简介:2011 年 11 月 4 日,康师傅控股和百事中国宣布,百事将其在中国的装瓶厂持有的权益资产全部出让给康师傅饮品控股,换取康师傅饮品控股在中国的控股公司——康师傅饮品 9.5% 的权益,相当于百事间接持有康师傅饮品的母公司康师傅饮品控股 5% 的权益。

11 月 14 日,百事可乐位于重庆、成都、南昌、福州、长沙的五家瓶装厂员工开始停工维权。当日上午,五家工厂的员工集体递交 15~16 日请假的假条。有员工称,百事将中国区经营权出让给康师傅,侵害了员工权益。

成都百事员工提出以下要求:首先,并购前解除所有员工的劳动合同,百事公司须一次性支付每位员工工龄经济补偿金及相应的违约经济赔付金;其次,百事公司向所有员工一次性支付不低于 8 000 元/月(按工龄计算)的遣散费;最后,并购后对愿与新公司续签劳动合同的员工"两年不变"的承诺应包括不得低于当前的薪资福利,不得低于当前的工作职务及行使的权利、工作地点不变,两年内劳动合同到期的员工须无条件续签等。

11 月 15 日,百事大中华区集团事务总监樊志敏表示,百事公司正与员工积极沟通:"百事是一家负责任的雇主。我们与康师傅的联盟倡议有待政府批准。若获批准,灌装厂系统劳动合同将继续履行。"

法律解析：劳动合同的承继模式中，股权收购不同于合并分立。由于股权收购中劳动关系当事人双方即用人单位和劳动者均未发生变化，所以目标企业对员工的所有承诺继续有效，原有的劳动合同不会受任何影响，目标企业不能以投资人或股东变化为由随意变更或解除劳动合同。劳动者也不能以用人单位变更为由提出解除劳动合同并索取经济补偿。《劳动合同法》规定：用人单位变更名称、法定代表人、主要负责人或者投资人等事项，不影响劳动合同的履行。

但是，依据国家劳动部《集体合同规定》等相关规定，职工与用人单位具有平等的提出协商要约的权利。代表职工向用人单位提出开展集体协商签订集体合同的要约，是法律授予工会的权利，也是启动协商、签约的重要法定程序。

《集体合同规定》第32条规定："集体协商任何一方均可就签订集体合同或专项集体合同以及相关事宜，以书面形式向对方提出进行集体协商的要求。一方提出进行集体协商要求的；另一方应当在收到集体协商要求之日起20日内以书面形式给以回应，无正当理由不得拒绝进行集体协商。"

康师傅控股和百事中国联盟不能侵犯员工合法的知情权和参与决定权。

资料来源：法律快车，http://www.lawtime.cn/info/tiaojie/laodongzhengyidiaojieanli/2012031622459.html。

2.5 劳务派遣和非全日制用工

劳动合同法还规定了劳务派遣以及非全日制用工的相关问题。

2.5.1 劳务派遣

2012年12月28日修订、2013年7月1日实行的《劳动合同法》主要修订内容就是关于劳务派遣的有关条款，它提高了劳务派遣的进入门槛，强化了劳务派遣用工与本企业用工同工同酬，并对劳务派遣适用岗位等进行了一定的规定。而2014年3月1日开始实施的《劳务派遣暂行规定》则是对新《劳动合同法》有关条款的细化。

经营劳务派遣业务应当具备下列条件：①注册资本不得少于人民币200万元；②有与开展业务相适应的固定的经营场所和设施；③有符合法律、行政法规规定的劳务派遣管理制度；④法律、行政法规规定的其他条件。经营劳务派遣业务，应当向劳动行政部门依法申请行政许可；经许可的，依法办理相应的公司登记。未经许可，任何单位和个人不得经营劳务派遣业务。

修订后的《劳动合同法》规定：劳动合同用工是我国的企业基本用工形式。劳务派遣用工是补充形式，只能在临时性、辅助性或者替代性的工作岗位上实施。临时性工作岗位是指存续时间不超过6个月的岗位；辅助性工作岗位是指为主营业务岗位提供服务的非主营业务岗位；替代性工作岗位是指用工单位的劳动者因脱产学习、休假等原因无法工作的一定期间内，可以由其他劳动者替代工作的岗位。

修订后的《劳动合同法》还规定：用工单位应当严格控制劳务派遣用工数量，不得超过其用工总量的一定比例，具体比例由国务院劳动行政部门规定。

在劳务派遣单位与劳动者的关系方面,劳动合同法进行了一系列的规定:

劳务派遣单位应当履行用人单位对劳动者的义务。劳务派遣单位与被派遣劳动者订立的劳动合同,除应当载明劳动合同法规定的必备条款之外,还应当载明被派遣劳动者的用工单位以及派遣期限、工作岗位等情况。

劳务派遣单位应当与被派遣劳动者订立两年以上的固定期限劳动合同,按月支付劳动报酬;被派遣劳动者在无工作期间,劳务派遣单位应当按照所在地人民政府规定的最低工资标准,向其按月支付报酬。

劳务派遣单位应当将劳务派遣协议的内容告知被派遣劳动者。劳务派遣单位不得克扣用工单位按照劳务派遣协议支付给被派遣劳动者的劳动报酬。劳务派遣单位和用工单位不得向被派遣劳动者收取费用。

劳务派遣单位跨地区派遣劳动者的,被派遣劳动者享有的劳动报酬和劳动条件,按照用工单位所在地的标准执行。

在劳务派遣单位与用工单位关系方面,劳动合同法规定:

劳务派遣单位派遣劳动者应当与接受以劳务派遣形式用工的单位(以下称用工单位)订立劳务派遣协议。劳务派遣协议应当约定派遣岗位和人员数量、派遣期限、劳动报酬和社会保险费的数额与支付方式以及违反协议的责任。

用工单位应当根据工作岗位的实际需要与劳务派遣单位确定派遣期限,不得将连续用工期限分割订立数个短期劳务派遣协议。

而在用工单位与被派遣劳动者关系方面,《劳动合同法》规定用工单位应当履行下列义务:①执行国家劳动标准,提供相应的劳动条件和劳动保护;②告知被派遣劳动者的工作要求和劳动报酬;③支付加班费、绩效奖金,提供与工作岗位相关的福利待遇;④对在岗被派遣劳动者进行工作岗位所必需的培训;⑤连续用工的,实行正常的工资调整机制。用工单位不得将被派遣劳动者再派遣到其他用人单位。

被派遣劳动者享有与用工单位的劳动者同工同酬的权利。用工单位应当按照同工同酬原则,对被派遣劳动者与本单位同类岗位的劳动者实行相同的劳动报酬分配办法。用工单位无同类岗位劳动者的,参照用工单位所在地相同或者相近岗位劳动者的劳动报酬确定。劳务派遣单位与被派遣劳动者订立的劳动合同和与用工单位订立的劳务派遣协议,载明或者约定的向被派遣劳动者支付的劳动报酬应当符合上述规定。

被派遣劳动者有权在劳务派遣单位或者用工单位依法参加或者组织工会,维护自身的合法权益。还可以依照劳动合同法的相关规定与劳务派遣单位解除劳动合同。

被派遣劳动者有严重违法违规行为,或有不能胜任劳动岗位情形的,用工单位可以将劳动者退回劳务派遣单位,劳务派遣单位可以与劳动者解除劳动合同。

对劳务派遣单位、用工单位违反劳务派遣的有关规定,修订后的《劳动合同法》也制定有相应的处罚办法。违反规定,未经许可,擅自经营劳务派遣业务的,由劳动行政部门责令停止违法行为,没收违法所得,并处违法所得1倍以上5倍以下的罚款;没有违法所得的,可以处5万元以下的罚款。劳务派遣单位、用工单位违反本法有关劳务派遣规定的,由劳动行政部门责令限期改正;逾期不改正的,以每人5 000元以上10 000元以下的标准处以罚款,对劳务派遣单位,吊销其劳务派遣业务经营许可证。用工单位给被派遣劳动者造成损害的,劳务派遣单位与用工单位承担连带赔偿责任。

案例2.9　六大劳务派遣典型侵权案例

劳务派遣自20世纪70年代末进入我国以来,至2008年1月1日《劳动合同法》正式施行期间,除部分地方性立法外,几乎处于"自然生长"的状态。然而,劳务派遣并未因《劳动合同法》的颁布施行而得以有效规制,反而影响到劳动力市场的秩序和稳定。本文主要列举了《劳动合同法》颁布前至今的典型侵权案例。

相关案例一:同工不同酬

案情:2010年起,深圳一家快递公司进行用工制度"改革",小袁和他的同事被公司安排转为与一家劳务派遣公司签订劳动合同。虽然工作内容、工作岗位没有发生任何变化,但是他们的工资却从之前的每月3500元减少至每月2500元,社会保险待遇也大幅削减。小袁说,目前直接与该快递公司签订劳动合同的员工不到30%。

律师点评:《劳动合同法》第63条规定,被派遣劳动者享有与用工单位的劳动者同工同酬的权利。用工单位无同类岗位劳动者的,参照用工单位所在地相同或者相近岗位劳动者的劳动报酬确定。该快递公司的行为明显违法。

相关案例二:不签无固定期限劳动合同

案情:1991年1月,张某入职某制药公司,任职期间先后被制药公司安排到下属的多家制药厂工作。2005年5月,制药公司安排张某与某劳务派遣公司签订劳动合同,然后再由该劳务派遣公司将其派遣回制药公司工作,但是张某的工作地点、工作岗位和工作内容等未发生变化。2011年5月31日,劳务派遣公司以劳动合同期满为由终止劳动合同,制药公司也不让张某再继续上班。此前,张某已向劳务派遣公司提出要求签订无固定期限劳动合同。

律师点评:根据《劳动合同法实施条例》第10条规定,劳动者非因本人原因从原用人单位被安排到新用人单位工作的,劳动者在原用人单位的工作年限合并计算为新用人单位的工作年限。原用人单位已经向劳动者支付经济补偿的,新用人单位在依法解除、终止劳动合同计算支付经济补偿的工作年限时,不再计算劳动者在原用人单位的工作年限。

本案中,原用人单位并未向张某支付经济补偿,因此,他的工作年限应从入职时起连续计算,并已符合签订无固定期限劳动合同的条件。

相关案例三:滥用至"非三性"岗位

案情:小丽于1998年9月1日入职某大学幼儿园任幼师,双方签订了劳动合同,最后一份劳动合同的期限至2007年12月31日止。2007年11月27日,小丽等员工被告知,从2008年1月1日起,他们将与该处选定的劳务派遣单位签订两年或两年以上劳动合同,并要求他们签名确认是否愿意与劳务派遣公司签订劳动合同。但直至2008年1月22日,幼儿园才将劳务派遣合同交给小丽,小丽表示不同意签订劳务派遣合同,要求仍与幼儿园签订劳动合同。双方未能就此协商一致。幼儿园于2008年1月25日向小丽发出终止劳动合同通知书。

律师点评:该单位为了规避《劳动合同法》所规定的义务,把非临时性、非辅助性、非替代性工作岗位上的员工,甚至全体员工都转到劳务派遣公司,是明显违法的。在签订劳务派遣合同的过程中,该单位又施加压力,让员工"自愿"在该单位印刷好的解除劳动关系协议上签字,这种行为更是违法的。

案例四:拒付加班费

案情: 刘某是广州一家劳务派遣公司员工,双方签订了劳动合同,其中约定在合同期内,刘某被派遣至广州某保洁公司当保洁员,工资为每月1 200元。上班后,刘某被安排早中晚各打扫卫生一次,每次3小时。3个月后,刘某发现其他保洁员都有加班工资,唯独她没有,于是多次与保洁公司交涉,但该公司认为其与公司没有劳动关系,所以不予支付加班费。最后刘某唯有通过劳动仲裁来解决。

律师点评:《劳动合同法》第62条规定,(使用劳动派遣工的)用工单位应当履行下列义务:①执行国家劳动标准,提供相应的劳动条件和劳动保护;②告知被派遣劳动者的工作要求和劳动报酬;③支付加班费、绩效奖金,提供与工作岗位相关的福利待遇;④对在岗被派遣劳动者进行工作岗位所必需的培训;⑤连续用工的,实行正常的工资调整机制。

由此可见,支付加班费、绩效奖金,提供与工作岗位相关的福利待遇是用工单位的一项法定义务。

案例五:唱"双簧"规避责任

案情: 小江于2007年4月与深圳一家用人单位签订了劳动合同,并于2008年3月被公司派遣到东莞代表处工作,2009年8月31日,刚刚休完产假的小江被在东莞的单位口头通知"不用上班了"。于是她回到深圳的用人单位,可该单位却称东莞方面并没有辞退她,并通知她继续回东莞上班。两家单位互相推诿让小江觉得无奈而迷茫。

律师点评: 案件中,用工单位辞退员工,由用人单位假装再让员工上班,目的是使员工最终无班可上,而又无法追讨解除劳动关系的经济补偿。

根据《劳动合同法实施条例》第35条规定,用工单位违反劳动合同法和本条例有关劳务派遣规定的,由劳动行政部门和其他有关主管部门责令改正;情节严重的,以每位被派遣劳动者1 000元以上5 000元以下的标准处以罚款;给被派遣劳动者造成损害的,劳务派遣单位和用工单位承担连带赔偿责任。据此,小江不仅可以向用人单位提出经济赔偿,还可要求用工单位承担连带责任。

案例六:互相推脱责任

案情: 李华由广州某派遣公司派遣至广州番禺某建筑公司做建筑工人。2010年7月10日,她被从工地四楼滚下的圆柱形水泥块击中头部,导致当场受伤昏迷,经医院诊断为:重型颅脑损伤,广泛脑挫裂伤,双侧硬膜下血肿,多发性粉碎性开放性颅骨骨折,脑疝形成。入院后,截至2010年11月29日,李华的医疗费用已经达到326 949.42元,目前还在继续治疗中,并欠下10多万元医疗费。前期,番禺某建筑公司还支付了部分医疗费,但2010年11月29日以后,用工单位和派遣公司就互相推脱,拒不支付医疗费。

律师点评: 用工单位和派遣单位对造成劳动者损害要承担相互"连带责任",而这个"连带责任"应为"完全连带责任",即指劳务派遣公司或用工单位都应当独立对派遣劳动者承担所有的赔偿责任,无论是由哪方导致劳动者受损害。即使被派遣劳动者只起诉一方,依据《最高人民法院关于审理劳动争议适用法律若干问题的解释(二)》第10条规定:劳动者因履行劳动力派遣合同产生劳动争议而起诉,以派遣单位为被告;争议内容涉及接受单位的,以派遣单位和接受单位为共同被告。即在劳务派遣争议中,法院是有权利直接追加另一方为被告的。

资料来源:中国人力资源开发网,http://www.chinahrd.net/article/2012/06-27/32372-1.html。

2.5.2 非全日制用工

劳动合同法定义了什么是非全日制用工。非全日制用工是指以小时计酬为主,劳动者在同一用人单位一般平均每日工作时间不超过4小时,每周工作时间累计不超过24小时的用工形式。

非全日制用工双方当事人可以订立口头协议。从事非全日制用工的劳动者可以与一个或者一个以上用人单位订立劳动合同;但是,后订立的劳动合同不得影响先订立的劳动合同的履行。

非全日制用工双方当事人不得约定试用期。任何一方都可以随时通知对方终止用工。终止用工,用人单位不向劳动者支付经济补偿。

非全日制用工小时计酬标准不得低于用人单位所在地人民政府规定的最低小时工资标准,并且劳动报酬结算支付周期最长不得超过15日。

案例2.10 非全日制劳动用工关系职工权益保护

要点提示:近年来发展较快的以小时工为主要形式的非全日制用工形式突破了传统的全日制用工模式,适应了用人单位灵活用工和劳动者自主择业的需要,已成为促进就业的重要途径。《中华人民共和国劳动合同法》对非全日制用工也作了明确规定,但对于非全日制用工劳动者的保护力度明显要低于全日制劳动者。应规范非全日制用工的劳动关系,完善非全日制用工的社会保险政策,以利于隐性就业显性化、劳动关系规范化、社会保障普遍化、劳动争议处理法制化,从而为下岗失业人员再就业提供更加广泛的就业门路。

案例索引:原告戴琼玲诉称:原告于1995年应被告招聘考入B单位从事校对工作,连续工作已达13年之久。其间,被告未与原告签订劳动关系合同(其中只有两年签订承揽合同),更未替原告购买养老、医保等基本社会保险。虽如此,原告仍以一名劳动关系项下的劳动者工作多年并服从被告的各项管理。2008年10月15日,被告以原告违反单位规章制度为由,口头对原告作出辞退处理,并未给予任何经济补偿,致原告失业在家,生活困难。对此,原告依法向芜湖市劳动仲裁委员会申请仲裁,仲裁委员会虽作出原、被告双方系劳动关系的认定,但鉴于该劳动关系系非全日制用工的劳动关系等,最终作出驳回原告的各项请求。原告认为,原、被告间已形成劳动用工关系,且工作时间每周超过20小时,符合全日制劳动用工关系,被告违反《劳动法》及《劳动合同法》之规定,应承担民事责任。原告对仲裁委的裁决不服,故诉至法院,请求判令:①签订并继续履行劳动合同直至法定退休年龄;②被告支付原告赔偿金28 800元;③补偿原告13年养老保险金31 200元;④给付失业金5 376元;⑤支付原告未签订劳动合同的双倍工资。

被告 B 单位辩称：原告以劳动关系主张相关权利没有法律依据。从被告所发的招聘启事、双方签订的承揽合同的名称和内容来看，原、被告之间是承揽合同关系。即使双方是劳动关系，也不是全日制劳动关系。原告各项请求没有法律依据，请求驳回原告的各项诉讼请求。

镜湖区人民法院经公开审理查明：原告原为芜湖市印铁制罐厂职工，1995 年 9 月被被告 B 单位聘为兼职校对员，工作时间为上午 9 时至 12 时，月工资 300 元。2001 年 6 月，原告与芜湖市印铁制罐厂解除劳动关系（即买断工龄）后仍继续在被告处从事校对工作。2008 年 9 月 23 日，原告未经编辑、值班主任及值班总编的同意，应记者个人的要求，在值班总编已盖章签发的上栏稿件中加入内容，违反了被告单位有关出版管理的规定。2008 年 10 月 15 日，被告 B 单位以原告戴琼玲在从事校对工作时出现重大差错、严重违反单位规章制度为由，作出了"取消晚班临时校对员戴琼玲临时校对资格"的处理决定，并于当日口头对原告予以辞退。原告不服，以被告为被申请人向芜湖市劳动争议仲裁委员会申请仲裁。芜湖市劳动争议仲裁委员会于 2009 年 6 月 15 日以（2008）芜劳仲裁字第 204 号仲裁裁决驳回了申请人戴琼玲的各项申请请求。原告不服该裁决，于 2009 年 6 月 29 日诉至安徽省芜湖市镜湖区人民法院，请求判令：①签订并继续履行劳动合同直到法定退休年龄；②被告支付原告赔偿金 28 800 元；③补偿原告 13 年养老保险金 31 200 元；④给付原告失业金 5 376 元；⑤支付原告未签订劳动合同的双倍工资。

资料来源：北大法律信息网，http://vip.chinalawinfo.com/newlaw2002/SLC/SLC.asp?Db=fnl&Gid=117869466。

第 3 章
职业培训

- 概述
- 职业培训的主要形式
- 职业培训的条件与保障
- 职业培训的考核
- 技术工种的岗前培训

3.1 概述

3.1.1 职业培训的概念

职业培训含义具体来说有两点：狭义的和广义的。根据国际劳工组织第 117 号《关于职业训练建议书》，狭义职业培训是指对管理阶层及领班以下职位人员在任何经济活动行业中的就业或升迁训练。广义职业培训是指一切为就业需要而举办的，能传予受训者相当知识和技能以获得适当职业的各种训练，包括职业教育和职业训练。国际劳工组织第 28 次国际劳工大会界定：职业训练是指任何一种形式的训练，不论该种训练是在学校或在工作场所实施，均可使受训者获得或增进技术行业的知识。

3.1.2 职业培训立法概况

我国现行职业培训法规是根据宪法规定的原则制定的。宪法规定，国家发展社会主义的教育事业，提高全国人民的科学文化水平。国家举办各种学校，普及初等义务教育，发展中等教育、职业教育和高等教育,并且发展学前教育。国家发展各种教育设施,扫除文盲,对工人、农民、国家工作人员和其他劳动者进行政治、文化、科学、技术、业务的教育,鼓励自学成才。国家对就业前的公民进行必要的劳动就业训练。我国现行职业培训法规主要有以下几个。

(1) 学徒培训法规。主要有1958年国务院发布的《关于国营、公私合营、合作经营、个体经营的企业和事业单位的学徒的学习期限和生活补贴的暂行规定》,1981年发布的《关于加强和改进学徒培训工作的规定》。

(2) 技工学校培训法规。主要有1961年劳动部颁发的《技工学校通则》,1986年颁发的《技工学校教师职务试行条例》、《技工学校工作条例》和《技工学校机构设置和人员编制标准暂行规定》,1990年颁发的《技工学校日常行为规范》、《技工学校学生学籍管理规定》和《技工学校招生规定》,1992年颁发的《技工学校校长任职要求(试行)》等。

(3) 就业训练法规。主要有1985年颁布的《就业训练若干问题的暂行办法》,1988年颁发的《关于加强就业训练中心工作的意见》,1994年颁布的《就业训练规定》。

(4) 职业教育法规。主要有1981年中共中央、国务院颁发的《关于加强职工教育工作的决定》,1985年中共中央颁发的《关于教育体制改革的决定》,1988年颁发的《关于试行职业技术培训教师专业证书制度的实施意见》,1989年颁发的《关于加强职业技术培训师资队伍建设的意见》,1994年颁发的《职业培训实体管理规定》。

(5) 工人考核、技师聘任法规。主要有1983年颁发的《工人技术考核暂行条例》,1990年颁发的《工人考核条例》,1987年颁发的《关于实行技师聘任制的暂行规定》,1990年颁发的《关于高级技师评聘的实施意见》,1991年颁发的《关于加强技师管理工作的通知》。

(6) 职业技能鉴定法规。主要有1992年颁布的《中华人民共和国工种分类目录》,1993年颁发的《职业技能鉴定规定》。

1996年通过并实施的《职业教育法》是依据《教育法》和《劳动法》制定的,明确了各级各类职业学校教育和各种形式的职业培训并举的职业教育体系,确立了职业教育多元化办学发展方针,提供了发展职业教育的保障条件,是一部全面规范职业教育活动的法律。2007年通过的《就业促进法》辟专章规范"职业教育和培训",使相关法律规章更加完善。

3.1.3 《就业促进法》中对职业培训的支持

国家依法发展职业教育,鼓励开展职业培训,促进劳动者提高职业技能,增强就业能力和创业能力。

按照《就业促进法》的要求,企业应当按照国家有关规定提取职工教育经费,对劳动者进行职业技能培训和继续教育培训。国家采取措施建立健全劳动预备制度,县级以上地方人民政府对有就业要求的初高中毕业生实行一定期限的职业教育和培训,使其取得相应的职业资格或者掌握一定的职业技能。地方各级人民政府鼓励和支持开展就业培训,帮助失业人员提高职业技能,增强其就业能力和创业能力。失业人员参加就业培训的,按照有关规定享受政府培训补贴。地方各级人民政府采取有效措施,组织和引导进城就业的农村劳动者参加技能培训,鼓励各类培训机构为进城就业的农村劳动者提供技能培训,增强其就业能力和创业能力。国家对从事涉及公共安全、人身健康、生命财产安全等特殊工种的劳动者,实行职业资格证书制度,具体办法由国务院规定。

3.2 职业培训的主要形式

职业培训的形式多样,主要包括就业前培训、转业培训、学徒培训、在岗培训、转岗培训及其他职业性培训,也可以根据实际情况分为初级、中级、高级职业培训。

3.2.1 就业前培训

就业前培训是指针对社会经济市场的需求,帮助初次求职者、下岗失业者提高就业和再就业能力进行职业知识、技能水平的一种培训。

为了规范和推动就业训练工作,提高劳动者的职业技能,促进就业,劳动部制定了《就业培训规定》,对就业前培训内容有着详细的介绍(见表 3-1)。

表 3-1 就业前培训的内容

培训对象	初次求职的劳动者、失业职工、需要转换职业的职工、农村劳动者、妇女、残疾人、少数民族人员及复转军人等特殊群体人员
培训组织与管理	① 对参加就业训练的各类人员实行公开报名、自选专业、考核发证、择优推荐就业 ② 就业训练单位应与学员签订培训合同。内容包括培训专业、时间、费用、教学实习、考核发证、违约责任等条款
训练中心职责	① 贯彻执行有关劳动就业和职业培训的法律、法规和政策 ② 组织就业训练、转业训练的教学与实习 ③ 开展教学研究,编写教材和教学资料 ④ 法律、法规规定的其他职责
考核与发证	就业训练考核分为结业考核和职业资格鉴定。结业考核标准按培训标准确定,职业资格鉴定标准按照国家颁布的标准执行
经费来源	① 地方政府预算安排的就业经费中的就业训练费 ② 失业保险基金中的转业训练费 ③ 地方发展教育基金中职业技术教育经费的一部分 ④ 按规定从学员和委托训练单位收取的就业训练费 ⑤ 其他来源 就业经费中用于就业训练的费用一般不应少于30%;当年收缴的失业保险费中用于转业训练的费用原则上不应少于15%

资料来源:许明月.劳动法学[M].重庆:重庆大学出版社,2003.

3.2.2 学徒培训

学徒培训是指对首次进入某个工种接受专业知识与操作的培训,一般由师傅在生产现场直接教授。

我国现阶段关于学徒培训的法律规定较少,《教育法》第14条、第20条、第28条、第29条中有提到(见表 3-2)。

表 3-2　学徒培训内容

招收学徒的条件	① 思想品德端正,具备初中以上文化程度,身体健康,年龄为16周岁至22周岁的未婚青年; ② 某些特殊职业和行业,经劳动行政部门批准可以小于16周岁
学习期限	根据各行业、各职业(工种)的技术和业务的复杂程度、难易程度确定。一般为3年或2年,不得少于2年,技术复杂的可以适当延长
学徒的考核和转正	学徒学习期满和工人见习、试用期满时,须经转正定级考核。经考核合格发给相应的(技术等级证书)或者(岗位合格证书)或者(特种作业人员操作证)之后,方能上生产工作岗位独立操作
学徒待遇	学徒在学习期间,按月发给生活费,并享有劳动保护方面的基本待遇

资料来源:许明月.劳动法学[M].重庆:重庆大学出版社,2003.

其中学徒待遇一直是问题纠纷的焦点,因此要给予足够的重视。一般来说,学徒生活费标准,要按当地或本行业一般初级工的伙食费另加零用钱计算,还可考虑学徒年资不同而有所差别。

3.2.3　学校正规培训

学校的正规培训是指由技工学校、职业(技术)学校和成人高等学校等教学机构承担的培训。

关于技术学校的培训,相关的法律规定有《技工学校工作条例》、《关于深化技工学校教育改革的决定》、《高级技术学校设置标准》、《关于加快技术员学校改革工作的通知》,这些条文对技工学校的各方面有着具体的规定,而与职业(技术)学校培训和成人高等学校培训相关的法律较少(见表3-3)。

表 3-3　学校正规培训内容

技工学校培训	培训任务	培养中级技术工人,积极承担多种培训任务,包括在职工人的提高培训、专业培训,待业青年的就业培训,学徒的技术培训等
	对象及学制	培养中级技术工人,主要招收初中毕业生,学制为三年。个别工种有需要的,可招收高中毕业生,学制为1~2年;
	办学条件	① 按照《技工学校机构设置和人员编制标准暂行规定》,设置机构,配备教职工和实习工厂(场、店)工作人员 ② 有稳定可靠的经费来源 ③ 有合适的校舍、实习实验场所、设备、体育活动场地、有教学计划、教学大纲、教材和图书资料
	学制	入学前是初中毕业生的,学制为3年;是高中毕业生的,学制为2年
职业(技术)学校培训	培训任务	主要培养初级技术人员和初级业务人员
	对象及学制	初中毕业生或初中文化水平以下的人员,学制为2~3年
	就业管理	① 委托或定向培养的职业学校毕业生,由委托或定向单位负责吸收录用 ② 其余的毕业生到所在街道就业管理所登记后,由就业管理机构推荐就业,也可以自谋职业

续表

成人高等学校培训	培训对象	以在职在业人员为主要培养对象,以培训中、高级专业技术人才为目标
	考核与发证	经过全国的统一考试,经考试、考核合格的颁发学历文凭与职业资格证书

资料来源：许明月.劳动法学[M].重庆：重庆大学出版社,2003.

3.2.4 企业职工培训

1. 职工培训的概念及内容

企业职工培训是指企业通过企业培训中心或相应的职业培训机构,按照工作需要对企业职工进行思想政治、职业道德、操作技能、管理知识、技术业务等方面的教育和训练活动。

针对企业职工培训,劳动部、国际经贸委专门发布了《企业职业培训规定》并做了详细的介绍(见表3-4)。

表3-4 企业职工培训内容

管理方面	各级政府劳动行政部门负责本地区企业职工培训工作,各级政府经济综合部门负责本地区企业管理人员培训工作
实施方面	企业应建立健全职工培训的规章制度,根据本单位的实际对职工进行在岗、转岗、晋升、转业培训,对学徒及其他新录用人员进行上岗前的培训
培训合同	参加由企业承担培训经费脱产、半脱产培训的职工,应与企业签订培训合同。培训合同应明确培训目标、内容、形式和义务以及违约责任
保障方面	① 职工培训经费按照职工工资总额的1.5%计取,企业自有资金可有适当部分用于职工培训; ② 职工培训经费应根据企业需要,安排合理比例用于职工技能培训

资料来源：王全兴.劳动法学[M].北京：中国法制出版社,2001.

2. 对违法行为的处罚

在对企业职工的培训过程中难免会遇到违法行为,包括企业违法行为和职工的违法行为,《企业职业培训规定》对此提出了专门的处罚办法：

(1) 对企业违法的处罚

企业有下列行为之一的,由政府劳动行政部门或经济综合部门对直接责任者和企业法定代表人给予批评教育,责令改正：

① 不按国家规定组织开展职工培训的;
② 侵占职工培训校舍,损害培训教师或管理人员正当利益,影响培训工作正常进行的;
③ 强令未经培训的职工上岗作业的;
④ 不按国家规定使用培训经费或将培训经费挪作他用的。

(2) 对职工违法的处罚

职工有下列行为之一的,由企业给予批评教育,经教育拒不改正的,可以给予行政处分：

① 无故不服从单位安排参加职工培训的;
② 严重违反单位规章制度,扰乱职工培训正常进行的;
③ 破坏职工培训校舍、仪器设备的。

3. 培训费用

在职业培训过程中对职工培训的保障方面即培训费用的争议较多,因此劳动者和用人单位应给予密切关注。

(1) 当职工提出与企业解除劳动关系时,职工培训费应该按照如下规定处理。

《企业职工培训规定》第18条规定:由企业出资(有支付货币凭证)对职工进行文化技术业务培训的,当该职工提出与企业解除劳动关系时,已签订培训合同的按培训合同执行,未签订培训合同的按劳动合同执行。因为培训费用发生争议的,按国家有关劳动争议处理的规定处理。

同时,劳办发〔1995〕24号文件规定:"用人单位出资(指有支付货币凭证的情况)对职工进行各类技术培训,职工提出与单位解除劳动关系的如果在试用期内,则用人单位不得要求劳动者支付该项培训费用。如果试用期满,在合同期内,则用人单位可以要求劳动者支付该项培训费用,具体支付办法是:约定服务期的,按服务期等分出资金额,以职工已履行的服务期限递减支付;没约定服务期的,按劳动合同期等分出资金额,以职工已履行的合同期限递减支付;没有约定合同期的,按5年服务期等分出资金额,以职工已履行的服务期递减支付;双方对递减计算方式已有约定的,从其约定。如果合同期满,职工要求终止合同,则用人单位不得要求劳动者支付该项培训费用。如果是由用人单位出资招用的职工,职工在合同期内(包括试用期)解除与用人单位的劳动合同,则该用人单位可按照《违反〈劳动法〉有关劳动合同规定的赔偿办法》(劳部发〔1995〕223号)第4条第1项规定向职工索赔。"

(2) 企业对培训费用的负担。

《劳动法》规定:企业应当承担对本单位的职工和准备录用的人员进行职业教育的费用,具体办法由国务院有关部门会同国务院财政部门或者各省、自治区、直辖市人民政府依法规定。

案例3.1　正常业务培训不应由职工本人负担费用

案情简介:朱某等12人是某乡镇煤矿从外地招收的农民工,劳动合同约定每人每月基本工资为550元。该矿所在地的劳动行政部门在安全检查中,发现这12名职工均不熟悉采矿安全知识,责令该矿对其进行安全知识培训教育。于是,该矿对朱某等人脱产进行了一周的入矿教育和安全知识培训。但在发工资时,朱某等人被扣70元,矿方解释说这是朱某等人应缴的安全培训费,包括教师讲课费、资料费及煤矿规章制度手册等。朱某等人不服,向当地劳动仲裁机关提出申诉,请求该矿退还所扣培训费。

仲裁结果:仲裁机关受案后经查,该矿对朱某等人招收后未进行入矿教育,培训中只发给煤矿安全须知和规章制度手册两份资料,讲课人员是本矿一名班组长。裁决该矿退还从工资中扣取朱某等人的培训费。

案例评析：用人单位应当建立职业培训制度，按照国家规定提取和使用职业培训经费，根据本单位实际，有计划地对劳动者进行职业培训。企业必须按规定提取和使用培训经费，像本案这种对新招职工的基础安全知识的教育培训就是企业应当做的事情，其培训费用不应由劳动者个人支付，而应由企业的培训经费来支付。

资料来源：中国劳动争议网。

3.2.5 劳动预备培训

劳动预备制是为提高劳动者就业前的职业技能素质而实行的职业教育和技能培训制度。其目的是对新生劳动力和其他求职者进行就业前职业培训和职业教育，使其掌握必要的职业技能后再进入就业岗位。

劳动预备制度由于切实关系到了农村从业人员的就业问题，所以得到了国家很大的支持。有关这方面的条文也很多，如《关于积极推进劳动预备制度加快提高劳动者素质意见的通知》、《关于做好劳动预备制度宣传工作的通知》、《劳动预备制度培训基本要求（试行）》、《劳动和社会保障部关于进一步做好劳动预备制度试点工作的通知》、《劳动预备制培训实施办法》。其中《劳动预备制培训实施办法》（2000年4月7日颁布并实施）对劳动预备制度有着具体的描述（见表3-5）。

表3-5 劳动预备培训内容

培训对象	① 有劳动能力和就业意愿的城镇未能继续升学的初、高中毕业生 ② 农村未能继续升学并准备从事非农产业工作或进城务工的初、高中毕业生 ③ 从事农业生产劳动的初、高中毕业生以及城镇失业人员、企业下岗职工
机构认定	认定一批办学条件好、培训质量高、专业设置合理的技工学校、就业训练中心或其他职业学校和培训机构为劳动预备制培训机构
培训期限	城镇初中毕业生初级技能培训期限一般为1年以上，中级技能培训期限一般为两年以上；城镇高中毕业生中级技能培训期限一般为1年以上，高级技能培训期限一般为两年以上
培训内容	培训期限两年以下的课程采用基本素质、职业知识、专业技能和社会实践4个模块进行教学
培训形式	应届初、高中毕业生参加劳动预备制培训以全日制为主，其他人员可采取非全日制、学分制与学时制相结合或参加远程培训等形式
培训证书	劳动预备制培训人员学习期满，经考试合格，可获得劳动预备制培训合格证书；参加技术工种培训，取得劳动预备制培训合格证书后，经职业技能鉴定合格者可获得相应职业资格证书；达到中级技能水平的优秀学员，可通过相应考试，获得技工学校毕业证书
培训经费	原则上由个人和用人单位共同承担，政府给予必要的支持

资料来源：许明月．劳动法学［M］．重庆：重庆大学出版社，2003．

全面推行劳动预备制度，不仅关系到劳动者素质的提高和企业长远的发展，而且关系到我国综合国力的提高，是培训就业制度的一场深刻变革。

知识链接：劳动预备制培训问题解答

1. 参加劳动预备制培训是否需要经过入学考试？

答：参加劳动预备制的人员进行职业培训原则上实行免试入学，需要经过文化考核和能力测试的，由当地政府确定。进入各类职业学校学习按国家或地方有关规定进行。

2. 参加劳动预备制度人员如何就业？

答：参加劳动预备制人员，由就业服务机构纳入当地劳动力信息资源管理系统，根据国家就业方针和劳动力市场需求，组织双向选择，优先推荐就业，或指导其组织起来就业和自谋职业，并为他们提供各种就业服务。劳动预备制人员培训或学习期满，取得相应证书后，方可就业。从事一般职业（工种）的，必须取得相应的职业学校毕业证书或职业培训合格证书。从事国家和地方政府以及行业有特殊规定职业（工种）的，在取得职业学校毕业证书或职业培训合格证书的同时，还必须取得相应的职业资格证书。从事个体工商经营的，也应接受必要的职业培训，其中从事国家和地方政府规定实行就业准入控制职业（工种）的，必须在取得职业资格证书后方可办理开业手续。对未经过劳动预备制培训学习，或虽经劳动预备制培训学习，但未取得相应证书的人员，职业介绍机构不得介绍就业，用人单位不得招收录用。对违反规定招收、录用的单位，劳动保障监察机构要责令其改正，并要求未经培训学习的人员参加相应的劳动预备制培训学习，限期取得毕业证书、职业培训合格证书或职业资格证书。

资料来源：中国劳动争议网。

3.3 职业培训的条件与保障

3.3.1 职业培训的对象

1. 对象范围

培训对象的范围较广，根据劳动部 1994 年 12 月 14 日印发的《职业培训实体管理规定》，具体包括：

(1) 初次求职人员、失业人员、在职人员、转岗转业人员、出国劳务人员、境外就业人员、个体劳动者以及农村向非农业转移的人员、农村向城镇流动就业的劳动者；

(2) 需要提供专门的职业技能培训的妇女、残疾人、少数民族人员、军队退出的现役人员；

(3) 其他需要学习和提高职业技能的劳动者。

2. 对象接受培训的权利性

任何劳动者都有进行职业培训的权利，我国在这方面也有一定的法律规定，其中《劳动法》第 68 条中提到：

用人单位应当建立职业培训制度，按照国家规定提取和使用职业培训经费，根据本单位实际,有计划地对劳动者进行职业培训。从事技术工种的劳动者,上岗前必须经过培训。

这里也包括了国家和政府对用人单位的要求,反映了国家和政府对劳动者劳动权的切实保障。但是这种权利需要与用人单位的培训计划相一致,否则也会引起争议。

 案例 3.2　个人应服从企业的培训计划

案例简介:张某系某工业公司职工大学教师,某年参加成人高考前公司计划送一名教员脱产学习,因此职大领导研究同意让张某等三人同时报考,结果三人同时超过分数线,三人均接到省城招办和某进修学院的录取通知书。三人之中,张某分数最低。公司认为只能送一人入学,而张某则认为自己已经达到分数线,有接受职业培训的权利。公司教育培训处决定放弃本年度职大教师培训计划,张某不服,自行报到入学。公司遂"因张某擅自脱离教学岗位,旷工达 161 天,严重违反了劳动纪律,对其作出除名"的决定。

仲裁结果:此案经当地劳动争议仲裁委员会审理后裁决:

(1) 张某不服从公司决定,擅自离岗,应深刻认识错误并向公司作出检讨;

(2) 某工业公司在接到张某的书面检讨后,应当收回将其除名的决定,并酌情给予张某行政处分。

案例评析:此案中,某工业公司的职业培训计划是有效的,而取消职大教师年度培训计划也是合法的,张某应当遵守。因此,张某在未经单位同意的情况下擅自离岗入学是错误的。当地劳动争议仲裁委员会的裁决是恰当的。

资料来源:中国劳动争议网。

3.3.2　职业培训实体

1. 培训实体的概念

职业培训实体是指开发劳动者职业技能,提高劳动者素质,增强劳动者就业能力和工作能力的各种培训机构。

2. 培训实体设立的条件

培训实体不是随便就能建立起来的,它的建立存在着一定的限制条件。

职业学校的设立,必须符合下列基本条件:①有组织机构和章程;②有合格的教师;③有符合规定标准的教学场所、与职业教育相适应的设施设备;④有必备的办学资金和稳定的经费来源。

职业培训机构的设立,必须符合下列基本条件:①有组织机构和管理制度;②有与培训任务相适应的教师和管理人员;③有与进行培训相适应的场所、设施、设备;④有相应的经费。

职业学校和职业培训机构的设立、变更和终止,应当按照国家有关规定执行。

3. 职业培训实体的种类

我国的职业培训实体包括技工学校、就业培训中心、综合培训基地及培训集团、社会力量办学、企业职工培训中心等(见表3-6)。

表3-6 职业培训实体含义及条文规定

职业培训实体	含　义	相关条文规定
技工学校	技工学校是培养技术人才的主要基地,是职业培训工作的主要力量	《技工学校工作条例》、《关于深化技工学校教育改革的决定》、《高级技工学校设置标准》
结业训练中心	就业训练中心是指劳动部门为待业人员和其他求职人员提高职业技能,增强就业能力的培训基地,是职业培训体系中的一个重要组成部分	《就业训练中心管理规定》
综合培训基地和培训集团	综合性职业培训基地是在改革现有的技工学校、就业训练中心以及企业的培训实体基础上,建立起来的一种兼有职业需求调查、职业培训、职业技能鉴定、职业指导等多功能,并与职业介绍紧密联系的综合性职业培训基地	《关于进行综合性职业培训基地建设的有关事项的通知》
综合培训基地和培训集团	社会力量办学是企业、事业组织,社会团体及其他社会组织和公民个人利用非国家财政性教育经费,面向社会举办的学校和其他教育机构	《社会力量办学条例》

4. 职业培训实体收取培训费的标准

职业培训实体收取培训费有一定的标准规定:县级以上劳动行政部门经同级人民政府批准可以向不办学或办学任务不足的企业提取职工培训经费,用于扶持公共培训实体为这些企业代培职工。对承担培养具有中高级职业技能水平劳动者任务的职业培训实体,有关部门应逐步增加资金投入。同时,任何部门不得擅自提取办学经费及职业培训实体兴办企业的创收和收取的培训费等,不得减少对职业培训实体的正常拨款。

违反有关规定收取培训费或不按规定使用的,劳动行政部门劳动监察机构应责令其改正,对多余部分应予以没收;情节严重的处以罚款。对贪污职业培训经费的单位主管人员和直接责任者,应视其情节轻重,给予行政处分或依法追究刑事责任。

3.3.3 师资标准

师资质量直接决定和影响受训学员的培养目标,因此,职业训练师资应具备法律要求的理论知识、专业技能和操作能力。

我国劳动部《职业培训实体管理规定》指出,职业培训实体教师必须具备《教师法》规定的教师资格,符合《技工学校教师职务条例》或其他有关专业技术职务条例规定的任职条件。职业培训实体生产实习指导教师可实行教师职称和专业技术职称或技师职称(职务)双职称制度。职业培训教师实行资格证书和考核制度以及职务聘任制度,并按国家规定确定工资、教龄津贴和有关福利待遇。

3.3.4 职业培训的经费

职业培训需要一定的经费投入,而这种经费的来源是多方面的。根据《职业培训实体管理规定》中的有关规定,主要包括以下来源:①政府财政部门和办学主管部门的拨款;②地方政府预算安排的就业经费中用于失业青年就业训练的经费;③当年收缴的失业保险费中用于失业职工的转业训练经费;④按规定收取的培训费;⑤地方发展教育基金用于职业教育的部分;⑥企业营业外支出和职业教育经费中用于职业培训的部分;⑦职业培训实体所办企业的创收;⑧境内外机构及个人的捐款、拨款和贷款;⑨其他经费来源。

案例3.3 培训形式理解差异,导致员工毁约败诉

在江苏省苏州的一家德资企业工作的王先生接受了公司安排的出国培训,同时也与公司签订了培训后需为公司服务三年的合约。但是回国后王先生认为公司并没有按照约定在国外安排相应的培训,所以向公司提出了辞职。但公司以王先生违反合约为由向劳动仲裁部门申请,仲裁委裁定王先生必须支付公司为其培训所花费用。王先生对此不服向法院提起上诉。2月9日,苏州市虎丘区人民法院审结了此案,驳回了王先生的诉讼请求。

2005年6月30日,王先生与公司签订了劳动合同,由公司聘用其从事成本会计工作,合同期限自2005年6月27日起至2008年6月30日止。2006年1月12日,双方又签订了一份培训协议,协议约定,公司派遣王先生赴德国接受培训,培训为期两周,培训期间的费用,包括住宿费、交通费等均由公司支付,而王先生必须同意在培训期满后为公司服务3年,服务期从公司结束培训的第一天开始计算,在该服务期内,如王先生提前解除劳动合同,应按比例向公司偿还培训费用。协议签订后,公司按约派遣王先生到德国培训,并支付了所有培训所需费用。

2006年4月,王先生向公司申请离职,公司随即向王先生发出了《培训补偿通知书》,同意王先生离职,但王先生必须支付培训赔偿费17 362元。王先生在收到通知书后认为支付培训赔偿费不合理拒绝支付。公司即向当地的劳动争议仲裁委员会提出仲裁申请。2006年10月12日,劳动争议仲裁委员会作出裁定,裁决王先生赔偿公司培训费用12 008元。王先生对此不服,遂诉至法院。

王先生认为,自己在德国培训期间未受到任何的培训,所以与公司解除劳动合同不存在违反协议而需偿还培训费用的问题,因此请求法院确认双方之间不存在偿还培训费用的权利义务关系。

而公司方面则辩称,仲裁委员会的仲裁裁决书对事实的调查认定是正确的。公司送王先生去德国培训,花费了一定的费用。但培训并不一定是去学校学习,公司派王先生去德国是根据工作需要学习相关技能。现王先生尚未工作满三年即辞职,应按约赔偿培训费用。

法院经过审理后认为双方签订的劳动合同合法有效,同时根据《江苏省劳动合同条例》第15条关于用人单位与其出资培训的劳动者可以事先另行协商约定服务期之规定,

双方签订的培训协议也是合法有效的,双方均应当按约履行。王先生提出其在德国期间未受到任何培训,公司没有按照培训协议的内容对其进行培训的辩解,因不能提供相应证据证明,且不合常理,所以法院对此不予采信。因此法院依法驳回了王先生的诉讼请求,并判决王先生支付培训费 12 008 元。

资料来源:法帮网,http://www.fabang.com/a/20100511/146714.html。

3.3.5 培训合同

各国职业训练法一般都规定,职业训练应签订培训合同,培训合同内容包括合同当事人的责任、权利和义务。

我国《职业培训实体管理规定》指出,职业培训实体可以与学员签订培训合同,也可以与用人单位签订培训合同。培训合同应明确培训目标、培训内容、培训期限、培训费用或毕(结)业后的就业方式等。各类职业培训实体违反培训合同的,劳动行政部门劳动监察机构应给予警告,责令改正;给学员或用人单位造成损失的,应承担赔偿责任,情节严重的处以罚款。

《关于贯彻执行〈中华人民共和国劳动法〉若干问题的意见》第 23 条规定:

用人单位用于劳动者职业技能培训费用的支付和劳动者违约时培训费的赔偿可以在劳动合同中约定,但约定劳动者违约时负担的培训费和赔偿金的标准不得违反劳动部《违反〈劳动法〉有关劳动合同规定的赔偿办法》等有关规定。

劳动部 1995 年发布的《关于试用期内解除劳动合同处理依据的复函》第 3 条规定,用人单位出资对职工进行各类职业技术培训,职工提出与单位解除劳动关系的,如果试用期满,在合同期内,则用人单位可以要求劳动者交付该项培训费用。

 案例 3.4　员工违反服务期约定应返还培训费用

案情:杨某系某外资公司的工艺工程师,2012 年 3 月 19 至 23 日参加了公司提供的 ProE/NC 专项培训。培训结束后,公司与杨某签订了一份"员工培训与发展协议",协议约定:公司为员工提供专项培训,期间自 2012 年 3 月 19 至 23 日;培训结束后员工需要履行的服务期为 1 年;如果员工在服务期内主动离开公司,公司有权要求其返还培训时发生的培训费用。2012 年 5 月 3 日,杨某以本人条件限制不能执行部门工作时间安排为由提出离职申请,随后与公司解除劳动合同。劳动合同解除后,公司以杨某违反服务期约定为由要求杨某返还培训费用,在劳动仲裁委裁决杨某返还部分培训费后,杨某不服裁决诉至法院。

审判:杨某与该外资公司签订的"员工培训与发展协议"虽系培训结束后签订,但并不违反法律强制性规定;该协议作为劳动合同的一部分系双方真实意思表示,对双方均具有约束力。原告在协议约定的服务期内基于个人原因提出辞职,其行为构成违约。据此,法院判决杨某向公司返还部分培训费用。

点评:用人单位为满足特殊岗位的需要而对特定劳动者进行的专业操作技能及专业知识的培训,是符合现代企业生产经营发展需要的必要举措。只要用人单位为劳动者提供专项培训费用,对其进行专业技术培训,就可以约定服务期。根据《劳动合同法》第 22 条的规定,劳动者违反服务期约定的,应当按照约定向用人单位支付违约金,但违约金的数额不得超过用人单位提供的培训费用。本案判决杨某支付的违约金未超过服务期尚未履行部分所应分摊的培训费用,是符合法律规定的。

资料来源:太仓市人民法院网站,http://jstcfy.taicang.gov.cn/art/2013/4/24/art_13591_194053.html。

案例 3.5 试用期辞职不必赔付培训费

案情介绍:黄小姐被某市一家合资公司录用,双方经过协商签订了 3 年期劳动合同,其中前 6 个月为试用期。上班后不久,公司即安排黄小姐脱产培训业务技术两个月。培训期间,黄小姐结识了同行李某,相互之间谈得很投缘,在李某的劝说下,黄小姐打算与原公司解除劳动合同,到李某所在公司工作。黄小姐结束培训回公司上班后,提出要求解除劳动合同,公司没有同意黄小姐的要求。黄小姐仍坚持要求解除劳动关系。公司认为,黄小姐由公司出资去参加业务技术培训,培训刚结束,还未为公司效力,即提出解除劳动关系,公司的出资培训不是白白地浪费了吗?所以,解除劳动关系是可以的,但要求黄小姐赔偿培训费用,否则不能走。黄小姐则认为:试用期期间,劳动者可以随时解除劳动合同,也无须承担培训费,因此不愿赔偿。于是,争议交到了劳动仲裁委员会。

案情分析:本案的争议焦点是试用期内职工提出与公司解除劳动关系,但公司已经出资培训了职工,职工是否应当赔偿公司的培训费。根据《上海市劳动合同条例》第 31 条的规定:"有下列情形之一的,劳动者可以随时通知用人单位解除劳动合同:①在试用期内的……"同时,按照劳动部关于试用期内解除劳动合同处理依据问题的复函意见:"用人单位出资(指有支付货币凭证的情况)对职工进行各类技术培训,职工提出与单位解除劳动关系的,如果在试用期内,则用人单位不得要求劳动者支付该项培训费用。"黄小姐进公司后,公司确实专门出资对黄小姐进行业务技术培训,并且双方还约定了服务期。但黄小姐是在试用期内提出与公司解除劳动关系,按照劳动部复函的意见,黄小姐是不需要赔偿公司的培训费用的。所以,公司要求黄小姐支付培训费用缺乏法律依据。因此,劳动仲裁委没有支持公司的仲裁请求。

案情结果:在劳动仲裁调解时,双方当事人各执己见,达不成和解协议。调解不成,劳动仲裁依法作出裁决,没有支持公司的仲裁请求。

资料来源:找法网,http://china.findlaw.cn/case/11818.html。

3.4 职业培训的考核

3.4.1 取得培训学历证书和培训证书的考核

根据《职业教育法》第 25 条的规定,接受职业学校教育的学生,经学校考核合格,按照国家有关规定,发给学历证书。接受职业培训的学生,经培训的职业学校或者职业培训机构考核合格,按照国家有关规定,发给培训证书。学历证书、培训证书按照国家有关规定,作为职业学校、职业培训机构的毕业生、结业生从业的凭证。

3.4.2 职业技能考核

1. 工人考核

为了考察工人的实际技术业务水平，1990年颁布了《工人考核条例》，对劳动者职业技能考核的种类、内容、方法以及组织管理等都作了明确的规定。

（1）考核的种类

工人考核分为录用考核、转正定级考核、下岗转岗考核、本等级考核、升级考核，以及技师、高级技师（以下统称技师）任职资格的考评。

（2）考核的内容

工人考核的内容主要包括三个方面：工人思想政治表现、生产工作成绩和技术业务水平。

其中工人技术业务水平的考核较为困难，国家也为此颁布了一定的法规。所以可以按照现行《工人技术等级标准》或者《岗位规范》中的相关规定进行技术业务理论和实际操作技能的考核。工人技师任职资格的考评，应当按照国家有关规定进行。

（3）考核方法

由于考核内容包括三个方面，因此根据不同的考核内容要采取不同的考核办法，具体的考核办法规定为：

工人思想政治表现的考核，在加强班组日常管理的基础上，定期进行。

工人生产工作成绩的考核，在加强班组日常管理的基础上，可以采用定量为主、定性为辅的方法，明确评分标准，定期进行。

工人技术业务理论考核以笔试为主，操作技能考核可以结合生产或者作业项目分期分批进行，也可以选择典型工件或作业项目专门组织进行。技术业务水平考核评定采用百分制，60分为合格。

只有工人思想政治表现、生产工作成绩和技术业务水平三项考核成绩均合格的，才为考核合格。

2. 职业技能鉴定制度

职业技能鉴定是指对劳动者进行技术等级的考核和技师资格的考评。我国劳动部在1993年颁布了《职业技能鉴定规定》，对职业技能鉴定机构、对象、鉴定工作的实施等均作了规定。

（1）职业技能鉴定机构

技能鉴定是由专门的职业技能鉴定机构完成的。建立职业技能鉴定站（所）有一定的条件，《规定》中指出，建立职业技能鉴定站（所）的条件是：具有与所鉴定工种（专业）及其等级或类别相适应的考核场地和设备；具有与所鉴定工种（专业）及其等级或类别操作技能考核相适应的、符合国家标准的检测仪器；有专（兼）职的组织管理人员和考评员；有完善的管理办法。

(2) 职业技能鉴定的对象

各类职业技术学校和培训机构毕(结)业生,凡属技术等级考核的工种,逐步实行职业技能鉴定;

企业、事业单位学徒期满的学徒工,必须进行职业技能鉴定,自愿申请职业技能鉴定;

企业、事业单位的职工以及社会各类人员,根据需要,自愿申请职业技能鉴定。

(3) 职业技能鉴定的标准

职业技能鉴定应当以现行的《工人技术等级标准》和《国家职业技能标准》等为依据对劳动者的职业技能进行考核和评定。职业技能标准是由法定标准制定机构依法制定,用以衡量劳动者技术业务水平和工作能力,并据以确定其技术等级的统一尺度。它根据各工种(专业)要求的技术、业务复杂程度、劳动繁重程度和责任大小,规定技能等级的数目以及各个等级具体的技术要求。

(4) 职业技能鉴定的程序

职业技能鉴定的程序一般包括以下环节:

① 申请和受理。申请职业技能鉴定的单位和个人,可向当地鉴定站提出申请。凡符合申报条件和合规定手续者,鉴定站应予受理登记,并签发准考证。

② 考核(或考评)。鉴定站应按规定的时间、方式进行考核(或考评)。考评小组应依法定原则组成,考评员参与考评实行回避制度,并应遵守考场规则,考试题目必须从题库中抽取,不得自行编制。

③ 发证。劳动者经考核合格,由劳动行政部门核发相应的职业资格证书。

为规范职业技能鉴定工作程序,保证职业技能鉴定质量,根据《职业技能鉴定规定》制定了《职业技能鉴定工作规则》,该规则适用于从事职业技能鉴定工作的机构和人员。

 知识链接:参加职业技能鉴定的有关问题

1. 如何报名参加申请职业技能鉴定?

答:申请职业技能鉴定的人员,可向当地职业技能鉴定所(站)提出申请,填写职业技能鉴定申请表。报名时应出示本人身份证、培训毕(结)业证书、《技术等级证书》或工作单位劳资部门出具的工作年限证明等。申报技师、高级技师任职资格的人员,还须出具本人的技术成果和工作业绩证明,并提交本人的技术总结和论文资料等。

2. 申报职业技能鉴定有什么要求?

答:参加不同级别鉴定的人员,其申报条件不尽相同,考生要根据国家职业技能鉴定规范的要求或鉴定公告的要求,确定申报的级别。一般来讲,不同等级的申报条件为:

参加初级鉴定的人员必须是学徒期满的在职职工、技工学校以及其他职业技术学校的毕业生或经初级职业技能培训结业的。

参加中级鉴定的人员必须是取得初级技能证书后,从事本职业(工种)5年以上,经中级职业技能培训结业;或是技工学校以及其他职业学校毕业,经初级技能鉴定成绩优良的。

参加高级鉴定的人员必须是取得中级技能证书后,从事本职业(工种)5年以上,经高级职业技能培训结业;或高级技工学校,经中级技能鉴定成绩优良的。

参加技师鉴定的人员必须是取得高级技能证书,具有丰富的生产实践经验和操作技能特长,能解决本工种关键操作技术和生产工艺难题,具有传授技艺能力和培养中级技能人员能力的人员。

参加高级技师鉴定的人员必须是任技师3年以上,具有高超精湛技艺和综合操作技能,能解决本工种专业高难度生产工艺问题,在技术改造、技术革新以及排除事故隐患等方面有显著成绩,而且具有培养高级工和组织带领技师进行技术革新和技术攻关能力的人员。

资料来源:中国劳动争议网。

3. 职业资格证书制度

(1) 实施职业资格证书制度的法律依据

《劳动法》第8章第69条规定:"国家确定职业分类,对规定的职业制定职业技能标准,实行职业资格证书制度,由经过政府批准的考核鉴定机构负责对劳动者实施职业技能考核鉴定。"《职业教育法》第1章第8条明确指出:"实施职业教育应当根据实际需要,同国家制定的职业分类和职业等级标准相适应,实行学历文凭、培训证书和职业资格证书制度。"这些法规确定了国家推行职业资格证书制度和开展职业技能鉴定的法律依据。

(2) 职业资格及职业资格证书的定义

职业资格是对从事某一职业所必备的学识、技术和能力的基本要求。职业资格包括从业资格和执业资格。从业资格是指从事某一专业(工种)学识、技术和能力的起点标准。执业资格是指政府对某些责任较大、社会通用性强、关系公共利益的专业(工种)实行准入控制,是依法独立开业或从事某一特定专业(工种)学识、技术和能力的必备标准。

职业资格证书是有关部门通过学历认定、资格考试、专家评定、职业技能鉴定等方式做出综合评价,对合格者颁发的、具有法律效力的证明文件。它包括《技术等级证书》、《技术资格正书》和《高级技师资格证书》等多种。

(3) 职业资格证书的办理程序

《职业技能鉴定工作规则》中指出证书的办理程序如下:

通用工种职业技能鉴定所(站)将鉴定合格人员名单报给相应职业技能鉴定指导中心审查汇总,由劳动行政部门核定。证书由职业技能鉴定指导中心按照劳动部规定的填写格式和编码方案统一办理,经劳动行政部门验印后颁发,职业技能鉴定所(站)负责将证书送交本人。

行业特有工种职业技能鉴定站将鉴定合格人员名单报给行业职业技能鉴定指导中心审查汇总,由国务院行业主管部门劳动工资机构核定。证书由行业主管部门劳动工资机构验印后颁发,职业技能鉴定站负责将证书送交本人。

(4) 职业资格证书的效力

依《劳动法》规定,我国对进入职业领域的劳动者实行双证制度,即培训结束,经考试考核合格,获得毕业(结业)证书;经技术等级鉴定,获得《技术等级证书》和《职业资格证书》。上述证书是国家和社会对劳动者职业能力(技能)的客观认可,是劳动者在我国境内求职、任职、独立开业的有效凭证,也是用人单位录用、聘用人员的主要依据,双证齐备者,具有优先录用资格;同时是公民境外就业、单位组织劳务输出进行公证的有效证件,如实现双边或多边互认的,还可直接作为境外就业的有效依据。

3.5 技术工种的岗前培训

3.5.1 技术工种的定义

首先我们必须对技术工种有一定的认识,《职业资格证书规定》关于技术工种岗位培训的管理规定的第3条对技术工种的定义指出:本规定所称技术工种,是指技术复杂、通用性广,以及涉及国家财产、人民生命安全和消费者利益的工种(职业)。

3.5.2 技术工种的培训要求

1. 技术工种的就业准入制度

就业准入制度是指对技术人员实施先培训,经考核合格取得相应的职业资格证后,才能就业上岗的制度。

由于技术工种的特殊性,国家对就业准入制度也给予了一定的重视。1997年劳动部颁发的《关于进一步推行职业资格证书有关问题的通知》就提出了"实行对技术职业(工种)从业人员的就业准入"。通知指出:职业介绍机构应将本地区实行就业准入的职业(工种)及相关要求向社会公告,在审核招聘简章时严格执行就业准入有关规定,并根据用人单位提出的用人要求,推荐符合条件的求职者,对希望从事技术工种职业而不具备条件的人员,指导他们到相应的培训机构接受职业培训。

案例 3.6 从事技术工种的劳动者必须经培训上岗

案例简介:某建筑工程工地吊车司机因病不能出工,使工地几十名职工无法工作,影响了施工。为了不延误工期,公司领导听说职工许某曾开过拖拉机,也会开吊车,便指派许某顶岗。许某提出自己虽然会开吊车,但未经过专门培训,没有实际操作经验,不能顶岗。公司领导认为许某不顾大局,不服从工作分配,让其停工检查,并扣发当月奖金240元。许某不服,向当地劳动争议仲裁委员会提出申诉。

仲裁结果:仲裁委员会受案后,经调查了解,裁决该公司立即恢复许某工作,补发所扣全部奖金,并赔偿损失75元。

案例评析:《劳动法》第68条第2款明确规定,从事技术工种的劳动者,上岗前必须经过培训。由于技术工种是技术复杂且涉及国家财产、人民生命安全和消费者利益的工种(职业),所以从事技术工种的劳动者都要求既有从事该技术工种劳动的理论知识,也要有实际操作的技术能力。

未经过专门培训的劳动者难以达到这一基本要求,在生产劳动过程中容易发生事故,造成人员伤亡或造成不应有的经济损失。

资料来源:中国劳动争议网。

2. 技术工种的资格证书制度

技术工种必须实行资格证书制度。《招用技术工种从业人员规定》是专门针对技术人员而颁布的,其中关于技术人员的资格证书制度方面指出:

国家实行职业资格证书制度,由经过劳动保障行政部门批准的考核鉴定机构对劳动者实施职业技能考核鉴定。

国家职业资格分为初级、中级、高级、技师、高级技师。

技工学校、职业(技术)学校、就业训练中心及各类职业培训机构的毕(结)业生,必须取得相应职业资格证书后,才能到技术工种岗位就业。

3. 技师聘任制

技师是在高级技术工人中设置的技术职务。技师是技能高超的技术工人,能工巧匠。实行技师聘任制的工种(岗位)范围,要在技术比较复杂的工种(岗位)中实行。因此,一般的工人是不能申请技师考评的。

同时技师的任职也存在着一定的条件,《关于实行技师聘任制的暂行规定》第3条指出技师任职条件:①遵守国家政策和法律、法规,有良好的职业道德;②技工学校或其他中等职业技术学校毕业,或经过自学、职业培训,达到同等水平;③具有本工种技术等级标准中高级工的专业技术理论水平和实际操作技能;④具有丰富的生产实践经验,能够解决本工种关键性的操作技术和生产中的工艺难题;⑤具有传授技艺、培训技术工人的能力。

而对符合条件的工人申报技师,要经所在单位同意。这是一种考评前的审查,是所在单位对工人能否参加考评技师资格的一种权利,不符合条件者将不给予申报资格。

案例3.7 工人申请考评技师,单位不同意时怎么办

案例简介:陈某是某企业高级技术工人,某年3月10日向当地劳动争议仲裁委员会申诉,申诉书称,该单位在组织技师考评中,剥夺自己申请考评技师的权利,请求该单位让自己参加技师考评。该企业辩称,陈某虽是高级技术工人,但其在接受单位带徒任务中不负责任,不向徒弟认真传授业务知识,其带的两名徒弟经考核成绩均不合格。因此,不同意其参加技师考评。

仲裁结果:仲裁机关受案后,经调解无效,根据调查核实陈某在带徒中的问题及平时表现情况,裁决对陈某的请求不予支持。

案例评析:这是一起职工因申请考评技师未获单位同意而发生的劳动争议,此类争议在劳动争议案件中为数不多,但也从一个侧面反映出劳动关系中的问题。本案中,仲裁机关做出的裁决是合理的、正确的。

本案中,陈某在实施以师带徒时,不认真负责,不向徒弟认真传授业务知识,是一种缺乏职业道德的表现,不符合技师任职条件中须有良好职业道德的规定,该单位不同意其参加技师考评,理由是正当的,是对技师质量负责的表现,其做法有充分的法律依据,不存在剥夺陈某考评权利的问题,而恰好是行使单位审批权的表现。

资料来源:中国劳动争议网。

4. 对用人单位的要求

由于技术工种的特殊复杂性，对用人单位在招收技术工种时也提出了一定的要求。《招用技术工种从业人员规定》中明确指出：

用人单位因特殊需要招用技术性特强，但当地培训机构尚未开展培训的技术工种人员，经劳动保障行政部门批准后，可先招收再培训，达到相应职业技能要求后再上岗。用人单位安排国家政策性安置人员从事技术工种工作的，应当先组织培训，达到相应工种（职业）技能要求后上岗。

用人单位和职业介绍机构发布技术工种人员招聘广告时，在应聘人员应具备的条件中须注明职业资格要求。

用人单位违反本规定招用未取得相应职业资格证书的劳动者从事技术工种工作的，由劳动保障行政部门给予警告，责令用人单位限期对有关人员进行相应培训，取得职业资格证书后再上岗，并可处以1 000元以下的罚款。

附录

附录1：国家规定实行就业准入的职业目录

目前，劳动和社会保障部依据《中华人民共和国职业分类大典》确定了国家规定实行就业准入的66个职业目录：

车工、铣工、磨工、镗工、组合机床操作工、加工中心操作工、铸造工、锻造工、焊工、金属热处理工、冷作钣金工、涂装工、装配钳工、工具钳工、机修钳工、汽车修理工、摩托车维修工、锅炉设备安装工、维修电工、电子计算机维修工、手工木工、精细木工、贵金属首饰手工制作工、土石方机械操作工、砌筑工、混凝土工、钢筋工、架子工、防水工、装饰装修工、电气设备安装工、管工、汽车驾驶员、起重装卸机械操作工、音响调音工、纺织纤维检验工、贵金属首饰钻石宝玉石检验员、动物疫病防治员、动物检疫检验员、沼气生产工、推销员、中药购销员、鉴定估价师、医药商品购销员、中式烹调师、中式面点师、西式烹调师、西式面点师、调酒师、保健按摩师、职业指导员、物业管理员、锅炉操作工、美容师、美发师、摄影师、眼镜验光员、眼镜定配工、家用电子产品维修工、家用电器产品维修工、钟表维修工、办公设备维修工、秘书、计算机操作员、话务员、用户通信终端维修员。

资料来源：中国劳动争议网。

附录2：国家实行必须持职业资格证书结业的职业（工种）目录

目前国家实行持职业资格证书就业的职业（工种）有90个：

1. 生产、运输设备操作人员：车工、铣工、磨工、镗工、组合机床操作工、加工中心操作工、铸造工、焊工、金属热处理工、冷作钣金工、涂装工、装配钳工、工具钳工、锅炉设备装配工、电机装配工、高低压电器装配工、电子仪器表装配工、电工仪器仪表装配工、机修钳工、汽车修理工、摩托车维修工、精密仪器仪表修理工、锅炉设备安装工、变电设备安装工、维修电工、钢筋工、架子工、防水工、装饰装修工、电气设备安装工、管工、汽车驾驶员、起重装卸机械操作工、化学检验工、食品检验工、纺织纤维检验工、贵金属首饰钻石宝玉石检验员、防腐蚀工。

2. 农林牧渔水利业生产人员：动物疫病防治员、动物检疫检验员、沼气生产工。

3. 商业、服务业人员：营业员、推销员、出版物发行员、中药购销员、鉴定估价师、医药商品购销员、中药调剂员、冷藏工、中式烹调师、中式面点师、西式烹调师、西式面点师、调酒师、营养配餐员、前厅服务员、客房服务员、保健按摩师、职业指导员、物业管理员、锅炉操作工、美容师、美发师、摄影师、眼镜验光员、眼镜定配工、家用电子产品维修工、家用电器产品维修工、照相器材维修工、钟表维修工、办公设备维修工、家政服务员、养老护理员。

4. 办事人员和有关人员：秘书、公关员、计算机操作员、制图员、话务员、用户通信终端维修员。

资料来源：中国劳动争议网。

附录 3：国家规定的技术工种目录

首批实行《从事技术工种劳动者就业上岗前必须培训的规定》的 50 个技术工种目录：

1. 机械行业(12)：钳工、车工、镗工、铣工、磨工、铸造工、锻造工、电焊工、气焊工、电工、模样工、热处理工。

2. 建设业(4)：混凝土工、起重机驾驶员、塔式起重机驾驶员、电梯安装维修。

3. 交通业(2)：汽车维修工、汽车驾驶员。

4. 电子工业(6)：无线电机械装校工、无线电装接工、家用电子产品维修工、计算机调试工、计算机文字录入处理员、无线电调试工。

5. 内贸行业(5)：制冷设备维修工、家用电热器与电动器具维修工、办公设备维修工、眼镜验光员、熟食制品加工工。

6. 农业(2)：乳品检验工、农机修理工。

7. 矿山采选业(2)：爆破工、瓦斯检查工。

8. 技术监督行业(3)：长度量具计量检定工、衡器计量检定工、食品检验工。

9. 兵器工业(2)：摩托车调试修理工、火炸药理化分析工。

10. 新闻出版行业(4)：自动照相排版工、电子分色工、印刷机械维修工、印刷电器维修工。

11. 其他(8)：中式烹调师、西式烹调师、中式面点师、西式面点师、餐厅服务员、美容师、美发师、按摩师。

资料来源：江西律师网。

第 4 章
工作时间与休息休假

- 概述
- 工作时间
- 休息休假
- 工作时间的缩短与延长

4.1 概述

4.1.1 基本概念和原则

工作时间不仅包括劳动作业时间,还包括准备工作时间、结束工作时间、法定非劳动消耗时间(如劳动者自然需要中断时间、工艺需要中断的时间、停工待活时间、女职工哺乳婴儿时间等)以及法规或单位行政安排离岗从事其他活动的时间。休息时间即工作(通常为 8 小时)之外的时间,包括日常休息时间(包括工作间隙的用膳时间和午休时间)和休假。

在工作时间,劳动者须履行劳动义务,在法定限度内从事劳动或工作;在休息时间,劳动者免于履行劳动义务,而自行支配时间。劳动者不履行工作时间要承担法律责任;用人单位不得非法占用劳动者的休息时间,如需依法占用,应当给予特别补偿。

工作与休息的时间安排主要遵循四个基本原则:①保障用人单位生产任务的完成;②保护劳动者的身体健康和休息权;③有利于提高劳动效率。劳动者有足够的休息时间来恢复劳动力和提高自身素质,有利于提高劳动效率,对劳动供求双方都有利;④与经济发展和人民生活水平相适应。随着经济发展和人民生活水平的提高,劳动者自身的经济价值得以提高,有更大的动力和可能性自主支配更多的时间,故此,各国的工作时间呈缩短趋势。

4.1.2 我国工时休假立法概况

在我国,工时立法一直是劳动立法的重要组成部分。现行与工作时间相关的法律主要包括:

(1)《中华人民共和国宪法》。第 43 条规定,中华人民共和国的劳动者有休息的权利。该规定是确定《劳动法》的一项基本原则。

(2)《劳动法》。《劳动法》第 4 章对工作时间和休息休假进行专章规定,共 10 条。

(3) 劳动部《关于贯彻〈劳动法〉若干条文的说明》(1994 年 9 月 5 日发布)。该说明对《劳动法》的相关条文进行了详细解释。

(4) 劳动部 1995 年 8 月 4 日发布的《关于贯彻〈劳动法〉若干问题的意见》。该《意见》第 60~62 条和第 65~72 条对工作时间和休息休假以及延长工作时间等问题作了进一步的解释和说明。

(5) 国务院 1994 年发布、1995 年修改发布的《国务院关于工作时间的规定》。该《规定》为我国现时工时制的主要依据。

(6)《关于企业实行不定时工作制和综合计算工时制的审批办法》(劳部发〔1994〕503 号)。

(7) 原国家政务院 1949 年 12 月 23 日发布、国务院 1999 年 9 月 18 日修订发布的《全国年节及纪念日放假办法》。该办法规定了全体公民放假的节日、部分公民放假的节日及纪念日、少数民族习惯的节日、其他节日、纪念日的放假办法。1999 年修订后的规定将原属于全体公民放假的节日由原来的 7 天增加到 10 天。该办法于 2007 年 12 月 16 日再次修订。

4.2 工作时间

4.2.1 标准工时制度

1. 标准工时

《劳动法》第 4 章规定:

国家实行劳动者每日工作时间不超过 8 小时、平均每周工作时间不超过 44 小时的工时制度。用人单位应当保证劳动者每周至少休息 1 日。

《国务院关于修改〈国务院关于职工工作时间的规定〉的决定》(国务院第 174 号令)进一步明确:"职工每日工作 8 小时,每周工作 40 小时。"

因此,对大多数企业来说,每周工作 5 天,休息 2 天,每天工作 8 小时。这种工作时间制度通常被称作标准工作时间制,它是针对特殊工作时间制度而言的。

在这里,每日工作 8 小时,每周工作 40 小时,也是一种最高工时标准,即法定最长工时,它是法律规定的在一定自然时间(一日或一周)内工作时间的最长限度。在全国范围内,除了具备法定特殊情形外,用人单位不得突破法定最长工时的限制;企业因生产特点不能实行标准工时制度,而实行特殊工时制度(综合计算工时工作制和不定时工作制)的,其平均日(周)工时应当与法定日(周)最长工时基本相同,且必须符合法定条件,履行法定审批程序;用人单位不遵守最高工时标准、违法延长工时的,应当追究法律责任。

2. 工时计算

对于实行标准工时制度的企业,工时计算非常简单。但是,对实行不定时工作制和综合计算工时工作制的企业来说,进行准确的工时计算,需要以对年工作日的计算为基础。

根据劳动部《关于职工工作时间有关问题的复函》(劳部发〔1997〕271号),工时计算方法应为:

(1) 工作日的计算

年工作日:365天/年－104天/年(休息日)－11天/年(法定休假日)＝250天/年

季工作日:250天/年÷4季＝62.5天

月工作日:250天/年÷12月＝20.83天

(2) 工作小时数的计算

以每周、月、季、年的工作日乘以每日的小时数,即乘以8。

以后,如果年节及纪念日放假规定改变,工作日还会做相应的调整。

4.2.2 特殊工时制度

但是有很多企业的许多员工,由于一定的特殊原因,不能实行上述标准工作时间制度。这类企业和员工,按照劳动部《关于企业实行不定时工作制和综合计算工时制的审批办法》(劳部发〔1994〕503号)的规定,可以实行不定时工作制或综合计算工时工作制等其他工作和休息办法,即实行特殊工时制度。

实行不定时工作制的职工,每日无固定起讫时点,亦即不能固定计算工作日长度。实行综合计算工时工作制的职工,其每周、月、季、年的工作和休息时间经常出现连续,与标准工时制度比起来不标准,因此对其工时的计算只能综合计算,但其平均日工时和平均周工时应当与法定标准工时基本符合。

根据国家规定,企业实行特殊工时制,必须经过法定的程序,这一程序包括两个方面:

一是协商程序。根据劳动部《关于职工工作时间有关问题的复函》:"企业实行综合计算工作时间制以及在实行综合计算工时工作中采取何种工作方式,一定要与工会和劳动者协商。"

二是批准程序。根据劳动部《关于企业实行不定时工作制和综合计算工时工作制的审批办法》的规定:中央直属企业实行不定时工作制和综合计算工时工作制等其他工作和休息办法的,经国务院行业主管部门审核,报国务院劳动行政部门批准。地方企业实行不定时工作制和综合计算工时工作制等其他工作和休息办法的审批办法,由各省、自治区、直辖市人民政府劳动行政部门制定,报国务院劳动行政部门备案。

1. 不定时工作制

企业对符合下列条件之一的职工,可以实行不定时工作制:①企业中的高级管理人员、外勤人员、推销人员、部分值班人员和其他因工作无法按标准工作时间衡量的职工;②企业中的长途运输人员、出租汽车司机和铁路、港口、仓库的部分装卸人员,以及因工作性质特殊,需机动作业的职工;③其他因生产特点、工作特殊需要或职责范围的关系,适合实行不定时工作制的职工。

不定时工作制必须申报审批后方可实施,超出标准工作时间的部分,不算延长工作时间,不发加班加点工资,短于标准工作时间的,也不扣发劳动报酬。

 案例4.1 不定时工作制侵犯劳动者的权益吗

问:2001年10月,我从重庆来到深圳某公司打工,双方自愿签订了为期一年的劳动合同。当时,我同意根据公司的工作需要,在业务部门担任营销工作,并实行不定时工作制。由于我的法律知识欠缺,在订立劳动合同时,我对劳动合同条款未提出异议。在劳动合同期满后,我跟单位续签了一年的劳动合同,当时我也未对劳动合同条款提出异议。可在履行劳动合同过程中,我与该公司售后经理为工作问题发生争执。去年12月,在朋友的提醒下,我对劳动合同的条款以及公司的管理制度提出异议,也就是公司利用不定时工作制逃避支付加班工资,我要求赔偿因加班、没有年休假、法定假日加班等形成的工资及经济补偿金等共5万元。可公司称,劳动合同是双方平等协商、自愿订立的、有效的劳动合同。合同中约定执行不定时工作制,不存在拖欠加班工资、节假日加班工资的问题。请问,公司的这种做法对吗?

答:我国《劳动法》规定,劳动者享有休假的权利,对于因工作需要在休息日或法定假日加班的,应按照相应的比例发放工资。但这些都是针对定时工作制的情况来说的。当劳动合同双方约定不定时工作制时,劳动者在上述时间内工作是不享受这样的待遇的。根据你所说的情况,对你不利的因素在于,与公司签劳动合同时,没有对劳动合同提出异议,表明双方的劳动合同是协商一致、自愿订立的。依据劳动合同是劳动者与用人单位确立劳动关系、明确双方权利和义务的协议,劳动合同依法订立即具有法律约束力,当事人必须履行劳动合同规定的义务原则。

公司实行不定时工作制依法获得了劳动行政部门的批准后,双方当事人在劳动合同中约定实行不定时工作制,符合《劳动法》第39条"企业因生产特点不能实行本法第36条、第38条规定的,经劳动行政部门批准,可以实行其他工作和休息办法"的规定。因此,你要求公司支付加班工资、法定假日加班工资和没有年休假形成的加班工资以及相应的经济补偿金等,缺少依据。在此,提醒劳动者在签劳动合同时,一定要认真对待合同中的相关条款。

资料来源:中国劳动争议网。

2. 综合计算工时工作制

企业对符合下列条件之一的职工,可实行综合计算工时工作制,即分别以周、月、季、年等为周期,综合计算工作时间,但其平均日工作时间和平均周工作时间应与法定标准工作时间基本同。①交通、铁路、邮电、水运、航空、渔业等行业中因工作性质特殊,需连续作业的职工;②地质及资源勘探、建筑、制盐、制糖、旅游等受季节和自然条件限制的行业的部分职工;③其他适合实行综合计算工时工作制的职工。实行综合计算工时工作制,超出总法定标准工作时间的部分,应该视为延长工作时间,需要按照有关规定计发加班加点工资。

3. 计件工资制

计件工资制也称为计件工作制,是以工人完成一定数量的合格产品或一定的作业量来确定劳动报酬的一种劳动形式。从某种意义上说,计件工作的劳动者实行的是一种特殊类型的不定时工作制。《劳动法》第 37 条要求:对实行计件工作的劳动者,用人单位应当根据标准工时的规定,合理确定劳动定额和计件报酬标准。也就是说,用人单位必须依据标准工时制的实践标准,按 40 小时工作周确定劳动定额和计件报酬。劳动者的工作时间可以灵活,但是平均每周工作时间不得超过 40 小时。

案例 4.2　单位实行计件工资制如何计算加班加点工资

李某在一家私营服装企业从事缝纫工作,公司对缝纫岗位实行的是综合计算工时工作制和计件工资制度,规定职工轮班作业,每做好一件服装发给工资 20 元。李某一般每月工资为 1 200 元左右,效率高时可以得到 1 600 元左右。有一段时间,公司由于需要赶制一批时装,在李某已经达到规定的工作时间的情况下,经与工会和职工本人协商,安排李某等人在休息日加班。过后,公司以李某每月工资 1 200 元为基数,折算出其平均小时工资标准,并据此向其发放加班工资。李某觉得公司的做法不合理,因为在加班期间,她急公司之所急,工作十分努力,工作效率与平时最高相仿,因此她认为公司应该以每月 1 600 元为基数计算加班工资,或者至少以平均月工资 1 400 元为基数。为此,李某向有关机构咨询,希望了解公司的做法是否合理,应该如何确定她的加班工资计算基数。

案例评析:李某所在公司的做法是错误的。关于计算加班加点工资的基数问题,原劳动部颁布的《工资支付暂行规定》(劳部发〔1994〕489 号)第 13 条作了明确规定:实行计时工资制度的岗位,计算和支付加班工资的基数为劳动合同约定的劳动者本人小时工资标准;计算和支付加班工资的基数为劳动合同约定的劳动者本人日或小时工资标准。实行计件工资的劳动者,在完成计件定额任务后,由用人单位安排延长工作时间的,应分别按照不低于其本人法定工作时间计件单价的 150%、200%、300% 支付其工资。李某所在公司对李某实行的是计件工资制度,但是在发放加班工资时,却改为按照计时工资制度计算,已是错误;而且在确定计算基数时,不顾李某工作效率的实际情况,以其效率较低时的工资收入为基数,变相减少其加班工资,更是错上加错。正确的做法是,根据李某在加班期间的实际产量,按照计件单价 20 元/件的 200% 的标准,向其支付加班工资。

资料来源:中国劳动争议网。

4.3 休息休假

4.3.1 劳动者的周、日、工作间隙休息

周休息又称公休日,是指劳动者在一周(7 天)内,享有连续休息在 1 天(24 小时)以上的休息时间。按现行规定实行的是周五工作制,一般情况下每周休息两天。

日休息是指劳动者在每昼夜(24 小时)内,除工作时间外,由自己支配的时间。也就是说,除了最多 8 小时工作时间以外,其余时间均为劳动者日休息时间。

工作间隙休息是指职工在工作日内享有的休息时间和用膳时间。《劳动法》对此未作明确规定,但按照一般习惯普遍存在,并都算作休息时间内。

4.3.2 节日休息

法定节假日又称法定休假日,是指国家统一规定的用以开展纪念、庆祝活动的休息时间。各国法定节日一般从三个方面规定:政治性节日,如国庆节、解放日等;宗教性节日,如国外的圣诞节等;民族习惯性节日。《劳动法》、《全国年节及纪念日放假办法》(1949 年 12 月 23 日政务院发布 1999 年 9 月 18 日国务院修订发布,2007 年 12 月 16 日再次修订)等对法定休假日做了明确规定:

全体公民放假的节日(共 11 天):

(1) 新年,放假 1 天(1 月 1 日);

(2) 春节,放假 3 天(农历除夕、正月初一、初二);

(3) 清明节,放假 1 天(农历清明当天);

(4) 劳动节,放假 1 天(5 月 1 日);

(5) 端午节,放假 1 天(农历端午当天);

(6) 中秋节,放假 1 天(农历中秋当天);

(7) 国庆节,放假 3 天(10 月 1 日、2 日、3 日)。

全体公民放假的节日,如果遇到周六、周日,在工作日补回。

部分公民放假的节日及纪念日:

(1) 妇女节(3 月 8 日),妇女放假半天;

(2) 青年节(5 月 4 日),14 周岁以上的青年放假半天;

(3) 儿童节(6 月 1 日),13 周岁以下的少年儿童放假 1 天;

(4) 中国人民解放军建军纪念日(8 月 1 日),现役军人放假半天。

部分公民放假的节日,逢周六、周日,不再补假。

少数民族习惯的节日,由各少数民族聚居地区的地方人民政府,按照各该民族习惯,规定放假日期。

二七纪念日、五卅纪念日、七七抗战纪念日、九三抗战胜利纪念日、九一八纪念日、教师节、护士节、记者节、植树节等其他节日、纪念日,均不放假。

4.3.3 年休假

我国企业职工的各种休假,包括探亲假、产假、婚丧假等,都有相关的法律法规规定,给付工资,这些一起构成为我国的带薪休假制度。

《劳动法》规定:国家实行带薪年休假制度。劳动者连续工作一年以上的,享受带薪年休假。2007年12月14日国务院公布《职工带薪年休假条例》,2008年1月1日施行。《企业职工带薪年休假实施办法》也于2008年9月18日通过并实施。《条例》规定:

机关、团体、企业、事业单位、民办非企业单位、有雇工的个体工商户等单位的职工连续工作1年以上的,享受带薪年休假(以下简称年休假)。单位应当保证职工享受年休假。职工在年休假期间享受与正常工作期间相同的工资收入。

职工累计工作已满1年不满10年的,年休假5天;已满10年不满20年的,年休假10天;已满20年的,年休假15天。国家法定休假日、休息日不计入年休假的假期。

职工有下列情形之一的,不享受当年的年休假:①职工依法享受寒暑假,其休假天数多于年休假天数的;②职工请事假累计20天以上且单位按照规定不扣工资的;③累计工作满1年不满10年的职工,请病假累计2个月以上的;④累计工作满10年不满20年的职工,请病假累计3个月以上的;⑤累计工作满20年以上的职工,请病假累计4个月以上的。

带薪休假也有必要的约束条件。《中共中央、国务院关于职工休假问题的通知》中明确:"各地区、各部门在确保完成工作、生产任务,不另增人员编制和定员的前提下可以安排职工的年休假。"该《通知》还确定了一定的休假原则:"确定职工休假天数时,要根据工作任务和各类人员的资历、岗位等不同情况,有所区别,最多不得超过两周。休假时间要注意均衡安排,休假方式一般以就地休假为主,一律不准搞公费旅游,也不得以不休假为由向职工发放或变相发放钱物。"

《职工带薪年休假条例》规定:单位根据生产、工作的具体情况,并考虑职工本人意愿,统筹安排职工年休假。年休假在1个年度内可以集中安排,也可以分段安排,一般不跨年度安排。单位因生产、工作特点确有必要跨年度安排职工年休假的,可以跨1个年度安排。单位确因工作需要不能安排职工休年休假的,经职工本人同意,可以不安排职工休年休假。对职工应休未休的年休假天数,单位应当按照该职工日工资收入的300%支付年休假工资报酬。

 知识链接:对于未休完的年休假及补休假单可以要求企业给予补偿吗

关于年休假具体休假程序及方法,国务院至今还没有做出具体的规定,用人单位可以在规章制度中自行确定。

一些用人单位规定,当年的年休假应当年使用,不得累计。也有一些用人单位规定年休假可以在一定的年限内累计使用。因为我国还没有关于年休假的统一规定,因此各单位有权根据自行制定的有效的规章制度执行年休假。

有些员工经常加班,用人单位也给他开出了调休单,但是员工却因工作太忙一直没有申请调休。如果离职,这些未休完的调休该怎么处理呢?可以要求用人单位买回吗?

关于这个问题,我国还没有明确的法律规定,我们认为,员工有权要求用人单位给予补偿,也就是买回。因为根据我国《劳动法》的规定,用人单位安排员工加班,应当安排员工补休,或者支付200%的加班工资。但是如果用人单位不对这部分调休给予补偿,就相当于员工在劳动关系存续期间内进行了无偿的加班,这是不符合劳动法的规定的。对于这部分调休,用人单位可以根据自身的情况,或者按200%的标准买回,或者安排员工在离职前休假,但不能不作出处理。

资料来源:中国劳动争议网。

4.3.4 其他特殊假期

1. 探亲假

为了适当地解决职工同亲属长期分居两地的探亲问题,国务院专门制定了《关于职工探亲待遇的规定》(国发〔1981〕36号)。

对探亲假的适用对象,《规定》指出:凡在国家机关、人民团体和全民所有制企业、事业单位工作满一年的固定职工,与配偶不住在一起,又不能在公休假日团聚的,可以享受本规定探望配偶的待遇;与父亲、母亲都不住在一起,又不能在公休假日团聚的,可以享受本规定探望父母待遇。但是,职工与父亲或与母亲一方能够在公休假日团聚的,不能享受本规定探望父母的待遇。

在探亲假期长短等问题上,《规定》明确:

(1) 职工探望配偶的,每年给予一方探亲假一次,假期为30天。

(2) 未婚职工探望父母,原则上每年给假一次,假期为20天,如果因为工作需要,本单位当年不能给予假期,或者职工自愿两年探亲一次,可以两年给假一次,假期为45天。

(3) 已婚职工探望父母的,每4年给假一次,假期为20天。

探亲假期是指职工与配偶、父母团聚的时间,另外,根据实际需要给予路程假。上述假期均包括公休假日和法定节日在内。

根据该规定,凡实行休假制度的职工(如学校的教职工)应该在休假期间探亲;如果休假期较短,可由本单位适当安排,补足其探亲假的天数。

至于探亲期间的工资发放和往返费用,《规定》确定:职工在规定的探亲假期和路程假期内,按照本人的标准工资发给工资。职工探望配偶和未婚职工探望父母的往返路费,由所在单位负担。已婚职工探望父母的往返路费,在本人月标准工资30%以内的,由本人自理,超过部分由所在单位负担。

2. 婚丧假

关于婚丧假,原国家劳动总局、财政部《关于国营企业职工请婚丧假和路程假问题的通知》(1980年2月20日发布)规定:

(1) 职工本人结婚或职工的直系亲属(父母、配偶和子女)死亡时,可以根据具体情况,由本单位行政领导批准,酌情给予1至3天的婚丧假。

(2) 职工结婚时双方不在一地工作的,职工在外地的直系亲属死亡时需要职工本人去外地料理丧事的,都可以根据路程远近,另给予路程假。

(3) 在批准的婚丧假和路程假期间,职工的工资照发,途中的车船费等,全部由职工自理。

3. 产假

关于产假,《女职工劳动保护特别规定》(2012年实施)明确:

女职工生育享受98天产假,其中产前可以休假15天;难产的,应增加产假15天;生育多胞胎的,每多生育1个婴儿,可增加产假15天。

女职工怀孕未满4个月流产的,享受15天产假;怀孕满4个月流产的,享受42天产假。

4. 病假

病假一般要求凭医生诊断证明方可请病假。病假的长短需要视病情确定,但最长不能超过《企业职工患病或非因工负伤医疗期规定》(劳部发〔1995〕236号)规定的期限。

《企业职工患病或非因工负伤医疗期规定》(劳部发〔1995〕236号)规定:企业职工因患病或非因工负伤,需要停止工作医疗时,根据本人实际参加工作年限和在本单位工作年限,给予3~24个月的医疗期:

(1) 实际工作年限10年以下的,在本单位工作年限5年以下的为3个月;5年以上的为6个月。

(2) 实际工作年限10年以上的,在本单位工作年限5年以下的为6个月;5年以上10年以下的为9个月;10年以上15年以下的为12个月;15年以上20年以下的为18个月;20年以上的为24个月。

医疗期3个月的按6个月内累计病休时间计算;6个月的按12个月内累计病休时间计算;9个月的按15个月内累计病休时间计算;12个月的按18个月内累计病休时间计算;18个月的按24个月内累计病休时间计算;24个月的按30个月内累计病休时间计算。

关于企业职工病假期间工资待遇,《劳动部关于试行企业单位工人职员在加班加点、事假、病假和停工期间工资待遇几项规定的通知》中提到:过去凡已实行劳动保险的单位,都已按照劳动保险条例有关规定执行。即职工请病假在6个月以内的,工龄不满8年者,根据工龄长短发给本人工资60%~90%;工龄满8年以上者,发给本人工资100%;请病假在6个月以上的,发给本人工资的40%~60%。

对于这种实行劳动保险待遇的单位,对劳动保险条例中有关病假工资待遇作了修订后,再按新的规定执行;没有实行劳动保险待遇的单位,可由各省、自治区、直辖市根据具体情况和适当扣发工资的精神,作出暂行规定并下达执行。

5. 事假

事假一般需要经公司同意后,方可休假;事假的长短取决于公司批准。

关于事假期间的工资待遇,《劳动部关于试行企业单位工人职员在加班加点、事假、病假和停工期间工资待遇几项规定的通知》规定:

（1）企业中的工人，由于他们的工作性质不同，进行加班加点工作的时候，可以享受加班加点工资的待遇，因此，在一般事假期间，一律不发给工资。

（2）企业中的行政管理人员、工程技术人员和炊事人员、勤杂人员等，由于他们不享受加班加点工资待遇，所得经常性的生产奖金也很少，对于他们在事假期间的工资待遇，应该与工人有所不同。因此，他们请事假每一季度在两个工作日以内的，工资照发；超过两个工作日以上的，其超过天数不发给工资。

（3）为了照顾我国旧有习惯，不论工人或职员请婚丧假在3个工作日以内的，工资照发（不包括在上述第2项事假之内）；超过3个工作日以上的，其超过天数，不发给工资。

 案例4.3 怀疑患有"绝症"且医疗期已满仍不能确诊的职工的病假问题

何某，男，34岁，系广州某酒店劳动合同制工人。某年7月20日被招入该酒店工作，合同期3年。合同快到期前约一个月，何某因慢性鼻窦炎到医院复查、体检，医生认为他的鼻咽部有些粗糙，怀疑其患"鼻咽癌"，要求作进一步检查，但直至7月31日医院仍不能确诊是否患鼻咽癌。何某除慢性鼻窦炎外，还患有慢性迁延性肝炎，故一直"病休"，累计的医疗期已超过其根据实际工作年限可享受的医疗期（6个月）。单位认为他的医疗期已满，合同期也已满，且"鼻咽癌"只是怀疑而未确诊，又不属于完全丧失劳动能力，故如期终止其劳动合同。但何某不服，与单位发生争议。

评析：劳动部在给广州市劳动局《对〈关于因病或非因工负伤医疗期管理等若干问题的请示〉的复函》中指出："职工的劳动合同期将满，经医疗诊断，怀疑患有某种绝症，但又不能马上确认而需复查，且需停工休息治疗者，可以比照第一种情况处理；不需停工休息治疗者，不适用医疗期有关规定。医疗期已满仍不能确认的，可以终止劳动合同。"虽然何某被医院怀疑患鼻咽癌，但其医疗期和合同期均已满，且仍不能确诊是否患鼻咽癌，故单位不给病假而如期终止其劳动合同是正确的。当然，假如职工的医疗期未满而劳动合同期已满，但被医院怀疑患有"绝症"需休病假待查，且又确需停工休息治疗的，劳动合同的期限应自动延续至医疗期期满为止；但不需停工休息治疗者，则不适用医疗期有关规定。

资料来源：中国劳动争议网。

4.4 工作时间的缩短与延长

4.4.1 缩短工作时间

缩短工作时间，让劳动者工作时间少于标准工作时间，也就是每日工作时间少于8小时，每周工作时间少于40小时。它是在特定条件下对标准工作时间长度的缩短。实行缩短工作时间，是为了保护特殊情况或者特殊条件下劳动者的身心健康。

缩短工作时间的保护对象包括以下几种。

1．从事有毒、繁重、危险工作的员工

一般地，从事矿井、高山、有毒有害、特别繁重的岗位或者国家规定第四级体力劳动强度作业的劳动者,每日工作时间不得超过 6 小时,每周工作时间不得超过 36 小时。

相关法律规定有:

《国务院关于促进煤炭工业健康发展的若干意见》(国发〔2005〕18 号):改革煤矿工作制度,将矿工入井时间缩短到八小时以内,并尽快实行四班六小时工作制。

《纺织工业部、国家劳动总局关于纺织企业实行"四班三运转"的意见》(〔79〕纺生字第 99 号、〔79〕劳总计字第 101 号):棉纺织企业中试行"四班三运转"(简称"四三制")的劳动制度。即在原甲、乙、丙三班的基础上,增设一个班,早、中、夜三班运转,把原来星期天停台的时间都利用起来,人轮流休息,机器不停。

《化学工业部、国家劳动总局关于在化工有毒有害作业工人中改革工时制度的意见》(〔81〕化劳字第 536 号)规定:

一般有毒有害作业工人,可以采用的形式主要有:①"三工一休制",即工作 3 天,休息 1 天;②每日 7 小时工作制;③"定期轮流脱离接触"1 个半月,即工人每年轮流脱离原作业岗位 1 个半月(包括公休假日在内,下同),脱离期满后仍回原岗位工作。

严重有毒有害作业工人,可以采用的形式主要有:①"三工一休制"与"定期轮流脱离接触"相结合的制度,即实行工作 3 天休息 1 天的制度后,每年再轮流脱离原作业岗位 1 个月;②每日 6 小时工作制;③"定期轮流脱离接触"2 个半月。

不论采用哪种形式,其工时缩短的幅度,一般有毒有害作业工人不得超过"三工一休制"的标准,严重有毒有害作业工人不得超过每周工作 6 天、每天 6 小时工作制的标准。严重有毒有害作业只能限于极少数工种,其具体范围由化工部商同国家劳动总局审定。

此外,对于冶炼、地质勘探、森林采伐、装卸搬运等繁重体力劳动,各行业也都有相关的政策法规予以规范,根据本行业特定情况实行不同程度的缩短工作时间制度。

2. 从事夜班工作的员工

按照《〈女职工劳动保护规定〉问题解答》(劳安字〔1989〕1 号),"夜班劳动系指在当日 22 点至次日 6 点时间从事劳动或工作"。对夜班工作的时间长短和津贴问题,我国劳动法规中没有具体的规定。但是,夜班工作与人的正常规律和作息习惯相冲突,增加了人的神经系统的紧张程度,使人比较劳累。作为一种习惯性的做法,实行三班制的用人单位,从事夜班工作的时间比白班少 1 个小时,同时要发放夜班津贴。对于连续生产不容间断的工作如发电、钢铁冶炼等夜班工作时间可以与白班相等,但要增发夜班津贴。

3. 哺乳期内的女工和怀孕的妇女

《女职工劳动保护特别规定》明确规定:用人单位不得因女职工怀孕、生育、哺乳而降低其工资、予以辞退、与其解除劳动或者聘用合同。

女职工在孕期不能适应原劳动的,用人单位应根据医疗机构的证明,予以减轻劳动量或者安排其他能够适应的劳动。对怀孕 7 个月以上的女职工,用人单位不得延长劳动时间或者安排夜班劳动,并应当在劳动时间内安排一定的休息时间。怀孕女职工在劳动时间内进行产前检查,所需时间计入劳动时间。

对哺乳未满 1 周岁婴儿的女职工,用人单位不得延长劳动时间或者安排夜班劳动。用人单位应当在每天的劳动时间内为哺乳期女职工安排 1 小时哺乳时间;女职工生育多胞胎的，每多哺乳1个婴儿每天增加1小时哺乳时间。

女职工比较多的用人单位应当根据女职工的需要，建立女职工卫生室、孕妇休息室、哺乳室等设施，妥善解决女职工在生理卫生、哺乳方面的困难。

4. 未成年工

对于这方面，法律也没有明确规定。但按照《未成年人保护法》的精神，在实际工作中，应该适当缩短工作时间。

4.4.2 延长工作时间

延长工作时间，也就是常说的加班加点。根据习惯，在法定的节假日或者公休日所从事的与用人单位相关的工作都可称为加班，而劳动者实际工作时间超过标准工作时间或者单位实行的缩短工作日所确定的时间则成为加点。

1. 延时规定

《劳动法》第4章第41条规定：用人单位由于生产经营需要，经与工会和劳动者协商后可以延长工作时间，一般每日不得超过1小时；因特殊原因需要延长工作时间的在保障劳动者身体健康的条件下延长工作时间每日不得超过3小时，但是每月不得超过36小时。

第42条规定有下列情形之一的，延长工作时间不受本法第41条规定的限制：①发生自然灾害、事故或者因其他原因，威胁劳动者生命健康和财产安全，需要紧急处理的；②生产设备、交通运输线路、公共设施发生故障，影响生产和公众利益，必须及时抢修的；③法律、行政法规规定的其他情形。

对于加班加点的要点，可以根据以下三点来识别：①加班是用人单位要求的；②加班的内容体现用人单位的意志；③在标准工作日之外。

2. 延时补偿

企业延长工作时间，应该加倍支付给员工工资。

《劳动法》第44条规定，有下列情形之一的，用人单位应当按照下列标准支付高于劳动者正常工作时间工资的工资报酬：①安排劳动者延长时间的，支付不低于工资的150％的工资报酬；②休息日安排劳动者工作又不能安排补休的，支付不低于工资的200％的工资报酬；③法定休假日安排劳动者工作的，支付不低于工资的300％的工资报酬。

关于上述规定，《劳动部关于职工工作时间有关问题的复函》（劳部发〔1997〕271号）做了进一步的解释："休息日安排劳动者加班工作的，应首先安排补休；不能补休时，则应支付不低于工资的200％的工资报酬。补休时间应等同于加班时间。法定休假日安排劳动者加班工作的，应另外支付不低于工资的300％的工资报酬，一般不安排补休。"

在加班加点的具体的工资支付上，各行业、各地区具体做法略有差异。

3. 加班加点工资管理

员工进行加班加点，能获得较大的经济补偿。由于这一特征，有些企业把它作为增加职工收入的手段,经常组织加班加点,导致企业组织职工加班加点过多,发放的加班加点工资数额很大。这其中,有些是生产(工作)所需要的,但有些并不需要。有的甚至违反财经纪律,巧立名目,弄虚作假,虚报冒领加班加点工资。这种任意组织职工加班加点,滥发加班加点工资的做法,不仅减少了国家财政收入,降低了企业经济效益,不利于国民经济的调整,而且影响了职工的身体健康,腐蚀了职工的思想。为了有效地控制企业加班加点和制止滥发加班加点工资,国务院下发了《国务院关于严格制止企业滥发加班加点工资的通知》(国发〔1982〕58号),强调了对加班加点工资的管理。

该《通知》明确规定了组织加班加点的条件:各企业单位在正常情况下不得加班加点,只有在具备下列条件之一的时候,才能组织职工加班加点:

(1) 在法定节日和公休假日内工作不能间断,必须连续生产、运输或者营业的;

(2) 必须利用法定节日或公休假日的停产期间进行设备检修、保养的;

(3) 由于生产设备、交通运输线路、公共设施等临时发生故障,必须进行抢修的;

(4) 由于发生严重自然灾害或者其他灾害,使人民的安全健康和国家资财遭到严重威胁,需要进行抢救的;

(5) 为了完成国防紧急生产任务,或者完成上级在国家计划外安排的其他紧急生产任务,以及商业、供销企业在旺季完成收购、运输、加工农副产品紧急任务的。

《通知》还确定了加班加点的审批程序:企业在上述情况下组织职工加班加点,应当事先提出理由,计算工作量和加班加点的职工人数,在征得同级工会组织同意后办理审批手续;个别情况特殊,事先确实难以预料的,应当在事后补办审批手续。加班加点的审批权限,由各省、市、自治区人民政府和国务院各部门研究确定。

《通知》对加班加点补偿形式做了严格的限制:

企业工人在法定节日加班后,能够安排补休的,给予同等时间补休,不发加班工资;确实不能安排补休的,发给加班工资。在公休假日加班后,原则上不发给加班工资,只给予同等时间的补休;少数人由于生产(工作)需要确实不能补休的,才发加班工资。在正常的工作时间以外加点,只给予同等时间的补休,不发加点工资,也不准将加点工时累计发给加班工资。

……凡是领取了加班工资的职工,不应同时享受夜餐费。夜间加班加点超过23点而不发加班工资的,可以按照现行规定发给夜餐费。发夜餐费也要严格控制,不得随意乱发。

生产任务不足或者没有按计划完成生产任务的企业,为了突击完成任务或者突击完成临时承揽的生产任务而加班的,不得发放加班工资。

《通知》要求,对发放加班工资必须进行严格的监督和控制:

对发放加班工资的总额必须进行严格控制。企业全年发放的加班工资总额超过核定限额的部分,应该从核定的可以用于当年发放的奖金总额中予以扣除。

加强对发放加班工资的管理和监督工作。各级企业主管部门和劳动部门要认真核定与审批企业提出的加班计划和加班工资总额。在核定企业全年加班工资总额时,应当抄送当地银行,以便监督执行。凡未经核定加班工资限额的,银行不得支付加班工资。

第 5 章
薪酬福利

- 概述
- 工资总额
- 最低工资保障制度
- 工资支付
- 个人所得税
- 职工福利

5.1 概述

5.1.1 工资的基本概念和特点

工资是指用人单位依据国家有关规定或劳动合同的约定，以货币形式直接支付给本单位劳动者的劳动报酬。工资是劳动者劳动报酬的重要组成部分，但不是劳动报酬的全部。

与劳动者获得的银行利息、证券投资收益和其他投资收益相比，工资具有以下几个特点：

(1) 工资是劳动者基于劳动关系获得的。
(2) 工资的标准必须是事前规定的。
(3) 劳动者工资的支付依据是劳动者所提供的劳动数量和质量。
(4) 工资应当以货币形式定期支付。

(5) 工资的形式和水平由企业依法自行规定。

5.1.2 工资立法的模式

工资立法一直是劳动立法的重要组成部分。不仅各国的劳动法典和劳动标准基本法中都设有关于工资的专篇或专章,而且许多国家还制定了专项工资法规。工资立法因其依存的经济体制是市场经济还是计划经济而各具不同的模式。以西方国家和我国为例,两种工资立法模式的主要区别在于:

(1) 西方国家是保障型工资立法,我国计划经济体制下则是分配型(或管理型)工资立法。前者一般只对最低工资标准、工资支付手段等工资保障方面的内容作出规定,而对工资分配及其管理方面的内容,如最低工资标准以上的工资应如何确定、雇主(政府除外)应实行什么样的工资制度、国家对工资分配如何干预等,则基本上不予规定。所以,这种工资立法只是单纯的工资保障法。后者虽然有某些关于工资保障方面的规定,但大量的是关于工资等级、工资标准、工资形式、工资宏观控制等工资分配及其管理方面的内容,在1993年劳动部颁布《企业最低工资规定》以前,最低工资立法几乎是空白的。所以,这种工资法基本上是工资分配法或工资管理法。

(2) 西方国家是统一调整型工资立法,我国则是分别调整型工资立法。西方国家除对政府公务员工资在立法上作特别规定外,对其他劳动者则进行统一的工资立法,工资保障方面的法律规定,基本上统一适用于劳动者调整范围内的各种雇主和劳动者。在我国计划经济体制时期和改革开放后的10多年内,不仅对机关、事业单位和社会团体工资作出专门法律规定,而且对国有大中型企业、国有小型企业、城镇大集体企业、城镇小集体企业、乡村集体企业、股份制企业、外商投资企业和私营企业的工资制度,都分别作出了专门法律规定,不同用人单位实行不同的法定工资制度。因而,现行的工资法律规范大多只适用于某种特定的用人单位。

5.1.3 工资分配的基本原则

《劳动法》第46条规定,工资分配应当遵循按劳分配原则,实行同工同酬。工资水平在经济发展的基础上逐步提高。国家对工资总量实行宏观调控。

这里的"同工同酬",即用人单位对于从事相同工作、熟练程度相同的劳动者,不分其性别、年龄、民族等差别,对同等数量、质量的劳动,支付相同的劳动报酬。由此可以看出,同工同酬必须具备三个条件:一是劳动者的工作岗位、工作内容相同;二是在相同的工作岗位上付出了与别人同样的劳动工作量;三是同样的工作量取得了相同的工作业绩。对于前两个条件:同岗位、同工作量,衡量起来还比较容易,但是对于同样的工作业绩衡量起来就比较困难,因此不同的人从事相同的工作,有时待遇会有很大出入。

国家对工资总量的宏观调控即企业在自主决定工资分配权的基础上,国家用法律的、经济的以及必要的行政手段,对企业工资总量进行干预和调整,把工资分配活动纳入国民经济发展的轨道,及时纠正工资分配中偏离目标的倾向,以保证工资增长的正常速度和合理比例。

5.1.4 我国工资立法概况

目前，我国与企业工资有关的适用法律主要包括如下几个：

(1) 1989年9月30日国务院批准，1990年1月1日国家统计局令第1号发布的《关于工资总额组成的规定》。该规定对工资总额的构成、工资的种类、工资总额不包括的项目等内容作了具体的规定。

(2)《劳动法》。《劳动法》第5章"工资"(第46～51条)对工资分配原则、分配方式、工资水平、最低工资保障制度、特殊情况下的工资等内容作了规定。

(3)《劳动部关于〈劳动法〉若干条文的说明》。该"说明"对《劳动法》第46～51条的规定作了必要的说明。

(4)《劳动部关于贯彻执行〈中华人民共和国劳动法〉若干问题的意见》。该"意见"第3部分"工资"(第53～64条)对最低工资、延长工作时间的工资报酬和有关企业工资支付的政策等问题作了较为详尽的说明。如关于工资的概念，该"意见"不仅列明了工资应包括的部分，而且还对不属于工资范围的劳动者的劳动收入作了说明；关于最低工资，该"意见"也明确了不属于最低工资的报酬和津贴。

(5) 1994年12月6日劳动部颁布的《工资支付暂行规定》。该规定对工资支付形式、工资支付时间、特殊情况下的工资支付等有关工资支付的问题作了明确规定。

(6) 1995年5月12日劳动部发布的《对〈工资支付暂行规定〉有关问题的补充规定》。该补充规定对《工资支付暂行规定》作了补充说明。

(7) 2004年1月20日劳动和社会保障部发布的《最低工资规定》。该规定对最低工资的适用范围、最低工资标准的确定、最低工资标准测算方法和违反规定的处理等作了具体规定。

5.2 工资总额

5.2.1 工资总额的计算

《〈关于工资总额组成的规定〉若干具体范围的解释》指出工资总额的计算应以直接支付给职工的全部劳动报酬为根据。各单位支付给职工的劳动报酬以及其他根据有关规定支付的工资，不论是计入成本的还是不计入成本的，不论是按国家规定列入计征奖金税项目的还是未列入计征奖金税项目的，不论是以货币形式支付的还是以实物形式支付的，均应列入工资总额的计算范围。

5.2.2 工资总额的组成

《关于工资总额组成的规定》第4条规定工资总额由下列六个部分组成：计时工资；计件工资；奖金；津贴和补贴；加班加点工资；特殊情况下支付的工资。

1. 计时工资

计时工资是指按计时工资标准(包括地区生活费补贴)和工作时间支付给个人的劳动报酬。包括：

(1) 对已做工作按计时工资标准支付的工资；

(2) 实行结构工资制的单位支付给职工的基础工资和职务(岗位)工资；

(3) 新参加工作职工的见习工资(学徒的生活费)；

(4) 运动员体育津贴；

(5) 根据国家法律、法规和政策规定，因病、工伤、产假、计划生育假、婚丧假、事假、探亲假、定期休假、停工学习、执行国家或社会义务等原因按计时工资标准或计时工资标准的一定比例支付的工资；

(6) 合同制职工按规定缴纳的不超过本人标准工资3%的退休养老基金，职工受处分期间的工资等。

计时工资标准一般分为月工资标准、日工资标准和小时工资标准。其中，月工资标准是确定日(小时)工资标准的基础，即日工资标准为月工资标准除以月均法定工作日天数(实行周40小时工作制的21.6天)所得之商，小时工资标准为日工资标准除以日均法定工作时数(8小时)所得之商。职工全勤，按月工资标准计发工资；职工缺勤或加班加点，按日工资标准或小时工资标准扣发或加发工资。

确定计时工资的步骤如下：先确定劳动者的技术水平、熟练程度和生产经验等基本因素；以上述评估因素来确定劳动者的工资等级和工资标准；再根据上述工资等级和工资标准并参照劳动者的实际劳动时间来发放相应的工资。其缺点是只能反映劳动者应该提供的劳动量而非真实提供的劳动量(劳动数量和劳动质量)。因此，这一工资形式适用于那些难以量化的岗位和工种，如管理和行政人员，同时必须建立健全相应的岗位责任制来监督。

计时工资的优点是操作较为简单，评估较为容易，在任何部门、用工单位和岗位(工种)都可适用。

 知识链接：对科技营销人员可实行计效工资

上海市劳动和社会保障局颁发了《关于对科技创新和市场营销人员实行计效工资的指导意见》的文件(沪劳保综发〔2002〕9号)，对科技创新和市场营销人员实行计效工资提出指导意见。

这个意见指出，计效工资是不同于计时工资和计件工资的一种分配形式，其特点是将职工的工资与其创造的产品或提供的服务所产生的效益直接联系起来，使工资收入能直接体现劳动价值，使有突出贡献人员的工资水平与其作出的贡献直接挂起钩来，更好地发挥工资的激励功能。

计效工资的适用对象主要有两种人员：一是企业中具有一定专业技能，并且从事产品开发、科技创新的技术骨干；二是在市场开拓、产品销售第一线工作的营销人员。工作业绩能够定量考核的其他人员也可适用。

计效工资的形式和支付计效工资可以由基础工资和业绩工资两部分组成。基础工资在参考劳动力市场工资指导价位的基础上,结合行业特性和本企业实际情况决定。业绩工资根据岗位特点决定。

对科技人员可以按其往常的科技项目及其实际为企业创造的经济相联系。对市场营销人员,可以与其开拓的市场份额或完成的售销利润挂钩。基础工资按月支付;业绩工资根据考核周期不同,在考核后兑现。对于贡献突出,业绩水平较高的人员,也可将其部分业绩工资转成本企业股权,参与企业收益分配,或者以补充保险等福利形式兑现。考核业绩的指标要合理设置,指标值要综合横向和纵向比较后制定,考核的周期要根据实际需要确定。计效工资的考核指标主要是职工直接创造的经济效益,但也不应忽视其他具体指标,如产品和服务质量、工作的难易程度、工作环境的差异等。由此,应建立起以经济效益为主体的综合考评体系。计效工资的实施,关系到企业和职工的切身利益,因此,企业和职工应当作为双方主体,在协商的基础上,以契约的形式确定双方的权利和义务。

资料来源:HR经理世界。

2. 计件工资

计件工资是指对已做工作按计件单价支付的劳动报酬。包括:

(1)实行超额累进计件、直接无限计件、限额计件、超定额计件等工资制,按劳动部门或主管部门批准的定额和计件单价支付给个人的工资;

(2)按工作任务包干方法支付给个人的工资;

(3)按营业额提成或利润提成办法支付给个人的工资。

其中"计件超额工资"是计件工资的一部分,指计件工人超额完成定额任务后所得的工资,即计件工人实得的全部计件工资减去应得的计件标准工资后的数额。某些企业的工人由于从事生产的工作物等级高于本人工资等级,因而其计件标准工资高于本人标准工资,其计件超额工资也应是全部工资减去应得的计件标准工资后的数额。

计件工资的核心是计件单价,即生产某一单位产品或完成某一单位工作的应得工资额,即单位产品(工作)工资率。在正常条件下,计件单价根据一定技术等级的职工的工资标准和劳动定额计算出来,即计件单价=单位时间的标准工资/单位时间的劳动定额。正是在此意义上,计件工资是计时工资的转化形式。

与计时工资相比,计件工资以合格的产品或者服务的数量为计量依据,因此能更加真实和客观地衡量劳动者提供的劳动量,同时也使劳动者更加关心自己的劳动成果。实行计件工资需要能够量化的一些条件,它比较适合于类似自动流水线操作员等容易量化的岗位。

案例 5.1 深圳黛丽斯主管骂员工,引发 400 余人停工

案例简介:在引发集体停工的一起事件中,全球最大的女性胸围、内衣制造企业——香港黛丽斯集团属下的深圳黛丽斯内衣有限公司,一名女主管居然叫员工"去跳楼,去死吧!"400多名员工决定采取集体停工的方式抗议,以维护自己的权益。

员工李女士于2008年8月入职深圳黛丽斯。公司每月只发给她500元工资,其余的

全部靠完成厂里下达的任务赚取计件工资。

深圳黛丽斯一直发500元工资,已违反深圳劳动部门所制定的最低工资标准。但自今年2月起,该公司连低于法定标准的500元工资都取消了,全部改为计件工资制,员工每天必须完成公司规定的根本无法完成的任务,由此逼得她们必须加班加点才能勉强完成任务。即使如此,公司还克扣她们的加班费。

法律解析:计件工资制指按照合格产品的数量和预先规定的计件单位来计算的工资制度。它不直接用劳动时间来计量劳动报酬,而是用一定时间内的劳动成果(含实物和服务)来计算劳动报酬。无论计时还是计件工作制,只要劳动者在法定工作时间内提供了正常劳动,其工资就不应低于最低工资标准。

根据《工资支付暂行规定》,实行计件工资的劳动者在完成计件定额任务后,由用人单位安排延长工作时间的,应根据上述规定的原则,分别按不低于其本人法定工作时间计件单价的150%、200%、300%支付其工资。一般认为,当员工完成计件定额后,用人单位又在法定工作时间之外安排其工作的,才可认定加班事实的存在。

但企业的劳动定额应当合理。《劳动法》规定,对实行计件工作的劳动者,用人单位应根据工时制度合理确定其劳动定额和计件报酬标准。《劳动合同法》规定:"用人单位应当严格执行劳动定额标准,不得强迫或者变相强迫劳动者加班,用人单位安排加班的,应当遵照国家有关规定向劳动者支付加班费。"

实践中一般认为,只有当80%以上的员工都能在法定工作时间内完成的劳动定额,才是合理的。劳动仲裁可根据实际情况,裁定企业合理的劳动定额,并要求企业按规定支付加班费。

资料来源:法律快车,http://www.lawtime.cn/info/tiaojie/laodongzhengyidiaojieanli/2012031622459_2.html。

3. 奖金

奖金是指支付给职工的超额劳动报酬和增收节支的劳动报酬。包括:

(1) 生产(业务)奖,包括超产奖、质量奖、安全(无事故)奖、考核各项经济指标的综合奖、提前竣工奖、年终奖(劳动分红)等;

(2) 节约奖,包括各种动力、燃料、原材料等节约奖;

(3) 劳动竞赛奖,包括发给劳动模范、先进个人的各种奖金和实物奖励;

(4) 机关、事业单位的奖励工资;

(5) 其他奖金,包括从兼课酬金和业余医疗卫生服务收入提成中支付的奖金,运输系统的堵漏保收奖,学校教师的教学工作量超额酬金,运动员、教练员的年度训练奖,教练员的输送成绩奖,以及从各项收入中以提成的名义发给职工的奖金等。

这里的"超额劳动报酬"主要表现为劳动质量和劳动成果上的超额,如超额完成劳动任务或取得超额劳动效果等。当然,如果节约成本或者增加了利润也同样有得到奖金的可能。因此,奖金是与企业的收益直接挂钩的。奖金的特点是支付比较灵活。

4. 津贴和补贴

津贴和补贴是指为了补偿职工特殊或额外的劳动消耗和因其他特殊原因支付给职工

的津贴,以及为了保证职工工资水平不受物价影响支付给职工的物价补贴。

津贴包括如下类别:

(1) 补偿职工特殊或额外劳动消耗的津贴。包括高空津贴、井下津贴、野外工作津贴、高温作业津贴、气象站津贴、夜班津贴、中班津贴、班(组)长津贴和各种特殊岗位津贴等。

(2) 保健性津贴。包括卫生防疫津贴、医疗卫生津贴、科技保健津贴、各种社会福利院职工特殊保健津贴等。

(3) 技术性津贴。包括特级教师补贴、科研津贴、工人技师津贴、中药老药工技术津贴、特殊教育津贴等。

(4) 年功性津贴。包括工龄津贴、教龄津贴和护士工龄津贴等。

(5) 其他津贴。包括直接支付给个人的伙食津贴、合同制职工的工资性补贴、书报费、工种粮补贴、高级知识分子特殊津贴等。

补贴包括为保证职工工资水平不受物价上涨或变动影响而支付的各种补贴,如副食品价格补贴(含肉类等价格补贴)、粮价补贴、煤价补贴、住房补贴、水电补贴以及提高煤炭价格后部分地区实行的民用燃料和照明电价格补贴等。

津贴和补贴的项目设置、发放范围、支付标准、领取条件等,国家均有统一规定,对于特定的企业而言,津贴和补贴往往比较固定,不常变化。

5. 加班加点工资

加班加点工资是指按规定支付的加班工资和加点工资。根据劳动部《关于职工全年平均工作时间和工资折算问题的通知》"职工全年月平均工作天数和工作时间分别调整为20.92天和167.4小时,职工的日工资和小时工资按此进行折算"的规定,职工的日加班工资的计算方法应当是:月实得工资的70%除以20.92,再乘以《中华人民共和国劳动法》第44条规定的加班工资标准,即正常工作时间外加班加点的乘以1.5,休息日加班的乘以2,法定休息日的乘以3。加班加点工资主要适合于定时工作的员工,对于不定时工作的劳动者,不执行延长工作时间工作报酬的规定。

 案例5.2 "自愿加班"有没有加班工资

现代社会的激烈竞争已经渗透到我们的工作,为了各种原因,有时候我们不得不加班加点。根据劳动法律的规定,用人单位应当支付加班职工的加班工资。但这种加班必须有个前提,即上级安排的加班。如果是"自愿加班",则用人单位可以不承担加班工资。

毕先生是某外资公司的职员,他每日努力工作,当日工作任务在8小时内未完成的,为了不把工作任务留到下一个工作日,毕先生就在下班后自动加班完成当日工作任务。一年以后,毕先生对公司的工作安排难以承受,就在合同期限届满时表示不再续签劳动合同,但要求公司支付其一年内延长工作时间的加班工资,并出示了一年内延长工作时间的考勤记录。公司对毕先生不愿续签劳动合同表示遗憾,但认为公司实行的是计时工资制度,对加班情况另有规定的加班制度;公司并未安排毕先生延时加班,毕先生延长工作时间是个人自愿的行为,公司不能另行支付加班工资,对毕先生的要求予以拒绝。

案例评析：根据《劳动法》及《国务院关于职工工作时间的规定》等相关规定，我国现行的标准工时制度为每日工作8小时、每周工作40小时。按照以上标准工时制度计发工资待遇的，是计时工资制度。实行计时工资制度的用人单位，其加班工资的支付有着明确的规定，其前提是"用人单位根据实际需要安排劳动者在法定标准工作时间以外工作"，即由用人单位安排加班的，用人单位才应支付加班工资。如果不是用人单位安排加班，而由劳动者自愿加班的，用人单位依据以上规定可以不支付加班工资。

本案中，公司虽然对毕先生实行了计时工资制度，但毕先生平时的延时加班不是由公司安排的，而是毕先生自愿进行的；公司对企业内加班有规定的加班制度，毕先生在延时加班时并未履行公司规定的加班审批手续。因此，毕先生要求公司支付其自愿且未履行手续的延时加班工资缺乏依据。

资料来源：中国人力资源法律网。

6. 特殊情况下支付的工资

特殊情况下支付的工资包括：

（1）根据国家法律、法规和政策规定，因病、工伤、产假、计划生育假、婚丧假、事假、探亲假、定期休假、停工学习、执行国家或社会义务等原因按计时工资标准或计时工资标准的一定比例支付的工资；

（2）附加工资、保留工资。

5.2.3 工资总额不包括的项目

下列各项不列入工资总额的范围：

（1）根据国务院发布的有关规定颁发的发明创造奖、自然科学奖、科学技术进步奖和支付的合理化建议和技术改进奖以及支付给运动员、教练员的奖金；

（2）有关劳动保险和职工福利方面的各项费用，具体有职工死亡丧葬费及抚恤费、医疗卫生费或公费医疗费用、职工生活困难补助费、集体福利事业补贴、工会文教费、集体福利费、探亲路费、冬季取暖补贴、上下班交通补贴以及洗理费等；

（3）有关离休、退休、退职人员待遇的各项支出；

（4）劳动保护的各项支出，具体有工作服、手套等劳保用品，解毒剂、清凉饮料，以及按照1963年7月19日劳动部等七单位规定的范围对接触有毒物质、矽尘作业、放射线作业和潜水、沉箱作业、高温作业等五类工种所享受的由劳动保护费开支的保健食品待遇；

（5）稿费、讲课费及其他专门工作报酬；

（6）出差伙食补助费、误餐补助、调动工作的旅费和安家费；

（7）对自带工具、牲畜来企业工作职工所支付的工具、牲畜等的补偿费用；

（8）实行租赁经营单位的承租人的风险性补偿收入；

（9）对购买本企业股票和债券的职工所支付的股息（包括股金分红）和利息；

（10）劳动合同制职工解除劳动合同时由企业支付的医疗补助费、生活补助费等；

（11）因录用临时工而在工资以外向提供劳动力单位支付的手续费或管理费；

（12）支付给家庭工人的加工费和按加工订货办法支付给承包单位的发包费用；

(13) 支付给参加企业劳动的在校学生的补贴;

(14) 计划生育独生子女补贴。

5.3 最低工资保障制度

5.3.1 最低工资的含义

最低工资是指劳动者在法定工作时间或依法签订的劳动合同约定的工作时间内提供了正常劳动的前提下,用人单位依法应支付的最低劳动报酬。其中"正常劳动"是指劳动者按依法签订的劳动合同约定,在法定工作时间或劳动合同约定的工作时间内从事的劳动。劳动者依法享受带薪年休假、探亲假、婚丧假、生育(产)假、节育手术假等国家规定的假期间,以及法定工作时间内依法参加社会活动期间,视为提供了正常劳动。

5.3.2 最低工资保障制度的适用范围

按照《最低工资规定》第 2 条,该规定适用于在中华人民共和国境内的企业、民办非企业单位、有雇工的个体工商户(以下统称用人单位)和与之形成劳动关系的劳动者。

国家机关、事业单位、社会团体和与之建立劳动合同关系的劳动者,依照该规定执行。

5.3.3 最低工资标准的确定和调整

《劳动法》第 48 条规定,国家实行最低工资保障制度。最低工资的具体标准由省、自治区、直辖市人民政府规定,报国务院备案。用人单位支付劳动者的工资不得低于当地最低工资标准。

第 49 条规定,确定和调整最低工资标准应当综合参考下列因素:①劳动者本人及平均赡养人口的最低生活费用;②社会平均工资水平;③劳动生产率;④就业状况;⑤地区之间经济发展水平的差异。

按照《最低工资规定》,最低工资标准一般采取月最低工资标准和小时最低工资标准的形式。月最低工资标准适用于全日制就业劳动者,小时最低工资标准适用于非全日制就业劳动者。确定和调整月最低工资标准,应参考当地就业者及其赡养人口的最低生活费用、城镇居民消费价格指数、职工个人缴纳的社会保险费和住房公积金、职工平均工资、经济发展水平、就业状况等因素。确定和调整小时最低工资标准,应在颁布的月最低工资标准的基础上,考虑单位应缴纳的基本养老保险费和基本医疗保险费因素,同时还应适当考虑非全日制劳动者在工作稳定性、劳动条件和劳动强度、福利等方面与全日制就业人员之间的差异。

省、自治区、直辖市范围内的不同行政区域可以有不同的最低工资标准。最低工资标准的确定和调整方案,由省、自治区、直辖市人民政府劳动保障行政部门会同级工会、企业联合会/企业家协会研究拟订,并将拟订的方案报送劳动保障部。方案内容包括最低工资确定和调整的依据、适用范围、拟订标准和说明。劳动保障部在收到拟订方案后,应征求全国总工会、中国企业联合会、企业家协会的意见。劳动保障部对方案可以提出修订意见,若在方案收到后 14 日内未提出修订意见的,视为同意。

 知识链接：最低工资标准测算方法

1. 确定最低工资标准应考虑的因素

确定最低工资标准一般考虑城镇居民生活费用支出、职工个人缴纳社会保险费、住房公积金、职工平均工资、失业率、经济发展水平等因素。可用公式表示为：

$$M = f(C、S、A、U、E、a)$$

M 为最低工资标准；

C 为城镇居民人均生活费用；

S 为职工个人缴纳社会保险费、住房公积金；

A 为职工平均工资；

U 为失业率；

E 为经济发展水平；

a 为调整因素。

2. 确定最低工资标准的通用方法

(1) 比重法,即根据城镇居民家庭收入调查资料,确定一定比例的最低人均收入户为贫困户,统计出贫困户的人均生活费用支出水平,乘以每一就业者的赡养系数,再加上一个调整数。

(2) 恩格尔系数法,即根据国家营养学会提供的年度标准食物谱及标准食物摄取量,结合标准食物的市场价格,计算出最低食物支出标准,除以恩格尔系数,得出最低生活费用标准,再乘以每一就业者的赡养系数,再加上一个调整数。

以上方法计算出月最低工资标准后,再考虑职工个人缴纳社会保险费、住房公积金、职工平均工资水平、社会救济金和失业保险金标准、就业状况、经济发展水平等进行必要的修正。

举例：某地区最低收入户人均每月生活费支出为 210 元,每一就业者赡养系数为 1.87,最低食物费用为 127 元,恩格尔系数为 0.604,平均工资为 900 元。

① 按比重法计算得出该地区月最低工资标准为：

$$月最低工资标准 = 210 \times 1.87 + a = 393 + a(元) \quad (1)$$

② 按恩格尔系数法计算得出该地区月最低工资标准为：

$$月最低工资标准 = 127 \div 0.604 \times 1.87 + a = 393 + a(元) \quad (2)$$

公式(1)与(2)中 a 的调整因素主要考虑当地个人缴纳养老、失业、医疗保险费和住房公积金等费用。

另外,按照国际上一般月最低工资标准相当于月平均工资的 40%～60%,则该地区月最低工资标准范围应在 360～540 元之间。

小时最低工资标准 ＝ [(月最低工资标准 ÷ 20.92 ÷ 8) × (1 ＋ 单位应当缴纳的基本养老保险费、基本医疗保险费比例之和)] × (1 ＋ 浮动系数)

浮动系数的确定主要考虑非全日制就业劳动者工作稳定性、劳动条件和劳动强度、福利等方面与全日制就业人员之间的差异。

各地可参照以上测算办法,根据当地实际情况合理确定月、小时最低工资标准。

资料来源:《最低工资规定》(2004)。

5.3.4 最低工资标准的发布程序

根据《最低工资规定》,省、自治区、直辖市劳动保障行政部门应将本地区最低工资标准方案报省、自治区、直辖市人民政府批准,并在批准后7日内在当地政府公报上和至少一种全地区性报纸上发布。省、自治区、直辖市劳动保障行政部门应在发布后10日内将最低工资标准报劳动保障部。用人单位应在最低工资标准发布后10日内将该标准向本单位全体劳动者公示。

最低工资标准发布实施后,如果相关因素发生变化,应当适时调整。最低工资标准每两年至少调整一次。

 知识链接:最低工资制度基本问题解答

1. 处于试用期、熟练期、见习期的劳动者,受最低工资制度的保护吗?

答:《关于贯彻执行〈中华人民共和国劳动法〉若干问题的意见》中规定:"劳动者与用人单位形成或建立劳动关系后,试用、熟练、见习期间,在法定工作时间内提供了正常劳动,其所在的用人单位应当支付其不低于最低工资标准的工资。"可见,只要与用人单位建立了劳动关系的劳动者,在法定工作时间内履行了劳动义务,不管其是否处于试用期、熟练期、见习期,用人单位都应依法支付其不低于最低工资标准的工资。

2. 最低工资如何计算?

答:最低工资标准一经公布,在劳动者提供正常劳动的情况下,用人单位应支付给劳动者的工资在剔除下列各项以后,不得低于当地最低工资标准:

(1) 延长工作时间工资;
(2) 中班、夜班、高温、低温、井下、有毒有害等特殊工作环境、条件下的津贴;
(3) 法律、法规和国家规定的劳动者福利待遇等。

实行计件工资或提成工资等工资形式的用人单位,在科学合理的劳动定额基础上,其支付给劳动者的工资不得低于相应的最低工资标准。

对于全日制劳动合同关系的劳动者,由于个人原因在法定工作时间内提供的正常劳动不满一个月的,其月最低工资按照实际提供的劳动时间进行折算。

3. 用人单位违反最低工资规定应承担怎样的法律责任?

答:按照《最低工资规定》,用人单位在最低工资标准发布后10日内没有向本单位全体劳动者公示的,由劳动保障行政部门责令其限期改正。用人单位支付给劳动者的工资低于当地最低工资标准的,由劳动保障行政部门责令其限期补发所欠劳动者工资,并可责令其按所欠工资的1~5倍支付劳动者赔偿金。

4. 无底薪仅有提成的工资合法吗?

答:《劳动法》规定,员工的工资不得低于当地政府规定的最低工资。对于实行无底薪制工资形式的公司,如果员工按销售额提成获得的工资报酬高于政府规定的最低工资,是没有问题的;但当员工销售额很低,提成后获得的工资低于最低工资时,企业支付员工的工资,也不能低于最低工资,否则,企业违法。

资料来源:中国人力资源法律网。

5.4 工资支付

5.4.1 工资支付的含义

工资支付就是工资的具体发放办法。《工资支付暂行规定》第 4 条规定,工资支付主要包括工资支付项目、工资支付水平、工资支付形式、工资支付对象、工资支付时间以及特殊情况下的工资支付。

5.4.2 工资支付水平

《劳动法》第 47 条、第 48 条规定,用人单位根据本单位的生产经营特点和经济效益,依法自主确定本单位的工资分配方式和工资水平。国家实行最低工资保障制度。用人单位支付劳动者的工资不得低于当地最低工资标准。

5.4.3 工资支付形式

《工资支付暂行规定》明确规定,工资应当以法定货币支付,不得以实物及有价证券替代货币支付。用人单位应将工资支付给劳动者本人,劳动者本人因故不能领取工资时,可由其亲属或委托他人代领。用人单位也可委托银行代发工资。用人单位必须书面记录支付劳动者工资的数额、时间、领取者的姓名以及签字,并保存两年以上备查。在支付工资时用人单位应向劳动者提供一份其个人的工资清单。

案例 5.3　不能以实物代替工资

案例介绍:某油厂产品积压,资金周转不开,无力向职工发放工资。厂长急中生智,想出一条"妙计",他让工人根据各人工资领取与工资相符的瓶装油(根据出厂价换算)鼓励职工自己销售以换成货币。

案例评析:《劳动法》中有明确规定,工资应当以货币形式按月支付给劳动者本人。劳动部颁布的《工资支付暂行规定》(劳部发〔1994〕489 号)也针对这种情况规定,工资应当以法定货币支付,不得以实物及有价证券替代货币支付。在这里,法律对工资的支付形式是十分明确而肯定的,没有任何例外条件,因此,企业必须以货币形式支付劳动者工资,任何借口以实物或有价证券支付工资的做法都是违法的。本案中,炼油厂在经营不善的情况下,应该尽力改善管理,扭亏为盈,使用本厂产品折价顶替发工资则是错误的,其所说的资金周转困难的理由是不能成立的。

如果炼油厂确实因为种种原因造成资金周转困难,应当按照劳动部〔1995〕226 号文件规定的精神,妥善解决工资支付问题,即用人单位确因生产经营困难,资金周转受到影响,在征得本单位工会同意后,可暂时延期支付劳动者工资,延期的时间按照当地劳动行政部门的规定执行。也就是说,企业确因资金周转影响到工资发放时,可按规定延期支付工资,而不能以实物顶替工资。

资料来源:中国人力资源法律网。

5.4.4 工资支付对象

工资支付对象就是与用人单位建立劳动关系或者形成事实劳动关系的劳动者。

《工资支付暂行规定》第2条规定,其适用于在中华人民共和国境内的企业、个体经济组织(以下统称用人单位)和与之形成劳动关系的劳动者。国家机关、事业组织、社会团体和与之建立劳动合同关系的劳动者,依照该规定执行。

5.4.5 工资支付时间

《劳动法》第50条规定:工资应当以货币形式按月支付给劳动者本人。不得克扣或者无故拖欠劳动者的工资。

《工资支付暂行规定》中规定,工资必须在用人单位与劳动者约定的日期支付。如遇节假日或休息日,则应提前在最近的工作日支付。工资至少每月支付一次,实行周、日、小时工资制的可按周、日、小时支付工资。对完成一次性临时劳动或某项具体工作的劳动者,用人单位应按有关协议或合同规定在其完成劳动任务后立即支付工资。劳动关系双方依法解除或终止劳动合同时,用人单位应在解除或终止劳动合同时一次付清劳动者工资。

 知识链接:周薪制不适合普及

有些用人单位在与员工谈到薪酬时,打出了周薪制的招牌。周薪制成了职场上一个不大不小的热门话题。那么,周薪制的实行在我国缺乏法律依据吗?是否适合普及?周薪制会给企业和求职者带来什么呢?

首先,周薪制的实行不缺乏法律依据,我国《劳动法》规定,企业支付员工工资的周期不得超过一个月,并未规定必须按月支付。也就是说,在一个月内按天支付、按周支付工资都是合法的。周薪制本身不存在合法性问题,但也不是每个行业都适用,它适用于第三产业,尤其适用于零售业,例如,一个零售企业对售货员实行周考核,每周定一个考核目标,到周五进行考核,然后发给员工周薪。企业通过长时间的对员工细致的每周一次的考核,有利于企业掌握销售规律,还能把对员工的考核指标定得非常准确。从这个例子不难看出,周薪制的实行从总体上是对企业有利的,但对员工并不是有利的。因为企业改月薪制为周薪制,也就意味着把每年对员工的12次考核改为52次考核,这对员工来讲增加了工作压力。另外有些行业因其行业特点不适用周考核,比如IT业,一般IT企业的研发人员所负责的研发项目,有时需要半年甚至一年才能完成,这种情况就没有办法实行周考核,所以实行周薪制就没有实际意义。

如此看来,那些吵着要企业付周薪的人们应该重新考虑了,每周都拿到薪水未见得是件好事。而那些准备实行周薪制的企业也要看看自己是否真的有必要,如果只为应个景,就别瞎耽误工夫了。

资料来源:中国人力资源法律网。

5.4.6 应支付工资的劳动时间

《劳动法》第51条规定,劳动者在法定工作时间内依法参加社会活动期间,用人单位应视同其提供了正常劳动而支付工资。其中社会活动包括:依法行使选举权或被选举权;当选代表出席乡(镇)、区以上政府、党派、工会、青年团、妇女联合会等组织召开的会议;出任人民法庭证明人;出席劳动模范、先进工作者大会;《工会法》规定的不脱产工会基层委员会委员因工作活动占用的生产或工作时间;其他依法参加的社会活动。

《工资支付暂行规定》指出劳动者依法享受年休假、探亲假、婚假、丧假期间,用人单位应按照劳动合同规定的标准支付劳动者工资。

非因劳动者原因造成单位停工、停产在一个工资支付周期内的,用人单位应按劳动合同规定的标准支付劳动者工资。超过一个工资支付周期的,若劳动者提供了正常劳动,则支付给劳动者的劳动报酬不得低于当地的最低工资标准;若劳动者没有提供正常劳动,应按国家有关规定办理。

5.4.7 延长工作时间的工资支付

用人单位在劳动者完成劳动定额或规定的工作任务后,根据实际需要安排劳动者在法定标准工作时间以外工作的,应按以下标准支付工资:

(1) 用人单位依法安排劳动者在日法定标准工作时间以外延长工作时间的,按照不低于劳动合同规定的劳动者本人小时工资标准的150%支付劳动者工资;

(2) 用人单位依法安排劳动者在休息日工作,而又不能安排补休的,按照不低于劳动合同规定的劳动者本人日或小时工资标准的200%支付劳动者工资;

(3) 用人单位依法安排劳动者在法定休假节日工作的,按照不低于劳动合同规定的劳动者本人日或小时工资标准的300%支付劳动者工资。

实行计件工资的劳动者,在完成计件定额任务后,由用人单位安排延长工作时间的,应根据上述规定的原则,分别按照不低于其本人法定工作时间计件单价的150%、200%、300%支付其工资。经劳动行政部门批准实行综合计算工时工作制的,其综合计算工作时间超过法定标准工作时间的部分,应视为延长工作时间,并应按规定支付劳动者延长工作时间的工资。实行不定时工时制度的劳动者,不执行上述规定。

案例5.4 加班工资都能用补休代替吗

案例介绍:佟某等人是某网络公司的技术人员,某年五一期间,该网络公司刚接了一个项目,公司比较忙,而不得不安排佟某等人五一期间加班。公司在向员工发放5月份的工资时,公司的CEO向加班的员工解释说,按照《劳动法》的规定,公司将安排加班的员工补休3天,不再发给加班费。

案例评析:本案中,某网络公司以在事后安排了补休为借口拒绝支付加班工资的做法是不正确的,以补休代替法定节假日加班工资不符合法律规定。

《劳动法》对安排劳动者加班后的工资报酬问题规定了三种情形:

(1) 安排劳动者延长工作时间的,支付不低于工资的150%的工资报酬;

(2) 休息日安排劳动者工作又不能安排补休的,支付不低于工资200%的工资报酬;

(3) 法定休假日安排劳动者工作的,支付不低于工资的300%的工资报酬。

上述三种情形中,只有第二种情形(即在休息日安排劳动者工作的),其待遇有两种选择:一是安排补休;二是支付不低于工资200%的加班工资。而第一种和第三种情形下只能支付法律规定的加班工资报酬,不能以安排补休而不支付高于正常工作时间的加班工资。因为标准工作时间以外让劳动者平日、休息日、法定休假日进行加班,虽然都是占用了劳动者的休息时间,但三种情形下组织劳动者劳动是不完全一样的,特别是法定休假日对劳动者来说,其休息有着比往常和休息日更为重要的意义,也影响劳动者的精神文体生活和其他社会活动,这是用补休的办法无法弥补的,因此,应当给予更高的工资报酬。可见,用人单位在遇到上述情况,安排劳动者工作时,应当严格按照《劳动法》的规定办事。属于哪一种情况,就应执行法律对这种情况所作出的规定,相互不能混淆,不能代替。凡不允许代替而代替的,不管什么原因、什么理由都是违法的,都是对劳动者权益的侵犯,都应当依法予以纠正。

资料来源:中国人力资源法律网。

5.4.8 特殊情况下的工资支付

1. 破产时的工资支付

用人单位依法破产时,劳动者有权获得其工资。在破产清偿中用人单位应按《中华人民共和国企业破产法》规定的清偿顺序,首先支付欠付本单位劳动者的工资。

2. 劳动者受处分后的工资支付

劳动者受行政处分后仍在原单位工作(如留用察看、降级等)或受刑事处分后重新就业的,应主要由用人单位根据具体情况自主确定其工资报酬;劳动者受刑事处分期间,如收容审查、拘留(羁押)、缓刑、监外执行或劳动教养期间,其待遇按国家有关规定执行。

3. 生育、哺乳期的工资支付

女员工因生育、哺乳请长假而下岗的,在其享受法定产假期间,依法领取生育补贴;没有参加生育保险的企业,由企业照发原工资。

4. 职工医疗期间的工资支付

职工患病或非因工负伤治疗期间,在规定的医疗期间内由企业按有关规定支付其病假工资或疾病救济费,病假工资或疾病救济费可以低于当地最低工资标准支付,但不能低于最低工资标准的80%。

5. 其他

学徒工、熟练工、大中专毕业生在学徒期、熟练期、见习期、试用期及转正定级后的工资待遇由用人单位自主确定。

新就业复员军人的工资待遇由用人单位自主确定;分配到企业的军队转业干部的工资待遇,按国家有关规定执行。

5.4.9 克扣与拖欠工资

1. 克扣工资的定义

"克扣"指用人单位无正当理由扣减劳动者应得工资(即在劳动者已提供正常劳动前提下用人单位按劳动合同规定的标准应当支付给劳动者的全部劳动报酬)。

2. 可以克扣工资的情况

《工资支付暂行规定》规定,用人单位不得克扣劳动者工资。有下列情况之一的,用人单位可以代扣劳动者工资:

(1) 用人单位代扣代缴的个人所得税;

(2) 用人单位代扣代缴的应由劳动者个人负担的各项社会保险费用;

(3) 法院判决、裁定中要求代扣的抚养费、赡养费;

(4) 法律、法规规定可以从劳动者工资中扣除的其他费用。

3. 不属于克扣工资的情况

用人单位在下列情况下减发工资不属于"克扣工资":

(1) 国家的法律、法规中有明确规定的;

(2) 依法签订的劳动合同中有明确规定的;

(3) 用人单位依法制定并经职代会批准的厂规、厂纪中有明确规定的;

(4) 企业工资总额与经济效益相联系,经济效益下浮时,工资必须下浮的(但支付给劳动者工资不得低于当地的最低工资标准);

(5) 因劳动者请事假等相应减发工资等。

案例 5.5 离职员工工资不能随便扣

小赵是某公司年轻的销售经理,劳动合同到期前一个月他通知公司自己在合同期满时要与公司终止劳动合同。总经理要求小赵在走之前的最后一个月,将他的销售客户中一笔 3.5 万元的欠款收回,但最终小赵未能将这笔欠款收回。总经理决定扣发小赵最后一个月的工资。理由是小赵收不回这笔欠款,就是公司的损失,而这个损失,就应该由小赵来赔偿。

案例评析:工资是劳动者通过劳动而依法获得的劳动报酬,劳动者这种获取工资的权利,在法律上是有明文规定的:"工资应当以货币形式按月支付给劳动者本人。不得克扣或者无故拖欠劳动者的工资。"凡是需要停发或扣发劳动者工资时,都必须有可靠的法律依据才行；否则，就是对劳动者工资权益的侵犯，就应承担违法责任。

近年来，市场上大部分产品都是供大于求，总体上说是买方市场。对于生产型企业来说，销售自己的产品因此成了一大难题。为了促销，许多企业采取了先发货、后收款的办法。本案中的公司就是采取了这种办法，因此，才出现了小赵在离开公司之前，尚有经他销出的产品未收回货款的现象。显然，这主要是公司经营策略造成的后果，不应由小赵一人单独来承担责任。

综上可以看出，公司以小赵造成了3.5万元的损失为理由而扣发他的当月工资，既没有事实依据，也没有法律依据，完全是一种侵犯小赵合法权益的行为。

资料来源：中国人力资源法律网。

4. 拖欠工资

"无故拖欠"指用人单位无正当理由超过规定付薪时间未支付劳动者工资。如果用人单位遇到非人力所能抗拒的自然灾害、战争等原因，无法按时支付工资或用人单位确因生产经营困难、资金周转受到影响，在征得本单位工会同意后，可暂时延期支付劳动者工资，延期时间的最长限制可由各省、自治区、直辖市劳动行政部门根据各地情况确定。其他情况下拖欠工资均属无故拖欠。

5. 补偿金

因劳动者本人原因给用人单位造成经济损失的，用人单位可按照劳动合同的约定要求其赔偿经济损失。经济损失的赔偿，可从劳动者本人的工资中扣除。但每月扣除的部分不得超过劳动者当月工资的20%。若扣除后的剩余工资部分低于当地月最低工资标准，则按最低工资标准支付。

用人单位有下列侵害劳动者合法权益行为的，由劳动行政部门责令其支付劳动者工资和经济补偿，并可责令其支付赔偿金：

(1) 克扣或者无故拖欠劳动者工资的；
(2) 拒不支付劳动者延长工作时间工资的；
(3) 低于当地最低工资标准支付劳动者工资的。

经济补偿和赔偿金的标准，按国家有关规定执行。

5.5 个人所得税

中国的个人所得税法最早于1980年通过，其后于1993年、1999年、2005年、2007年(6月9日、12月29日)、2011年经过了共六次修正。

5.5.1 纳税对象

《个人所得税法》规定：在中国境内有住所，或者无住所而在境内居住满一年的个人，从中国境内和境外取得的所得，依照本法规定缴纳个人所得税。在中国境内无住所又不居住或者无住所而在境内居住不满一年的个人，从中国境内取得的所得，依照本法规定缴纳个人所得税。

其中"在中国境内有住所,或者无住所而在境内居住满一年的个人"指居民纳税义务人;"在中国境内无住所又不居住或者无住所而在境内居住不满一年的个人"指非居民纳税义务人。居民纳税义务人赋有无限纳税义务,其取得的应纳税所得,无论是来源于中国境内还是中国境外任何地方,都要在中国缴纳个人所得税;非居民纳税义务人承担有限纳税义务,仅就其来源于中国境内的所得向中国缴纳个人所得税。

至于纳税范围,《个人所得税法》规定,下列各项个人所得,应纳个人所得税:①工资、薪金所得;②个体工商户的生产、经营所得;③对企事业单位的承包经营、承租经营所得;④劳务报酬所得;⑤稿酬所得;⑥特许权使用费所得;⑦利息、股息、红利所得;⑧财产租赁所得;⑨财产转让所得;⑩偶然所得;⑪经国务院财政部门确定征税的其他所得。例如,对储蓄存款利息所得开征、减征、停征个人所得税及其具体办法,由国务院规定。

知识链接:目前我国还不宜采用以家庭为纳税单位

目前我国现行个人所得税对工资、薪金所得项目采用的"定额扣除法"具有透明度高、便于税款计算和征管的特点,因而被世界大部分国家的个人所得税所采用,并不是我国所特有的。我国对工资、薪金所得项目采用的是定额综合扣除费用的办法,而不是像一些国家在基本扣除的基础上,再区别纳税人的家庭人口、赡养、抚养、就业、教育、是否残疾等不同情况确定其他单项扣除。其主要原因,一是我国个人所得税不同于世界大多数国家普遍实行的综合税制,而是采用了分类税制,除对工资薪金所得规定了费用扣除标准外,还对劳务报酬、财产租赁、特许权使用费等一些所得项目分别规定了费用扣除标准;二是我国目前有关社会配套条件不具备,税收征管手段还比较落后,难以准确掌握纳税人家庭人口、赡养、抚养、就业、教育、是否残疾等基本情况;三是在采用定额综合扣除费用的办法时,确定扣除标准考虑了一般家庭的情况,照顾到了赡养、抚养、就业、教育等因素。

从世界范围来看,确实有些国家在个人所得税上采用"夫妻联合申报"或"家庭申报"的征税方式,这样税收负担更加公平、合理。但实行这种方式必须同时具备三个条件:首先是采用综合税制或混合税制模式;其次是全社会的法制建设水平较高,全体公民依法纳税意识较强;最后是税务机关有很强的税收征管能力,能够掌握纳税人的真实情况。如果不同时具备这三项条件,就会产生巨大的征管漏洞,导致大量税收流失,同时还会产生新的不公平问题。从现实来看,我国要具备这些条件,还需要较长时间,目前还不宜实行这种征税方式。

资料来源:中国经济网。

5.5.2 个人所得税税率

(1) 工资、薪金所得,适用超额累进税率,税率为3%~45%,税率表如下(见表5-1):

表 5-1 个人所得税税率表一(工资、薪金所得适用)

级数	全月应纳税所得额		税率/%	速算扣除数/元
	含税级距	不含税级距		
1	不超过 1 500 元的	不超过 1 455 元的	3	0
2	超过 1 500～4 500 元的部分	超过 1 455～4 155 元的部分	10	105
3	超过 4 500～9 000 元的部分	超过 4 155～7 755 元的部分	20	555
4	超过 9 000～35 000 元的部分	超过 7 755～27 255 元的部分	25	1005
5	超过 35 000～55 000 元的部分	超过 27 255～41 255 元的部分	30	2755
6	超过 55 000～80 000 元的部分	超过 41 255～57 505 元的部分	35	5505
7	超过 80 000 元的部分	超过 57 505 元的部分	45	13 505

注：本表所称全月应纳税所得额是指，以每月收入额减除费用 3 500 元以及附加减除费用后的余额。

(2) 个体工商户的生产、经营所得和对企事业单位的承包经营、承租经营所得，适用 5%～35% 的超额累进税率，税率表如下(见表 5-2)：

表 5-2 个人所得税税率表二
(个体工商户的生产、经营所得和对企事业单位的承包经营、承租经营所得适用)

级数	全月应纳税所得额		税率/%	速算扣除数/元
	含税级距	不含税级距		
1	不超过 15 000 元的	不超过 14 250 元的	5	0
2	超过 15 000～30 000 元的部分	超过 14 250～27 750 元的部分	10	750
3	超过 30 000～60 000 元的部分	超过 27 750～51 750 元的部分	20	3 750
4	超过 60 000～100 000 元的部分	超过 51 750～79 750 元的部分	30	9 750
5	超过 100 000 元的部分	超过 79 750 元的部分	35	14 750

注：本表所称全年应纳税所得额是指，以每一纳税年度的收入总额减除成本、费用以及损失后的余额。

(3) 稿酬所得，适用比例税率，税率为 20%，并按应纳税额减征 30%。

(4) 劳务报酬所得，适用比例税率，税率为 20%。对劳务报酬所得一次收入畸高的，可以实行加成征收，具体办法由国务院规定。

(5) 特许权使用费所得，利息、股息、红利所得，财产租赁所得，财产转让所得，偶然所得和其他所得，适用比例税率，税率为 20%。

5.5.3 免纳和减征

下列各项个人所得，免纳个人所得税：①省级人民政府、国务院部委和中国人民解放军军以上单位，以及外国组织、国际组织颁发的科学、教育、技术、文化、卫生、体育、环境保护等方面的奖金；②国债和国家发行的金融债券利息；③按照国家统一规定发给的补贴、津贴；④福利费、抚恤金、救济金；⑤保险赔款；⑥军人的转业费、复员费；⑦按照国家统一规定发给干部、职工的安家费、退职费、退休工资、离休工资、离休生活补助费；⑧依照我国有关法律规定应予免税的各国驻华使馆、领事馆的外交代表、领事官员和其他人员的所得；⑨中国政府参加的国际公约、签订的协议中规定免税的所得；⑩经国务院财政部门批准免税的所得。

有下列情形之一的,经批准可以减征个人所得税:①残疾、孤老人员和烈属的所得;②因严重自然灾害造成重大损失的;③其他经国务院财政部门批准减税的。

5.5.4 应纳税所得额的计算

(1) 工资、薪金所得,以每月收入额减除费用3 500元后的余额,为应纳税所得额。

(2) 个体工商户的生产、经营所得,以每一纳税年度的收入总额减除成本、费用以及损失后的余额,为应纳税所得额。

(3) 对企事业单位的承包经营、承租经营所得,以每一纳税年度的收入总额减除必要费用后的余额,为应纳税所得额。

(4) 劳务报酬所得、稿酬所得、特许权使用费所得、财产租赁所得,每次收入不超过4 000元的,减除费用800元;4 000元以上的,减除20%的费用,其余额为应纳税所得额。

(5) 财产转让所得,以转让财产的收入额减除财产原值和合理费用后的余额,为应纳税所得额。

(6) 利息、股息、红利所得,偶然所得和其他所得,以每次收入额为应纳税所得额。个人将其所得对教育事业和其他公益事业捐赠的部分,按照国务院有关规定从应纳税所得中扣除。对在中国境内无住所而在中国境内取得工资、薪金所得的纳税义务人和在中国境内有住所而在中国境外取得工资、薪金所得的纳税义务人,可以根据其平均收入水平、生活水平以及汇率变化情况确定附加减除费用,附加减除费用适用的范围和标准由国务院规定。纳税义务人从中国境外取得的所得,准予其在应纳税额中扣除已在境外缴纳的个人所得税税额。但扣除额不得超过该纳税义务人境外所得依照本法规定计算的应纳税额。

各项所得的计算,以人民币为单位。所得为外国货币的,按照国家外汇管理机关规定的外汇牌价折合成人民币缴纳税款。

5.5.5 个人所得税扣缴办法

个人所得税,以所得人为纳税义务人,以支付所得的单位或者个人为扣缴义务人。个人所得超过国务院规定数额的,在两处以上取得工资、薪金所得或者没有扣缴义务人的,以及具有国务院规定的其他情形的,纳税义务人应当按照国家规定办理纳税申报。扣缴义务人应当按照国家规定办理全员全额扣缴申报。

扣缴义务人每月所扣的税款,自行申报纳税人每月应纳的税款,都应当在次月15日内缴入国库,并向税务机关报送纳税申报表。工资、薪金所得应纳的税款,按月计征,由扣缴义务人或者纳税义务人在次月15日内缴入国库,并向税务机关报送纳税申报表。特定行业的工资、薪金所得应纳的税款,可以实行按年计算、分月预缴的方式计征,具体办法由国务院规定。个体工商户的生产、经营所得应纳的税款,按年计算,分月预缴,由纳税义务人在次月15日内预缴,年度终了后3个月内汇算清缴,多退少补。对企事业单位的承包经营、承租经营所得应纳的税款,按年计算,由纳税义务人在年度终了后30日内缴入国库,并向税务机关报送纳税申报表。纳税义务人在一年内分次取得承包经营、承租经营所得的,应当在取得每次所得后的15日内预缴,年度终了后3个月内汇算清缴,多退少补。从中国境外取得所得的纳税义务人,应当在年度终了后30日内,将应纳的税款缴入国库,并向税务机关报送纳税申报表。

对扣缴义务人按照所扣缴的税款,付给2%的手续费。

 知识链接:个税基本问题解答

1. 个人取得全年一次性奖金或年终加薪,应当如何缴纳个人所得税?

答:个人取得全年一次性奖金(包括年终加薪)的,应分两种情况计算缴纳个人所得税:

(1) 个人取得全年一次性奖金且获取奖金当月个人的工资、薪金所得高于(或等于)税法规定的费用扣除额的。计算方法是:用全年一次性奖金总额除以12个月,按其商数对照工资、薪金所得项目税率表,确定适用税率和对应的速算扣除数,计算缴纳个人所得税。

计算公式为:

应纳个人所得税税额=个人当月取得的全年一次性奖金×适用税率−速算扣除数

个人当月工资、薪金所得与全年一次性奖金应分别计算缴纳个人所得税。

(2) 个人取得全年一次性奖金且获取奖金当月个人的工资、薪金所得低于税法规定的费用扣除额的,计算方法是:用全年一次性奖金减去"个人当月工资、薪金所得与费用扣除额的差额"后的余额除以12个月,按其商数对照工资、薪金所得项目税率表,确定适用税率和对应的速算扣除数,计算缴纳个人所得税。

计算公式为:

应纳个人所得税税额=(个人当月取得全年一次性奖金−个人当月工资、薪金所得与费用扣除额的差额)×适用税率−速算扣除数

由于上述计算纳税方法是一种优惠办法,在一个纳税年度内,对每一个人,该计算纳税办法只允许采用一次。对于全年考核,分次发放奖金的,该办法也只能采用一次。

2. 福利费、工会经费的补贴就不缴税了吗?

答:对企业、事业单位、国家机关、社会团体从提留的福利费或者工会经费中支付给个人临时性生活困难补助费免征个人所得税。

下列收入不属于免税的福利费范围,应并入纳税人的工资、薪金计征个人所得税:

(1) 从超出国家规定的比例或基数计提的福利费、工会经费中支付给个人的各种补贴、补助;

(2) 从福利费和工会经费中支付给本单位职工的人人有份的补贴、补助;

(3) 单位为个人购买汽车、住房、电子计算机等不属于临时性生活困难补助。

3. 为雇员买房等个人消费品如何纳税?

答:外商投资企业、外国企业为符合一定条件的雇员购买住房、汽车等个人消费品,雇员在企业工作达到一定年限或满足其他条件后,该住房、汽车的所有权完全归雇员个人所有。对于个人取得上述实物福利,应在个人取得实物的当月内,按照有关

凭证上注明价格或主管税务机关核定的价格并入其工资、薪金所得征税。对取得前述实物价值较高的,可根据企业规定取得该财产所有权需达到的工作年限内(高于5年的按5年计算)平均分月计入工资、薪金所得征收个人所得税。

另外,个人参加单位组织的免费旅游以及个人认购股票等有价证券时从其雇主处取得的折扣或补贴等,也应按照工资、薪金所得计算缴纳个人所得税。

4. 如何计算外籍个人取得工薪收入的个税?

答:对于在中国境内无住所而在中国境内工作的外籍个人,纳税义务的判定,是以一个纳税年度内在中国境内居住时间和任职受雇取得的所得情况来确定的。

(1) 在中国境内无住所,但是在一个纳税年度中在中国境内连续或者累计居住不超过90日或在税收协定规定的期间在中国境内连续或者累计居住不超过183日的个人,其来源于中国境内的所得,由境外雇主支付并且不由该雇主在中国境内的机构、场所负担的工资薪金部分,免予缴纳个人所得税。

(2) 在中国境内无住所而在一个纳税年度中在中国境内连续或者累计居住超过90日或在税收协定规定的期间在中国境内连续或者累计居住超过183日但不满一年的个人,其实际中国境内工作期间取得的由中国境内企业或个人雇主支付和由境外企业或个人雇主支付的工资薪金所得,均应申报缴纳个人所得税。

(3) 在中国境内无住所但在境内居住满1年而不超过5年的个人,其在中国境内工作期间取得由中国境内企业或个人雇主支付和由中国境外企业或个人雇主支付的工资薪金,均应申报缴纳个人所得税;对其临时离境工作期间取得的工资薪金所得,仅就由中国境内企业或个人雇主支付的部分申报纳税。

对在1个月中既有中国境内工作期间的工资薪金所得,也有在临时出境期间由境内企业或个人雇主支付工资薪金所得的,应合并计算当月应纳税款。

(4) 在中国境内无住所但在境内居住超过5年的个人,从第6年起,应当就来源于中国境外的全部所得缴纳个人所得税。

5. 内部退养(或提前离岗)人员取得所得如何缴纳个人所得税?

答:(1) 企业减员增效和行政事业单位、社会团体在机构改革中,未达到离退休年龄,提前离岗且未办理离退休手续(内部退养)的职工,从原任职单位取得的工资、薪金,不属于离退休工资,应按工资、薪金所得计算缴纳个人所得税。

(2) 个人在办理内部退养(提前离岗)手续后,从原任职单位取得的一次性收入,应按办理内部退养手续后至法定离退休年龄之间的所属月份进行平均,并与领取当月的工资、薪金所得合并,减去当月费用扣除标准后,以余额为基数确定适用税率和对应的速算扣除数,然后再将当月工资、薪金所得加上取得的一次性收入,减去费用扣除标准,按照已确定的税率计算缴纳个人所得税。其计算公式为:

应纳个人所得税税额=[(当月工资、薪金所得+一次性内部退养收入)-费用扣除标准]×适用税率-速算扣除数

(3) 个人在办理内部退养手续后至法定离退休年龄之间重新就业,取得的工资、薪金所得,应与其从原单位取得的同一月份的工资、薪金所得合并计算缴纳个人所得税。

资料来源:国家税务总局网站。

5.6 职工福利

5.6.1 职工福利的含义

职工福利又称职业福利或劳动福利,是指用人单位和有关社会服务机构为满足劳动者生活的共同需要和特殊需要,在工资和社会保险之外向职工及其亲属提供一定货币、实物、服务等形式的物质帮助。其中包括:为减少劳动者生活费用开支和解决劳动者生活困难而提供的各种补贴;为方便劳动者生活和减轻职工家务负担而提供的各种生活设施和服务;为活跃劳动者文化生活而提供的各种文化设施和服务。

《劳动法》第76条规定,国家发展社会福利事业,兴建公共福利设施,为劳动者休息、休养和疗养提供条件。

用人单位应当创造条件,改善集体福利,提高劳动者的福利待遇。

5.6.2 职工福利机构

职工福利机构是指在用人单位内部依法设置的,由单位行政代表、职工代表和福利事业工作人员组成的,管理职工福利事业的机构。

职工福利机构由综合性职工福利机构和专门性职工福利机构组成。综合性职工福利机构即职工福利委员会,是对本单位各层次、各门类的职工福利工作实行全面和统一管理的机构。专门性职工福利机构是指在职工福利委员会统一领导下分管特定福利项目的机构。包括:

(1) 职工福利基金管理机构,分管职工福利基金的提取、使用和储存,以及福利补贴发放、产品(服务)优待、职工互助基金等项事务。

(2) 职工住宅管理机构,分管职工住宅基金的筹集、建设规划、分配、物业管理等项事务。

(3) 职工生活管理机构,分管职工食堂、职工医务机构、职工幼儿园和职工学校、公共澡堂等职工基本生活服务机构。

(4) 职工文体管理机构,分管职工业余文化娱乐、体育方面等事务。

(5) 女职工福利管理机构,分管女职工所特有的各项福利事务。

5.6.3 职工福利基金

职工福利基金是用人单位依法筹集的专门用于职工福利的基金。

1. 员工福利基金的来源

在不同的国家和地区,员工福利基金的法定来源不尽相同,主要有:

(1) 按国家规定从企业财产和收入中提取;

(2) 企业自筹;

(3) 向员工个人征收;

(4)福利服务收入。

其中,按国家规定提取,是员工福利基金的主要和常规来源;企业自筹员工福利基金,由企业根据需要和可能自主确定,主要是为解决一些较大的员工福利设备的资金不足问题。向员工征收员工福利基金,只限于直接服务于员工本人或其亲属的某些项目。

2. 员工福利基金的提取

按工资总额的14%计提员工福利费,列入成本,用于员工集体福利设施以外的员工福利支出。

税后利润在支付被没收财物损失、违反税法的滞纳金和罚款,弥补以前年度亏损后,按一定比例(《公司法》规定为5%)提公益金,用于员工集体福利设施支出,并且在使用后转为盈余公积。

3. 员工福利基金的使用

员工福利基金的使用应当遵循国家法定的和员工福利委员会规定的使用范围和程序,实行专款专用。

公益金主要用于员工集体福利设施支出,如兴建员工宿舍、员工俱乐部等。

5.6.4 职工个人福利补贴

职工个人福利补贴是指由职工福利基金和其他有关经费中开支的,主要以货币形式直接支付给职工个人的福利待遇。主要有:

(1)职工探亲补贴;
(2)职工上下班交通费补贴;
(3)职工冬季宿舍取暖补贴;
(4)职工生活困难补助;
(5)其他福利补贴,包括生活消费品价格补贴,独生子女补贴,婚丧假、年休假工资,职工互助互济金。

5.6.5 职工集体福利

职工集体福利是指用人单位举办或者通过社会福利机构举办的供职工集体享用的福利性设施和服务,包括物质生活福利和精神生活福利。

职工集体福利内容很多,因企业而异有所不同,一般包括:

(1)为满足职工共同需求、减轻职工的家务劳动、方便生活并使职工获得优惠服务而建立的集体福利设施。如食堂、托儿所、幼儿园、浴室、理发室、疗养院等。

(2)为满足职工文化生活需要提高其身体、文化素质而建立的文体福利设施。如文化宫、俱乐部、图书馆、游艺厅、体育场、游泳池等。

随着社会经济的不断发展,当今越来越多的企业开始关注职工的福利。员工的福利一般不需纳税,类似于等量的现金支付,而日渐高涨并需要纳税的工资已使企业不堪重负。因此,对企业来说,少花钱多办事并让职工感受到企业凝聚力的比较好的办法就是实施各种福利的措施。除了国家规定的福利如养老保险、医疗保险、失业保险、公积金(即

"三险一金"),病假、产假、丧假、婚假、探亲假等福利制度外,许多企业还根据自身特点有目的、有计划性地设置一些符合企业实际情况的福利。这些福利措施有:住房贷款利息给付计划;商业人寿保险;医疗及有关费用的支付;带薪休假;教育福利(给职工提供教育方面的资助,为员工支付部分或全部与正规教育课程和学位申请有关的费用、非岗位培训或其他短训,甚至包括书本费和实验室材料使用费);法律和职业发展咨询;子女教育辅助计划;雇员股票所有权计划(ESOP);等等。各式各样的福利方案的出台,已经成为企业经营者在留住人才方面非常奏效的法宝之一。

第6章
社会保险

- 概述
- 养老保险
- 医疗保险
- 工伤保险
- 失业保险
- 生育保险

6.1 概述

6.1.1 社会保险的概念

社会保险是指国家通过立法建立社会保险基金,使劳动者在丧失劳动能力或失业时获得必要的物质帮助的制度。国家发展社会保险事业,建立社会保险制度,设立社会保险基金,使劳动者在年老、患病、工伤、失业、生育等情况下获得帮助和补偿(《劳动法》第70条)。国家实行国家基本保险、企业补充保险和个人储蓄性保险相结合的制度(《劳动法》第75条)。

社会保险属于社会保障的范围。社会保险制度的建立是现代社会保障制度产生的标志。在我国,社会保障一般包括社会保险、社会救济、社会福利、优抚安慰等。社会保险主要是规定以工资收入为主的劳动者的保障制度,而社会保障则是规定全体成员的保障制度。

6.1.2 我国社会保险的发展

1951年2月政务院公布了《劳动保护条例》,标志着新中国的社会保险体系的建立,其保障对象是企业职工,保险项目包括疾病、负伤、生育、医疗、退休、死亡和待业等。国家机关工作人员的退休办法遵循的是1952年12月公布的《国家机关工作人员退休处理暂行办法》。从20世纪50年代初到1966年期间,社会保障制度有基金、有管理、有监督,基金的收集、管理和监督是分立的,在人口老龄结构轻且经济发展较快的情况下,这一制度运行良好。

1966年后,社会保险制度转变成企业保险制度。从保险理论的角度来看,这一改变是一种退步,因为它违背了保险大数法则的前提。但是当时国有企业几乎是一统天下,而国有企业的最后"老板"都是国家,企业的盈亏、企业负担的轻重无关企业的痛痒,所以人们对企业保险制度并无太敏感的反应。

1984年,中国的社会保障制度进入改革阶段。中国社会保险制度改革首先是从项目开始的,当以企业为单位的公费医疗制度日益成为企业的负担时,20世纪90年代初,开始了对医疗保险制度改革的尝试。

经过几十年的努力,中国建立起了以城镇职工为保障对象的社会保险制度体系。主要项目有社会统筹与个人账户制度相结合的养老社会保险(以下简称统账制度)、社会统筹与个人账户制度相结合的医疗社会保险、失业保险、工伤保险、生育保险。

2010年10月28日,《中华人民共和国社会保险法》颁布,并于2011年7月1日施行,使我国社会保险制度发展全面进入法制化轨道,为推动整个人力资源社会保障事业科学发展提供了进一步的法制保障。

6.1.3 社会保险费征缴

社会保险费实行统一征收,实施步骤和具体办法由国务院规定。国家建立全国统一的个人社会保障号码。个人社会保障号码为公民身份号码。

1. 用人单位的社保登记

用人单位应当自成立之日起30日内凭营业执照、登记证书或者单位印章,向当地社会保险经办机构申请办理社会保险登记。社会保险经办机构应当自收到申请之日起15日内予以审核,发给社会保险登记证件。用人单位的社会保险登记事项发生变更或者用人单位依法终止的,应当自变更或者终止之日起30日内,到社会保险经办机构办理变更或者注销社会保险登记。为了配合社会保险费的征缴,工商行政管理部门、民政部门和机构编制管理机关应当及时向社会保险经办机构通报用人单位的成立、终止情况,公安机关应当及时向社会保险经办机构通报个人的出生、死亡以及户口登记、迁移、注销等情况。

2. 用人单位职工等的社保登记

用人单位应当自用工之日起30日内为其职工向社会保险经办机构申请办理社会保险登记。未办理社会保险登记的,由社会保险经办机构核定其应当缴纳的社会保险费。自愿参加社会保险的无雇工的个体工商户、未在用人单位参加社会保险的非全日制从业人员以及其他灵活就业人员,应当向社会保险经办机构申请办理社会保险登记。

3. 社保费的缴纳

用人单位应当自行申报、按时足额缴纳社会保险费,非因不可抗力等法定事由不得缓缴、减免。职工应当缴纳的社会保险费由用人单位代扣代缴,用人单位应当按月将缴纳社会保险费的明细情况告知本人。无雇工的个体工商户、未在用人单位参加社会保险的非全日制从业人员以及其他灵活就业人员,可以直接向社会保险费征收机构缴纳社会保险费。社会保险费征收机构应当依法按时足额征收社会保险费,并将缴费情况定期告知用人单位和个人。

4. 未按规定缴纳社保费的处理

用人单位未按规定申报应当缴纳的社会保险费数额的,按照该单位上月缴费额的110%确定应当缴纳数额;缴费单位补办申报手续后,由社会保险费征收机构按照规定结算。用人单位未按时足额缴纳社会保险费的,由社会保险费征收机构责令其限期缴纳或者补足。用人单位逾期仍未缴纳或者补足社会保险费的,社会保险费征收机构可以向银行和其他金融机构查询其存款账户;并可以申请县级以上有关行政部门作出划拨社会保险费的决定,书面通知其开户银行或者其他金融机构划拨社会保险费。用人单位账户余额少于应当缴纳的社会保险费的,社会保险费征收机构可以要求该用人单位提供担保,签订延期缴费协议。用人单位未足额缴纳社会保险费且未提供担保的,社会保险费征收机构可以申请人民法院扣押、查封、拍卖其价值相当于应当缴纳社会保险费的财产,以拍卖所得抵缴社会保险费。

案例6.1 免交社保费的约定有效吗

案情简介:无锡市新区某外商投资企业与员工李某在签订劳动合同的同时,签订了一份《社会保险确认书》,确认书约定,李某同意企业不为其办理养老、医疗等社会保险,企业为李某每月加付工资120元。李某工作两年后因被企业辞退而引发劳动争议。李某向劳动争议仲裁委员会申请仲裁,要求所在企业支付解除劳动合同的经济补偿金和补交养老、医疗等社会保险费。关于补交社会保险费的请求,企业认为,李某在《社会保险确认书》中同意企业不为其办理养老、医疗等社会保险,况且企业每月已为李某多支付工资人民币120元,如裁决企业为李某缴纳社会保险费,则要求李某返还每月多付的工资120元。结果仲裁委员会支持了李某的请求,理由是社会保险属于法定强制保险,企业和员工都必须依法缴纳社会保险费,任何关于放弃缴纳社会保险费的协议都无效,至于企业每月为李某多付的工资120元,该款性质属于工资,且企业已实际支付给员工,无权要求员工返还。

案例分析:《劳动法》第72条规定:用人单位和劳动者必须依法参加社会保险,缴纳社会保险费。国务院《社会保险费征缴暂行条例》第3条规定,外商投资企业及其职工属于基本养老保险、基本医疗保险和失业保险的征缴范围,外商投资企业及其职工应当依法向当地社会保险经办机构缴纳社会保险费。因而参加社会保险,缴纳社会保险费是用人单位和劳动者的法定义务,不得以任何形式逃避和放弃。用人单位和劳动者任何关于放弃缴纳社会保险费的约定都是无效的，因为这种约定违反了国家法律的强制性规定。

资料来源：无锡律师网。

6.1.4 社会保险基金

国家设立全国社会保障基金，由中央财政预算拨款以及国务院批准的其他方式筹集的资金构成，用于社会保障支出的补充、调剂。社会保险基金包括基本养老保险基金、基本医疗保险基金、工伤保险基金、失业保险基金和生育保险基金。各项社会保险基金按照社会保险险种分别建账，分账核算，执行国家统一的会计制度。社会保险基金专款专用，任何组织和个人不得侵占或者挪用。其中基本养老保险基金逐步实行全国统筹，其他社会保险基金逐步实行省级统筹，具体时间、步骤由国务院规定。

社会保险基金存入财政专户，通过预算实现收支平衡，县级以上人民政府在社会保险基金出现支付不足时，给予补贴。社会保险基金的预算按照统筹层次设立，并按照社会保险项目分别编制。社会保险基金预算、决算草案的编制、审核和批准，依照法律和国务院规定执行。

全国社会保障基金由全国社会保障基金管理运营机构负责管理运营，在保证安全的前提下，按照国务院规定投资运营实现保值增值。社会保险基金不得违规投资运营，不得用于平衡其他政府预算，不得用于兴建、改建办公场所和支付人员经费、运行费用、管理费用，或者违反法律、行政法规规定挪作其他用途。

全国社会保障基金应当定期向社会公布收支、管理和投资运营的情况。国务院财政部门、社会保险行政部门、审计机关对全国社会保障基金的收支、管理和投资运营情况实施监督。社会保险经办机构应当定期向社会公布参加社会保险情况以及社会保险基金的收入、支出、结余和收益情况。

6.1.5 社会保险经办

统筹地区设立社会保险经办机构。社会保险经办机构根据工作需要，经所在地的社会保险行政部门和机构编制管理机关批准，可以在本统筹地区设立分支机构和服务网点。社会保险经办机构的人员经费和经办社会保险发生的基本运行费用、管理费用，由同级财政按照国家规定予以保障。社会保险经办机构应当建立健全业务、财务、安全和风险管理制度。社会保险经办机构应当按时足额支付社会保险待遇。

社会保险经办机构通过业务经办、统计、调查获取社会保险工作所需的数据，有关单位和个人应当及时、如实提供。社会保险经办机构应当及时为用人单位建立档案，完整、准确地记录参加社会保险的人员、缴费等社会保险数据，妥善保管登记、申报的原始凭证和支付结算的会计凭证。社会保险经办机构应当及时、完整、准确地记录参加社会保险的个人缴费和用人单位为其缴费，以及享受社会保险待遇等个人权益记录，定期将个人权益记录单免费寄送本人。用人单位和个人可以免费向社会保险经办机构查询、核对其缴费和享受社会保险待遇记录，要求社会保险经办机构提供社会保险咨询等相关服务。

全国社会保险信息系统按照国家统一规划，由县级以上人民政府按照分级负责的原则共同建设。

6.1.6 社会保险监督

1. 各级部门监督

各级人民代表大会常务委员会听取和审议本级人民政府对社会保险基金的收支、管理、投资运营以及监督检查情况的专项工作报告,组织对本法实施情况的执法检查等,依法行使监督职权。县级以上人民政府社会保险行政部门应当加强对用人单位和个人遵守社会保险法律、法规情况的监督检查。社会保险行政部门实施监督检查时,被检查的用人单位和个人应当如实提供与社会保险有关的资料,不得拒绝检查或者谎报、瞒报。财政部门、审计机关按照各自职责,对社会保险基金的收支、管理和投资运营情况实施监督。社会保险行政部门对社会保险基金的收支、管理和投资运营情况进行监督检查,发现存在问题的,应当提出整改建议,依法作出处理决定或者向有关行政部门提出处理建议。社会保险基金检查结果应当定期向社会公布。

社会保险行政部门对社会保险基金实施监督检查,有权采取下列措施:①查阅、记录、复制与社会保险基金收支、管理和投资运营相关的资料,对可能被转移、隐匿或者灭失的资料予以封存;②询问与调查事项有关的单位和个人,要求其对与调查事项有关的问题作出说明、提供有关证明材料;③对隐匿、转移、侵占、挪用社会保险基金的行为予以制止并责令改正。

2. 社会保险监督委员会

统筹地区人民政府成立由用人单位代表、参保人员代表,以及工会代表、专家等组成的社会保险监督委员会,掌握、分析社会保险基金的收支、管理和投资运营情况,对社会保险工作提出咨询意见和建议,实施社会监督。社会保险经办机构应当定期向社会保险监督委员会汇报社会保险基金的收支、管理和投资运营情况。社会保险监督委员会可以聘请会计师事务所对社会保险基金的收支、管理和投资运营情况进行年度审计和专项审计。审计结果应当向社会公开。社会保险监督委员会发现社会保险基金收支、管理和投资运营中存在问题的,有权提出改正建议;对社会保险经办机构及其工作人员的违法行为,有权向有关部门提出依法处理建议。

3. 社保监督的执行

社会保险行政部门和其他有关行政部门、社会保险经办机构、社会保险费征收机构及其工作人员,应当依法为用人单位和个人的信息保密,不得以任何形式泄露。

任何组织或者个人有权对违反社会保险法律、法规的行为进行举报、投诉。社会保险行政部门、卫生行政部门、社会保险经办机构、社会保险费征收机构和财政部门、审计机关对属于本部门、本机构职责范围的举报、投诉,应当依法处理;对不属于本部门、本机构职责范围的,应当书面通知并移交有权处理的部门、机构处理。有权处理的部门、机构应当及时处理,不得推诿。

用人单位或者个人认为社会保险费征收机构的行为侵害自己合法权益的,可以依法申请行政复议或者提起行政诉讼。用人单位或者个人对社会保险经办机构不依法办理社会保险登记、核定社会保险费、支付社会保险待遇、办理社会保险转移接续手续或者侵害其他社会保险权益的行为,可以依法申请行政复议或者提起行政诉讼。个人与所在用人单位发生社会保险争议的,可以依法申请调解、仲裁,提起诉讼。用人单位侵害个人社会保险权益的,个人也可以要求社会保险行政部门或者社会保险费征收机构依法处理。

6.1.7 法律责任

1. 用人单位的法律责任

用人单位不办理社会保险登记的,由社会保险行政部门责令限期改正;逾期不改正的,对用人单位处应缴社会保险费数额1倍以上3倍以下的罚款,对其直接负责的主管人员和其他直接责任人员处500元以上3 000元以下的罚款。用人单位拒不出具终止或者解除劳动关系证明的,依照《中华人民共和国劳动合同法》的规定处理。用人单位未按时足额缴纳社会保险费的,由社会保险费征收机构责令限期缴纳或者补足,并自欠缴之日起,按日加收5%的滞纳金;逾期仍不缴纳的,由有关行政部门处欠缴数额1倍以上3倍以下的罚款。

2. 其他机构或个人的法律责任

社会保险经办机构以及医疗机构、药品经营单位等社会保险服务机构以欺诈、伪造证明材料或者其他手段骗取社会保险基金支出的,由社会保险行政部门责令退回骗取的社会保险金,处骗取金额2倍以上5倍以下的罚款;属于社会保险服务机构的,解除服务协议;直接负责的主管人员和其他直接责任人员有执业资格的,依法吊销其执业资格。以欺诈、伪造证明材料或者其他手段骗取社会保险待遇的,由社会保险行政部门责令退回骗取的社会保险金,处骗取金额2倍以上5倍以下的罚款。

社会保险经办机构及其工作人员有下列行为之一的,由社会保险行政部门责令改正;给社会保险基金、用人单位或者个人造成损失的,依法承担赔偿责任;对直接负责的主管人员和其他直接责任人员依法给予处分:①未履行社会保险法定职责的;②未将社会保险基金存入财政专户的;③克扣或者拒不按时支付社会保险待遇的;④丢失或者篡改缴费记录、享受社会保险待遇记录等社会保险数据、个人权益记录的;⑤有违反社会保险法律、法规的其他行为的。

社会保险费征收机构擅自更改社会保险费缴费基数、费率,导致少收或者多收社会保险费的,由有关行政部门责令其追缴应当缴纳的社会保险费或者退还不应当缴纳的社会保险费;对直接负责的主管人员和其他直接责任人员依法给予处分。社会保险行政部门和其他有关行政部门、社会保险经办机构、社会保险费征收机构及其工作人员泄露用人单位和个人信息的,对直接负责的主管人员和其他直接责任人员依法给予处分;给用人单位或者个人造成损失的,应当承担赔偿责任。

违反本法规定,隐匿、转移、侵占、挪用社会保险基金或者违规投资运营的,由社会保险行政部门、财政部门、审计机关责令追回;有违法所得的,没收违法所得;对直接负责的主管人员和其他直接责任人员依法给予处分。违反本法规定,构成犯罪的,依法追究刑事责任。国家工作人员在社会保险管理、监督工作中滥用职权、玩忽职守、徇私舞弊的,依法给予处分。

6.2 养老保险

6.2.1 养老保险概述

养老保险(也称养老保险制度)是国家和社会根据一定的法律和法规,为解决劳动者在达到国家规定的解除劳动义务的劳动年龄界限后,或因年老丧失劳动能力退出劳动岗位后的基本生活而建立的一种社会保险制度。养老保险是社会保险制度的重要组成部分,是社会保险五大险种中最重要的险种之一。

我国养老保险制度的组成包括:针对城镇职工的基本养老保险、企业补充养老保险即企业年金、个人储蓄性养老保险,针对城镇居民的城镇居民社会养老保险(以下简称城居保),以及针对农民的新型农村社会养老保险(以下简称新农保)。后面的两种已经合并为城乡居民社会养老保险。

1. 养老保险的概念

养老保险是在法定范围内的老年人完全或基本退出社会劳动生活后才自动发生作用的。这里所说的"完全",是以劳动者与生产资料的脱离为特征的;所谓的"基本",指的是参加的生产活动已不成为主要社会生活内容。需要强调说明的是,法定的年龄界限(各国有不同的标准)才是切实可行的衡量标准。

养老保险的目的是保障老年人的基本生活需求,为其提供稳定可靠的生活来源。

养老保险是以社会保险为手段来达到保险的目的。

2. 养老保险的特点

由国家立法强制实行,企业单位和个人都必须参加;符合养老条件的人,可向社会保险部门领取养老金。

养老保险费用来源一般由国家、单位和个人三方或单位和个人双方共同负担,并实现广泛的社会互济。

养老保险具有社会性,影响很大,享受人多且时间较长,费用支出庞大。因此,必须设置专门机构,实行现代化、专业化、社会化的统一规划和管理。

6.2.2 城镇职工基本养老保险

1. 参保人

职工应当参加基本养老保险,由用人单位和职工共同缴纳基本养老保险费。无雇工的个体工商户、未在用人单位参加基本养老保险的非全日制从业人员以及其他灵活就业人员可以参加基本养老保险,由个人缴纳基本养老保险费。公务员和参照公务员法管理的工作人员养老保险的办法由国务院规定。

2. 养老保险账户

基本养老保险实行社会统筹与个人账户相结合。基本养老保险基金由用人单位和个人缴费以及政府补贴等组成。用人单位应当按照国家规定的本单位职工工资总额的比例缴纳基本养老保险费,记入基本养老保险统筹基金。职工应当按照国家规定的本人工资的比例缴纳基本养老保险费,记入个人账户。无雇工的个体工商户、未在用人单位参加基本养老保险的非全日制从业人员以及其他灵活就业人员参加基本养老保险的,应当按照国家规定缴纳基本养老保险费,分别记入基本养老保险统筹基金和个人账户。

至于具体缴费数额,企业按本企业职工上年度月平均工资总额的20%缴纳(部分省市略有调整),职工个人按本人上年度月平均工资收入的8%缴纳;城镇个体工商户、灵活就业人员和国有企业下岗职工以个人身份参加基本养老保险的,以所在省上年度社会平均工资为缴费基数,按20%的比例缴纳基本养老保险费,全部由自己负担。

国有企业、事业单位职工参加基本养老保险前,视同缴费年限期间应当缴纳的基本养老保险费由政府承担。基本养老保险基金出现支付不足时,政府给予补贴。个人账户不得提前支取,记账利率不得低于银行定期存款利率,免征利息税。个人死亡的,个人账户余额可以继承。

3. 缴费基数

基本养老金由统筹养老金和个人账户养老金组成。基本养老金根据个人累计缴费年限、缴费工资、当地职工平均工资、个人账户金额、城镇人口平均预期寿命等因素确定。

职工缴费工资高于所在省上年度社会平均工资300%的,以所在上年度社会平均工资的300%为缴费基数;职工缴费工资低于所在省上年度社会平均工资60%的,以所在省上年度社会平均工资的60%为缴费基数。

以个人身份参加养老保险的,以当地上年度在岗职工社会平均工资的一定比例作为个人缴费基数,可选择的档级为60%、80%和100%,基于如今社会平均工资逐年提高,考虑到个人承受能力,部分省市增加40%的档级。

案例6.2 高薪不能替代养老保险

案情简介:某外商独资公司,高薪聘用了一位博士毕业生赵某,担任副总经理。当时,在谈到工资待遇时,公司说:"董事会给你定的工资为1.2万元。不过,我们是一家外资公司,之所以工资定得这么高,是因为除了工资以外,再没有其他福利待遇了。像什么医药费报销、养老等问题都得自己解决,公司概不负责。"听了这话,赵博士心里盘算开了:"这个公司给我的工资的确是够多的,可就是将来万一得了什么大病,或者老了怎么办呢?"但他转念又一想:"我刚30多岁,一般也不会有什么大病,至于养老问题,现在考虑还为时过早。倒不如趁年轻多挣些钱,实惠。"工作以后,赵博士为了解除自己的后顾之忧,每月从工资中拿出1 000元,向保险公司投了一份养老保险。这样一来,他在这家公司工作,也觉得很踏实。几个月后,由于赵博士与董事长在公司的经营管理等重大问题上产生了分歧,被董事长炒了"鱿鱼"。赵博士不服,双方为此闹到了劳动争议仲裁委员会。

在劳动争议仲裁委员会,赵博士提出公司未给他缴纳养老保险的问题,他认为,这是侵犯他合法权益的行为。但公司认为不为你缴纳养老保险,是事先跟你讲好的。你既然干了,就说明咱们的协议已经达成,你现在无权反悔。再说,你不是自己已经向保险公司投了养老保险了吗?

案件分析:养老保险是国家为了保障职工退休后的基本生活而建立的一种社会保障制度,也是社会保险的一种。《劳动法》规定的社会保险,不同于保险公司的金融保险,主要区别在于:①前者是在与用人单位发生劳动关系时,劳动者应享有的权利,但后者却不是。②前者是强制性的,即企业和劳动者必须依法参加;而后者是自愿性的,即是否参加,完全凭企业或劳动者自愿。所以,赵博士自己向保险公司投保的养老保险,不能代替社会保险中的养老保险。

根据《劳动法》第72条的规定:用人单位和劳动者必须依法参加社会保险,缴纳社会保险费。这说明,参加社会保险,缴纳社会保险费不仅是用人单位的义务,也是劳动者的义务。它是用人单位和劳动者的共同义务。

因此,该外商公司以高薪来取代职工的养老保险是违反法律规定的。它不仅应依法为职工缴纳养老保险,还应同时缴纳失业、大病医疗等政府规定的社会保险。

资料来源:中国人力资源开发网,http://www.chinahrd.net/article/2008/09-24/44857-1.html。

4. 基本养老保险金的领取

参加基本养老保险的个人,达到法定退休年龄时累计缴费满15年的,按月领取基本养老金。不足15年的,可以缴费至满15年,按月领取基本养老金;也可以转入新型农村社会养老保险或者城镇居民社会养老保险,按照国务院规定享受相应的养老保险待遇。参加基本养老保险的个人,因病或者非因工死亡的,其遗属可以领取丧葬补助金和抚恤金;在未达到法定退休年龄时因病或者非因工致残完全丧失劳动能力的,可以领取病残津贴。所需资金从基本养老保险基金中支付。

5. 跨省流动时养老保险关系的转移接续

为切实保障参加城镇企业职工基本养老保险人员(以下简称参保人员)的合法权益,促进人力资源合理配置和有序流动,保证参保人员跨省、自治区、直辖市(以下简称跨省)流动并在城镇就业时基本养老保险关系的顺畅转移接续,《城镇企业职工基本养老保险关系转移接续暂行办法》从2010年1月1日起施行。该办法适用于参加城镇企业职工基本养老保险的所有人员,包括农民工。已经按国家规定领取基本养老保险待遇的人员,不再转移基本养老保险关系。

参保人员跨省流动就业的,由原参保所在地社会保险经办机构开具参保缴费凭证,其基本养老保险关系应随同转移到新参保地。参保人员达到基本养老保险待遇领取条件的,其在各地的参保缴费年限合并计算,个人账户储存额(含本息,下同)累计计算;未达到待遇领取年龄前,不得终止基本养老保险关系并办理退保手续。

参保人员跨省流动就业的,按下列程序办理基本养老保险关系转移接续手续:①参保人员在新就业地按规定建立基本养老保险关系和缴费后,由用人单位或参保人员向新参保地社保经办机构提出基本养老保险关系转移接续的书面申请。②新参保地社保经办机构在15个工作日内,审核转移接续申请,对符合本办法规定条件的,向参保人员原基本养老保险关系所在地的社保经办机构发出同意接收函,并提供相关信息;对不符合转移接续条件的,向申请单位或参保人员作出书面说明。③原基本养老保险关系所在地社保经办机构在接到同意接收函的15个工作日内,办理好转移接续的各项手续。④新参保地社保经办机构在收到参保人员原基本养老保险关系所在地社保经办机构转移的基本养老保险关系和资金后,应在15个工作日内办结有关手续,并将确认情况及时通知用人单位或参保人员。

农民工中断就业或返乡没有继续缴费的,由原参保地社保经办机构保留其基本养老保险关系,保存其全部参保缴费记录及个人账户,个人账户储存额继续按规定计息。农民工返回城镇就业并继续参保缴费的,无论其回到原参保地就业还是到其他城镇就业,均按前述规定累计计算其缴费年限,合并计算其个人账户储存额,符合待遇领取条件的,与城镇职工同样享受基本养老保险待遇;农民工不再返回城镇就业的,其在城镇参保缴费记录及个人账户全部有效,并根据农民工的实际情况,或在其达到规定领取条件时享受城镇职工基本养老保险待遇,或转入新型农村社会养老保险。

参保人员跨省流动就业转移基本养老保险关系时,按下列方法计算转移资金:①个人账户储存额:1998年1月1日之前按个人缴费累计本息计算转移,1998年1月1日后按计入个人账户的全部储存额计算转移。②统筹基金(单位缴费):以本人1998年1月1日后各年度实际缴费工资为基数,按12%的总和转移,参保缴费不足1年的,按实际缴费月数计算转移。

参保人员跨省流动就业,其基本养老保险关系转移接续按下列规定办理:①参保人员返回户籍所在地(省、自治区、直辖市,下同)就业参保的,户籍所在地的相关社保经办机构应为其及时办理转移接续手续。②参保人员未返回户籍所在地就业参保的,由新参保地的社保经办机构为其及时办理转移接续手续。但对男性年满50周岁和女性年满40周岁的,应在原参保地继续保留基本养老保险关系,同时在新参保地建立临时基本养老保险缴费账户,记录单位和个人全部缴费。参保人员再次跨省流动就业或在新参保地达到待遇领取条件时,将临时基本养老保险缴费账户中的全部缴费本息,转移归集到原参保地或待遇领取地。③参保人员经县级以上党委组织部门、人力资源社会保障行政部门批准调动,且与调入单位建立劳动关系并缴纳基本养老保险费的,不受以上年龄规定限制,应在调入地及时办理基本养老保险关系转移接续手续。

跨省流动就业的参保人员达到待遇领取条件时,按下列规定确定其待遇领取地:①基本养老保险关系在户籍所在地的,由户籍所在地负责办理待遇领取手续,享受基本养老保险待遇。②基本养老保险关系不在户籍所在地,而在其基本养老保险关系所在地累计缴费年限满10年的,在该地办理待遇领取手续,享受当地基本养老保险待遇。③基本养老保险关系不在户籍所在地,且在其基本养老保险关系所在地累计缴费年限不满10年的,将其基本养老保险关系转回上一个缴费年限满10年的原参保地办理待遇领取手续,享受基本养老保险待遇。④基本养老保险关系不在户籍所在地,且在每个参保地的累计缴费年限均不满10年的,将其基本养老保险关系及相应资金归集到户籍所在地,由户籍所在地按规定办理待遇领取手续,享受基本养老保险待遇。

参保人员转移接续基本养老保险关系后,符合待遇领取条件的,按照《国务院关于完善企业职工基本养老保险制度的决定》(国发〔2005〕38号)的规定,以本人各年度缴费工资、缴费年限和待遇领取地对应的各年度在岗职工平均工资计算其基本养老金。

6.2.3 企业补充养老保险(企业年金)

企业补充养老保险是指企业根据自身经济实力,在国家规定的实施政策和实施条件下为本企业职工所建立的一种辅助性的养老保险。这是为了建立多层次的养老保险制度,更好地保障企业职工退休后的生活,完善社会保障体系而设立的保险实施办法。企业补充养老保险的表现形式是企业年金制度。企业年金,即是指企业及其职工在依法参加基本养老保险的基础上,自愿建立的补充养老保险制度。

《企业年金基金管理办法》已于2011年通过并实施,替代了2004年发布的《企业年金基金管理试行办法》。

1. 企业年金的建立

符合下列条件的企业,可以建立企业年金:①依法参加基本养老保险并履行缴费义务;②具有相应的经济负担能力;③已建立集体协商机制。

建立企业年金,应当由企业与工会或职工代表通过集体协商确定,并制定企业年金方案。国有及国有控股企业的企业年金方案草案应当提交职工大会或职工代表大会讨论通过。

企业年金方案应当包括以下内容:①参加人员范围;②资金筹集方式;③职工企业年金个人账户管理方式;④基金管理方式;⑤计发办法和支付方式;⑥支付企业年金待遇的条件;⑦组织管理和监督方式;⑧中止缴费的条件;⑨双方约定的其他事项。企业年金方案适用于企业试用期满的职工。

企业年金方案应当报送所在地区县以上地方人民政府劳动保障行政部门。中央所属大型企业企业年金方案,应当报送劳动保障部。劳动保障行政部门自收到企业年金方案文本之日起15日内未提出异议的,企业年金方案即行生效。

2. 所需费用的缴纳和企业年金基金

企业年金所需费用由企业和职工个人共同缴纳。企业缴费的列支渠道按国家有关规定执行;职工个人缴费可以由企业从职工个人工资中代扣。企业缴费每年不超过本企业上年度职工工资总额的1/12。企业和职工个人缴费合计一般不超过本企业上年度职工工资总额的1/6。

企业年金基金由下列各项组成:①企业缴费;②职工个人缴费;③企业年金基金投资运营收益。企业年金基金实行完全积累,采用个人账户方式进行管理。企业年金基金可以按照国家规定投资运营。企业年金基金投资运营收益并入企业年金基金。

企业缴费应当按照企业年金方案规定比例计算的数额计入职工企业年金个人账户;职工个人缴费额计入本人企业年金个人账户。企业年金基金投资运营收益,按净收益率计入企业年金个人账户。

3. 企业年金的领取

职工在达到国家规定的退休年龄时,可以从本人企业年金个人账户中一次或定期领取企业年金。职工未达到国家规定的退休年龄的,不得从个人账户中提前提取资金。出境定居人员的企业年金个人账户资金,可根据本人要求一次性支付给本人。

职工变动工作单位时,企业年金个人账户资金可以随同转移。职工升学、参军、失业期间或新就业单位没有实行企业年金制度的,其企业年金个人账户可由原管理机构继续管理。职工或退休人员死亡后,其企业年金个人账户余额由其指定的受益人或法定继承人一次性领取。

4. 企业年金的受托管理

建立企业年金的企业,应当确定企业年金受托人(以下简称受托人),受托管理企业年金。受托人可以是企业成立的企业年金理事会,也可以是符合国家规定的法人受托机构。企业年金理事会由企业和职工代表组成,也可以聘请企业以外的专业人员参加,其中职工代表应不少于1/3。企业年金理事会除管理本企业的企业年金事务之外,不得从事其他任何形式的营业性活动。确定受托人应当签订书面合同。合同一方为企业,另一方为受托人。

受托人可以委托具有资格的企业年金账户管理机构作为账户管理人,负责管理企业年金账户;可以委托具有资格的投资运营机构作为投资管理人,负责企业年金基金的投资运营。受托人应当选择具有资格的商业银行或专业托管机构作为托管人,负责托管企业年金基金。受托人与账户管理人、投资管理人和托管人确定委托关系,应当签订书面合同。企业年金基金必须与受托人、账户管理人、投资管理人和托管人的自有资产或其他资产分开管理,不得挪作其他用途。

案例 6.3 诺基亚西门子裁员,员工企业年金或不保

案情简介:8月的裁员风波尚未结束,诺基亚西门子(以下简称诺西)此次全球1.7万名裁员再次引起舆论关注。除质疑诺西的"歧视性裁员",被裁员工重点关注的企业年金问题依然"迷雾重重"。

此前有被裁员工表示,在2000年12月31日前入职的员工都有企业年金,截至被裁,这些员工的企业年金绝大多数在10万~20万元。

诺西收购摩托罗拉相关资产时签订的《三方协议之补充协议》对企业年金部分有相关约定,除对补充养老福利账户余额予以注明外,还表示"根据摩托罗拉相关福利政策,支付条件得以满足后,诺西届时将向员工支付上述款项"。

但几位被裁员工表示,收购完成后,诺西尚无相关部门及相关人士负责企业年金事宜,"不知这笔钱现在究竟在何处,更不用说几十年后退休时怎么领取"。

案例分析:企业年金是多层次养老保险制度的重要组成部分。国家提倡和鼓励企业根据自身经济实力和经营状况,为本企业职工建立企业年金计划。企业年金所需费用,由企业和职工个人共同缴纳。企业缴费额度,每年不超过本企业上年度职工工资总额的十二分之一。企业和职工个人缴费合计一般不超过本企业上年度职工工资总额的六分之一。职工个人缴纳的费用,可由企业统一代为扣缴,但企业和职工个人的两个缴费比例之间各自独立使用,不合并计算。企业年金采用个人账户方式进行管理,个人缴费部分全额记入个人账户,企业缴费分配给个人的,按年金方案中明确的条款一般可分为已归属个人和未归属个人两部分,应按其归属类别分别记入个人账户的相应字段。企业调整个人账

户记账额时应遵循"无过错归属"的原则,对合同期满终止劳动关系或因企业原因解除劳动关系的,企业缴费已记入个人账户的部分应全部归属职工个人。

但是,诺基亚西门子被裁员工的企业年金不可能支付给本人。职工未达到国家规定的退休年龄的,不得从个人账户提前提取资金。职工达到国家规定的退休年龄时,可从本人企业年金个人账户中一次或定期领取企业年金。出国定居人员的企业年金个人账户资金,可根据本人要求一次性支付给本人。职工或退休人员死亡后,其企业年金个人账户余额由其指定的受益人或法定继承人一次性领取。

诺基亚西门子被裁员工离职后,新就职企业建有企业年金计划的,则其个人账户可转入新的年金计划。问题在于,参加企业年金计划的员工离职后,如失业或新就职企业未建立企业年金计划,应如何处理?应由受托人通知账户管理人按计划内保留账户进行处理,账户管理人将其账户保留在诺基亚西门子原计划中继续参与投资,其账户状态为保留状态。

资料来源:法律快车,http://www.lawtime.cn/info/tiaojie/laodongzhengyidiaojieanli/2012031622459_2.html。

6.2.4 个人储蓄性养老保险

职工个人储蓄性养老保险是由职工自愿参加、自愿选择经办机构的一种补充保险形式。职工个人根据自己的工资收入情况,按规定缴纳个人储蓄性养老保险费,计入当地社会保险机构在有关银行开设的养老保险个人账户,并应按不低于或高于同期城乡居民储蓄存款利息计息,以提倡或鼓励职工个人参加储蓄性养老保险,所得利息计入个人账户,本息一并归职工个人所有。

国家对个人储蓄性养老保险的领取、转移的规定:①职工达到法定退休年龄经批准退休后,凭个人账户将储蓄性养老保险金一次总付或分次支付给本人;②职工跨地区流动,个人账户的储蓄性养老保险金应随之转移;③职工未达到退休年龄而死亡,记入个人账户的储蓄性养老保险金应由其指定人或法定继承人继承。

实行个人储蓄性养老保险,有利于扩大养老保险经费来源,多渠道筹集养老保险基金;有利于减轻国家和企业的负担;有利于增强职工的自我保障意识和参与社会保险的主动性;同时也有利于促进广大群众对社会保险工作的监督。

6.2.5 城乡居民基本养老保险

在总结新型农村社会养老保险(新农保)和城镇居民社会养老保险(城居保)试点经验的基础上,国务院于2014年2月21日发布《关于建立统一的城乡居民基本养老保险制度的意见》,决定将新农保和城居保两项制度合并实施,在全国范围内建立统一的城乡居民基本养老保险(以下简称城乡居民养老保险)制度。基本目标是:"十二五"末,在全国基本实现新农保和城居保制度合并实施,并与职工基本养老保险制度相衔接。2020年前,全面建成公平、统一、规范的城乡居民养老保险制度,与社会救助、社会福利等其他社会保障政策相配套,充分发挥家庭养老等传统保障方式的积极作用,更好地保障参保城乡居民的老年基本生活。

1. 参保范围

年满 16 周岁(不含在校学生)、非国家机关和事业单位工作人员及不属于职工基本养老保险制度覆盖范围的城乡居民,可以在户籍地参加城乡居民养老保险。

2. 基金筹集

城乡居民养老保险基金由个人缴费、集体补助、政府补贴构成。

(1) 个人缴费

参加城乡居民养老保险的人员应当按规定缴纳养老保险费。缴费标准目前设为每年 100 元、200 元、300 元、400 元、500 元、600 元、700 元、800 元、900 元、1 000 元、1 500 元、2 000 元 12 个档次,省(区、市)人民政府可以根据实际情况增设缴费档次,最高缴费档次标准原则上不超过当地灵活就业人员参加职工基本养老保险的年缴费额,并报人力资源社会保障部备案。人力资源社会保障部会同财政部依据城乡居民收入增长等情况适时调整缴费档次标准。参保人自主选择档次缴费,多缴多得。

(2) 集体补助

有条件的村集体经济组织应当对参保人缴费给予补助,补助标准由村民委员会召开村民会议民主确定,鼓励有条件的社区将集体补助纳入社区公益事业资金筹集范围。鼓励其他社会经济组织、公益慈善组织、个人为参保人缴费提供资助。补助、资助金额不超过当地设定的最高缴费档次标准。

(3) 政府补贴

政府对符合领取城乡居民养老保险待遇条件的参保人全额支付基础养老金,其中,中央财政对中西部地区按中央确定的基础养老金标准给予全额补助,对东部地区给予 50% 的补助。地方人民政府应当对参保人缴费给予补贴,对选择最低档次标准缴费的,补贴标准不低于每人每年 30 元;对选择较高档次标准缴费的,适当增加补贴金额;对选择 500 元及以上档次标准缴费的,补贴标准不低于每人每年 60 元,具体标准和办法由省(区、市)人民政府确定。对重度残疾人等缴费困难群体,地方人民政府为其代缴部分或全部最低标准的养老保险费。

3. 建立个人账户

国家为每个参保人员建立终身记录的养老保险个人账户,个人缴费、地方人民政府对参保人的缴费补贴、集体补助及其他社会经济组织、公益慈善组织、个人对参保人的缴费资助,全部记入个人账户。个人账户储存额按国家规定计息。

4. 养老保险待遇及调整

城乡居民养老保险待遇由基础养老金和个人账户养老金构成,支付终身。

(1) 基础养老金。中央确定基础养老金最低标准,建立基础养老金最低标准正常调整机制,根据经济发展和物价变动等情况,适时调整全国基础养老金最低标准。地方人民政府可以根据实际情况适当提高基础养老金标准;对长期缴费的,可适当加发基础养老金,提高和加发部分的资金由地方人民政府支出,具体办法由省(区、市)人民政府规定,并报人力资源社会保障部备案。

(2) 个人账户养老金。个人账户养老金的月计发标准,目前为个人账户全部储存额除以 139(与现行职工基本养老保险个人账户养老金计发系数相同)。参保人死亡,个人账户资金余额可以依法继承。

5. 养老保险待遇领取条件

参加城乡居民养老保险的个人,年满 60 周岁、累计缴费满 15 年,且未领取国家规定的基本养老保障待遇的,可以按月领取城乡居民养老保险待遇。

新农保或城居保制度实施时已年满 60 周岁,在本意见印发之日前未领取国家规定的基本养老保障待遇的,不用缴费,自本意见实施之月起,可以按月领取城乡居民养老保险基础养老金;距规定领取年龄不足 15 年的,应逐年缴费,也允许补缴,累计缴费不超过 15 年;距规定领取年龄超过 15 年的,应按年缴费,累计缴费不少于 15 年。

城乡居民养老保险待遇领取人员死亡的,从次月起停止支付其养老金。有条件的地方人民政府可以结合本地实际探索建立丧葬补助金制度。社会保险经办机构应每年对城乡居民养老保险待遇领取人员进行核对;村(居)民委员会要协助社会保险经办机构开展工作,在行政村(社区)范围内对参保人待遇领取资格进行公示,并与职工基本养老保险待遇等领取记录进行比对,确保不重、不漏、不错。

6. 转移接续与制度衔接

参加城乡居民养老保险的人员,在缴费期间户籍迁移、需要跨地区转移城乡居民养老保险关系的,可在迁入地申请转移养老保险关系,一次性转移个人账户全部储存额,并按迁入地规定继续参保缴费,缴费年限累计计算;已经按规定领取城乡居民养老保险待遇的,无论户籍是否迁移,其养老保险关系不转移。

城乡居民养老保险制度与职工基本养老保险、优抚安置、城乡居民最低生活保障、农村五保供养等社会保障制度以及农村部分计划生育家庭奖励扶助制度的衔接,按有关规定执行。

7. 基金管理和运营

将新农保基金和城居保基金合并为城乡居民养老保险基金,完善城乡居民养老保险基金财务会计制度和各项业务管理规章制度。城乡居民养老保险基金纳入社会保障基金财政专户,实行收支两条线管理,单独记账、独立核算,任何地区、部门、单位和个人均不得挤占挪用、虚报冒领。各地要在整合城乡居民养老保险制度的基础上,逐步推进城乡居民养老保险基金省级管理。城乡居民养老保险基金按照国家统一规定投资运营,实现保值增值。

6.2.6 城乡养老保险制度的衔接

为了解决城乡养老保险制度衔接问题,维护参保人员的养老保险权益,2014 年《城乡养老保险制度衔接暂行办法》制定并实施。参加城镇职工基本养老保险(以下简称城镇职工养老保险)、城乡居民基本养老保险(以下简称城乡居民养老保险)两种制度需要办理衔接手续的人员可以按照该办法办理。

1. 办理程序

参保人员办理城乡养老保险制度衔接手续时,按下列程序办理:①由参保人员本人向待遇领取地社会保险经办机构提出养老保险制度衔接的书面申请。②待遇领取地社会保险经办机构受理并审核参保人员书面申请,对符合本办法规定条件的,在15个工作日内,向参保人员原城镇职工养老保险、城乡居民养老保险关系所在地社会保险经办机构发出联系函,并提供相关信息;对不符合本办法规定条件的,向申请人作出说明。③参保人员原城镇职工养老保险、城乡居民养老保险关系所在地社会保险经办机构在接到联系函的15个工作日内,完成制度衔接的参保缴费信息传递和基金划转手续。④待遇领取地社会保险经办机构收到参保人员原城镇职工养老保险、城乡居民养老保险关系所在地社会保险经办机构转移的资金后,应在15个工作日内办结有关手续,并将情况及时通知申请人。

2. 参保衔接事项的办理

参加城镇职工养老保险和城乡居民养老保险人员,达到城镇职工养老保险法定退休年龄后,城镇职工养老保险缴费年限满15年(含延长缴费至15年)的,可以申请从城乡居民养老保险转入城镇职工养老保险,按照城镇职工养老保险办法计发相应待遇;城镇职工养老保险缴费年限不足15年的,可以申请从城镇职工养老保险转入城乡居民养老保险,待达到城乡居民养老保险规定的领取条件时,按照城乡居民养老保险办法计发相应待遇。

参保人员需办理城镇职工养老保险和城乡居民养老保险制度衔接手续的,先按城镇职工养老保险有关规定确定待遇领取地,并将城镇职工养老保险的养老保险关系归集至待遇领取地,再办理制度衔接手续。

参保人员申请办理制度衔接手续时,从城乡居民养老保险转入城镇职工养老保险的,在城镇职工养老保险待遇领取地提出申请办理;从城镇职工养老保险转入城乡居民养老保险的,在转入城乡居民养老保险待遇领取地提出申请办理。

参保人员从城乡居民养老保险转入城镇职工养老保险的,城乡居民养老保险个人账户全部储存额并入城镇职工养老保险个人账户,城乡居民养老保险缴费年限不合并计算或折算为城镇职工养老保险缴费年限。

参保人员从城镇职工养老保险转入城乡居民养老保险的,城镇职工养老保险个人账户全部储存额并入城乡居民养老保险个人账户,参加城镇职工养老保险的缴费年限合并计算为城乡居民养老保险的缴费年限。

3. 重复参保的处理

参保人员若在同一年度内同时参加城镇职工养老保险和城乡居民养老保险的,其重复缴费时段(按月计算)只计算城镇职工养老保险缴费年限,并将城乡居民养老保险重复缴费时段相应个人缴费和集体补助退还本人。

参保人员不得同时领取城镇职工养老保险和城乡居民养老保险待遇。对于同时领取城镇职工养老保险和城乡居民养老保险待遇的,终止并解除城乡居民养老保险关系,除政府补贴外的个人账户余额退还本人,已领取的城乡居民养老保险基础养老金应予以退还;

本人不予退还的,由社会保险经办机构负责从城乡居民养老保险个人账户余额或者城镇职工养老保险基本养老金中抵扣。

6.3 医疗保险

6.3.1 医疗保险的概念和历史概况

医疗保险是在人们生病或者受到伤害的时候,由国家或社会向病人或者受害人提供医疗服务、经济补偿的一种社会保险制度。它具有社会保险的强制性、互济性、社会性等基本特征。

中国 20 世纪 50 年代初建立了公费医疗和劳保医疗,统称为职工社会医疗保险。它是国家社会保障制度的重要组成部分,也是社会保险的重要项目之一。中国的医疗保险实施 40 多年来在保障职工身体健康和维护社会稳定等方面发挥了积极的作用。但是,随着社会主义市场经济体制的确立和国有企业改革的不断深化,这种制度已难以解决市场经济条件下的职工基本医疗保障问题。

1988 年,中国政府开始对机关事业单位的公费医疗制度和国有企业的劳保医疗制度进行改革。1998 年,中国政府颁布了《关于建立城镇职工基本医疗保险制度的决定》,开始在全国建立城镇职工基本医疗保险制度。基本医疗保险制度实行社会统筹与个人账户相结合的原则,将社会保险和储蓄保险两种模式有机地结合起来,实现了"横向"社会共济保障和"纵向"个人自我保障的有机结合。这种医疗保险模式,符合中国国情,是具有中国特色的社会医疗保险制度。

基本医疗保险基金原则上实行地市级统筹。覆盖城镇所有用人单位及其职工。2002 年、2007 年,国家建立新型农村合作医疗保险和城镇居民基本医疗保险制度,使基本医疗保险覆盖全社会。

在基本医疗保险之外,各地还普遍建立了大额医疗费用互助制度,以解决社会统筹基金最高支付限额之上的医疗费用。国家为公务员建立了医疗补助制度。有条件的企业可以为职工建立企业补充医疗保险。国家还将逐步建立社会医疗救助制度,为贫困人口提供基本医疗保障。

这里主要介绍我国基本医疗保险的三个组成部分:针对城镇职工的城镇职工基本医疗保险、针对城镇居民的城镇居民医疗保险和针对农民的新农村合作医疗保险。

6.3.2 城镇职工基本医疗保险

1997 年,中共中央、国务院发布《关于卫生改革与发展的决定》;1998 年,国务院发布《关于建立城镇职工基本医疗保险制度的决定》,在全国范围内进行城镇职工医疗保险制度改革。

1. 参加人员

按照《国务院关于建立城镇职工基本医疗保险制度的决定》(国发〔1998〕44 号)的规

定，城镇所有用人单位，包括企业（国有企业、集体企业、外商投资企业、私营企业等）、机关、事业单位、社会团体、民办非企业单位及其职工，都要参加基本医疗保险。也就是说，必须参加城镇职工基本医疗保险的单位和职工，既包括机关事业单位也包括城镇各类企业，既包括国有经济也包括非国有经济单位。这是目前我国社会保险制度中覆盖范围最广的险种之一。

但对乡镇企业及其职工、城镇个体经济组织业主及其从业人员是否参加基本医疗保险，国家明确由各省、自治区、直辖市人民政府确定。这主要是考虑到对这部分人群管理的状况和医疗保险本身的特殊性。如果硬性纳入基本医疗保险，而管理能力又跟不上，则有可能导致医疗费用支出控制不住，增加基金超支的风险。

对农民工参加基本医疗保险问题，劳动和社会保障部《关于贯彻两个条例扩大社会保障覆盖范围加强基金征缴工作的通知》（劳社部发〔1999〕10号）规定，农民合同制职工参加单位所在地的社会保险，社会保险经办机构为职工建立基本医疗保险个人账户。农民合同制职工在终止或解除劳动合同后，社会保险经办机构可以将基本医疗保险个人账户储存额一次性发给本人。

2. 缴费

各统筹地区要确定一个适合当地职工负担水平的个人基本医疗保险缴费率，一般为工资收入的2%。由个人以本人工资收入为基数，按规定的当地个人缴费率缴纳基本医疗保险费。个人缴费基数应以国家统计局规定的工资收入统计口径为基数，即以全部工资性收入，包括各类奖金、劳动收入和实物收入等所有工资性收入为基数，乘以规定的个人缴费率，即为本人应缴纳的基本医疗保险费。个人缴费一般不需到社会保险经办机构去缴纳，而是由单位从工资中代扣代缴。

基本医疗保险的缴费基数是用人单位以国家规定的职工工资总额为缴费基数，职工以本人上年工资收入为缴费基数。职工工资收入高于当地职工平均工资300%的，以当地职工平均工资的300%为缴费基数。

3. 账户建立和处理

按照《国务院关于建立城镇职工基本医疗保险制度的决定》（国发〔1998〕44号）的规定，个人账户的注入资金来自个人缴费和单位缴费两部分：个人缴费的全部记入个人账户，单位缴费一般按30%左右划入个人账户。但由于每个年龄段职工的医疗消费支出水平存在很大差别，因此在统筹地区确定单位缴费记入每个职工划入账户比例时，要考虑年龄因素，确定不同年龄档次的不同划入比例。确定单位缴费划入个人账户的具体比例，由统筹地区根据个人账户的支付范围和职工年龄等因素确定。

统筹基金的注入资金主要来自单位缴费部分。单位缴费用于划入个人账户后剩余的部分即为统筹基金的资金。

职工个人医疗保险账户的本金和利息均归职工个人所有，可以结转使用和继承。因此，参加基本医疗保险的职工死亡后，其个人医疗账户仍有余额的，可作为遗产，由其亲属按《继承法》规定实施继承。同时，其个人医疗账户台账、《职工医疗社会保险手册》由医疗社会保险机构收回注销。

4. 定点医疗

根据劳动保障部等部门《关于印发城镇职工基本医疗保险定点医疗机构管理暂行办法的通知》(劳社部发〔1999〕14号)的规定,参保人员在获得定点资格的医疗机构范围内,提出个人就医的定点医疗机构选择意向,由所在单位汇总后,统一报送统筹地区社会保险经办机构。社会保险经办机构根据参保人的选择意向统筹确定定点医疗机构。

除获得定点资格的专科医疗机构和中医医疗机构外,参保人员一般可再选择3~5家不同层次的医疗机构,其中至少应包括1~2家基层医疗机构(包括一级医院以及各类卫生院、门诊部、诊所、卫生所、医务室和社区卫生服务机构)。

参保人员对选定的定点医疗机构,可在1年后提出更改要求,由统筹地区社会保险经办机构办理变更手续。

5. 结算和报销

(1) 住院及特殊病种门诊治疗的结算程序

定点医疗机构于每月10日前,将上月出院患者的费用结算单、住院结算单及有关资料报医疗保险经办机构,医疗保险经办机构审核后,作为每月预拨及年终决算的依据。医疗保险经办机构每月预拨上月的住院及特殊病种门诊治疗的统筹费用。

经认定患有特殊疾病的参保人员应到劳动保障部门指定的一家定点医疗机构就医购药,发生的医药费用直接记账,即时结算。

(2) 急诊结算程序

参保人员因急诊抢救到市内非定点的医疗机构及异地医疗机构住院治疗,发生的医疗费用,先由个人或单位垫付,急诊抢救终结后,凭医院急诊病历、检查、化验报告单、发票、详细的医疗收费清单等到医疗保险经办机构按规定办理报销手续。

(3) 异地安置人员结算程序

异地安置异地工作人员由其所在单位为其指定1~2所居住地定点医疗机构,并报医疗保险经办机构备案。

异地安置异地工作人员患病在居住地定点医疗机构就诊所发生的医疗费用,由本人或所在单位先行垫付,治疗结束后,由所在单位持参保人员医疗证及病历、有效费用票据、复式处方、住院费用清单等在规定日期到社会医疗保险经办机构进行结算。

(4) 转诊转院结算

参保人员因定点医疗机构条件所限或因专科疾病转往其他医疗机构诊断治疗的,需填写转诊转院审批表。由经治医师提出转诊转院理由,科主任提出转诊转院意见,医疗机构医保办审核,分管院长签字,报市医保中心审批后,方可转院。

转诊转院原则上先市内后市外、先省内后省外。市内转诊转院规定在定点医疗机构间进行。市外转诊转院须由本市三级以上定点医疗机构提出。

参保人员转诊转院后发生的医疗费用,由个人或单位先用现金垫付,医疗终结后,由参保人或其代理人持转诊转院审批表、病历证书、处方及有效单据,到医保经办机构报销属于统筹基金支付范围的住院费用。

(5) 费用报销

企业职工因患病来不及到定点医疗机构就医治疗时能否报销医疗费用？根据劳动保障部等部门《关于印发城镇职工基本医疗保险定点医疗机构管理暂行办法的通知》（劳社部发〔1999〕14号）规定，参保人员应在选定的定点医疗机构就医，并可自主决定在定点医疗机构购药或持处方到定点零售药店购药。除急诊和急救外，参保人员在非选定的定点医疗机构就医发生的费用，不得由基本医疗保险基金支付。因此，职工如患急病确实来不及到选定的医院医治，自己到附近的医院诊治，持有医院急诊证明，其医药费用，可由基本医疗保险基金按规定支付。

 案例 6.4　企业未参加医疗保险，退休人员有权追索医疗费

马某原系平邑县某公司职工。1997年11月，马某退休，其退休前的医疗费已由公司支付。2000年4月至2009年11月期间，马某共住院治疗47天，花费医疗费12 067.6元，公司一直未给报销。最近，马某到当地劳动争议仲裁委员会申诉，要求公司报销医疗费。公司认为，马某早已退休，和公司之间不存在劳动关系，他要求报销医疗费没有法律依据，不属于劳动争议，应驳回其申请。

分析：仲裁委经审理认为，马某虽已退休，但其退休前的医疗费均由公司支付，在公司未参加医疗保险的情况下，马某的医疗费用仍应由公司承担。根据劳动部办公厅《关于企业退休人员追索医疗费争议是否受理的复函》（劳办发〔1995〕96号）规定，职工退休后虽与原用人单位已不存在劳动关系，但其退休前在原用人单位履行的劳动义务是退休后享受医疗待遇的前提和基础条件，因此，在目前退休人员的医疗保险费仍由本单位支出的情况下，退休人员向本单位追索医疗费的争议，可视为劳动争议，劳动争议仲裁委员会应予受理。《最高人民法院关于审理劳动争议案件适用法律若干问题的解释》（法释〔2001〕14号）第1条也规定，劳动者退休后，与尚未参加社会保险统筹的原用人单位因追索养老金、医疗费、工伤保险待遇和其他社会保险费而发生的纠纷，属于劳动争议。另外，《劳动法》第73条明确规定，劳动者在退休时，依法享受社会保险待遇。综上所述，仲裁委应当受理该案。因公司未参加医疗保险造成马某的医疗费无法及时报销，无法享受医疗保险待遇，单位应承担责任，马某有权要求公司报销医疗费。经仲裁，公司支付了马某的医疗费。

资料来源：中国普法网，http://www.legalinfo.gov.cn/pfkt/content/2011-04-29/content_2626679.htm?node=7905。

6.3.3　城镇居民基本医疗保险

2007年，国务院发布《关于开展城镇居民基本医疗保险试点的指导意见》，提出建立城镇居民基本医疗保险制度。这是社会医疗保险的重要组成部分，具有强制性，采取以政府为主导，以居民个人（家庭）缴费为主，政府适度补助为辅的筹资方式，按照缴费标准和待遇水平相一致的原则，为城镇居民提供医疗需求的医疗保险制度。

该意见只是原则指导性的，具体实践中，各地根据不同的经济社会发展情况，在其基础上制定了适应当地情况的实施办法。

1. 参保范围

不属于城镇职工基本医疗保险制度覆盖范围的中小学阶段的学生(包括职业高中、中专、技校学生)、少年儿童和其他非从业城镇居民都可自愿参加城镇居民基本医疗保险。

2. 筹资水平

根据当地的经济发展水平以及成年人和未成年人等不同人群的基本医疗消费需求,并考虑当地居民家庭和财政的负担能力,恰当确定筹资水平;探索建立筹资水平、缴费年限和待遇水平相挂钩的机制。

3. 缴费和补助

城镇居民基本医疗保险以家庭缴费为主,政府给予适当补助。参保居民按规定缴纳基本医疗保险费,享受相应的医疗保险待遇,有条件的用人单位可以对职工家属参保缴费给予补助。国家对个人缴费和单位补助资金制定税收鼓励政策。

对试点城市的参保居民,政府每年按不低于人均40元给予补助,其中,中央财政从2007年起每年通过专项转移支付,对中西部地区按人均20元给予补助。在此基础上,对属于低保对象的或重度残疾的学生和儿童参保所需的家庭缴费部分,政府原则上每年再按不低于人均10元给予补助,其中,中央财政对中西部地区按人均5元给予补助;对其他低保对象、丧失劳动能力的重度残疾人、低收入家庭60周岁以上的老年人等困难居民参保所需家庭缴费部分,政府每年再按不低于人均60元给予补助,其中,中央财政对中西部地区按人均30元给予补助。中央财政对东部地区参照新型农村合作医疗的补助办法给予适当补助。财政补助的具体方案由财政部门商劳动保障、民政等部门研究确定,补助经费要纳入各级政府的财政预算。

4. 费用支付

城镇居民基本医疗保险基金重点用于参保居民的住院和门诊大病医疗支出,有条件的地区可以逐步试行门诊医疗费用统筹。

城镇居民基本医疗保险基金的使用要坚持以收定支、收支平衡、略有结余的原则。要合理制定城镇居民基本医疗保险基金起付标准、支付比例和最高支付限额,完善支付办法,合理控制医疗费用。探索适合困难城镇非从业居民经济承受能力的医疗服务和费用支付办法,减轻他们的医疗费用负担。城镇居民基本医疗保险基金用于支付规定范围内的医疗费用,其他费用可以通过补充医疗保险、商业健康保险、医疗救助和社会慈善捐助等方式解决。

5. 管理和服务

(1)基金管理。要将城镇居民基本医疗保险基金纳入社会保障基金财政专户统一管理,单独列账。试点城市要按照社会保险基金管理等有关规定,严格执行财务制度,加强对基本医疗保险基金的管理和监督,探索建立健全基金的风险防范和调剂机制,确保基金安全。

(2)服务管理。对城镇居民基本医疗保险的医疗服务管理,原则上参照城镇职工基本医疗保险的有关规定执行,具体办法由试点城市劳动保障部门会同发展改革、财政、卫生等部门制定。要综合考虑参保居民的基本医疗需求和基本医疗保险基金的承受能力等因素,合理确定医疗服务的范围。通过订立和履行定点服务协议,规范对定点医疗机构和定点零售药店的管理,明确医疗保险经办机构和定点的医疗机构、零售药店的权利和义务。医疗保险经办机构要简化审批手续,方便居民参保和报销医疗费用;明确医疗费用结算办法,按规定与医疗机构及时结算。加强对医疗费用支出的管理,探索建立医疗保险管理服务的奖惩机制。积极推行医疗费用按病种付费、按总额预付等结算方式,探索协议确定医疗费用标准的办法。

 知识链接:城镇职工医保和城镇居民医保的不同

很多朋友都对于城镇职工医保和城镇居民医保两者搞不清楚有什么不同点,因为两者的区别从字面上也看不出什么。慧择网对于广大市民的疑问,整理出了以下两者的不同点:

1. 适用人群不同

据介绍,城镇职工医疗保险的适用人群为城镇所有用人单位的职工,包括企业(国有企业、集体企业、外商投资企业、港澳台商投资企业、私营企业等)、机关、事业单位、社会团体、民办非企业等单位的职工。

城镇居民医疗保险的适用人群为,城镇职工基本医疗保险和新型农村合作医疗覆盖范围以外的城镇居民,主要包括未成年居民,指中小学阶段学生(含职业高中、中专、技校学生)、学龄前儿童及其他未满18周岁的未成年居民;老年居民,指男满60周岁、女满55周岁以上的城镇居民;以及其他非从业的城镇成年居民。大学生将来也要纳入城镇居民医疗保险范围。

2. 缴费方式不同

城镇职工医疗保险是根据单位的职工工资总额按一定的缴费比例,由单位统一缴纳;其中单位要承担职工工资总额的7%,个人承担本人缴费工资基数的2%。今年由于经济危机对企业的经营造成的一定的影响,从4月到12月时间段内,将企业单位的缴费由7%下调至6%,以减轻企业负担。

城镇居民医疗保险是个人通过所在居委会或学校(幼儿园)缴费,同时政府在个人和家庭缴费的基础上给予补助。未成年居民、成年居民、老年居民的基金筹集标准每人每年分别为100元、360元、360元,其中个人缴纳分别为40元、280元、150元;政府补助分别为60元、60元、210元。可以看出,城镇居民医疗保险的筹集标准要比城镇职工医疗保险低很多,约为城镇职工医疗保险基金人均筹资额的1/5。

3. 享受待遇不同

参加城镇职工医疗保险的职工可享受住院费用报销、统筹病种门诊费用报销以及用于支付门诊医疗费的个人账户待遇,其报销比例较城镇居民医疗保险高一些。在职职工住院的费用,在扣除范围外费用以后,最低起付线以上至5 000元的部分,按75%报销;5 000至10 000元的部分按80%报销;10 000元以上的部分按85%报销,退休人员相应提高10%;统筹病种门诊费用报销,在职职工为80%,退休职工为 85%。

参加城镇居民医疗保险的居民可享受住院费用报销和统筹病种门诊费用报销待遇。由于缴费费率较低,因此待遇也相对低一些。参保居民的住院费用报销,在扣除范围外费用以后,最低起付线(同城镇职工医保)以上的部分,按 55% 报销,每个医疗年度最高可累计报销 3 万元。统筹病种门诊费用,在起付线(300 元)以上的,按 50% 报销。

4. 就医管理要求不同

参加市直城镇职工医疗保险的职工,需在市医疗保险定点医院就医,方可享受报销待遇。

参加城镇居民医疗保险的居民,12 周岁(含 12 周岁)以下的未成年居民因病住院,可直接到市辖区范围内设有儿科病房的定点医院就医,不受医院级别限制;12 周岁以上的居民,首诊需在五区范围内二级以下(含二级)定点医院就医,确因技术水平所限诊治有困难的,可本着逐级转诊的原则,办理市内转诊手续后,再转至高一级别医院进行诊治。

资料来源:慧择保险网,http://www.hzins.com/study/detal-24359.html。

6.3.4 新型农村合作医疗

新型农村合作医疗,简称"新农合",是指由政府组织、引导、支持,农民自愿参加,个人、集体和政府多方筹资,以大病统筹为主的农民医疗互助共济制度。采取个人缴费、集体扶持和政府资助的方式筹集资金。2002 年 10 月,中共中央、国务院《关于进一步加强农村卫生工作的决定》明确指出:要"逐步建立以大病统筹为主的新型农村合作医疗制度"。新型农村合作医疗制度从 2003 年起在全国部分县(市)试点,到 2010 年逐步实现基本覆盖全国农村居民。2013 年,全国参加新农合人数为 8.02 亿人,参合率达到 99%。实际人均筹资达到 370 元。参合农民政策范围内住院费用报销比例达到 75% 以上,实际补偿比继续提高,其中,乡级达到近 80%,县级超过 60%。门诊实际补偿比超过 50%。全国累计受益 19.4 亿人次。

 知识链接:农村合作医疗

早在抗日战争时期,解放区就出现过农民集资兴办的合作医疗。新中国成立后,一些地方在土地改革后的农业互助合作运动的启发下,由群众自发集资创办了具有公益性质的保健站和医疗站;1956 年,全国人大一届三次会议通过的《高级农业生产合作社示范章程》中亦规定,合作社对于因公负伤或因公致病的社员要负责医疗,并且要酌量给以劳动日作为补助,从而首次赋予集体介入农村社会成员疾病医疗的职责。随后,许多地方开始出现以集体经济为基础,集体与个人相结合、互助互济的集体保健医疗站、合作医疗站或统筹医疗站。可以说,从新中国成立到 50 年代末,农村合作医疗处于各地自发举建的阶段。

1959 年 11 月,卫生部在山西省稷山县召开全国农村卫生工作会议,正式肯定了农村合作医疗制度。此后,这一制度遂在广大农村逐步扩大。1965 年 9 月,中共中央批转卫生部党委《关于把卫生工作重点放到农村的报告》,强调加强农村基层卫生保健工作,极大地推动了农村合作医疗保障事业的发展。到1965年年底,全国已有山西、湖北、江西、江苏、福建、广东、新疆等10多个省、自治区、直辖市的一部分市县实行了合作医疗制度,并进一步走向普及化;即使在"文化大革命"中,由于合作医疗深受农民欢迎,到1976年,全国已有90%的农民参加了合作医疗,从而基本解决了广大农村社会成员看病难的问题,为新中国农村医疗保障事业的发展写下了光辉的一页。

不过,在20世纪70年代末期以后,农村合作医疗遭到了破坏,并开始走向低潮。1979年12月,卫生部、农业部、财政部、国家医药管理总局、全国供销合作总社联合发布了《农村合作医疗章程(试行草案)》,各地又根据这个章程对农村基层卫生组织和合作医疗制度进行整顿,坚持农民群众自愿参加的原则,强调参加自愿,退出自由,同时改进了资金筹集办法。此后,虽然少数地区的农村合作医疗事业得到了恢复与发展。但随着80年代农村承包责任制的推行,乡村公共积累下降,管理不得力,各级卫生行政部门又未能及时加强引导,全国大多数农村地区原有的以集体经济为基础的合作医疗制度遭到解体或停办的厄运,绝大部分村卫生室(合作医疗站)成了乡村医生的私人诊所。据1985年全国10省45个县的调查,农村居民中仍参加合作医疗的仅占9.6%,而自费医疗则占到81%,1986年支持合作医疗的村继续下降到5%左右,当时只有上海的郊县、山东的招远、湖北的武穴以及江苏的吴县、无锡、常熟等为数不多的地区继续坚持合作医疗。

进入20世纪80年代后期,农村社会成员的医疗问题又引起了有关政府部门的重视,一些地方在总结历史经验的基础上,根据农村的发展变化,亦对传统的合作医疗制度因地制宜作了改进,从而呈现出不同的模式。据中国农村医疗保健制度研究课题组1988年对16省的20个县的6万多名农村居民进行抽样调查,参加各种合作医疗的已占30%;再据1993年《中国第三产业年鉴》的资料,到1992年年底,在中国农村651 031个村级医疗点中有294 417个为村或群众集体设置,占37%(个体医生办的医疗点占44%,乡卫生院下设点及其他形式的占19%);少数地区发展更快,以上海郊县为例,合作医疗经过建立—滑坡—恢复的过程后,1992年已有2 875个村实行了合作医疗,占市郊农村的96.5%。可见,合作医疗正在广大农村走向恢复和发展。

1996年年底,中共中央、国务院在北京召开全国卫生工作会议,江泽民同志在讲话中指出:"现在许多农村发展合作医疗,深得人心,人民群众把它称为'民心工程'和'德政'。"随着我国经济与社会的不断发展,越来越多的人开始认识到,"三农"问题是关系党和国家全局性的根本问题。而不解决好农民的医疗保障问题,就无法实现全面建设小康社会的目标,也谈不上现代化社会的完全建立。大量的理论研究和实践经验也已表明,在农村建立新型合作医疗制度势在必行。

新型农村合作医疗制度从2003年起在全国部分县(市)试点,到2010年逐步实现基本覆盖全国农村居民。

资料来源:根据"百度百科:农村合作医疗制度"等整理。

1. 资金来源

(1) 筹资渠道

根据国家有关规定,全国新型农村合作医疗试点县市筹集资金的主要渠道有两条:一是各级财政补贴;二是参加合作医疗的农民缴纳。

从2006年开始开展新型农村合作医疗试点的县市,按参加合作医疗的人数计算,每人每年总资金为50元,其中中央财政补助20元,省、州、县(市)财政共计配套20元,参加合作医疗的农民缴纳10元。

新型农村合作医疗的性质是"互助共济",即自愿参加合作医疗的农民,必须每年缴纳一定的费用。缴纳标准可根据当地经济发展水平而定。参合农民个人缴费数额,原则上每人每年不低于10元,经济发达地区可在农民自愿的基础上,根据农民收入水平及实际需要相应提高缴费标准。

(2) 资金筹集

新型农村合作医疗的筹资原则是:"农民自愿参加,集体和政府多方筹资",即在农民自愿参加的基础上,首先是农民缴纳部分,按照相关规定,收缴入库,进入县市新型农村合作医疗专用账户;然后县(市)财政按照实际参加人数,将配套资金拨付到位;再根据县市统计报表、县级拨款通知书复印件和县合作医疗进账凭据复印件,州财政按照实际参加人数,拨付市级财政应配套的资金。市级根据各试点县市资金到位情况,统一报省级财政,申请省级财政及中央财政的补助资金。

2. 基金组成

新农合基金分为三个部分,即风险基金、住院统筹基金和门诊家庭账户基金(简称家庭账户),新农合基金不再单独设立其他基金。

(1) 风险基金

风险基金是从新农合总基金中提取和新农合基金结余中划转的用于弥补新农合基金非正常超支的专项储备资金。风险基金由各县(市、区)每年从筹集的新农合基金总额中按3%的比例提取,基金结余较多的各县(市、区)也可以按结余资金的50%划入风险基金。风险基金的规模应保持在年筹资总额的10%,达到规定的规模后,不再继续提取。

(2) 住院统筹基金

住院统筹基金是指用于参合农民住院医疗费用、门诊大病(慢性病)医疗费用和孕产妇住院分娩的补偿。中央及地方财政对参合农民的补助资金全部纳入住院统筹基金,农民参合自缴经费不低于30%部分纳入住院统筹基金。住院统筹基金用于对参合农民住院可报费用达到起付线标准的补偿、各县(县、区)规定的门诊大病(慢性病)的补偿以及住院分娩的定额补偿。

(3) 家庭账户基金

农民参合自缴经费纳入统筹基金后剩余部分为参合农民本人的家庭账户,中央及地方政府对参合农民的补助资金不得纳入家庭账户。家庭账户由家庭成员共同使用,也可用于住院医药费用的自付部分和健康体检,家庭账户内的金额可一次性用完,当年结余部分可转入下一年度使用,但不得用于充抵下一年度参加新农合缴费资金。

3. 报销范围

参加合作医疗的农民,无论门诊或住院,实际发生的医疗费用,只要符合合作医疗相关规定,均可获得一定比例的补偿。

(1) 门诊补偿

参合农民在定点医疗机构门诊就医,其医药费用,可按县市制定的门诊补偿办法及补偿程序,获得补偿,但在非定点医疗机构就医的不予补偿。

(2) 住院补偿

参合农民因病需住院治疗,必须在合作医疗定点医疗机构住院,其补偿方式及补偿比例,需按县市制定的实施细则(方案)要求进行补偿。

参合农民在定点医疗机构住院治疗所发生的医疗费用,首先扣除起付标准规定的数额,再扣除超出基本用药目录范围的药品费和有关特殊检查费后,按比例补偿。起付标准,按不同级别的医疗机构确定。越是基层医疗机构,起付标准越低;越是上级医疗机构,起付标准越高。确定起付标准,是按一级医院(乡镇卫生院)、二级医院(县市级医院及部分州级医院)、三级医院和省级及以上医院四个等级划分的。

参合农民在定点医疗机构住院发生医疗费用,减去起付标准的金额,再减去应当自付的部分金额,就是计算补偿的范围。以此为基数。按补偿比例计算出应当补偿参合人的具体数额。

具体补偿比例,也是按照一级医院、二级医院、三级医院和省级及以上医院级别确定的。具体比例分别为60%、50%、30%和20%。个别县市在制订方案时,适当提高了基层定点医疗机构的补偿比例,属正常情况。

(3) 大病补偿

凡参加合作医疗的住院病人一次性或全年累计应报医疗费超过5 000元以上分段补偿,即5 001~10 000元补偿65%,10 001~18 000元补偿70%。镇级合作医疗住院及尿毒症门诊血透、肿瘤门诊放疗和化疗补偿年限额1.1万元。

4. 报销标准

原则上规定,参合农民每人每年补偿标准最高不超过6 000元。参合农民因患大病,当年医疗费数额特大的实行二次补偿。二次补偿最高限额不超过6 000元。即参合农民当年因患大病住院治疗,当年可享受最高12 000元的补偿。少数县市制订的方案略高于此标准。

2011年,新农合政策范围内的住院费用和报销比例也由60%提高到了70%,最高的支付限额已经从3万元提高到不低于5万元。同时各地还将普遍开展新农合的门诊统筹,农民门诊就医也可以按照比例来报销。这个报销比例是根据医院等级来的,而不是按照市级或者县级来的,另外各个省根据当地经济水平不同,报销比例也会有5%的差异。

门诊报销比例上调至30%,住院报销比例一级医院不低于75%、二级医院不低于55%、三级医院不低于45%,政策范围内住院实际补偿比达到70%,最高封顶线10万元,达到农民年人均纯收入10倍以上。基本药物、中药饮片(包括院内中药制剂)及中医针灸、推拿、拔罐、刮痧等中医适宜技术报销比例提高10%。

2010年6月,卫生部会同民政部启动农村居民重大疾病医疗保障工作,由农村儿童先心病和急性白血病开始,逐步扩大到20种疾病。新农合在限定费用基础上,将重大疾病的报销比例提高到70%,对于符合条件的救助对象医疗救助再补偿20%。

2012年,根据医改要求,各地将以省(市)为单位全面推开儿童白血病、先心病、终末期肾病、乳腺癌、宫颈癌、重性精神疾病、耐药肺结核、艾滋病机会性感染8类重大疾病保障工作,并在1/3左右的统筹地区,将血友病、慢性粒细胞白血病、唇腭裂、肺癌、食道癌、胃癌、I型糖尿病、甲亢、急性心肌梗塞、脑梗死、结肠癌、直肠癌12类疾病纳入农村居民重大疾病保障试点范围。

5. 管理机制

(1) 合作医疗定点医疗机构

合作医疗定点医疗机构是为参合农民提供基本医疗服务的机构,其主要对象是政府举办的非营利性医疗机构。

定点医疗机构对象范围内的医疗机构,必须首先取得《医疗机构执业许可证》,然后凭相关手续申请定点医疗机构资格。经县市卫生行政主管部门和合医管理机构考核、评审,符合条件的,以正式文件的形式确定为合作医疗定点医疗机构。定点医疗机构在工作运行中,发生二级以上医疗事故或者发生社会影响较大的医疗纠纷的,或者以不正当手段套取合作医疗资金的,可根据问题性质及情节轻重,暂停或取消定点医疗机构资格。

村卫生室确定为定点医疗机构,必须达到合格标准,并取得《医疗机构执业许可证》。参合农民在村卫生室就医,只报销门诊补助部分。村卫生室不能开展住院业务。

(2) 报账补偿程序

既要方便参合农民报账,及时得到补偿,又要保证合作医疗资金安全。合作医疗试点县市制定的合作医疗管理办法和实施方案,对报账程序、报账要求、补偿方式等均有明确规定。合管机构工作人员和参加合作医疗的对象都必须严格遵守。

住院补偿需按照医疗机构级别和医疗费用数额大小,分层补偿。补偿额在1000元以下的,只需经乡镇合管机构审核,在所在医疗机构补偿。补偿额在1000元以上的,需报县市合管机构审核,然后按相关程序补偿。特大疾病,补偿额达到最高限额补偿标准,需进行二次补偿的,要由县市合管机构领导集体研究,然后按相关程序补偿。

(3) 垫付原则

参合农民的补偿实行定点医疗机构垫付制度。即参合农民在定点医疗机构住院,只预交自付部分。如某疾病在乡镇级医院住院,估计总医疗费用应该预交3000元,参合人只需预交1500元,待病人出院结算以后多退少补。需预交的另1500元,由定点医疗机构垫付,结算以后,县级合作医疗管理机构将应该补偿参合人的补偿费,直接拨入医疗机构。

(4) 监管措施

新型农村合作医疗必须有一整套领导班子、工作班子。包括县(市)新型农村合作医疗协调领导小组、县(市)新型农村合作医疗管理委员会和县(市)新型农村合作医疗监督委员会,办事机构为县(市)新型农村合作医疗管理局(或中心)。对合作医疗的监督管理、审核、审计等有一套完善的规定、规范、规程。

6. 特殊政策

对五保户、特困户、残疾人等特殊(弱势)群体参加合作医疗的,其个人应缴纳的资金,由民政部门解决。

对独生子女户、两女结扎户等计划生育优待户参加合作医疗的,其个人应缴纳的资金,由计划生育部门解决。

凡是参加合作医疗的孕产妇住院分娩,按照分娩方式,分别给予固定补助。根据各县市制订的方案,平产每例补偿 150～250 元,剖宫产每例补偿 400～600 元。病理产科按住院病人相关规定补偿。贫困孕产妇住院分娩,还应享受一定的贫困救助补助。

特殊疾病、慢性病常年门诊治疗的,如肿瘤、再生障碍性贫血、肝硬化、老年慢性支气管炎、尿毒症等疾病,可在合作医疗基本用药目录以内,每年享受一定的补偿,其补偿标准和具体病种由县市制定。

6.4　工伤保险

6.4.1　工伤保险概述

工伤保险是指劳动者在工作中遭受事故伤害或患职业病后受伤、患病、致残或死亡时,依照国家有关规定,可以获得医疗救治、生活保障、经济补偿和职业康复的权利;并为因上述两种情况导致死亡的职工的供养亲属提供抚恤金等物质帮助的一种社会保险制度。工伤保险是我国施行范围最为广泛的社会保险项目之一。

工伤保险制度与其他社会保险项目相比较,有以下特点:

(1) 工伤保险赔偿适用无过错责任原则,即在劳动过程中,如果发生意外事故使劳动者负伤或残废,雇主即应负担赔偿责任。也就是说,只要在损害事实和损害的发生是在劳动过程中这两个条件,不论雇主有无过错,都应确定其赔偿责任。

(2) 工伤保险费由雇主承担,劳动者个人不需缴纳费用。雇主缴纳一定保险后,即将其对劳动者的赔偿责任转于工伤保险机构,使雇主一人的赔偿责任由多数雇主分担,以减轻特定一人的负担。

(3) 工伤保险的待遇标准相对较高,受伤害者享受的服务项目较多。

我国的《社会保险法》、《工伤保险条例》(2004 年施行,2010 年修订)等对工伤保险做了相关的规定。

6.4.2　工伤保险基金

工伤保险费根据以支定收、收支平衡的原则,确定费率。国家根据不同行业的工伤风险程度确定行业的差别费率,并根据工伤保险费使用、工伤发生率等情况在每个行业内确定若干费率档次。行业差别费率及行业内费率档次由国务院社会保险行政部门制定,报国务院批准后公布施行。统筹地区经办机构根据用人单位工伤保险费使用、工伤发生率等情况,适用所属行业内相应的费率档次确定单位缴费费率。国务院社会保险行政部门应当定期了解全国各统筹地区工伤保险基金收支情况,及时提出调整行业差别费率及行业内费率档次的方案,报国务院批准后公布施行。

用人单位应当按时缴纳工伤保险费。职工个人不缴纳工伤保险费。用人单位缴纳工伤保险费的数额为本单位职工工资总额乘以单位缴费费率之积。对难以按照工资总额缴纳工伤保险费的行业,其缴纳工伤保险费的具体方式,由国务院社会保险行政部门规定。

由用人单位缴纳的工伤保险费、工伤保险基金的利息和依法纳入工伤保险基金的其他资金构成工伤保险基金。工伤保险基金存入社会保障基金财政专户,用于规定的工伤保险待遇,劳动能力鉴定,工伤预防的宣传、培训等费用,以及法律、法规规定的用于工伤保险的其他费用的支付。任何单位或者个人不得将工伤保险基金用于投资运营、兴建或者改建办公场所、发放奖金,或者挪作其他用途。工伤保险基金逐步实行省级统筹。跨地区、生产流动性较大的行业,可以采取相对集中的方式异地参加统筹地区的工伤保险。

6.4.3 工伤认定

1. 工伤认定的类型

职工有下列情形之一的,应当认定为工伤:在工作时间和工作场所内,因工作原因受到事故伤害的;工作时间前后在工作场所内,从事与工作有关的预备性或者收尾性工作受到事故伤害的;在工作时间和工作场所内,因履行工作职责受到暴力等意外伤害的;患职业病的;因工外出期间,由于工作原因受到伤害或者发生事故下落不明的;在上下班途中,受到非本人主要责任的交通事故或者城市轨道交通、客运轮渡、火车事故伤害的;法律、行政法规规定应当认定为工伤的其他情形。

职工有下列情形之一的,视同工伤:在工作时间和工作岗位,突发疾病死亡或者在48小时之内经抢救无效死亡的;在抢险救灾等维护国家利益、公共利益活动中受到伤害的;这两种情形都享受工伤保险待遇。职工原在军队服役,因战、因公负伤致残,已取得革命伤残军人证,到用人单位后旧伤复发的。这种情形享受除一次性伤残补助金以外的工伤保险待遇。

职工即使符合上述情形,但是有下列情形之一的,不得认定为工伤或者视同工伤:故意犯罪的;醉酒或者吸毒的;自残或者自杀的。

2. 工伤认定申请

职工发生事故伤害或者按照职业病防治法规定被诊断、鉴定为职业病,所在单位应当自事故伤害发生之日或者被诊断、鉴定为职业病之日起30日内,向统筹地区社会保险行政部门提出工伤认定申请。遇有特殊情况,经报社会保险行政部门同意,申请时限可以适当延长。用人单位未按上述规定提出工伤认定申请的,工伤职工或者其近亲属、工会组织在事故伤害发生之日或者被诊断、鉴定为职业病之日起1年内,可以直接向用人单位所在地统筹地区社会保险行政部门提出工伤认定申请。

按照规定应当由省级社会保险行政部门进行工伤认定的事项,根据属地原则由用人单位所在地的设区的市级社会保险行政部门办理。用人单位未在规定的时限内提交工伤认定申请,在此期间发生符合规定的工伤待遇等有关费用由该用人单位负担。

3. 工伤认定申请材料

提出工伤认定申请应当提交下列材料：工伤认定申请表；与用人单位存在劳动关系（包括事实劳动关系）的证明材料；医疗诊断证明或者职业病诊断证明书（或者职业病诊断鉴定书）。

工伤认定申请表应当包括事故发生的时间、地点、原因以及职工伤害程度等基本情况。工伤认定申请人提供材料不完整的，社会保险行政部门应当一次性书面告知工伤认定申请人需要补正的全部材料。申请人按照书面告知要求补正材料后，社会保险行政部门应当受理。

4. 工伤认定的受理

社会保险行政部门受理工伤认定申请后，根据审核需要可以对事故伤害进行调查核实，用人单位、职工、工会组织、医疗机构以及有关部门应当予以协助。职业病诊断和诊断争议的鉴定，依照职业病防治法的有关规定执行。对依法取得职业病诊断证明书或者职业病诊断鉴定书的，社会保险行政部门不再进行调查核实。职工或者其近亲属认为是工伤，用人单位不认为是工伤的，由用人单位承担举证责任。

社会保险行政部门应当自受理工伤认定申请之日起 60 日内作出工伤认定的决定，并书面通知申请工伤认定的职工或者其近亲属和该职工所在单位。社会保险行政部门对受理的事实清楚、权利义务明确的工伤认定申请，应当在 15 日内作出工伤认定的决定。作出工伤认定决定需要以司法机关或者有关行政主管部门的结论为依据的，在司法机关或者有关行政主管部门尚未作出结论期间，作出工伤认定决定的时限中止。社会保险行政部门工作人员与工伤认定申请人有利害关系的，应当回避。

6.4.4 劳动能力鉴定

《工伤职工劳动能力鉴定管理办法》于 2014 年 2 月 20 日通过，4 月 1 日实施。

职工发生工伤，经治疗伤情相对稳定后存在残疾、影响劳动能力的，应当进行劳动能力鉴定，即是对劳动功能障碍程度和生活自理障碍程度的等级鉴定。劳动功能障碍分为十个伤残等级，最重的为一级，最轻的为十级。生活自理障碍分为三个等级：生活完全不能自理、生活大部分不能自理和生活部分不能自理。劳动能力鉴定标准由国务院社会保险行政部门会同国务院卫生行政部门等部门制定。

劳动能力鉴定由用人单位、工伤职工或者其近亲属向设区的市级劳动能力鉴定委员会提出申请，并提供工伤认定决定和职工工伤医疗的有关资料。

省、自治区、直辖市劳动能力鉴定委员会和设区的市级劳动能力鉴定委员会分别由省、自治区、直辖市和设区的市级社会保险行政部门、卫生行政部门、工会组织、经办机构代表以及用人单位代表组成。劳动能力鉴定委员会建立医疗卫生专家库。列入专家库的医疗卫生专业技术人员应当具备下列条件：具有医疗卫生高级专业技术职务任职资格；掌握劳动能力鉴定的相关知识；具有良好的职业品德。

设区的市级劳动能力鉴定委员会收到劳动能力鉴定申请后，应当从其建立的医疗卫生专家库中随机抽取 3 名或者 5 名相关专家组成专家组，由专家组提出鉴定意见。设区的市级劳动能力鉴定委员会根据专家组的鉴定意见作出工伤职工劳动能力鉴定结论;必要时,可以委托具备资格的医疗机构协助进行有关的诊断。设区的市级劳动能力鉴定委员会应当自收到劳动能力鉴定申请之日起 60 日内作出劳动能力鉴定结论,必要时,作出劳动能力鉴定结论的期限可以延长 30 日。劳动能力鉴定结论应当及时送达申请鉴定的单位和个人。劳动能力鉴定工作应当客观、公正。劳动能力鉴定委员会组成人员或者参加鉴定的专家与当事人有利害关系的,应当回避。

申请鉴定的单位或者个人对设区的市级劳动能力鉴定委员会作出的鉴定结论不服的,可以在收到该鉴定结论之日起 15 日内向省、自治区、直辖市劳动能力鉴定委员会提出再次鉴定申请。省、自治区、直辖市劳动能力鉴定委员会作出的劳动能力鉴定结论为最终结论。自劳动能力鉴定结论作出之日起 1 年后,工伤职工或者其近亲属、所在单位或者经办机构认为伤残情况发生变化的,可以申请劳动能力复查鉴定。

劳动能力鉴定委员会依照规定进行再次鉴定和复查鉴定的期限为,自收到劳动能力鉴定申请之日起 60 日内作出劳动能力鉴定结论,必要时,作出劳动能力鉴定结论的期限可以延长 30 日。

案例 6.5　员工拒绝做劳动能力鉴定,其劳动仲裁请求被驳

申诉人:刘某,男,24 岁。

被诉人:某市北方制药厂。

申诉请求:由被诉人承担因工负伤后的生活费、治疗费、精神损失费共计 23.5 万元。

调查核实情况:

申诉人刘某系某制药厂临时工,于 1997 年 3 月 31 日上午 9 时在药厂五楼仓库往简易货梯上装货物时,货梯突然与吊钩脱离,致使申诉人刘某从五楼坠入地面摔伤,经治疗于 1997 年 6 月 23 日出院。申诉人申诉到仲裁委后,在审理过程中,申诉人坚持不做伤残等级劳动能力鉴定。

分析意见:

此案中申诉人的请求事项必须依赖于劳动能力鉴定委员会的鉴定,评定伤残等级后才能做出是否支持申诉人的申诉请求。但申诉人拒不同意做劳动能力鉴定,只能中止审理。

仲裁结果:

仲裁委员会作出如下裁决:

(1) 驳回申诉人的申诉请求;

(2) 案件受理费、处理费由申诉人承担。

资料来源:110 法律咨询网,http://www.110.com/falv/falvanli/minfaanli/ldfal/2010/0724/183394.html。

6.4.5　工伤保险待遇

1. 工伤基本待遇

职工因工作遭受事故伤害或者患职业病进行治疗(工伤职工工伤复发,确认需要治疗的),享受工伤医疗待遇。职工住院治疗工伤的伙食补助费,以及经医疗机构出具证明,报

经办机构同意,工伤职工到统筹地区以外就医所需的交通、食宿费用从工伤保险基金支付,基金支付的具体标准由统筹地区人民政府规定。工伤职工治疗非工伤引发的疾病,不享受工伤医疗待遇,按照基本医疗保险办法处理。工伤职工到签订服务协议的医疗机构进行工伤康复的费用,符合规定的,从工伤保险基金支付。

职工治疗工伤应当在签订服务协议的医疗机构就医,情况紧急时可以先到就近的医疗机构急救。治疗工伤所需费用符合工伤保险诊疗项目目录、工伤保险药品目录、工伤保险住院服务标准的,从工伤保险基金支付。工伤保险诊疗项目目录、工伤保险药品目录、工伤保险住院服务标准,由国务院社会保险行政部门会同国务院卫生行政部门、食品药品监督管理部门等部门规定。

社会保险行政部门作出认定为工伤的决定后发生行政复议、行政诉讼的,行政复议和行政诉讼期间不停止支付工伤职工治疗工伤的医疗费用。工伤职工因日常生活或者就业需要,经劳动能力鉴定委员会确认,可以安装假肢、矫形器、假眼、假牙和配置轮椅等辅助器具,所需费用按照国家规定的标准从工伤保险基金支付。

职工因工作遭受事故伤害或者患职业病需要暂停工作接受工伤医疗的,在停工留薪期内,原工资福利待遇不变,由所在单位按月支付。停工留薪期一般不超过12个月。伤情严重或者情况特殊,经设区的市级劳动能力鉴定委员会确认,可以适当延长,但延长不得超过12个月。工伤职工评定伤残等级后,停发原待遇,享受伤残待遇。工伤职工在停工留薪期满后仍需治疗的,继续享受工伤医疗待遇。生活不能自理的工伤职工在停工留薪期需要护理的,由所在单位负责。

工伤职工已经评定伤残等级并经劳动能力鉴定委员会确认需要生活护理的,从工伤保险基金按月支付生活护理费。生活护理费按照生活完全不能自理、生活大部分不能自理或者生活部分不能自理3个不同等级支付,其标准分别为统筹地区上年度职工月平均工资的50%、40%或者30%。

2. 工伤等级与待遇

职工因工致残被鉴定为一至四级伤残的,保留劳动关系,退出工作岗位,享受以下待遇:①从工伤保险基金按伤残等级支付一次性伤残补助金,标准为:一级伤残为27个月的本人工资;二级伤残为25个月的本人工资;三级伤残为23个月的本人工资;四级伤残为21个月的本人工资。②从工伤保险基金按月支付伤残津贴,标准为:一级伤残为本人工资的90%;二级伤残为本人工资的85%;三级伤残为本人工资的80%;四级伤残为本人工资的75%。伤残津贴实际金额低于当地最低工资标准的,由工伤保险基金补足差额。③工伤职工达到退休年龄并办理退休手续后,停发伤残津贴,按照国家有关规定享受基本养老保险待遇。基本养老保险待遇低于伤残津贴的,由工伤保险基金补足差额。另外,职工因工致残被鉴定为一至四级伤残的,由用人单位和职工个人以伤残津贴为基数,缴纳基本医疗保险费。

职工因工致残被鉴定为五、六级伤残的,享受以下待遇:①从工伤保险基金按伤残等级支付一次性伤残补助金,标准为:五级伤残为18个月的本人工资,六级伤残为16个月的本人工资。②保留与用人单位的劳动关系,由用人单位安排适当工作。难以安排工作的,由用人单位按月发给伤残津贴,标准为:五级伤残为本人工资的70%,六级伤残为本人工资的60%,并由用人单位按照规定为其缴纳应缴纳的各项社会保险费。伤残津贴实际金额低于当地最低工资标准的,由用人单位补足差额。另外,经工伤职工本人提出,该职工可以与用人单位解除或者终止劳动关系,由工伤保险基金支付一次性工伤医疗补助金,由用人单位支付一次性伤残就业补助金。

职工因工致残被鉴定为七至十级伤残的,享受以下待遇:①从工伤保险基金按伤残等级支付一次性伤残补助金,标准为:七级伤残为13个月的本人工资;八级伤残为11个月的本人工资;九级伤残为9个月的本人工资;十级伤残为7个月的本人工资。②劳动、聘用合同期满终止,或者职工本人提出解除劳动、聘用合同的,由工伤保险基金支付一次性工伤医疗补助金,由用人单位支付一次性伤残就业补助金。

3. 特殊工伤情况的处理

工伤职工工伤复发,确认需要治疗的,享受前述工伤基本待遇。

职工因工死亡,其近亲属按照下列规定从工伤保险基金领取丧葬补助金、供养亲属抚恤金和一次性工亡补助金:①丧葬补助金为6个月的统筹地区上年度职工月平均工资(伤残职工在停工留薪期内因工伤导致死亡的,其近亲属也享受此条规定的待遇)。②供养亲属抚恤金按照职工本人工资的一定比例发给由因工死亡职工生前提供主要生活来源、无劳动能力的亲属。标准为:配偶每月40%,其他亲属每人每月30%,孤寡老人或者孤儿每人每月在上述标准的基础上增加10%。核定的各供养亲属的抚恤金之和不应高于因工死亡职工生前的工资。供养亲属的具体范围由国务院社会保险行政部门规定(一至四级伤残职工在停工留薪期满后死亡的,其近亲属可以享受本条第一款前两项规定的待遇)。③一次性工亡补助金标准为上一年度全国城镇居民人均可支配收入(2011年城镇居民人均可支配收入21 810元)的20倍。

伤残津贴、供养亲属抚恤金、生活护理费由统筹地区社会保险行政部门根据职工平均工资和生活费用变化等情况适时调整。

职工因工外出期间发生事故或者在抢险救灾中下落不明的,从事故发生当月起3个月内照发工资,从第4个月起停发工资,由工伤保险基金向其供养亲属按月支付供养亲属抚恤金。生活有困难的,可以预支一次性工亡补助金的50%。职工被人民法院宣告死亡的,按照职工因工死亡的规定处理。

工伤职工有下列情形之一的,停止享受工伤保险待遇:①丧失享受待遇条件的;②拒不接受劳动能力鉴定的;③拒绝治疗的。

用人单位分立、合并、转让的,承继单位应当承担原用人单位的工伤保险责任;原用人单位已经参加工伤保险的,承继单位应当到当地经办机构办理工伤保险变更登记;用人单位实行承包经营的,工伤保险责任由职工劳动关系所在单位承担。职工被借调期间受到工伤事故伤害的,由原用人单位承担工伤保险责任,但原用人单位与借调单位可以约定补偿办法。企业破产的,在破产清算时依法拨付应当由单位支付的工伤保险待遇费用。职工被派遣出境工作,依据前往国家或者地区的法律应当参加当地工伤保险的,参加当地工伤保险,其国内工伤保险关系中止;不能参加当地工伤保险的,其国内工伤保险关系不中止。职工再次发生工伤,根据规定应当享受伤残津贴的,按照新认定的伤残等级享受伤残津贴待遇。

6.4.6 法律责任

单位或者个人违反条例规定挪用工伤保险基金,构成犯罪的,依法追究刑事责任;尚不构成犯罪的,依法给予处分或者纪律处分。被挪用的基金由社会保险行政部门追回,并入工伤保险基金;没收的违法所得依法上缴国库。

社会保险行政部门工作人员有下列情形之一的,依法给予处分;情节严重,构成犯罪的,依法追究刑事责任:①无正当理由不受理工伤认定申请,或者弄虚作假将不符合工伤条件的人员认定为工伤职工的;②未妥善保管申请工伤认定的证据材料,致使有关证据灭失的;③收受当事人财物的。

经办机构有下列行为之一的,由社会保险行政部门责令改正,对直接负责的主管人员和其他责任人员依法给予纪律处分;情节严重,构成犯罪的,依法追究刑事责任;造成当事人经济损失的,由经办机构依法承担赔偿责任:①未按规定保存用人单位缴费和职工享受工伤保险待遇情况记录的;②不按规定核定工伤保险待遇的;③收受当事人财物的。

医疗机构、辅助器具配置机构不按服务协议提供服务的,经办机构可以解除服务协议。

经办机构不按时足额结算费用的,由社会保险行政部门责令改正;医疗机构、辅助器具配置机构可以解除服务协议。

用人单位、工伤职工或者其近亲属骗取工伤保险待遇,医疗机构、辅助器具配置机构骗取工伤保险基金支出的,由社会保险行政部门责令退还,处骗取金额2倍以上5倍以下的罚款;情节严重,构成犯罪的,依法追究刑事责任。

从事劳动能力鉴定的组织或者个人有下列情形之一的,由社会保险行政部门责令改正,处2 000元以上1万元以下的罚款;情节严重,构成犯罪的,依法追究刑事责任:①提供虚假鉴定意见的;②提供虚假诊断证明的;③收受当事人财物的。

用人单位依照条例规定应当参加工伤保险而未参加的,由社会保险行政部门责令限期参加,补缴应当缴纳的工伤保险费,并自欠缴之日起,按日加收万分之五的滞纳金;逾期仍不缴纳的,处欠缴数额1倍以上3倍以下的罚款。依照条例规定应当参加工伤保险而未参加的用人单位职工发生工伤的,由该用人单位按照条例规定的工伤保险待遇项目和标准支付费用。用人单位参加工伤保险并补缴应当缴纳的工伤保险费、滞纳金后,由工伤保险基金和用人单位依照条例的规定支付新发生的费用。

用人单位拒不协助社会保险行政部门对事故进行调查核实的,由社会保险行政部门责令改正,处2 000元以上2万元以下的罚款。

 案例6.6 骗签生死状,出了工伤照样赔

江苏省连云港市连云区15名外来务工人员遭遇包工头设下的陷阱,被骗签下了"生死状"——"在工作时间内发生的意外事故由本人自行负责"。

他们中的郑师傅发生工伤事故,包工头据此推卸责任。后在当地人民法院的介入下,包工头纠正了错误做法，并足额赔偿了郑师傅各项费用9.7万元。

49岁的郑师傅来自盐城，今年2月17日开始，他到连云区一家建筑工地打工。工作虽然脏点、累点，但收入还不错，郑师傅比较满意。

3月12日，郑师傅还在工地干活时，包工头找到他，给他一张"申请"让他签名。当时天色已晚，识字不多的郑师傅听说这只是约束自己工作的一些条款，来不及思考，就按要求签了名并摁下手印。

3月25日，郑师傅在工地粉刷外墙，不慎从二楼的脚手架上摔落下来，造成右腿骨折。在治疗期间，郑师傅要求包工头垫付1万元治疗费，而对方却拿出那张"申请"说："'在工作时间内发生的意外事故由本人自行负责'，这白纸黑字是你签的名摁的手印，公司不予负责。"郑师傅仔细看过那张"申请"后才明白，自己被骗签订了"生死状"。

郑师傅气愤不已，在工友的帮助下，找到连云区人民法院寻求帮助。法官在深入调查后了解到，该工地和郑师傅一样签了"生死状"的外来务工人员共有15人。

这张所谓的"申请"上共有3行字，大意是本人在工地如发生事故由自己承担，与公司无关。这份"申请"上没有加盖任何单位的公章，只有工人的签名和手印。

法官当即责令该工地负责人严格按照相关法律规定，负责承担工伤事故职工的医疗费及工资，并承担相应的工伤赔偿。双方在法官的调解下达成了调解协议，由工程项目部承担郑师傅的全部医疗费及其他相关损失，并赔偿郑师傅各项费用共计9.7万元。

资料来源：中国养老金网，http://www.cnpension.net/sbal/gsbx/2012-09-06/1343846.html。

6.4.7 特殊事项说明

条例所称工资总额，是指用人单位直接支付给本单位全部职工的劳动报酬总额。所称本人工资，是指工伤职工因工作遭受事故伤害或者患职业病前12个月平均月缴费工资。本人工资高于统筹地区职工平均工资300%的，按照统筹地区职工平均工资的300%计算；本人工资低于统筹地区职工平均工资60%的，按照统筹地区职工平均工资的60%计算。

公务员和参照公务员法管理的事业单位、社会团体的工作人员因工作遭受事故伤害或者患职业病的，由所在单位支付费用。具体办法由国务院社会保险行政部门会同国务院财政部门规定。

无营业执照或者未经依法登记、备案的单位以及被依法吊销营业执照或者撤销登记、备案的单位的职工受到事故伤害或者患职业病的，由该单位向伤残职工或者死亡职工的近亲属给予一次性赔偿，赔偿标准不得低于本条例规定的工伤保险待遇；用人单位不得使用童工，用人单位使用童工造成童工伤残、死亡的，由该单位向童工或者童工的近亲属给予一次性赔偿，赔偿标准不得低于本条例规定的工伤保险待遇。具体办法由国务院社会保险行政部门规定。

前款规定的伤残职工或者死亡职工的近亲属就赔偿数额与单位发生争议的，以及前款规定的童工或者童工的近亲属就赔偿数额与单位发生争议的，按照处理劳动争议的有关规定处理。

6.5 失业保险

6.5.1 失业保险的概念和特点

失业保险是指国家通过建立失业保险基金,使因失业而暂时中断生活来源的劳动者在法定期间内从社会获得物质帮助的一种保险制度。它是社会保障体系的重要组成部分,也是社会保险的主要项目之一。我国《社会保险法》和《失业保险条例》(1999年实施)对此做了相关的规定。

失业保险制度有以下特点:

(1) 失业保险的对象为失业职工,即失业保险只对有劳动能力但无劳动岗位的人提供保险。

(2) 享受失业保险待遇有一定期限。与养老保险和工伤保险不同,失业保险只在法定期限内享受,超过法定期限,即使劳动者仍处于失业状态,也不可再享受保险待遇。

6.5.2 失业保险费的缴纳和失业保险基金

职工参加失业保险,由用人单位和职工按照国家规定共同缴纳失业保险费。城镇企业事业单位按照本单位工资总额的2%缴纳失业保险费。城镇企业事业单位职工按照本人工资的1%缴纳失业保险费。城镇企业事业单位招用的农民合同制工人本人不缴纳失业保险费。省、自治区、直辖市人民政府根据本行政区域失业人员数量和失业保险基金数额,报经国务院批准,可以适当调整本行政区域失业保险费的费率。失业保险基金在直辖市和设区的市实行全市统筹;其他地区的统筹层次由省、自治区人民政府规定。

失业保险费纳入失业保险基金。失业保险基金由以下几项组成:城镇企业事业单位职工缴纳的失业保险费;失业保险基金的利息;财政补贴;依法纳入失业保险基金的其他资金。

失业保险基金用于下列支出:失业保险金;领取失业保险金期间的医疗补助金;领取失业保险金期间死亡的失业人员的丧葬补助金和其供养的配偶、直系亲属的抚恤金;领取失业保险金期间接受职业培训、职业介绍的补贴,补贴的办法和标准由省、自治区、直辖市人民政府规定;国务院规定或者批准的与失业保险有关的其他费用。

失业保险基金必须存入财政部门在国有商业银行开设的社会保障基金财政专户,实行收支两条线管理,由财政部门依法进行监督。存入银行和按照国家规定购买国债的失业保险基金,分别按照城乡居民同期存款利率和国债利息计息。失业保险基金的利息并入失业保险基金。失业保险基金专款专用,不得挪作他用,不得用于平衡财政收支。失业保险基金收支的预算、决算,由统筹地区社会保险经办机构编制,经同级劳动保障行政部门复核、同级财政部门审核,报同级人民政府审批。失业保险基金的财务制度和会计制度按照国家有关规定执行。

省、自治区可以建立失业保险调剂金。失业保险调剂金以统筹地区依法应当征收的失业保险费为基数,按照省、自治区人民政府规定的比例筹集。统筹地区的失业保险基金不敷使用时,由失业保险调剂金调剂、地方财政补贴。

6.5.3 失业保险待遇

失业人员符合下列条件的,从失业保险基金中领取失业保险金:①失业前用人单位和本人已经缴纳失业保险费满一年的;②非因本人意愿中断就业的;③已经进行失业登记,并有求职要求的。

失业人员失业前用人单位和本人累计缴费满1年不足5年的,领取失业保险金的期限最长为12个月;累计缴费满5年不足10年的,领取失业保险金的期限最长为18个月;累计缴费10年以上的,领取失业保险金的期限最长为24个月。重新就业后,再次失业的,缴费时间重新计算,领取失业保险金的期限与前次失业应当领取而尚未领取的失业保险金的期限合并计算,最长不超过24个月。

失业保险金的标准,由省、自治区、直辖市人民政府确定,不得低于城市居民最低生活保障标准。因此一般就是低于当地最低工资标准、高于城市居民最低生活保障标准的水平。

失业人员在领取失业保险金期间,参加职工基本医疗保险,享受基本医疗保险待遇。失业人员应当缴纳的基本医疗保险费从失业保险基金中支付,个人不缴纳基本医疗保险费。失业人员在领取失业保险金期间死亡的,参照当地对在职职工死亡的规定,向其遗属发给一次性丧葬补助金和抚恤金。所需资金从失业保险基金中支付。个人死亡同时符合领取基本养老保险丧葬补助金、工伤保险丧葬补助金和失业保险丧葬补助金条件的,其遗属只能选择领取其中的一项。

用人单位应当及时为失业人员出具终止或者解除劳动关系的证明,并将失业人员的名单自终止或者解除劳动关系之日起15日内告知社会保险经办机构。失业人员应当持本单位为其出具的终止或者解除劳动关系的证明,及时到指定的公共就业服务机构办理失业登记。失业人员凭失业登记证明和个人身份证明,到社会保险经办机构办理领取失业保险金的手续。失业保险金领取期限自办理失业登记之日起计算。

失业人员在领取失业保险金期间有下列情形之一的,停止领取失业保险金,并同时停止享受其他失业保险待遇:①重新就业的;②应征服兵役的;③移居境外的;④享受基本养老保险待遇的;⑤无正当理由,拒不接受当地人民政府指定部门或者机构介绍的适当工作或者提供的培训的。

职工跨统筹地区就业的,其失业保险关系随本人转移,缴费年限累计计算。

案例6.7　单位未缴纳失业保险费怎么办

法律咨询:我5年前在一厨师学校毕业后,进入一酒店工作。双方签订了劳动合同,酒店给我缴纳了养老保险、医疗保险、工伤保险费,但未缴纳失业保险费。今年1月,酒店与我解除了劳动合同,我询问当地社会保险经办机构后得知,因为单位未缴纳失业保险费,我无法领取失业保险金。请问,我应该如何维权呢?

律师解答:我国《社会保险法》第2条规定,国家建立基本养老保险、基本医疗保险、工伤保险、失业保险、生育保险等社会保险制度。因此,失业保险属于社会保险的一种。

该法第44条规定,职工应当参加失业保险,由用人单位和职工按照国家规定共同缴纳失业保险费。第45条规定,失业人员非因本人意愿中断就业的,从失业保险基金中领取失业保险金。该法第86条还规定,用人单位未按时足额缴纳社会保险费的,由社会保险费征收机构责令限期缴纳或者补足,并自欠缴之日起,按日加收5‰的滞纳金;逾期仍不缴纳的,由有关行政部门处欠缴数额1倍以上3倍以下的罚款。

据此,在酒店与你解除劳动合同,非因你本人意愿的情形下,如果缴纳了失业保险费,你是有权领取失业保险金的。但从你反映的情况来看,单位没有为你缴纳失业保险费,那么这种情况下可否要求单位补缴呢?根据《社会保险法》第63条的规定,用人单位未按时足额缴纳社会保险费的,由社会保险费征收机构责令其限期缴纳或者补足。因此,如职工尚在工作岗位中,单位可以补交失业保险费,在你与单位劳动合同已经解除的情况下,单位给你补缴失业保险已不可能。根据《最高人民法院关于审理劳动争议案件适用法律若干问题的解释(三)》第1条规定,"劳动者以用人单位未为其办理社会保险手续,且社会保险经办机构不能补办导致其无法享受社会保险待遇为由,要求用人单位赔偿损失而发生争议的,人民法院应予受理",因此酒店除应负行政责任而外,还应当对你应享受而不能享受的失业保险的实际损失负责。

资料来源:找法网,http://china.findlaw.cn/laodongfa/laodongdongtai/125837.html。

6.6 生育保险

6.6.1 生育保险概述

生育保险是国家通过立法,在妇女劳动者由于生育子女而暂时丧失劳动能力时,给予生活保障和物资帮助的一项制度。生育保险制度的制定是为了维护企业女职工的合法权益,保障其在生育期间得到必要的经济补偿和医疗保障,均衡企业间生育保险费用的负担。我国的《社会保险法》、《生育保险办法(征求意见稿)》(2012年施行)对此做了基本规定。

6.6.2 生育保险费的缴纳

中华人民共和国境内的国家机关、企业、事业单位、有雇工的个体经济组织以及其他社会组织(即用人单位)及其职工或者雇工,应当参加生育保险。用人单位缴纳生育保险费,职工不缴纳生育保险费。

职工参加生育保险,用人单位按照本单位职工工资总额的一定比例缴纳生育保险费,职工不缴纳生育保险费。缴费比例一般不超过0.5%,具体缴费比例由各统筹地区根据当地实际情况测算后提出,报省、自治区、直辖市批准后实施。超过工资总额0.5%的,应当报人力资源社会保障部备案。用人单位已经缴纳生育保险费的,其职工享受生育保险待遇;职工未就业配偶按照国家规定享受生育医疗费用待遇,所需资金从生育保险基金中支付。

生育保险基金由用人单位缴纳的生育保险费、生育保险基金的利息收入和依法纳入生育保险基金的其他资金构成,按照"以支定收、收支平衡"的原则筹集和使用。生育保险基金存入财政专户并实行预算管理,执行国家社会保险基金管理办法。生育保险基金现在实行地(市)级统筹,逐步实行省级统筹。

6.6.3 生育保险待遇

生育保险待遇包括生育医疗费用和生育津贴。

生育医疗费用包括下列各项:①生育的医疗费用,即女职工在孕产期内因怀孕、分娩发生的医疗费用,包括诊治妊娠合并症、并发症的医疗费用。②计划生育的医疗费用,即职工放置或者取出宫内节育器、施行输卵管或者输精管结扎及复通手术、实施人工流产术或者引产术等发生的医疗费用。③法律、法规规定的其他项目费用。

参加生育保险的人员在协议医疗服务机构发生的生育医疗费用,符合生育保险药品目录、诊疗项目及医疗服务设施标准的,由生育保险基金支付。需急诊、抢救的,可在非协议医疗服务机构就医。

生育津贴是女职工按照国家规定享受产假或者计划生育手术休假期间获得的工资性补偿,按照职工所在用人单位上年度职工月平均工资的标准计发。生育津贴支付期限按照《女职工劳动保护特别规定》中关于产假的规定执行。女职工生育享受98天产假;难产的,增加产假15天;生育多胞胎的,每多生育1个婴儿,增加产假15天。女职工怀孕未满4个月流产的,享受15天产假;怀孕满4个月流产的,享受42天产假。

按照国家规定由公共卫生服务项目或者基本医疗保险基金等支付的生育医疗费用,生育保险基金不再支付。参加生育保险人员异地生育,其生育医疗费用结算范围和标准按照参保地有关规定执行。具体管理办法由统筹地区根据当地实际情况制定。

因用人单位未依法为职工缴纳生育保险费,造成职工不能享受生育保险待遇的,由用人单位按照相应的项目和标准支付其生育保险待遇。用人单位、协议医疗服务机构等单位或者个人,以欺诈、伪造证明材料或者其他手段骗取生育保险基金或者待遇的,由社会保险行政部门责令退回,处骗取金额两倍以上五倍以下的罚款;属于社会保险服务机构的,解除服务协议,并承担相应的法律责任;构成犯罪的,依法追究刑事责任。

案例6.8　淮北市首个男职工领生育保险医疗补助费案例

我市首例参加生育保险的男职工许先生,高兴地领到了生育保险医疗补助费1 000元。

许先生未就业的配偶于今年3月份产下婴儿,根据安徽省和淮北市生育保险政策规定,参加生育保险男职工,单位足额缴纳生育保险费并符合计划生育条件的,其配偶可以享受一次性医疗补助金待遇,享受标准为最高限额下据实补贴,最高补贴1 000元;男职工配偶未就业但已参加城镇居民基本医疗保险或新型农村合作医疗,并且已从居民医保或新农合中享受生育医疗待遇或生育补贴的,本着不重复支付的原则,按淮北市确定的享受标准补发差额。

资料来源:淮北市人力资源和社会保障局网站,2013-2-18。

第 7 章
劳动保护

- 概述
- 安全生产
- 职业病防治
- 女职工与未成年工的特殊保护

7.1 概述

7.1.1 劳动保护的基本概念

劳动保护是指在劳动过程中对劳动者的安全和健康所采取的保护措施和组织管理工作的总称。劳动保护不仅是国家的一项重要政策,也是企业管理的一条重要原则。对企业来说,最重要的生产经营行为之一是遵守和执行国家有关劳动保护的法规和政策,将国家法规、政策融入企业管理的具体操作中去。

劳动保护的基本内容包括:执行劳动保护法规,依靠技术进步和科学管理采取有效措施防止不安全、不卫生的现象发生。主要通过改善劳动条件防止工伤事故和职业病,保证劳动者的适当休息,以及对女工、未成年工实行特殊保护等工作来实现。

我国劳动保护这一概念的提出主要是受东欧尤其是受前苏联的影响,然而随着我国改革开放的深入和国际交往的增多,我们在学习借鉴西方等国成功的安全管理经验时,同时接受了西方的相关术语或概念,逐渐用职业安全卫生(occupational safety and health)将"劳动保护"这一术语替代。如原劳动部劳动保护监察局改名为职业安全卫生监察局。

职业安全卫生中,"安全"是对急性伤害而言,是指工作(或劳动)中不发生对人体的急性伤害事故,如坠落、电击、机械伤害等;"卫生"是对慢性损害而言,是指防止工作中人体受各种有害物的物理因素、生理因素、化学因素等的损害,即要保障人的身体健康。在国家标准 GB/T 15236—1994《职业安全卫生术语》中,对"职业安全卫生"的定义是:以保障职工在职业活动过程中的安全与健康为目的的工作领域及在法律、技术、设备、组织制度和教育等方面所采取的相应措施。其同义词有劳动安全卫生。我国 1995 年 1 月 1 日起施行的《中华人民共和国劳动法》中,采用的是"劳动安全卫生"这一术语。

7.1.2 劳动保护的起源

从中世纪起,人类生产从畜牧业、农耕业向使用机械工具的矿业转移,随着工业社会的不断发展,生产规模和速度不断扩大,矿山塌陷、瓦斯爆炸、锅炉爆炸、机械伤害等工业事故不断发生。在早先安全技术比较落后的状况下,人们想到的是从立法的角度来控制日益严重的工业事故。

人类最早的劳动保护立法可追溯到 13 世纪德国政府颁布的《矿工保护法》,1802 年英国政府制订了最初的工厂法——"保护学徒的身心健康法"。这些法规都是为劳动保护而设,制定了矿工的劳动保护,工厂的室温、照明、通风换气等工业卫生标准。针对世界范围的劳动保护立法,人类进入 20 世纪才迈出了步伐,这就是 1919 年第一届国际劳工大会制定的有关工时、妇女、儿童劳动保护的一系列国际公约。英国、德国、美国等工业发达国家是劳动保护立法最早和较为完善的国家。

7.1.3 我国劳动保护有关法规发展概况

中国最早的劳动保护相关法规,是 1922 年 5 月 1 日在广州召开的第一次劳动大会提出的《劳动法大纲》,其主要内容是要求资本家合理地规定工时、工资及劳动保护等。1925 年在广州召开的中国第二次全国劳动代表大会的经济斗争决议案中,也有争取"改善劳动保护和劳动保险待遇"、"争取为监督实行保护劳工的一切事宜"的条文。新中国成立后劳动保护立法的发展,大致可分为以下几个阶段(见表 7-1):

表 7-1 我国劳动保护有关法规发展阶段

阶 段	时 间	内 容
成立初期 (1949—1957 年)	新中国成立初期	中国人民政治协商会上通过的《共同纲领》中明确规定"保护青工女工的特殊利益","实行工矿检查制度,以改进工矿的安全和卫生设备"
	新中国成立后	国务院颁布了《工厂安全卫生规程》、《建筑安装工程安全技术规程》和《工人职员伤亡事故报告规程》"三大规程",以及《关于进一步加强安全技术教育的决定》、《关于编制安全技术安全生产措施计划的通知》、《工业企业设计暂行卫生标准》等法规和规章
调整时期 (1958—1966 年)	1958 年下半年	生产上出现了盲目冒进的苗头,是新中国成立以来伤亡事故的第一个高峰
	1963 年	我国进入国民经济三年恢复调整时期,在这一时期我国先后发布了《工业企业设计卫生标准》、《关于加强企业生产中安全工作的几项规定》、《国营企业职工个人防用品发放标准》等一系列安全生产法规、规章,使劳动保护工作得到了进一步加强
动乱时期(1966—1978 年)		新中国成立以来的第二个事故高峰

续表

阶　　段	时　　间	内　　容
恢复发展时期 （1978—1990年）	1978年12月	党中央、国务院先后发出了《中共中央关于认真做好劳动保护工作的通知》和《国务院批准国家劳动总局、卫生部关于加强厂矿企业防尘防毒工作的报告》文件
	1979年4月	国务院重申认真贯彻执行《工厂安全卫生规程》、《建筑安装工程技术规程》、《工人职员伤亡事故报告规程》和《国务院关于加强企业生产中安全工作的几项规定》
	1982年2月	国务院颁布了《矿山安全条例》、《矿山安全监察条例》和《锅炉压力容器安全监察条例》等文件
	1984年	国务院发布了《关于加强防尘防毒工作的决定》
	1987年1月	卫生部、劳动人事部、财政部、全国总工会联合发布了《职业病范围和职业病患者处理办法的规定》，规范了对职业病的管理
	1988年7月	国务院颁布的《女职工劳动保护规定》是新中国成立以来第一个比较科学和完整的综合性保护女职工的法规，维护了女职工的根本利益
	1990年1月	劳动部颁布的《女职工禁忌劳动范围的规定》，对女职工的劳动范围给予限定，特别是对女职工"三期"的劳动范围做了详细具体的规定
逐步完善时期 （1991年至今）	1991年3月	国务院发布了《企业职工伤亡事故报告和处理规程》的第75号令，严肃了对各类事故的报告、调查和处理程序
	1992年4月3日	《中华人民共和国妇女权益保障法》的颁布，对女职工的劳动保护提出了明确要求
	1994年7月5日	八届人大八次常务会议通过了《中华人民共和国劳动法》
		在加强事故多发行业的管理方面，国家还陆续制定了《矿山安全法》、《煤炭法》、《乡镇企业法》、《消防法》等法律、法规
	在"九五"期间	我国制定和修订安全生产方面的国家标准和行业标准100余项，这一时期我国劳动保护工作属于进一步改善和迅速发展、提高的阶段
	2002年6月9日	《安全生产法》
	2014年12月1日	修订后的《安全生产法》开始实施

7.2　安全生产

为了加强安全生产工作，防止和减少生产安全事故，保障人民群众生命和财产安全，促进经济社会持续健康发展，我国于2002年颁布实施了《安全生产法》，并于2014年重新修订，2014年12月1日实施。按照该法，在中华人民共和国领域内从事生产经营活动的单位（以下统称生产经营单位）的安全生产，适用本法；有关法律、行政法规对消防安全和道路交通安全、铁路交通安全、水上交通安全、民用航空安全以及核与辐射安全、特种设备安全另有规定的，适用其规定。

安全生产工作应当以人为本，坚持安全发展，坚持安全第一、预防为主、综合治理的方针,强化和落实生产经营单位的主体责任,建立生产经营单位负责、职工参与、政府监管、行业自律和社会监督的机制。

生产经营单位的主要负责人对本单位的安全生产工作全面负责。生产经营单位的从业人员有依法获得安全生产保障的权利,并应当依法履行安全生产方面的义务。生产经营单位的工会依法组织职工参加本单位安全生产工作的民主管理和民主监督,维护职工在安全生产方面的合法权益。生产经营单位制定或者修改有关安全生产的规章制度,应当听取工会的意见。

国家实行生产安全事故责任追究制度,依照本法和有关法律、法规的规定,追究生产安全事故责任人员的法律责任。

知识链接:新《安全生产法》的十大亮点

全国人大常委会2014年8月31日表决通过关于修改安全生产法的决定。新《安全生产法》(以下简称新法),认真贯彻落实习近平总书记关于安全生产工作一系列重要指示精神,从强化安全生产工作的摆位,进一步落实生产经营单位主体责任,政府安全监管定位和加强基层执法力量、强化安全生产责任追究等四个方面入手,着眼于安全生产现实问题和发展要求,补充完善了相关法律制度规定,主要有十大亮点。

一、坚持以人为本,推进安全发展

新法提出安全生产工作应当以人为本,充分体现了习近平总书记等中央领导同志关于安全生产工作一系列重要指示精神,在坚守发展决不能以牺牲人的生命为代价这条红线,牢固树立以人为本、生命至上的理念,正确处理重大险情和事故应急救援中"保财产"还是"保人命"问题等方面,具有重大现实意义。为强化安全生产工作的重要地位,明确安全生产在国民经济和社会发展中的重要地位,推进安全生产形势持续稳定好转,新法将坚持安全发展写入了总则。

二、建立完善安全生产方针和工作机制

新法确立了"安全第一、预防为主、综合治理"的安全生产工作"十二字方针",明确了安全生产的重要地位、主体任务和实现安全生产的根本途径。"安全第一"要求从事生产经营活动必须把安全放在首位,不能以牺牲人的生命、健康为代价换取发展和效益。"预防为主"要求把安全生产工作的重心放在预防上,强化隐患排查治理,"打非治违",从源头上控制、预防和减少生产安全事故。"综合治理"要求运用行政、经济、法治、科技等多种手段,充分发挥社会、职工、舆论监督各个方面的作用,抓好安全生产工作。坚持"十二字方针",总结实践经验,新法明确要求建立生产经营单位负责、职工参与、政府监管、行业自律、社会监督的机制,进一步明确各方安全生产职责。做好安全生产工作,落实生产经营单位主体责任是根本,职工参与是基础,政府监管是关键,行业自律是发展方向,社会监督是实现预防和减少生产安全事故目标的保障。

三、强化"三个必须",明确安全监管部门执法地位

按照"三个必须"(管行业必须管安全、管业务必须管安全、管生产经营必须管安全)的要求,一是新法规定国务院和县级以上地方人民政府应当建立健全安全生产工

作协调机制,及时协调、解决安全生产监督管理中存在的重大问题。二是新法明确国务院和县级以上地方人民政府安全生产监督管理部门实施综合监督管理,有关部门在各自职责范围内对有关行业、领域的安全生产工作实施监督管理,并将其统称为负有安全生产监督管理职责的部门。三是新法明确各级安全生产监督管理部门和其他负有安全生产监督管理职责的部门作为执法部门,依法开展安全生产行政执法工作,对生产经营单位执行法律、法规、国家标准或者行业标准的情况进行监督检查。

四、明确乡镇人民政府以及街道办事处、开发区管理机构安全生产职责

乡镇街道是安全生产工作的重要基础,有必要在立法层面明确其安全生产职责,同时,针对各地经济技术开发区、工业园区的安全监管体制不顺、监管人员配备不足、事故隐患集中、事故多发等突出问题,新法明确:乡、镇人民政府以及街道办事处、开发区管理机构等地方人民政府的派出机关应当按照职责,加强对本行政区域内生产经营单位安全生产状况的监督检查,协助上级人民政府有关部门依法履行安全生产监督管理职责。

五、进一步明确生产经营单位的安全生产主体责任

做好安全生产工作,落实生产经营单位主体责任是根本。新法把明确安全责任、发挥生产经营单位安全生产管理机构和安全生产管理人员作用作为一项重要内容,作出三个方面的重要规定:一是明确委托规定的机构提供安全生产技术、管理服务的,保证安全生产的责任仍然由本单位负责;二是明确生产经营单位的安全生产责任制的内容,规定生产经营单位应当建立相应的机制,加强对安全生产责任制落实情况的监督考核;三是明确生产经营单位的安全生产管理机构以及安全生产管理人员履行的七项职责。

六、建立预防安全生产事故的制度

新法把加强事前预防、强化隐患排查治理作为一项重要内容:一是生产经营单位必须建立生产安全事故隐患排查治理制度,采取技术、管理措施及时发现并消除事故隐患,并向从业人员通报隐患排查治理情况的制度。二是政府有关部门要建立健全重大事故隐患治理督办制度,督促生产经营单位消除重大事故隐患。三是对未建立隐患排查治理制度、未采取有效措施消除事故隐患的行为,设定了严格的行政处罚。四是赋予负有安全监管职责的部门对拒不执行执法决定、有发生生产安全事故现实危险的生产经营单位依法采取停电、停供民用爆炸物品等措施,强制生产经营单位履行决定的权力。

七、建立安全生产标准化制度

安全生产标准化是在传统的安全质量标准化基础上,根据当前安全生产工作的要求、企业生产工艺特点,借鉴国外现代先进安全管理思想,形成的一套系统的、规范的、科学的安全管理体系。2010年《国务院关于进一步加强企业安全生产工作的通知》(国发〔2010〕23号)、2011年《国务院关于坚持科学发展安全发展促进安全生产形势持续稳定好转的意见》(国发〔2011〕40号)均对安全生产标准化工作提出了明确的要求。近年来,矿山、危险化学品等高危行业企业安全生产标准化取得了显著成效,工贸行业领域的标准化工作正在全面推进,企业本质安全生产水平明显提高。结合

多年的实践经验,新法在总则部分明确提出推进安全生产标准化工作,这必将对强化安全生产基础建设,促进企业安全生产水平持续提升产生重大而深远的影响。

八、推行注册安全工程师制度

为解决中小企业安全生产"无人管、不会管"问题,促进安全生产管理队伍朝着专业化、职业化方向发展,国家自2004年以来连续10年实施了全国注册安全工程师执业资格统一考试,21.8万人取得了资格证书。截至2013年12月,已有近15万人注册并在生产经营单位和安全生产中介服务机构执业。新法确立了注册安全工程师制度,并从两个方面加以推进:一是危险物品的生产、储存单位以及矿山、金属冶炼单位应当有注册安全工程师从事安全生产管理工作,鼓励其他生产经营单位聘用注册安全工程师从事安全生产管理工作。二是建立注册安全工程师按专业分类管理制度,授权国务院有关部门制定具体实施办法。

九、推进安全生产责任保险制度

新法总结近年来的试点经验,通过引入保险机制,促进安全生产,规定国家鼓励生产经营单位投保安全生产责任保险。安全生产责任保险具有其他保险所不具备的特殊功能和优势,一是增加事故救援费用和第三人(事故单位从业人员以外的事故受害人)赔付的资金来源,有助于减轻政府负担,维护社会稳定。目前有的地区还提供了一部分资金用于对事故死亡人员家属的补偿。二是有利于现行安全生产经济政策的完善和发展。2005年起实施的高危行业风险抵押金制度存在缴存标准高、占用资金量大、缺乏激励作用等不足。目前,湖南、上海等省(直辖市)已经通过地方立法允许企业自愿选择责任保险或者风险抵押金,受到企业的广泛欢迎。三是通过保险费率浮动、引进保险公司参与企业安全管理,有效促进企业加强安全生产工作。

十、加大对安全生产违法行为的责任追究力度

一是规定了事故行政处罚和终身行业禁入。第一,将行政法规的规定上升为法律条文,按照两个责任主体、四个事故等级,设立了对生产经营单位及其主要负责人的八项罚款处罚规定。第二,大幅提高对事故责任单位的罚款金额:一般事故罚款20万元至50万元,较大事故50万元至100万元,重大事故100万元至500万元,特别重大事故500万元至1000万元;特别重大事故的情节特别严重的,罚款1000万元至2000万元。第三,进一步明确主要负责人对重大、特别重大事故负有责任的,终身不得担任本行业生产经营单位的主要负责人。

二是加大罚款处罚力度。结合各地区经济发展水平、企业规模等实际,新法维持罚款下限基本不变、将罚款上限提高了2倍至5倍,并且大多数罚则不再将限期整改作为前置条件,反映了"打非治违"、"重典治乱"的现实需要,强化了对安全生产违法行为的震慑力,也有利于降低执法成本、提高执法效能。

三是建立了严重违法行为公告和通报制度。要求负有安全生产监督管理职责的部门建立安全生产违法行为信息库,如实记录生产经营单位的安全生产违法行为信息;对违法行为情节严重的生产经营单位,应当向社会公告,并通报行业主管部门、投资主管部门、国土资源主管部门、证券监督管理部门和有关金融机构。

资料来源:国家安全监管总局。

7.2.1 生产经营单位的安全生产保障

1. 生产经营单位的安全生产责任

生产经营单位应当具备本法和有关法律、行政法规和国家标准或者行业标准规定的安全生产条件；不具备安全生产条件的，不得从事生产经营活动。生产经营单位应当具备的安全生产条件所必需的资金投入，由生产经营单位的决策机构、主要负责人或者个人经营的投资人予以保证，并对由于安全生产所必需的资金投入不足导致的后果承担责任。有关生产经营单位应当按照规定提取和使用安全生产费用，专门用于改善安全生产条件。安全生产费用在成本中据实列支。安全生产费用提取、使用和监督管理的具体办法由国务院财政部门会同国务院安全生产监督管理部门征求国务院有关部门意见后制定。

矿山、金属冶炼、建筑施工、道路运输单位和危险物品的生产、经营、储存单位，应当设置安全生产管理机构或者配备专职安全生产管理人员。此外的其他生产经营单位，从业人员超过 100 人的，应当设置安全生产管理机构或者配备专职安全生产管理人员；从业人员在 100 人以下的，应当配备专职或者兼职的安全生产管理人员。生产经营单位的安全生产责任制应当明确各岗位的责任人员、责任范围和考核标准等内容。生产经营单位应当建立相应的机制，加强对安全生产责任制落实情况的监督考核，保证安全生产责任制的落实。

生产经营单位应当教育和督促从业人员严格执行本单位的安全生产规章制度和安全操作规程；并向从业人员如实告知作业场所和工作岗位存在的危险因素、防范措施以及事故应急措施。必须为从业人员提供符合国家标准或者行业标准的劳动防护用品，并监督、教育从业人员按照使用规则佩戴、使用。

生产经营单位应当安排用于配备劳动防护用品、进行安全生产培训的经费。必须依法参加工伤保险，为从业人员缴纳保险费。国家鼓励生产经营单位投保安全生产责任保险。

案例 7.1　用人单位行使用工管理权应当合理合法

裁判要旨：当企业的生产经营涉及公共安全时，可以对劳动者的工作行为高标准、严要求，当劳动者不服从该管理规定时，法院首先衡量的是对公共利益的影响程度，其次是劳动者的人格权和就业权，在平衡两者权益的基础上做出综合评判。

简要案情：张某与某巴士公司签订了 2008 年 11 月 1 日至 2012 年 10 月 31 日劳动合同。2011 年 1 月 5 日，张某接手苏 A62957 公交车，1 月 7 日，张某以两前轮刹车时异响等事由将该车报修。1 月 10 日，该车又因同一事由报修。1 月 13 日 16 时 55 分，张某驾驶该车行至李府街与后标营路口时与前行的苏 A91D69 车发生追尾事故，造成两车损失共计 1 525 元。事故现场痕迹照片显示该车两前轮车胎地面无拖痕，后轮有较长拖痕。当晚，该车以"两前轮不拖"事由再次进厂修理。事故发生后，巴士公司对张某进行停班、停驾处理，并根据"四不放过"精神及单位管理规定数次与张某谈话，要求其在事故中分析和查找原因。张某认为在该事故中自身没有过错。2 月 25 日，巴士公司以张某拒不接受安全教育及不写书面检查为由,做出了给予张某辞退警告(三个月)的处理决定。2月28日,巴士公司联系南京市公安局车辆管理所驻公司处的交警再次对张某进行安全教育,张某仍坚持自己没有错误。4月12日,巴士公司以张某经多次教育仍推卸责任拒不认错、严重违反公司规章制度为由,做出了解除与张某劳动合同的决定。该决定事前经过了公司工会批准。张某经仲裁后诉至法院,法院认为本案事故原因不明,事故损失不大,张某的过错主要在事后的态度上,不构成对单位规章制度的严重违反。巴士公司可以对张某提出批评、警告,但不能将其辞退。前者是用人单位自主管理权,法院不宜过多干涉;后者是劳动合同的解除,涉及劳动者根本利益,法院有必要审查其合法性与合理性,故法院对张某要求撤销巴士公司辞退警告处理决定的主张不予支持,但判决撤销巴士公司做出的解除劳动合同处理决定。

法官寄语:张某作为公交车驾驶员,其工作性质特殊,涉及公共安全,南京市已经出现过公交车驾驶员泄私愤故意撞人的恶劣案例,如果不对驾驶员加强管理,有可能还会存在事故隐患。在交通事故原因未查明的情况下,驾驶员存在错误的可能性不能排除,其有必要进行反省。并非每一起事故都能查明原因,如果驾驶员都将责任推给他人,是不利于安全管理的。所以,我们想劝诫各位驾驶员,虽然法院没有判决公司解除劳动合同合法,但是方向盘掌握在你们手中,责任重于泰山,对于公司高标准、严要求的管理方式应当要服从,切不可因一时的粗心或自负而酿成不应有的灾祸。作为巴士公司而言,排除隐患的方式可以是要求驾驶员认真地的对待每一起交通事故,将过于自信、不服从安全管理的员工调离驾驶岗位,但不要随意地将员工辞退。张某拒不认错应受到处罚,但所受处罚应当是有限度的,张某不认错主要是因为事故原因不明,其过错主要在事后的态度上,不构成对规章制度的严重违反,巴士公司可以对其提出批评、警告,但还不足以到达解除劳动合同的地步,所以,公司在对劳动者进行管理监督时,应当注意方式、方法的合理性,防止因处罚过当影响劳动者的基本生存和就业。

资料来源:江苏法院网,http://www.jsfy.gov.cn/jdal/dxal/2013/05/02113435577.html。

2. 安全生产责任人的安全责任

生产经营单位的主要负责人对本单位安全生产工作负有下列职责:①建立、健全本单位安全生产责任制;②组织制定本单位安全生产规章制度和操作规程;③组织制定并实施本单位安全生产教育和培训计划;④保证本单位安全生产投入的有效实施;⑤督促、检查本单位的安全生产工作,及时消除生产安全事故隐患;⑥组织制定并实施本单位的生产安全事故应急救援预案;⑦及时、如实报告生产安全事故。

生产经营单位发生生产安全事故时,单位的主要负责人应当立即组织抢救,并不得在事故调查处理期间擅离职守。

生产经营单位的安全生产管理机构以及安全生产管理人员履行下列职责:①组织或者参与拟订本单位安全生产规章制度、操作规程和生产安全事故应急救援预案;②组织或者参与本单位安全生产教育和培训,如实记录安全生产教育和培训情况;③督促落实本单位重大危险源的安全管理措施;④组织或者参与本单位应急救援演练;⑤检查本单位的安全生产状况,及时排查生产安全事故隐患,提出改进安全生产管理的建议;⑥制止和纠正违章指挥、强令冒险作业、违反操作规程的行为;⑦督促落实本单位安全生产整改措施。

生产经营单位的安全生产管理机构以及安全生产管理人员应当恪尽职守,依法履行职责。生产经营单位作出涉及安全生产的经营决策,应当听取安全生产管理机构以及安全生产管理人员的意见。生产经营单位不得因安全生产管理人员依法履行职责而降低其工资、福利等待遇或者解除与其订立的劳动合同。危险物品的生产、储存单位以及矿山、金属冶炼单位的安全生产管理人员的任免,应当告知主管的负有安全生产监督管理职责的部门。

生产经营单位的主要负责人和安全生产管理人员必须具备与本单位所从事的生产经营活动相应的安全生产知识和管理能力。危险物品的生产、经营、储存单位以及矿山、金属冶炼、建筑施工、道路运输单位的主要负责人和安全生产管理人员,应当由主管的负有安全生产监督管理职责的部门对其安全生产知识和管理能力考核合格。考核不得收费。危险物品的生产、储存单位以及矿山、金属冶炼单位应当有注册安全工程师从事安全生产管理工作。鼓励其他生产经营单位聘用注册安全工程师从事安全生产管理工作。注册安全工程师按专业分类管理,具体办法由国务院人力资源和社会保障部门、国务院安全生产监督管理部门会同国务院有关部门制定。

生产经营单位的安全生产管理人员应当根据本单位的生产经营特点,对安全生产状况进行经常性检查;对检查中发现的安全问题,应当立即处理;不能处理的,应当及时报告本单位有关负责人,有关负责人应当及时处理。检查及处理情况应当如实记录在案。在检查中发现重大事故隐患,依照前款规定向本单位有关负责人报告,有关负责人不及时处理的,安全生产管理人员可以向主管的负有安全生产监督管理职责的部门报告,接到报告的部门应当依法及时处理。

案例 7.2　企业管理人员不得强令职工冒险作业

案情简介:某年 8 月 10 日,某乡镇煤矿职工吴某等 6 人就不服从管理人员强令他们冒险作业被扣发工资、奖金一事向当地劳动争议仲裁委员会提出申诉。仲裁委员会受理此案后,经调查:当年 6 月 8 日,该煤矿露天矿场爆破时,共打炮眼 8 个,但装药引爆时只响了 6 个,剩下两个炮眼未爆。10 分钟后,管理人员认为这两个炮眼是瞎炮,不会有事,即令吴某等 6 人进入采矿面作业。吴某等 6 人坚持必须排除瞎炮后才能工作,一直未进采矿面采矿。为此,矿领导以吴某等 6 人未完成当天采煤任务为由扣发每人当天工资和当月奖金 650 元。仲裁委员会认为,煤矿在未排除瞎炮的情况下让工人进入采矿面作业违反劳动法规,吴某等 6 人未完成当天采煤任务系因险情未除,不负有责任,裁决煤矿补发吴某等 6 人工资,奖金 650 元,并赔偿经济损失。

案例评析:这起劳动争议的关键是吴某等 6 名职工为什么未能完成当天的采煤任务,是吴某等 6 名职工不服管理,还是企业管理人员违章指挥。仲裁委员会及时受理后,经细致调查作出了正确裁决,维护了职工的合法权益。

该乡镇煤矿管理人员强令工人冒险作业是严重违反劳动安全卫生法规的行为,被职工拒绝后又以未完成当天生产任务为由扣发工资和奖金,更是明显的侵权。《劳动法》第

56条规定,劳动者对用人单位管理人员违章指挥,强令冒险作业,有权拒绝执行。乡镇煤矿安全规程第4条规定,每个职工都有权制止任何违章作业,并拒绝任何人违章指挥;在工作地点威胁生命安全或有毒有害时,有权立即停止工作,撤到安全地点。在危险没有排除,仍不能保证人身安全时,有权拒绝工作。在此情况下煤矿应照发工资。该规程第72条还明确规定,发生瞎炮,必须在班组长指导下及时进行处理,在没有处理完毕前,不准从事与处理瞎炮无关的工作。而本案中,煤矿管理人员公然违反上述规定,在没有排除瞎炮,工作面仍存在险情的情况下,强令工人进入采矿面作业,是十分错误的。当职工行使保护自己安全权利时,该煤矿领导又以未完成采煤任务为由扣发职工的工资和奖金,更是错上加错。

资料来源:中国劳动争议网。

3. 安全生产培训

生产经营单位应当对从业人员进行安全生产教育和培训,保证从业人员具备必要的安全生产知识,熟悉有关的安全生产规章制度和安全操作规程,掌握本岗位的安全操作技能,了解事故应急处理措施,知悉自身在安全生产方面的权利和义务。未经安全生产教育和培训合格的从业人员,不得上岗作业。

生产经营单位使用被派遣劳动者的,应当将被派遣劳动者纳入本单位从业人员统一管理,对被派遣劳动者进行岗位安全操作规程和安全操作技能的教育和培训。劳务派遣单位应当对被派遣劳动者进行必要的安全生产教育和培训。

生产经营单位接收中等职业学校、高等学校学生实习的,应当对实习学生进行相应的安全生产教育和培训,提供必要的劳动防护用品。学校应当协助生产经营单位对实习学生进行安全生产教育和培训。

生产经营单位应当建立安全生产教育和培训档案,如实记录安全生产教育和培训的时间、内容、参加人员以及考核结果等情况。

生产经营单位采用新工艺、新技术、新材料或者使用新设备,必须了解、掌握其安全技术特性,采取有效的安全防护措施,并对从业人员进行专门的安全生产教育和培训。

生产经营单位的特种作业人员必须按照国家有关规定经专门的安全作业培训,取得相应资格,方可上岗作业。特种作业人员的范围由国务院安全生产监督管理部门会同国务院有关部门确定。

4. 建设项目和其他危险源管理

生产经营单位新建、改建、扩建工程项目(以下统称建设项目)的安全设施,必须与主体工程同时设计、同时施工、同时投入生产和使用。安全设施投资应当纳入建设项目概算。

矿山、金属冶炼建设项目和用于生产、储存、装卸危险物品的建设项目,应当按照国家有关规定进行安全评价。其安全设施设计应当按照国家有关规定报经有关部门审查,审查部门及其负责审查的人员对审查结果负责。其施工单位必须按照批准的安全设施设计施工,并对安全设施的工程质量负责。这些建设项目竣工投入生产或者使用前,应当由建设单位负责组织对安全设施进行验收;验收合格后,方可投入生产和使用。安全生产监督管理部门应当加强对建设单位验收活动和验收结果的监督核查。建设项目安全设施的设计人、设计单位应当对安全设施设计负责。

生产经营单位使用的危险物品的容器、运输工具,以及涉及人身安全、危险性较大的海洋石油开采特种设备和矿山井下特种设备,必须按照国家有关规定,由专业生产单位生产,并经具有专业资质的检测、检验机构检测、检验合格,取得安全使用证或者安全标志,方可投入使用。检测、检验机构对检测、检验结果负责。

生产经营单位对重大危险源应当登记建档,进行定期检测、评估、监控,并制订应急预案,告知从业人员和相关人员在紧急情况下应当采取的应急措施。应当按照国家有关规定将本单位重大危险源及有关安全措施、应急措施报有关地方人民政府安全生产监督管理部门和有关部门备案。应当建立健全生产安全事故隐患排查治理制度,采取技术、管理措施,及时发现并消除事故隐患。事故隐患排查治理情况应当如实记录,并向从业人员通报。

国家对严重危及生产安全的工艺、设备实行淘汰制度,具体目录由国务院安全生产监督管理部门会同国务院有关部门制定并公布。法律、行政法规对目录的制定另有规定的,适用其规定。省、自治区、直辖市人民政府可以根据本地区实际情况制定并公布具体目录,对前款规定以外的危及生产安全的工艺、设备予以淘汰。

生产经营单位不得使用应当淘汰的危及生产安全的工艺、设备。生产、经营、运输、储存、使用危险物品或者处置废弃危险物品的,由有关主管部门依照有关法律、法规的规定和国家标准或者行业标准审批并实施监督管理。生产经营单位生产、经营、运输、储存、使用危险物品或者处置废弃危险物品,必须执行有关法律、法规和国家标准或者行业标准,建立专门的安全管理制度,采取可靠的安全措施,接受有关主管部门依法实施的监督管理。

案例 7.3　辽宁省阜新矿业(集团)公司孙家湾煤矿海州立井特别重大瓦斯爆炸事故调查情况分析

2005 年 2 月 14 日 15 时 01 分,阜新矿业(集团)有限责任公司(以下简称阜矿集团)孙家湾煤矿海州立井发生特大瓦斯爆炸事故,截至 21 日 23 时 55 分,事故抢险救护人员在 3316 回风道冒顶处发现最后一名遇难矿工,共救出负伤人员 30 名(其中重伤 8 人),214 名矿工遇难,直接经济损失 4 968.9 万元。

事故直接原因是:3316 风道里段掘进工作面局部停风造成瓦斯积聚,冲击地压造成 3316 风道外段大量瓦斯涌出,回风流瓦斯浓度达到爆炸界限;工人违章带电检修架子道距专用回风上山 8 米处临时配电点的照明信号综合保护装置,产生火花引起瓦斯爆炸。事故性质明显是一起责任事故。

但是事故的间接原因却同样不能忽略,据调查海州立井存在以下安全问题:

1. 超能力组织生产。海州立井核定生产能力 90 万吨,2005 年安排生产计划 145 万吨,1 月份实际生产原煤 15.5 万吨,超能力组织生产造成采掘关系严重失调。采掘布置巷道不合理,没有采区专用回风巷,采区没有形成完整通风系统。

2. 机电管理混乱。爆源处工人带电检修开关,严重违章。使用不合格电气产品,据调查，ZBZ-4.0M127V型照明信号无有效安全标志许可证，无有效防爆合格证，"MA"防爆标志系伪造；安设在回风系统中的电气设备没有实现瓦斯-电闭锁，在瓦斯超限的情况下不能及时断电；工人无证上岗，违章带电作业引起瓦斯爆炸。

3. 劳动组织不合理，管理混乱。事故当班入井574人，多工种交叉作业，其中有铁法、温州和工程队三个外包工队从事井下采掘作业活动，以包代管，特殊工种无证上岗。

4. 海州立井有冲击低压灾害，且为高瓦斯矿井，虽然有防止冲击地压办公室和防治冲击地压队，但未制定相应的综合防治措施。

5. 矿井安全管理存在漏洞，应急措施不到位。在3316风道甲烷传感器发生中断，无监测数值的情况下，没有及时发现，也未及时处理并采取措施。从冲击地压发生到瓦斯爆炸11分钟时间内，高浓度瓦斯充满千余米巷道，回风系统电气设备未能有效断电，井下现场有关人员未采取有效措施，监测中心值班人员处置不当。

6. 安全制度不落实。海州立井配备有便携式甲烷检测仪，2月14日白班无发放记录，现场勘察未发现便携式甲烷检测仪，违反《煤矿安全规程》第149条规定。没有严格执行职工入井发放佩带自救器的管理制度，导致事故伤亡扩大。

资料来源：中国工会劳动保护网。

5．生产经营场所和设备设施的安全管理

生产经营单位应当在有较大危险因素的生产经营场所和有关设施、设备上，设置明显的安全警示标志。安全设备的设计、制造、安装、使用、检测、维修、改造和报废，应当符合国家标准或者行业标准。生产经营单位必须对安全设备进行经常性维护、保养，并定期检测，保证正常运转。维护、保养、检测应当做好记录，并由有关人员签字。

生产、经营、储存、使用危险物品的车间、商店、仓库不得与员工宿舍在同一座建筑物内，并应当与员工宿舍保持安全距离。生产经营场所和员工宿舍应当设有符合紧急疏散要求、标志明显、保持畅通的出口。禁止锁闭、封堵生产经营场所或者员工宿舍的出口。

生产经营单位进行爆破、吊装以及国务院安全生产监督管理部门会同国务院有关部门规定的其他危险作业，应当安排专门人员进行现场安全管理，确保操作规程的遵守和安全措施的落实。

生产经营单位不得将生产经营项目、场所、设备发包或者出租给不具备安全生产条件或者相应资质的单位或者个人。生产经营项目、场所发包或者出租给其他单位的，生产经营单位应当与承包单位、承租单位签订专门的安全生产管理协议，或者在承包合同、租赁合同中约定各自的安全生产管理职责；生产经营单位对承包单位、承租单位的安全生产工作统一协调、管理，定期进行安全检查，发现安全问题的，应当及时督促整改。

两个以上生产经营单位在同一作业区域内进行生产经营活动，可能危及对方生产安全的，应当签订安全生产管理协议，明确各自的安全生产管理职责和应当采取的安全措施，并指定专职安全生产管理人员进行安全检查与协调。

7.2.2 从业人员的安全生产权利义务

1. 权利

生产经营单位与从业人员订立的劳动合同,应当载明有关保障从业人员劳动安全、防止职业危害的事项,以及依法为从业人员办理工伤保险的事项。不得以任何形式与从业人员订立协议,免除或者减轻其对从业人员因生产安全事故伤亡依法应承担的责任。

生产经营单位的从业人员有权了解其作业场所和工作岗位存在的危险因素、防范措施及事故应急措施,有权对本单位的安全生产工作提出建议。从业人员也有权对本单位安全生产工作中存在的问题提出批评、检举、控告;有权拒绝违章指挥和强令冒险作业。从业人员发现直接危及人身安全的紧急情况时,有权停止作业或者在采取可能的应急措施后撤离作业场所。生产经营单位不得因此而降低其工资、福利等待遇或者解除与其订立的劳动合同。

因生产安全事故受到损害的从业人员,除依法享有工伤保险外,依照有关民事法律尚有获得赔偿的权利的,有权向本单位提出赔偿要求。

工会有权对建设项目的安全设施与主体工程同时设计、同时施工、同时投入生产和使用进行监督,提出意见。工会对生产经营单位违反安全生产法律、法规,侵犯从业人员合法权益的行为,有权要求纠正;发现生产经营单位违章指挥、强令冒险作业或者发现事故隐患时,有权提出解决的建议,生产经营单位应当及时研究答复;发现危及从业人员生命安全的情况时,有权向生产经营单位建议组织从业人员撤离危险场所,生产经营单位必须立即作出处理。工会也有权依法参加事故调查,向有关部门提出处理意见,并要求追究有关人员的责任。

2. 义务

从业人员在作业过程中,应当严格遵守本单位的安全生产规章制度和操作规程,服从管理,正确佩戴和使用劳动防护用品。应当接受安全生产教育和培训,掌握本职工作所需的安全生产知识,提高安全生产技能,增强事故预防和应急处理能力。发现事故隐患或者其他不安全因素,应当立即向现场安全生产管理人员或者本单位负责人报告;接到报告的人员应当及时予以处理。

案例 7.4 试用期职工也应被提供劳动防护用品

案情简介:刘某某年 6 月被一家木材加工厂招收为电锯工,与该厂签订了 5 年劳动合同,合同约定试用期 6 个月。劳动时,刘某看到同班组的老职工都戴着防护眼镜和手套,于是要求厂方为自己配备眼镜和手套,但厂方以刘某还在试用期,不是正式职工为由拒绝发给。为此,刘某向当地劳动争议仲裁委员会提出申诉。仲裁委员会受理此案后,经调查刘某所诉情况属实。仲裁委员会指出企业的做法不对,应予纠正。木材厂接受了仲裁委员会的调解意见,表示按规定发给刘某个人劳动防护用品。

案例评析：这是一起因企业在生产劳动过程中不按规定发给职工个人劳动防护用品而引发的劳动争议案件。该木材厂以职工刘某还在试用期，不是正式职工为由不发给劳动防护用品是错误的，是没有法律依据的，侵犯了劳动者获得劳动安全卫生保护的权利。

劳动防护用品是保护劳动者在生产过程中的人身安全与健康所必须的一种防护性装备，对于减少职业危害，防止事故发生起着重要作用。对此，国家劳动法律、法规都有明确规定。劳动法第54条规定，用人单位必须为劳动者提供符合国家规定的劳动安全卫生条件和必要的劳动防护用品。工厂安全卫生规程第74条和第77条也分别规定，在有灼伤、烫伤，或者容易发生机械外伤等危险场所进行操作；在有噪音、强光、辐射热和飞溅火花、碎片、刨屑的场所操作的工人，工厂应供给工人工作服、工作帽、口罩、手套、护腿、鞋盖、护耳器、防护眼镜、面具等防护用品。

在生产劳动过程中，企业发给职工劳动防护用品，是以国家法律、法规规定，劳动场所和生产条件需要，保护劳动者健康为依据的，是以预防事故和职业伤害为目的的。凡是在规定的应当发放劳动防护用品场所工作的劳动者，不分年龄、资历等，都应发给。本案中，刘某所从事的劳动是电锯，符合劳动法律、法规规定的应当得到劳动保护待遇的条件，他应当和其他电锯工一样，由企业发给所需的劳动防护用品。至于劳动合同中的约定试用期，它是企业和劳动者之间为了相互了解，考察企业对方是否符合录用条件，能否适应工作岗位，能否完成工作任务，从而决定是否继续保持劳动关系的一段时间。

试用期不是企业是否发给劳动者劳动保护用品的理由和依据。劳动者与企业从签订劳动合同那天起，就成为企业的正式职工，就有权享有劳动保护。即使不是正式职工，只要与企业有劳动关系且所从事的劳动应发给防护用品，企业也必须按规定发给劳动者个人劳动防护用品。

资料来源：中国人力资源开发网。

7.2.3 安全生产的监督管理

1. 安监部门的安监责任

安全生产监督管理部门（以下简称为安监部门）应当按照分类分级监督管理的要求，制定安全生产年度监督检查计划，并按照年度监督检查计划进行监督检查，发现事故隐患，应当及时处理。安监部门依照有关法律、法规的规定，对涉及安全生产的事项需要审查批准（包括批准、核准、许可、注册、认证、颁发证照等，下同）或者验收的，必须严格依照有关法律、法规和国家标准或者行业标准规定的安全生产条件和程序进行审查；不符合有关法律、法规和国家标准或者行业标准规定的安全生产条件的，不得批准或者验收通过。对未依法取得批准或者验收合格的单位擅自从事有关活动的，负责行政审批的部门发现或者接到举报后应当立即予以取缔，并依法予以处理。对已经依法取得批准的单位，负责行政审批的部门发现其不再具备安全生产条件的，应当撤销原批准。

安监部门对涉及安全生产的事项进行审查、验收，不得收取费用；不得要求接受审查、验收的单位购买其指定品牌或者指定生产、销售单位的安全设备、器材或者其他产品。

安监部门和其他负有安全生产监督管理职责的部门依法开展安全生产行政执法工

作,对生产经营单位执行有关安全生产的法律、法规和国家标准或者行业标准的情况进行监督检查,行使以下职权:①进入生产经营单位进行检查,调阅有关资料,向有关单位和人员了解情况;②对检查中发现的安全生产违法行为,当场予以纠正或者要求限期改正;对依法应当给予行政处罚的行为,依照本法和其他有关法律、行政法规的规定作出行政处罚决定;③对检查中发现的事故隐患,应当责令立即排除;重大事故隐患排除前或者排除过程中无法保证安全的,应当责令从危险区域内撤出作业人员,责令暂时停产停业或者停止使用相关设施、设备;重大事故隐患排除后,经审查同意,方可恢复生产经营和使用;④对有根据认为不符合保障安全生产的国家标准或者行业标准的设施、设备、器材以及违法生产、储存、使用、经营、运输的危险物品予以查封或者扣押,对违法生产、储存、使用、经营危险物品的作业场所予以查封,并依法作出处理决定。

安监部门在监督检查中,应当互相配合,实行联合检查;确需分别进行检查的,应当互通情况,发现存在的安全问题应当由其他有关部门进行处理的,应当及时移送其他有关部门并形成记录备查,接受移送的部门应当及时进行处理。

安监部门应当建立举报制度,公开举报电话、信箱或者电子邮件地址,受理有关安全生产的举报;受理的举报事项经调查核实后,应当形成书面材料;需要落实整改措施的,报经有关负责人签字并督促落实。

安监部门应当建立安全生产违法行为信息库,如实记录生产经营单位的安全生产违法行为信息;对违法行为情节严重的生产经营单位,应当向社会公告,并通报行业主管部门、投资主管部门、国土资源主管部门、证券监督管理机构以及有关金融机构。

2. 其他机构和人员的安监责任

县级以上地方各级人民政府应当根据本行政区域内的安全生产状况,组织有关部门按照职责分工,对本行政区域内容易发生重大生产安全事故的生产经营单位进行严格检查。生产经营单位对负有安全生产监督管理职责的部门的监督检查人员(以下统称安全生产监督检查人员)依法履行监督检查职责,应当予以配合,不得拒绝、阻挠。

安全生产监督检查人员应当忠于职守,坚持原则,秉公执法。在执行监督检查任务时,必须出示有效的监督执法证件;对涉及被检查单位的技术秘密和业务秘密,应当为其保密。安全生产监督检查人员应当将检查的时间、地点、内容、发现的问题及其处理情况,作出书面记录,并由检查人员和被检查单位的负责人签字;被检查单位的负责人拒绝签字的,检查人员应当将情况记录在案,并向负有安全生产监督管理职责的部门报告。

安监部门依法对存在重大事故隐患的生产经营单位作出停产停业、停止施工、停止使用相关设施或者设备的决定,生产经营单位应当依法执行,及时消除事故隐患。生产经营单位拒不执行,有发生生产安全事故的现实危险的,在保证安全的前提下,经本部门主要负责人批准,安监部门可以采取通知有关单位停止供电、停止供应民用爆炸物品等措施,强制生产经营单位履行决定。通知应当采用书面形式,有关单位应当予以配合。安监部门依照规定采取停止供电措施,除有危及生产安全的紧急情形外,应当提前 24 小时通知生产经营单位。生产经营单位依法履行行政决定、采取相应措施消除事故隐患的,安监部门应当及时解除前款规定的措施。

监察机关依照行政监察法的规定,对负有安全生产监督管理职责的部门及其工作人员履行安全生产监督管理职责实施监察。

承担安全评价、认证、检测、检验的机构应当具备国家规定的资质条件,并对其作出的安全评价、认证、检测、检验的结果负责。

任何单位或者个人对事故隐患或者安全生产违法行为,均有权向负有安全生产监督管理职责的部门报告或者举报。居民委员会、村民委员会发现其所在区域内的生产经营单位存在事故隐患或者安全生产违法行为时,应当向当地人民政府或者有关部门报告。县级以上各级人民政府及其有关部门对报告重大事故隐患或者举报安全生产违法行为的有功人员,给予奖励。具体奖励办法由国务院安全生产监督管理部门会同国务院财政部门制定。新闻、出版、广播、电影、电视等单位有进行安全生产公益宣传教育的义务,有对违反安全生产法律、法规的行为进行舆论监督的权利。

7.2.4 生产安全事故的应急救援与调查处理

1. 事前预防

国家加强生产安全事故应急能力建设,在重点行业、领域建立应急救援基地和应急救援队伍,鼓励生产经营单位和其他社会力量建立应急救援队伍,配备相应的应急救援装备和物资,提高应急救援的专业化水平。

国务院安全生产监督管理部门建立全国统一的生产安全事故应急救援信息系统,国务院有关部门建立健全相关行业、领域的生产安全事故应急救援信息系统。

县级以上地方各级人民政府应当组织有关部门制定本行政区域内生产安全事故应急救援预案,建立应急救援体系。

生产经营单位应当制定本单位生产安全事故应急救援预案,与所在地县级以上地方人民政府组织制定的生产安全事故应急救援预案相衔接,并定期组织演练。

危险物品的生产、经营、储存单位以及矿山、金属冶炼、城市轨道交通运营、建筑施工单位应当建立应急救援组织;生产经营规模较小的,可以不建立应急救援组织,但应当指定兼职的应急救援人员。

危险物品的生产、经营、储存、运输单位以及矿山、金属冶炼、城市轨道交通运营、建筑施工单位应当配备必要的应急救援器材、设备和物资,并进行经常性维护、保养,保证正常运转。

2. 事中处理

生产经营单位发生生产安全事故后,事故现场有关人员应当立即报告本单位负责人。单位负责人接到事故报告后,应当迅速采取有效措施,组织抢救,防止事故扩大,减少人员伤亡和财产损失,并按照国家有关规定立即如实报告当地负有安全生产监督管理职责的部门,不得隐瞒不报、谎报或者迟报,不得故意破坏事故现场、毁灭有关证据。

负有安全生产监督管理职责的部门接到事故报告后,应当立即按照国家有关规定上报事故情况。负有安全生产监督管理职责的部门和有关地方人民政府对事故情况不得隐瞒不报、谎报或者迟报。

有关地方人民政府和负有安全生产监督管理职责的部门的负责人接到生产安全事故报告后,应当按照生产安全事故应急救援预案的要求立即赶到事故现场,组织事故抢救。

参与事故抢救的部门和单位应当服从统一指挥,加强协同联动,采取有效的应急救援措施,并根据事故救援的需要采取警戒、疏散等措施,防止事故扩大和次生灾害的发生,减少人员伤亡和财产损失。

事故抢救过程中应当采取必要措施,避免或者减少对环境造成的危害。

任何单位和个人都应当支持、配合事故抢救,并提供一切便利条件。

3. 事后处理

事故调查处理应当按照科学严谨、依法依规、实事求是、注重实效的原则,及时、准确地查清事故原因,查明事故性质和责任,总结事故教训,提出整改措施,并对事故责任者提出处理意见。事故调查报告应当依法及时向社会公布。事故调查和处理的具体办法由国务院制定。

事故发生单位应当及时全面落实整改措施,负有安全生产监督管理职责的部门应当加强监督检查。

生产经营单位发生生产安全事故,经调查确定为责任事故的,除了应当查明事故单位的责任并依法予以追究外,还应当查明对安全生产的有关事项负有审查批准和监督职责的行政部门的责任,对有失职、渎职行为的,依法追究法律责任。

任何单位和个人不得阻挠和干涉对事故的依法调查处理。

县级以上地方各级人民政府安全生产监督管理部门应当定期统计分析本行政区域内发生生产安全事故的情况,并定期向社会公布。

7.2.5 法律责任

1. 安全生产责任人的法律责任

安监部门的工作人员,有下列行为之一的,给予降级或者撤职的处分;构成犯罪的,依照刑法有关规定追究刑事责任:①对不符合法定安全生产条件的涉及安全生产的事项予以批准或者验收通过的;②发现未依法取得批准、验收的单位擅自从事有关活动或者接到举报后不予取缔或者不依法予以处理的;③对已经依法取得批准的单位不履行监督管理职责,发现其不再具备安全生产条件而不撤销原批准或者发现安全生产违法行为不予查处的;④在监督检查中发现重大事故隐患,不依法及时处理的。

安监部门的工作人员有前款规定以外的滥用职权、玩忽职守、徇私舞弊行为的,依法给予处分;构成犯罪的,依照刑法有关规定追究刑事责任。

安监部门要求被审查、验收的单位购买其指定的安全设备、器材或者其他产品的,在对安全生产事项的审查、验收中收取费用的,由其上级机关或者监察机关责令改正,责令退还收取的费用;情节严重的,对直接负责的主管人员和其他直接责任人员依法给予处分。

生产经营单位的安全生产管理人员未履行本法规定的安全生产管理职责的,责令限期改正;导致发生生产安全事故的,暂停或者撤销其与安全生产有关的资格;构成犯罪的,依照刑法有关规定追究刑事责任。

承担安全评价、认证、检测、检验工作的机构,出具虚假证明的,没收违法所得;违法所得在10万元以上的,并处违法所得2倍以上5倍以下的罚款;没有违法所得或者违法所得不足10万元的,单处或者并处10万元以上20万元以下的罚款;对其直接负责的主管人员和其他直接责任人员处2万元以上5万元以下的罚款;给他人造成损害的,与生产经营单位承担连带赔偿责任;构成犯罪的,依照刑法有关规定追究刑事责任。对有前款违法行为的机构,吊销其相应资质。

2. 安全生产负责人的法律责任

生产经营单位的决策机构、主要负责人或者个人经营的投资人不依照本法规定保证安全生产所必需的资金投入,致使生产经营单位不具备安全生产条件的,责令限期改正,提供必需的资金;逾期未改正的,责令生产经营单位停产停业整顿。有前款违法行为,导致发生生产安全事故的,对生产经营单位的主要负责人给予撤职处分,对个人经营的投资人处2万元以上20万元以下的罚款;构成犯罪的,依照刑法有关规定追究刑事责任。

生产经营单位的主要负责人未履行本法规定的安全生产管理职责的,责令限期改正;逾期未改正的,处2万元以上5万元以下的罚款,责令生产经营单位停产停业整顿。

生产经营单位的主要负责人有前款违法行为,导致发生生产安全事故的,给予撤职处分;构成犯罪的,依照刑法有关规定追究刑事责任。

生产经营单位的主要负责人依照前款规定受刑事处罚或者撤职处分的,自刑罚执行完毕或者受处分之日起,5年内不得担任任何生产经营单位的主要负责人;对重大、特别重大生产安全事故负有责任的,终身不得担任本行业生产经营单位的主要负责人。

生产经营单位的主要负责人未履行本法规定的安全生产管理职责,导致发生生产安全事故的,由安全生产监督管理部门依照下列规定处以罚款:①发生一般事故的,处上一年年收入30%的罚款;②发生较大事故的,处上一年年收入40%的罚款;③发生重大事故的,处上一年年收入60%的罚款;④发生特别重大事故的,处上一年年收入80%的罚款。

生产经营单位的主要负责人在本单位发生生产安全事故时,不立即组织抢救或者在事故调查处理期间擅离职守或者逃匿的,给予降级、撤职的处分,并由安全生产监督管理部门处上一年年收入60%至100%的罚款;对逃匿的处15日以下拘留;构成犯罪的,依照刑法有关规定追究刑事责任。

生产经营单位的主要负责人对生产安全事故隐瞒不报、谎报或者迟报的,依照前款规定处罚。

3. 生产经营单位的法律责任

生产经营单位的违法行为,必须承担相应的法律责任,具体列表如下:

表 7-2　生产经营单位的违法行为和法律责任

违 法 行 为	法 律 责 任
①未按照规定设置安全生产管理机构或者配备安全生产管理人员的；②危险物品的生产、经营、储存单位以及矿山、金属冶炼、建筑施工、道路运输单位的主要负责人和安全生产管理人员未按照规定经考核合格的；③未按照规定对从业人员、被派遣劳动者、实习学生进行安全生产教育和培训，或者未按照规定如实告知有关的安全生产事项的；④未如实记录安全生产教育和培训情况的；⑤未将事故隐患排查治理情况如实记录或者未向从业人员通报的；⑥未按照规定制定生产安全事故应急救援预案或者未定期组织演练的；⑦特种作业人员未按照规定经专门的安全作业培训并取得相应资格，上岗作业的	责令限期改正，可以处 5 万元以下的罚款；逾期未改正的，责令停产停业整顿，并处 5 万元以上 10 万元以下的罚款，对其直接负责的主管人员和其他直接责任人员处 1 万元以上 2 万元以下的罚款
①未按照规定对矿山、金属冶炼建设项目或者用于生产、储存、装卸危险物品的建设项目进行安全评价的；②矿山、金属冶炼建设项目或者用于生产、储存、装卸危险物品的建设项目没有安全设施设计或者安全设施设计未按照规定报经有关部门审查同意的；③矿山、金属冶炼建设项目或者用于生产、储存、装卸危险物品的建设项目的施工单位未按照批准的安全设施设计施工的；④矿山、金属冶炼建设项目或者用于生产、储存危险物品的建设项目竣工投入生产或者使用前，安全设施未经验收合格的	责令停止建设或者停产停业整顿，限期改正；逾期未改正的，处 50 万元以上 100 万元以下的罚款，对其直接负责的主管人员和其他直接责任人员处 2 万元以上 5 万元以下的罚款；构成犯罪的，依照刑法有关规定追究刑事责任
①未在有较大危险因素的生产经营场所和有关设施、设备上设置明显的安全警示标志的；②安全设备的安装、使用、检测、改造和报废不符合国家标准或者行业标准的；③未对安全设备进行经常性维护、保养和定期检测的；④未为从业人员提供符合国家标准或者行业标准的劳动防护用品的；⑤危险物品的容器、运输工具，以及涉及人身安全、危险性较大的海洋石油开采特种设备和矿山井下特种设备未经具有专业资质的机构检测、检验合格，取得安全使用证或者安全标志，投入使用的；⑥使用应当淘汰的危及生产安全的工艺、设备的	责令限期改正，可以处 5 万元以下的罚款；逾期未改正的，处 5 万元以上 20 万元以下的罚款，对其直接负责的主管人员和其他直接责任人员处 1 万元以上 2 万元以下的罚款；情节严重的，责令停产停业整顿；构成犯罪的，依照刑法有关规定追究刑事责任
①生产、经营、运输、储存、使用危险物品或者处置废弃危险物品，未建立专门安全管理制度、未采取可靠的安全措施的；②对重大危险源未登记建档，或者未进行评估、监控，或者未制订应急预案的；③进行爆破、吊装以及国务院安全生产监督管理部门会同国务院有关部门规定的其他危险作业，未安排专门人员进行现场安全管理的；④未建立事故隐患排查治理制度的	责令限期改正，可以处 10 万元以下的罚款；逾期未改正的，责令停产停业整顿，并处 10 万元以上 20 万元以下的罚款，对其直接负责的主管人员和其他直接责任人员处 2 万元以上 5 万元以下的罚款；构成犯罪的，依照刑法有关规定追究刑事责任

续表

违法行为	法律责任
①生产、经营、储存、使用危险物品的车间、商店、仓库与员工宿舍在同一座建筑内,或者与员工宿舍的距离不符合安全要求的;②生产经营场所和员工宿舍未设有符合紧急疏散需要、标志明显、保持畅通的出口,或者锁闭、封堵生产经营场所或者员工宿舍出口的	责令限期改正,可以处5万元以下的罚款,对其直接负责的主管人员和其他直接责任人员可以处1万元以下的罚款;逾期未改正的,责令停产停业整顿;构成犯罪的,依照刑法有关规定追究刑事责任
未采取措施消除事故隐患的,责令立即消除或者限期消除;生产经营单位拒不执行的	责令停产停业整顿,并处10万元以上50万元以下的罚款,对其直接负责的主管人员和其他直接责任人员处2万元以上5万元以下的罚款
未经依法批准,擅自生产、经营、运输、储存、使用危险物品或者处置废弃危险物品的	依照有关危险物品安全管理的法律、行政法规的规定予以处罚;构成犯罪的,依照刑法有关规定追究刑事责任。
将生产经营项目、场所、设备发包或者出租给不具备安全生产条件或者相应资质的单位或者个人的	责令限期改正,没收违法所得;违法所得10万元以上的,并处违法所得2倍以上5倍以下的罚款;没有违法所得或者违法所得不足10万元的,单处或者并处10万元以上20万元以下的罚款;对其直接负责的主管人员和其他直接责任人员处1万元以上2万元以下的罚款;导致发生生产安全事故给他人造成损害的,与承包方、承租方承担连带赔偿责任
未与承包单位、承租单位签订专门的安全生产管理协议或者未在承包合同、租赁合同中明确各自的安全生产管理职责,或者未对承包单位、承租单位的安全生产统一协调、管理的	责令限期改正,可以处5万元以下的罚款,对其直接负责的主管人员和其他直接责任人员可以处1万元以下的罚款;逾期未改正的,责令停产停业整顿
违反法律规定,拒绝、阻碍负有安全生产监督管理职责的部门依法实施监督检查的	责令改正;拒不改正的,处2万元以上20万元以下的罚款;对其直接负责的主管人员和其他直接责任人员处1万元以上2万元以下的罚款;构成犯罪的,依照刑法有关规定追究刑事责任
两个以上生产经营单位在同一作业区域内进行可能危及对方安全生产的生产经营活动,未签订安全生产管理协议或者未指定专职安全生产管理人员进行安全检查与协调的	责令限期改正,可以处5万元以下的罚款,对其直接负责的主管人员和其他直接责任人员可以处1万元以下的罚款;逾期未改正的,责令停产停业
与从业人员订立协议,免除或者减轻其对从业人员因生产安全事故伤亡依法应承担的责任的	该协议无效;对生产经营单位的主要负责人、个人经营的投资人处2万元以上10万元以下的罚款。生产经营单位的从业人员不服从管理,违反安全生产规章制度或者操作规程的,由生产经营单位给予批评教育,依照有关规章制度给予处分;构成犯罪的,依照刑法有关规定追究刑事责任

续表

违法行为	法律责任
不具备本法和其他有关法律、行政法规和国家标准或者行业标准规定的安全生产条件,经停产停业整顿仍不具备安全生产条件的	予以关闭;有关部门应当依法吊销其有关证照
发生生产安全事故	对负有责任的生产经营单位除要求其依法承担相应的赔偿等责任外,由安全生产监督管理部门依照下列规定处以罚款:①发生一般事故的,处 20 万元以上 50 万元以下的罚款;②发生较大事故的,处 50 万元以上 100 万元以下的罚款;③发生重大事故的,处 100 万元以上 500 万元以下的罚款;④发生特别重大事故的,处 500 万元以上 1 000 万元以下的罚款;情节特别严重的,处 1 000 万元以上 2 000 万元以下的罚款

有关地方人民政府、负有安全生产监督管理职责的部门,对生产安全事故隐瞒不报、谎报或者迟报的,对直接负责的主管人员和其他直接责任人员依法给予处分;构成犯罪的,依照刑法有关规定追究刑事责任。

安全生产法规定的行政处罚,由安全生产监督管理部门和其他负有安全生产监督管理职责的部门按照职责分工决定。予以关闭的行政处罚由负有安全生产监督管理职责的部门报请县级以上人民政府按照国务院规定的权限决定;给予拘留的行政处罚由公安机关依照治安管理处罚法的规定决定。

生产经营单位发生生产安全事故造成人员伤亡、他人财产损失的,应当依法承担赔偿责任;拒不承担或者其负责人逃匿的,由人民法院依法强制执行。

生产安全事故的责任人未依法承担赔偿责任,经人民法院依法采取执行措施后,仍不能对受害人给予足额赔偿的,应当继续履行赔偿义务;受害人发现责任人有其他财产的,可以随时请求人民法院执行。

7.3 职业病防治

职业病是指企业、事业单位和个体经济组织等用人单位的劳动者在职业活动中,因接触粉尘、放射性物质和其他有毒、有害因素而引起的疾病。职业病的分类和目录由国务院卫生行政部门会同国务院安全生产监督管理部门、劳动保障行政部门制定、调整并公布。

职业病防治工作坚持预防为主、防治结合的方针,建立用人单位负责、行政机关监管、行业自律、职工参与和社会监督的机制,实行分类管理、综合治理。

《中华人民共和国职业病防治法》于 2001 年通过实施,2011 年修正。

7.3.1 前期预防

用人单位应当依照法律、法规要求,严格遵守国家职业卫生标准,落实职业病预防措施,从源头上控制和消除职业病危害。

产生职业病危害的用人单位的设立除应当符合法律、行政法规规定的设立条件外,其工作场所还应当符合下列职业卫生要求:①职业病危害因素的强度或者浓度符合国家职业卫生标准;②有与职业病危害防护相适应的设施;③生产布局合理,符合有害与无害作业分开的原则;④有配套的更衣间、洗浴间、孕妇休息间等卫生设施;⑤设备、工具、用具等设施符合保护劳动者生理、心理健康的要求;⑥法律、行政法规和国务院卫生行政部门、安全生产监督管理部门关于保护劳动者健康的其他要求。

国家建立职业病危害项目申报制度。用人单位工作场所存在职业病目录所列职业病的危害因素的,应当及时、如实向所在地安全生产监督管理部门申报危害项目,接受监督。职业病危害因素分类目录由国务院卫生行政部门会同国务院安全生产监督管理部门制定、调整并公布。职业病危害项目申报的具体办法由国务院安全生产监督管理部门制定。

新建、扩建、改建建设项目和技术改造、技术引进项目(以下统称建设项目)可能产生职业病危害的,建设单位在可行性论证阶段应当向安全生产监督管理部门提交职业病危害预评价报告。安全生产监督管理部门应当自收到职业病危害预评价报告之日起30日内,作出审核决定并书面通知建设单位。未提交预评价报告或者预评价报告未经安全生产监督管理部门审核同意的,有关部门不得批准该建设项目。职业病危害预评价报告应当对建设项目可能产生的职业病危害因素及其对工作场所和劳动者健康的影响作出评价,确定危害类别和职业病防护措施。建设项目职业病危害分类管理办法由国务院安全生产监督管理部门制定。

建设项目的职业病防护设施所需费用应当纳入建设项目工程预算,并与主体工程同时设计,同时施工,同时投入生产和使用。职业病危害严重的建设项目的防护设施设计,应当经安全生产监督管理部门审查,符合国家职业卫生标准和卫生要求的,方可施工。建设项目在竣工验收前,建设单位应当进行职业病危害控制效果评价。建设项目竣工验收时,其职业病防护设施经安全生产监督管理部门验收合格后,方可投入正式生产和使用。

职业病危害预评价、职业病危害控制效果评价由依法设立的取得国务院安全生产监督管理部门或者设区的市级以上地方人民政府安全生产监督管理部门按照职责分工给予资质认可的职业卫生技术服务机构进行。职业卫生技术服务机构所作评价应当客观、真实。

国家对从事放射性、高毒、高危粉尘等作业实行特殊管理。具体管理办法由国务院制定。

7.3.2 劳动过程中的防护与管理

1. 用人单位基本职责

用人单位应当采取下列职业病防治管理措施:①设置或者指定职业卫生管理机构或

者组织,配备专职或者兼职的职业卫生管理人员,负责本单位的职业病防治工作;②制定职业病防治计划和实施方案;③建立、健全职业卫生管理制度和操作规程;④建立、健全职业卫生档案和劳动者健康监护档案;⑤建立、健全工作场所职业病危害因素监测及评价制度;⑥建立、健全职业病危害事故应急救援预案。

用人单位应当保障职业病防治所需的资金投入,不得挤占、挪用,并对因资金投入不足导致的后果承担责任。用人单位必须采用有效的职业病防护设施,并为劳动者提供个人使用的职业病防护用品。用人单位为劳动者个人提供的职业病防护用品必须符合防治职业病的要求;不符合要求的,不得使用。用人单位应当优先采用有利于防治职业病和保护劳动者健康的新技术、新工艺、新设备、新材料,逐步替代职业病危害严重的技术、工艺、设备、材料。

2. 工作现场的安全防范

产生职业病危害的用人单位,应当在醒目位置设置公告栏,公布有关职业病防治的规章制度、操作规程、职业病危害事故应急救援措施和工作场所职业病危害因素检测结果。对产生严重职业病危害的作业岗位,应当在其醒目位置设置警示标识和中文警示说明。警示说明应当载明产生职业病危害的种类、后果、预防以及应急救治措施等内容。

对可能发生急性职业损伤的有毒、有害工作场所,用人单位应当设置报警装置,配置现场急救用品、冲洗设备、应急撤离通道和必要的泄险区。对放射工作场所和放射性同位素的运输、储存,用人单位必须配置防护设备和报警装置,保证接触放射线的工作人员佩戴个人剂量计。对职业病防护设备、应急救援设施和个人使用的职业病防护用品,用人单位应当进行经常性的维护、检修,定期检测其性能和效果,确保其处于正常状态,不得擅自拆除或者停止使用。

3. 职业病的监测和检测

用人单位应当实施由专人负责的职业病危害因素日常监测,并确保监测系统处于正常运行状态。用人单位应当按照国务院安全生产监督管理部门的规定,定期对工作场所进行职业病危害因素检测、评价。检测、评价结果存入用人单位职业卫生档案,定期向所在地安全生产监督管理部门报告并向劳动者公布。职业病危害因素检测、评价由依法设立的取得国务院安全生产监督管理部门或者设区的市级以上地方人民政府安全生产监督管理部门按照职责分工给予资质认可的职业卫生技术服务机构进行。职业卫生技术服务机构所作检测、评价应当客观、真实。发现工作场所职业病危害因素不符合国家职业卫生标准和卫生要求时,用人单位应当立即采取相应治理措施,仍然达不到国家职业卫生标准和卫生要求的,必须停止存在职业病危害因素的作业;职业病危害因素经治理后,符合国家职业卫生标准和卫生要求的,方可重新作业。

职业卫生技术服务机构依法从事职业病危害因素检测、评价工作,接受安全生产监督管理部门的监督检查。安全生产监督管理部门应当依法履行监督职责。向用人单位提供可能产生职业病危害的设备的,应当提供中文说明书,并在设备的醒目位置设置警示标识和中文警示说明。警示说明应当载明设备性能、可能产生的职业病危害、安全操作和维护注意事项、职业病防护以及应急救治措施等内容。向用人单位提供可能产生职业病危害的化学品、放射性同位素和含有放射性物质的材料的,应当提供中文说明书。说明书应当载明产品特性、主要成分、存在的有害因素、可能产生的危害后果、安全使用注意事项、职业病防护以及应急救治措施等内容。产品包装应当有醒目的警示标识和中文警示说明。储存上述材料的场所应当在规定的部位设置危险物品标识或者放射性警示标识。国内首次使用或者首次进口与职业病危害有关的化学材料,使用单位或者进口单位按照国家规定经国务院有关部门批准后,应当向国务院卫生行政部门、安全生产监督管理部门报送该化学材料的毒性鉴定以及经有关部门登记注册或者批准进口的文件等资料。进口放射性同位素、射线装置和含有放射性物质的物品的,按照国家有关规定办理。

4. 劳动者的相关权利保护

劳动者享有下列职业卫生保护权利:①获得职业卫生教育、培训;②获得职业健康检查、职业病诊疗、康复等职业病防治服务;③了解工作场所产生或者可能产生的职业病危害因素、危害后果和应当采取的职业病防护措施;④要求用人单位提供符合防治职业病要求的职业病防护设施和个人使用的职业病防护用品,改善工作条件;⑤对违反职业病防治法律、法规以及危及生命健康的行为提出批评、检举和控告;⑥拒绝违章指挥和强令进行没有职业病防护措施的作业;⑦参与用人单位职业卫生工作的民主管理,对职业病防治工作提出意见和建议。用人单位应当保障劳动者行使上述所列权利。因劳动者依法行使正当权利而降低其工资、福利等待遇或者解除、终止与其订立的劳动合同的,其行为无效。

用人单位与劳动者订立劳动合同(含聘用合同,下同)时,应当将工作过程中可能产生的职业病危害及其后果、职业病防护措施和待遇等如实告知劳动者,并在劳动合同中写明,不得隐瞒或者欺骗。劳动者在已订立劳动合同期间因工作岗位或者工作内容变更,从事与所订立劳动合同中未告知的存在职业病危害的作业时,用人单位应当依照前款规定,向劳动者履行如实告知的义务,并协商变更原劳动合同相关条款。用人单位违反前两款规定的,劳动者有权拒绝从事存在职业病危害的作业,用人单位不得因此解除与劳动者所订立的劳动合同。

用人单位的主要负责人和职业卫生管理人员应当接受职业卫生培训,遵守职业病防治法律、法规,依法组织本单位的职业病防治工作。用人单位应当对劳动者进行上岗前的职业卫生培训和在岗期间的定期职业卫生培训,普及职业卫生知识,督促劳动者遵守职业病防治法律、法规、规章和操作规程,指导劳动者正确使用职业病防护设备和个人使用的职业病防护用品。劳动者应当学习和掌握相关的职业卫生知识,增强职业病防范意识,遵守职业病防治法律、法规、规章和操作规程,正确使用、维护职业病防护设备和个人使用的职业病防护用品,发现职业病危害事故隐患应当及时报告。劳动者不履行前款规定义务的,用人单位应当对其进行教育。

对从事接触职业病危害的作业的劳动者,用人单位应当按照国务院安全生产监督管理部门、卫生行政部门的规定组织上岗前、在岗期间和离岗时的职业健康检查,并将检查结果书面告知劳动者。职业健康检查费用由用人单位承担。用人单位不得安排未经上岗前职业健康检查的劳动者从事接触职业病危害的作业;不得安排有职业禁忌的劳动者从事其所禁忌的作业;对在职业健康检查中发现有与所从事的职业相关的健康损害的劳动者,应当调离原工作岗位,并妥善安置;对未进行离岗前职业健康检查的劳动者不得解除或者终止与其订立的劳动合同。职业健康检查应当由省级以上人民政府卫生行政部门批准的医疗卫生机构承担。

用人单位应当为劳动者建立职业健康监护档案,并按照规定的期限妥善保存。职业健康监护档案应当包括劳动者的职业史、职业病危害接触史、职业健康检查结果和职业病诊疗等有关个人健康资料。劳动者离开用人单位时,有权索取本人职业健康监护档案复印件,用人单位应当如实、无偿提供,并在所提供的复印件上签章。

发生或者可能发生急性职业病危害事故时,用人单位应当立即采取应急救援和控制措施,并及时报告所在地安全生产监督管理部门和有关部门。安全生产监督管理部门接到报告后,应当及时会同有关部门组织调查处理;必要时,可以采取临时控制措施。卫生行政部门应当组织做好医疗救治工作。对遭受或者可能遭受急性职业病危害的劳动者,用人单位应当及时组织救治、进行健康检查和医学观察,所需费用由用人单位承担。用人单位不得安排未成年工从事接触职业病危害的作业;不得安排孕期、哺乳期的女职工从事对本人和胎儿、婴儿有危害的作业。

工会组织应当督促并协助用人单位开展职业卫生宣传教育和培训,有权对用人单位的职业病防治工作提出意见和建议,依法代表劳动者与用人单位签订劳动安全卫生专项集体合同,与用人单位就劳动者反映的有关职业病防治的问题进行协调并督促解决。工会组织对用人单位违反职业病防治法律、法规,侵犯劳动者合法权益的行为,有权要求纠正;产生严重职业病危害时,有权要求采取防护措施,或者向政府有关部门建议采取强制性措施;发生职业病危害事故时,有权参与事故调查处理;发现危及劳动者生命健康的情形时,有权向用人单位建议组织劳动者撤离危险现场,用人单位应当立即作出处理。

5. 政府与社会的作用

用人单位按照职业病防治要求,用于预防和治理职业病危害、工作场所卫生检测、健康监护和职业卫生培训等费用,按照国家有关规定,在生产成本中据实列支。职业卫生监督管理部门应当按照职责分工,加强对用人单位落实职业病防护管理措施情况的监督检查,依法行使职权,承担责任。

任何单位和个人不得生产、经营、进口和使用国家明令禁止使用的可能产生职业病危害的设备或者材料。任何单位和个人不得将产生职业病危害的作业转移给不具备职业病防护条件的单位和个人。不具备职业病防护条件的单位和个人不得接受产生职业病危害的作业。用人单位对采用的技术、工艺、设备、材料,应当知悉其产生的职业病危害,对有职业病危害的技术、工艺、设备、材料隐瞒其危害而采用的,对所造成的职业病危害后果承担责任。

7.3.3 职业病诊断与职业病病人保障

1. 职业病诊断机构的条件和职责

医疗卫生机构承担职业病诊断,应当经省、自治区、直辖市人民政府卫生行政部门批准。省、自治区、直辖市人民政府卫生行政部门应当向社会公布本行政区域内承担职业病诊断的医疗卫生机构的名单。

承担职业病诊断的医疗卫生机构应当具备下列条件：①持有《医疗机构执业许可证》；②具有与开展职业病诊断相适应的医疗卫生技术人员；③具有与开展职业病诊断相适应的仪器、设备；④具有健全的职业病诊断质量管理制度。承担职业病诊断的医疗卫生机构不得拒绝劳动者进行职业病诊断的要求。

劳动者可以在用人单位所在地、本人户籍所在地或者经常居住地依法承担职业病诊断的医疗卫生机构进行职业病诊断。职业病诊断标准和职业病诊断、鉴定办法由国务院卫生行政部门制定。职业病伤残等级的鉴定办法由国务院劳动保障行政部门会同国务院卫生行政部门制定。

职业病诊断应当综合分析下列因素：①病人的职业史；②职业病危害接触史和工作场所职业病危害因素情况；③临床表现以及辅助检查结果等。没有证据否定职业病危害因素与病人临床表现之间的必然联系的，应当诊断为职业病。承担职业病诊断的医疗卫生机构在进行职业病诊断时，应当组织三名以上取得职业病诊断资格的执业医师集体诊断。职业病诊断证明书应当由参与诊断的医师共同签署，并经承担职业病诊断的医疗卫生机构审核盖章。

2. 用人单位职责

用人单位应当如实提供职业病诊断、鉴定所需的劳动者职业史和职业病危害接触史、工作场所职业病危害因素检测结果等资料；安全生产监督管理部门应当监督检查和督促用人单位提供上述资料；劳动者和有关机构也应当提供与职业病诊断、鉴定有关的资料。职业病诊断、鉴定机构需要了解工作场所职业病危害因素情况时，可以对工作场所进行现场调查，也可以向安全生产监督管理部门提出，安全生产监督管理部门应当在10日内组织现场调查。用人单位不得拒绝、阻挠。

职业病诊断、鉴定过程中，用人单位不提供工作场所职业病危害因素检测结果等资料的，诊断、鉴定机构应当结合劳动者的临床表现、辅助检查结果和劳动者的职业史、职业病危害接触史，并参考劳动者的自述、安全生产监督管理部门提供的日常监督检查信息等，作出职业病诊断、鉴定结论。劳动者对用人单位提供的工作场所职业病危害因素检测结果等资料有异议，或者因劳动者的用人单位解散、破产，无用人单位提供上述资料的，诊断、鉴定机构应当提请安全生产监督管理部门进行调查，安全生产监督管理部门应当自接到申请之日起30日内对存在异议的资料或者工作场所职业病危害因素情况作出判定；有关部门应当配合。

3. 争议的处理

职业病诊断、鉴定过程中，在确认劳动者职业史、职业病危害接触史时，当事人对劳动关系、工种、工作岗位或者在岗时间有争议的，可以向当地的劳动人事争议仲裁委员会申请仲裁；接到申请的劳动人事争议仲裁委员会应当受理，并在30日内作出裁决。当事人在仲裁过程中对自己提出的主张，有责任提供证据。劳动者无法提供由用人单位掌握管理的与仲裁主张有关的证据的，仲裁庭应当要求用人单位在指定期限内提供；用人单位在指定期限内不提供的，应当承担不利后果。劳动者对仲裁裁决不服的，可以依法向人民法院提起诉讼。用人单位对仲裁裁决不服的,可以在职业病诊断、鉴定程序结束之日起15日内依法向人民法院提起诉讼;诉讼期间,劳动者的治疗费用按照职业病待遇规定的途径支付。

当事人对职业病诊断有异议的,可以向作出诊断的医疗卫生机构所在地地方人民政府卫生行政部门申请鉴定。职业病诊断争议由设区的市级以上地方人民政府卫生行政部门根据当事人的申请,组织职业病诊断鉴定委员会进行鉴定。当事人对设区的市级职业病诊断鉴定委员会的鉴定结论不服的,可以向省、自治区、直辖市人民政府卫生行政部门申请再鉴定。

职业病诊断鉴定委员会由相关专业的专家组成。省、自治区、直辖市人民政府卫生行政部门应当设立相关的专家库,需要对职业病争议作出诊断鉴定时,由当事人或者当事人委托有关卫生行政部门从专家库中以随机抽取的方式确定参加诊断鉴定委员会的专家。职业病诊断鉴定委员会应当按照国务院卫生行政部门颁布的职业病诊断标准和职业病诊断、鉴定办法进行职业病诊断鉴定,向当事人出具职业病诊断鉴定书。职业病诊断、鉴定费用由用人单位承担。职业病诊断鉴定委员会组成人员应当遵守职业道德,客观、公正地进行诊断鉴定,并承担相应的责任。职业病诊断鉴定委员会组成人员不得私下接触当事人,不得收受当事人的财物或者其他好处,与当事人有利害关系的,应当回避。人民法院受理有关案件需要进行职业病鉴定时,应当从省、自治区、直辖市人民政府卫生行政部门依法设立的相关的专家库中选取参加鉴定的专家。

4. 职业病的发现与处理

用人单位和医疗卫生机构发现职业病病人或者疑似职业病病人时,应当及时向所在地卫生行政部门和安全生产监督管理部门报告。确诊为职业病的,用人单位还应当向所在地劳动保障行政部门报告。接到报告的部门应当依法作出处理。县级以上地方人民政府卫生行政部门负责本行政区域内的职业病统计报告的管理工作,并按照规定上报。

医疗卫生机构发现疑似职业病病人时,应当告知劳动者本人并及时通知用人单位。用人单位应当及时安排对疑似职业病病人进行诊断;在疑似职业病病人诊断或者医学观察期间,不得解除或者终止与其订立的劳动合同。疑似职业病病人在诊断、医学观察期间的费用,由用人单位承担。

用人单位应当保障职业病病人依法享受国家规定的职业病待遇。应当按照国家有关规定,安排职业病病人进行治疗、康复和定期检查。对不适宜继续从事原工作的职业病病人,应当调离原岗位,并妥善安置。对从事接触职业病危害的作业的劳动者,应当给予适当岗位津贴。

职业病病人的诊疗、康复费用,伤残以及丧失劳动能力的职业病病人的社会保障,按照国家有关工伤保险的规定执行。职业病病人除依法享有工伤保险外,依照有关民事法律,尚有获得赔偿的权利的,有权向用人单位提出赔偿要求。劳动者被诊断患有职业病,但用人单位没有依法参加工伤保险的,其医疗和生活保障由该用人单位承担。职业病病人变动工作单位,其依法享有的待遇不变。用人单位在发生分立、合并、解散、破产等情形时,应当对从事接触职业病危害的作业的劳动者进行健康检查,并按照国家有关规定妥善安置职业病病人。用人单位已经不存在或者无法确认劳动关系的职业病病人,可以向地方人民政府民政部门申请医疗救助和生活等方面的救助。地方各级人民政府应当根据本地区的实际情况,采取其他措施,使前款规定的职业病病人获得医疗救治。

 案例 7.5　铸工 28 年患尘肺,山东一职工因职业病获赔 40 万

职工李某在某机械厂长期从事铸工工作,28 年后被诊断为铸工尘肺。在公司进行资产转让时,因为工伤待遇争议,李某向济宁市劳动争议仲裁委员会提起申诉。经过调解,机械厂一次性支付给李某综合补偿金 40 万元。

李某申诉称,他在济宁某机械公司从事铸工工作,1998 年经济宁市尘肺诊断小组会诊,诊断为铸工尘肺。去年 7 月,经济宁市劳动能力鉴定委员会鉴定,确认其劳动功能障碍程度为 4 级。因为工伤发生劳动争议,李某申请与单位解除劳动关系,要求单位根据国家有关工伤解除劳动关系的相关规定,给予一次性综合经济补偿 40 万元。

而机械公司则辩称,李某于 1970 年在济宁某机械厂(机械公司的前身)参加工作,自参加工作起至 2001 年期间从事铸工工作,于 1998 年 4 月 20 日被济宁市尘肺诊断小组诊断为铸工尘肺。由于公司于 2006 年资产转让,资产接收方不接收李某。李某要求与公司解除劳动关系,采用一次性了断的方法,领取各类补偿金、伤残津贴、医疗补助及生活费等。公司同意解除双方的劳动关系,按有关规定一次性全部支付给李某相关补偿金,双方永无瓜葛。

经劳动仲裁部门审理查明,李某于 1970 年到该单位从事铸工工作并被诊断为铸工尘肺的情况属实。经调解,最后双方当事人自愿达成协议,双方解除劳动关系,机械公司一次性支付给李某综合补偿金 40 万元。

资料来源:国家安全生产监督管理总局网站,2007-10-20。

7.3.4　监督检查

县级以上人民政府职业卫生监督管理部门依照职业病防治法律、法规,国家职业卫生标准和卫生要求,依据职责划分,对职业病防治工作进行监督检查。

安全生产监督管理部门履行监督检查职责时,有权采取下列措施:①进入被检查单位和职业病危害现场,了解情况,调查取证;②查阅或者复制与违反职业病防治法律、法规的行为有关的资料和采集样品;③责令违反职业病防治法律、法规的单位和个人停止违法行为。

发生职业病危害事故或者有证据证明危害状态可能导致职业病危害事故发生时,安全生产监督管理部门可以采取下列临时控制措施:①责令暂停导致职业病危害事故的作业;②封存造成职业病危害事故或者可能导致职业病危害事故发生的材料和设备;③组织控制职业病危害事故现场。在职业病危害事故或者危害状态得到有效控制后,安全生产监督管理部门应当及时解除控制措施。

职业卫生监督执法人员依法执行职务时,应当出示监督执法证件。职业卫生监督执法人员应当忠于职守,秉公执法,严格遵守执法规范;涉及用人单位的秘密的,应当为其保密。职业卫生监督执法人员依法执行职务时,被检查单位应当接受检查并予以支持配合,不得拒绝和阻碍。

安全生产监督管理部门及其职业卫生监督执法人员履行职责时,不得有下列行为:①对不符合法定条件的,发给建设项目有关证明文件、资质证明文件或者予以批准;②对已经取得有关证明文件的,不履行监督检查职责;③发现用人单位存在职业病危害的,可能造成职业病危害事故,不及时依法采取控制措施;④其他违反本法的行为。

职业卫生监督执法人员应当依法经过资格认定。职业卫生监督管理部门应当加强队伍建设,提高职业卫生监督执法人员的政治、业务素质,依照本法和其他有关法律、法规的规定,建立、健全内部监督制度,对其工作人员执行法律、法规和遵守纪律的情况进行监督检查。

7.3.5 法律责任

1. 用人单位的法律责任

用人单位违反《职业病防治法》规定,其违法行为及相应的法律责任如表 7-3 所示:

表 7-3 用人单位违法行为与法律责任

违法行为	法律责任
①未按照规定进行职业病危害预评价或者未提交职业病危害预评价报告,或者职业病危害预评价报告未经安全生产监督管理部门审核同意,开工建设的;②建设项目的职业病防护设施未按照规定与主体工程同时投入生产和使用的;③职业病危害严重的建设项目,其职业病防护设施设计未经安全生产监督管理部门审查,或者不符合国家职业卫生标准和卫生要求施工的;④未按照规定对职业病防护设施进行职业病危害控制效果评价、未经安全生产监督管理部门验收或者验收不合格,擅自投入使用的	由安全生产监督管理部门给予警告,责令限期改正;逾期不改正的,处 10 万元以上 50 万元以下的罚款;情节严重的,责令停止产生职业病危害的作业,或者提请有关人民政府按照国务院规定的权限责令停建、关闭
①工作场所职业病危害因素检测、评价结果没有存档、上报、公布的;②未采取本法第 21 条规定的职业病防治管理措施的;③未按照规定公布有关职业病防治的规章制度、操作规程、职业病危害事故应急救援措施的;④未按照规定组织劳动者进行职业卫生培训,或者未对劳动者个人职业病防护采取指导、督促措施的;⑤国内首次使用或者首次进口与职业病危害有关的化学材料,未按照规定报送毒性鉴定资料以及经有关部门登记注册或者批准进口的文件的	由安全生产监督管理部门给予警告,责令限期改正;逾期不改正的,处 10 万元以下的罚款
①未按照规定及时、如实向安全生产监督管理部门申报产生职业病危害的项目的;②未实施由专人负责的职业病危害因素日常监测,或者监测系统不能正常监测的;③订立或者变更劳动合同时,未告知劳动者职业病危害真实情况的;④未按照规定组织职业健康检查、建立职业健康监护档案或者未将检查结果书面告知劳动者的;⑤未依照本法规定在劳动者离开用人单位时提供职业健康监护档案复印件的	由安全生产监督管理部门责令限期改正,给予警告,可以并处 5 万元以上 10 万元以下的罚款

续表

违 法 行 为	法 律 责 任
①工作场所职业病危害因素的强度或者浓度超过国家职业卫生标准的;②未提供职业病防护设施和个人使用的职业病防护用品,或者提供的职业病防护设施和个人使用的职业病防护用品不符合国家职业卫生标准和卫生要求的;③对职业病防护设备、应急救援设施和个人使用的职业病防护用品未按照规定进行维护、检修、检测,或者不能保持正常运行、使用状态的;④未按照规定对工作场所职业病危害因素进行检测、评价的;⑤工作场所职业病危害因素经治理仍然达不到国家职业卫生标准和卫生要求时,未停止存在职业病危害因素的作业的;⑥未按照规定安排职业病病人、疑似职业病病人进行诊治的;⑦发生或者可能发生急性职业病危害事故时,未立即采取应急救援和控制措施或者未按照规定及时报告的;⑧未按照规定在产生严重职业病危害的作业岗位醒目位置设置警示标识和中文警示说明的;⑨拒绝职业卫生监督管理部门监督检查的;⑩隐瞒、伪造、篡改、毁损职业健康监护档案、工作场所职业病危害因素检测评价结果等相关资料,或者拒不提供职业病诊断、鉴定所需资料的;⑪未按照规定承担职业病诊断、鉴定费用和职业病病人的医疗、生活保障费用的	由安全生产监督管理部门给予警告,责令限期改正,逾期不改正的,处5万元以上20万元以下的罚款;情节严重的,责令停止产生职业病危害的作业,或者提请有关人民政府按照国务院规定的权限责令关闭
①隐瞒技术、工艺、设备、材料所产生的职业病危害而采用的;②隐瞒本单位职业卫生真实情况的;③可能发生急性职业损伤的有毒、有害工作场所、放射工作场所或者放射性同位素的运输、贮存不符合本法规定的;④使用国家明令禁止使用的可能产生职业病危害的设备或者材料的;⑤将产生职业病危害的作业转移给没有职业病防护条件的单位和个人,或者没有职业病防护条件的单位和个人接受产生职业病危害的作业的;⑥擅自拆除、停止使用职业病防护设备或者应急救援设施的;⑦安排未经职业健康检查的劳动者、有职业禁忌的劳动者、未成年工或者孕期、哺乳期女职工从事接触职业病危害的作业或者禁忌作业的;⑧违章指挥和强令劳动者进行没有职业病防护措施的作业的	由安全生产监督管理部门责令限期治理,并处5万元以上30万元以下的罚款;情节严重的,责令停止产生职业病危害的作业,或者提请有关人民政府按照国务院规定的权限责令关闭
已经对劳动者生命健康造成严重损害的	由安全生产监督管理部门责令停止产生职业病危害的作业,或者提请有关人民政府按照国务院规定的权限责令关闭,并处10万元以上50万元以下的罚款
造成重大职业病危害事故或者其他严重后果,构成犯罪的	对直接负责的主管人员和其他直接责任人员,依法追究刑事责任

2. 其他相关单位和个人的法律责任

用人单位和医疗卫生机构未按照规定报告职业病、疑似职业病的,由有关主管部门依据职责分工责令限期改正,给予警告,可以并处1万元以下的罚款;弄虚作假的,并处2万元以上 5 万元以下的罚款；对直接负责的主管人员和其他直接责任人员，可以依法给予降级或者撤职的处分。

向用人单位提供可能产生职业病危害的设备、材料，未按照规定提供中文说明书或者设置警示标识和中文警示说明的，由安全生产监督管理部门责令限期改正，给予警告，并处 5 万元以上 20 万元以下的罚款。

生产、经营或者进口国家明令禁止使用的可能产生职业病危害的设备或者材料的，依照有关法律、行政法规的规定给予处罚。

未取得职业卫生技术服务资质认可擅自从事职业卫生技术服务的，或者医疗卫生机构未经批准擅自从事职业健康检查、职业病诊断的，由安全生产监督管理部门和卫生行政部门依据职责分工责令立即停止违法行为，没收违法所得；违法所得 5 000 元以上的，并处违法所得 2 倍以上 10 倍以下的罚款；没有违法所得或者违法所得不足 5 000 元的，并处 5 000 元以上 5 万元以下的罚款；情节严重的，对直接负责的主管人员和其他直接责任人员，依法给予降级、撤职或者开除的处分。

从事职业卫生技术服务的机构和承担职业健康检查、职业病诊断的医疗卫生机构违反本法规定，有下列行为之一的，由安全生产监督管理部门和卫生行政部门依据职责分工责令立即停止违法行为，给予警告，没收违法所得；违法所得 5 000 元以上的，并处违法所得 2 倍以上 5 倍以下的罚款；没有违法所得或者违法所得不足 5 000 元的，并处 5 000 元以上 2 万元以下的罚款；情节严重的，由原认可或者批准机关取消其相应的资格；对直接负责的主管人员和其他直接责任人员，依法给予降级、撤职或者开除的处分；构成犯罪的，依法追究刑事责任：①超出资质认可或者批准范围从事职业卫生技术服务或者职业健康检查、职业病诊断的；②不按照本法规定履行法定职责的；③出具虚假证明文件的。

职业病诊断鉴定委员会组成人员收受职业病诊断争议当事人的财物或者其他好处的，给予警告，没收收受的财物，可以并处 3 000 元以上 5 万元以下的罚款，取消其担任职业病诊断鉴定委员会组成人员的资格，并从省、自治区、直辖市人民政府卫生行政部门设立的专家库中予以除名。

卫生行政部门、安全生产监督管理部门不按照规定报告职业病和职业病危害事故的，由上一级行政部门责令改正，通报批评，给予警告；虚报、瞒报的，对单位负责人、直接负责的主管人员和其他直接责任人员依法给予降级、撤职或者开除的处分。有关部门擅自批准建设项目或者发放施工许可的，对该部门直接负责的主管人员和其他直接责任人员，由监察机关或者上级机关依法给予记过直至开除的处分。县级以上地方人民政府在职业病防治工作中未依照本法履行职责，本行政区域出现重大职业病危害事故、造成严重社会影响的，依法对直接负责的主管人员和其他直接责任人员给予记大过直至开除的处分。县级以上人民政府职业卫生监督管理部门不履行本法规定的职责，滥用职权、玩忽职守、徇私舞弊，依法对直接负责的主管人员和其他直接责任人员给予记大过或者降级的处分；造成职业病危害事故或者其他严重后果的，依法给予撤职或者开除的处分。违反本法规定，构成犯罪的，依法追究刑事责任。

知识链接：按照危害来源划分的职业病种类

一、粉尘类

（一）硅尘（游离二氧化硅含量超过10%的无机性粉尘）。可能导致的职业病：硅肺。

（二）煤尘（煤硅尘）。可能导致的职业病：煤工尘肺。

（三）石墨尘。可能导致的职业病：石墨尘肺。

（四）炭黑尘。可能导致的职业病：炭黑尘肺。

（五）石棉尘。可能导致的职业病：石棉肺。

（六）滑石尘。可能导致的职业病：滑石尘肺。

（七）水泥尘。可能导致的职业病：水泥尘肺。

（八）云母尘。可能导致的职业病：云母尘肺。

（九）陶瓷尘。可能导致的职业病：陶瓷尘肺。

（十）铝尘（铝、铝合金、氧化铝粉尘）。可能导致的职业病：铝尘肺。

（十一）电焊烟尘。可能导致的职业病：电焊工尘肺。

（十二）铸造粉尘。可能导致的职业病：铸工尘肺。

（十三）其他粉尘。可能导致的职业病：其他尘肺。

二、物理因素

（一）高温。可能导致的职业病：中暑。

（二）高气压。可能导致的职业病：减压病。

（三）低气压。可能导致的职业病：高原病、航空病。

（四）局部振动。可能导致的职业病：手臂振动病。

三、生物因素

（一）炭疽杆菌。可能导致的职业病：炭疽。

（二）森林脑炎。可能导致的职业病：森林脑炎。

（三）布氏杆菌。可能导致的职业病：布氏杆菌病。

四、化学类

（一）铅及其化合物（铅尘、铅烟、铅化合物，不包括四乙基铅）。可能导致的职业病：铅及其化合物。

（二）汞及其化合物（汞、氯化高汞、汞化合物）。可能导致的职业病：汞及其化合物中毒。

（三）锰及其化合物（锰烟、锰尘、锰化合物）。可能导致的职业病：锰及其化合物中毒。

（四）镉及其化合物。可能导致的职业病：镉及其化合物中毒。

（五）铍及其化合物。铍病。

（六）铊及其化合物。可能导致的职业病：铊及其化合物中毒。

（七）钡及其化合物。可能导致的职业病：钡及其化合物中毒。

（八）钒及其化合物。可能导致的职业病：钒及其化合物中毒。

（九）磷及其化合物（不包括磷化氢、磷化锌、磷化铝）。可能导致的职业病：磷及其化合物中毒。

（十）砷及其化合物（不包括砷化氢）。可能导致的职业病：砷及其化合物中毒。

（十一）铀。可能导致的职业病：铀中毒。

（十二）砷化氢。可能导致的职业病：砷化氢中毒。

（十三）氯气。可能导致的职业病：氯气中毒。

（十四）二氧化硫。可能导致的职业病：二氧化硫中毒。

（十五）光气。可能导致的职业病：光气中毒。

（十六）氨。可能导致的职业病：氨中毒。

（十七）偏二甲基肼。可能导致的职业病：偏二甲基肼中毒。

（十八）氮氧化物。可能导致的职业病：氮氧化物中毒。

（十九）一氧化碳。可能导致的职业病：一氧化碳中毒。

（二十）二氧化碳。可能导致的职业病：二氧化碳中毒。

（二十一）硫化氢。可能导致的职业病：硫化氢中毒。

（二十二）磷化氢、磷化锌、磷化铝。可能导致的职业病：磷化氢、磷化锌、磷化铝中毒。

（二十三）氟及其化合物。可能导致的职业病：工业性氟病。

（二十四）氰及腈类化合物。可能导致的职业病：氰及腈类化合物中毒。

（二十五）四乙基铅。可能导致的职业病：四乙基铅中毒。

（二十六）有机锡。可能导致的职业病：有机锡中毒。

（二十七）羰基镍。可能导致的职业病：羰基镍中毒。

（二十八）苯。可能导致的职业病：苯中毒。

（二十九）甲苯。可能导致的职业病：甲苯中毒。

（三十）二甲苯。可能导致的职业病：二甲苯中毒。

（三十一）正己烷。可能导致的职业病：正己烷中毒。

（三十二）汽油。可能导致的职业病：汽油中毒。

（三十三）一甲胺。可能导致的职业病：一甲胺中毒。

（三十四）有机氟聚合物单体及其热裂解物。可能导致的职业病：有机氟聚合物单体及其热裂解物中毒。

（三十五）二氯乙烷。可能导致的职业病：二氯乙烷中毒。

（三十六）四氯化碳。可能导致的职业病：四氯化碳中毒。

（三十七）氯乙烯。可能导致的职业病：氯乙烯中毒。

（三十八）三氯乙烯。可能导致的职业病：三氯乙烯中毒。

（三十九）氯丙烯。可能导致的职业病：氯丙烯中毒。

（四十）氯丁二烯。可能导致的职业病：氯丁二烯中毒。

（四十一）苯胺、甲苯胺、二甲苯胺、N,N-二甲基苯胺、二苯胺、硝基苯、硝基甲苯、对硝基苯胺、二硝基苯、二硝基甲苯。可能导致的职业病：苯的氨基及硝基化合物（不包括三硝基甲苯）中毒。

(四十二)三硝基甲苯。可能导致的职业病：三硝基甲苯中毒。

(四十三)甲醇。可能导致的职业病：甲醇中毒。

(四十四)酚。可能导致的职业病：酚中毒。

(四十五)五氯酚。可能导致的职业病：五氯酚中毒。

(四十六)甲醛。可能导致的职业病：甲醛中毒。

(四十七)硫酸二甲酯。可能导致的职业病：硫酸二甲酯中毒。

(四十八)丙烯酰胺。可能导致的职业病：丙烯酰胺中毒。

(四十九)二甲基甲酰胺。可能导致的职业病：二甲基甲酰胺中毒。

(五十)有机磷农药。可能导致的职业病：有机磷农药中毒。

(五十一)氨基甲酸酯类农药。可能导致的职业病：氨基甲酸酯类农药中毒。

(五十二)杀虫脒。可能导致的职业病：杀虫脒中毒。

(五十三)溴甲烷。可能导致的职业病：溴甲烷中毒。

(五十四)拟除虫菊酯类。可能导致的职业病：拟除虫菊酯类农药中毒。

(五十五)导致职业性中毒性肝病的化学类物质：二氯乙烷、四氯化碳、氯乙烯、三氯乙烯、氯丙烯、氯丁二烯、苯的氨基及硝基化合物、三硝基甲苯、五氯酚、硫酸二甲酯。可能导致的职业病：职业性中毒性肝病。

(五十六)根据职业性急性中毒诊断标准及处理原则总则可以诊断的其他职业性急性中毒的危害因素。

五、放射性类

电离辐射(X射线、γ射线)等。可能导致的职业病：外照射急性放射病、外照射亚急性放射病、外照射慢性放射病、内照射放射病、放射性皮肤疾病、放射性白内障、放射性肿瘤、放射性骨损伤、放射性甲状腺疾病、放射性性腺疾病、放射复合伤、根据《放射性疾病诊断总则》可以诊断的其他放射性损伤。

资料来源：百度百科：职业病，http://baike.baidu.com/view/69737.html。

7.4 女职工的特殊保护

我国的《劳动法》、《中华人民共和国妇女权益保障法》(2005 年施行)、《女职工劳动保护特别规定》(2012 年实施)等法律都对女工的劳动保护提出了规定。本小节主要依照《女职工劳动保护特别规定》(2012 年实施)整理。

7.4.1 基本保护

用人单位应当遵守女职工禁忌从事的劳动范围的规定。用人单位应当将本单位属于女职工禁忌从事的劳动范围的岗位书面告知女职工。值得注意的是，国务院安全生产监督管理部门会同国务院人力资源社会保障行政部门、国务院卫生行政部门根据经济社会发展情况，对女职工禁忌从事的劳动范围进行调整。

用人单位不得因女职工怀孕、生育、哺乳而降低其工资、予以辞退、与其解除劳动或者聘用合同。

7.4.2 特殊生理期的保护

女职工在孕期不能适应原劳动的,用人单位应根据医疗机构的证明,予以减轻劳动量或者安排其他能够适应的劳动。对怀孕7个月以上的女职工,用人单位不得延长劳动时间或者安排夜班劳动,并应当在劳动时间内安排一定的休息时间。怀孕女职工在劳动时间内进行产前检查,所需时间计入劳动时间。

女职工生育享受98天产假,其中产前可以休假15天;难产的,应增加产假15天;生育多胞胎的,每多生育1个婴儿,可增加产假15天。女职工怀孕未满4个月流产的,享受15天产假;怀孕满4个月流产的,享受42天产假。

女职工产假期间的生育津贴,对已经参加生育保险的,按照用人单位上年度职工月平均工资的标准由生育保险基金支付;对未参加生育保险的,按照女职工产假前工资的标准由用人单位支付。女职工生育或者流产的医疗费用,按照生育保险规定的项目和标准,对已经参加生育保险的,由生育保险基金支付;对未参加生育保险的,由用人单位支付。

对哺乳未满1周岁婴儿的女职工,用人单位不得延长劳动时间或者安排夜班劳动。用人单位应当在每天的劳动时间内为哺乳期女职工安排1小时哺乳时间;女职工生育多胞胎的,每多哺乳1个婴儿每天增加1小时哺乳时间。

女职工比较多的用人单位,应当根据女职工的需要,建立女职工卫生室、孕妇休息室、哺乳室等设施,妥善解决女职工在生理卫生、哺乳方面的困难。在劳动场所,用人单位应当预防和制止对女职工的性骚扰。

 案例7.6 女职工的孕期保护

某年,棉纺厂有一个生产任务,本来是能够如期完成的,但是当年夏季,当地能源紧张,电力供应不足,白天一部分时间不能生产,必须利用夜晚进行生产。可是厂里人手不够,调配不过来,怀孕7个多月的女职工李某就被安排在夜班生产了。厂领导专门做她的工作:"你看,厂里本来人就不多,再除了年纪大的,身体不好的,更是没有几个了。你工作一向是先进,麻利、干净,厂里也知道你现在也是不方便,但你可以随干随休息一下,叫旁边人帮帮忙,分给你的工作也会轻一些。"

李某答应了,断断续续上了半个多月夜班。可是有一天,将近下班时,李某忽然支持不住了,一不小心,摔倒在机器上,当时就昏了过去。送医院急救后,虽然没有生命危险,可是却流产了。棉纺厂领导因此受了处分,给李某进行了经济补偿,可是对李某和其家人的精神造成的伤害却是无法弥补的。

案例评析:国家规定怀孕7个月以上的女职工一般不得安排其从事夜班劳动,可是也并未绝对禁止怀孕女职工从事夜班劳动。夜班劳动是指当日22点至次日早上6点之间的劳动或工作。对于女职工较为集中的企业,不安排其从事夜班劳动确实是有困难的,报请当地劳动部门批准,可以暂时放宽执行。在棉纺厂,女职工占工人总数的多半,且昼夜连续作业,女工从怀孕满7个月到哺乳期,有长达半年多的时间,若是一律禁止从事夜班劳动,企业调配会发生困难,因而没有对此作硬性规定。本案中,厂领导没有报请批准强行安排孕期在7个月以上的女工上夜班,按规定:"用人单位安排怀孕7个月以上的女职工延长工作时间和从事夜班劳动的,应责令改正,并按每侵害一名女职工罚款3 000元以下的标准处罚。"

资料来源:法律教育网。

7.4.3 法律责任

用人单位违反规定,对怀孕7个月以上或哺乳未满1周岁婴儿的女职工延长劳动时间或者安排夜班劳动,对生育、怀孕女员工不按照规定允许休假的,由县级以上人民政府人力资源社会保障行政部门责令限期改正,按照受侵害女职工每人1 000元以上5 000元以下的标准计算,处以罚款。

用人单位违反《女职工禁忌从事的劳动范围》(参见"知识链接")第1条、第2条规定的,由县级以上人民政府安全生产监督管理部门责令限期改正,按照受侵害女职工每人1 000元以上5 000元以下的标准计算,并处以罚款。用人单位违反《女职工禁忌从事的劳动范围》第3条、第4条规定的,由县级以上人民政府安全生产监督管理部门责令限期治理,处5万元以上30万元以下的罚款;情节严重的,责令停止有关作业,或者提请有关人民政府按照国务院规定的权限责令关闭。

用人单位违反规定,侵害女职工合法权益的,女职工可以依法投诉、举报、申诉,依法向劳动人事争议调解仲裁机构申请调解仲裁,对仲裁裁决不服的,依法向人民法院提起诉讼。用人单位违反本规定,侵害女职工合法权益,造成女职工损害的,依法给予赔偿;用人单位及其直接负责的主管人员和其他直接责任人员构成犯罪的,依法追究刑事责任。

知识链接:女职工禁忌从事的劳动范围

1. 女职工禁忌从事的劳动范围

① 矿山井下作业;② 体力劳动强度分级标准中规定的第四级体力劳动强度的作业;③ 每小时负重6次以上、每次负重超过20公斤的作业,或者间断负重、每次负重超过25公斤的作业。

2. 女职工在经期禁忌从事的劳动范围

① 冷水作业分级标准中规定的第二至四级冷水作业;② 低温作业分级标准中规定的第二至四级低温作业;③ 体力劳动强度分级标准中规定的第三、四级体力劳动强度的作业;④ 高处作业分级标准中规定的第三、四级高处作业。

3. 女职工在孕期禁忌从事的劳动范围

① 作业场所空气中铅及其化合物、汞及其化合物、苯、镉、铍、砷、氰化物、氮氧化物、一氧化碳、二硫化碳、氯、己内酰胺、氯丁二烯、氯乙烯、环氧乙烷、苯胺、甲醛等有毒物质浓度超过国家职业卫生标准的作业;② 从事抗癌药物、己烯雌酚生产,接触麻醉剂气体等的作业;③ 非密封源放射性物质的操作,核事故与放射事故的应急处置;④ 高处作业分级标准中规定的高处作业;⑤ 冷水作业分级标准中规定的冷水作业;⑥ 低温作业分级标准中规定的低温作业;⑦ 高温作业分级标准中规定的第三、四级

的作业;⑧噪声作业分级标准中规定的第三、四级的作业;⑨体力劳动强度分级标准中规定的第三、四级体力劳动强度的作业;⑩在密闭空间、高压室作业或者潜水作业,伴有强烈振动的作业,或者需要频繁弯腰、攀高、下蹲的作业。

4. 女职工在哺乳期禁忌从事的劳动范围

① 孕期禁忌从事的劳动范围的第1、3、9项;②作业场所空气中锰、氟、溴、甲醇、有机磷化合物、有机氯化合物等有毒物质浓度超过国家职业卫生标准的作业。

资料来源:《女职工劳动保护特别规定》(2012年实施)附录。

7.5 未成年工劳动保护

7.5.1 未成年工的招用规定

未成年工是指已被录用的、在法定最低就业年龄以上的未成年人。

(1) 劳动者最低就业年龄为16周岁。根据《中华人民共和国劳动法》第58条规定,我国的未成年工是指年龄已满16周岁未满18周岁的劳动者。未成年工与童工都是未成年人,但是童工的年龄更小。在劳动法上两者的区别是未成年工是允许录用的工人,但要给予特殊保护,而童工一般是法律所禁止录用的(特殊情况经政府批准的例外)。

(2) 国家机关、社会团体、企业事业单位、民办非企业单位或者个体工商户(以下统称用人单位)均不得招用不满16周岁的未成年人。禁止任何单位和个人为不满16周岁的未成年人介绍就业。

(3) 并非所有企业都不能招用年龄小于16周岁的儿童。文艺、体育单位经未成年人的父母或者其他监护人同意,可以招用不满16周岁的专业文艺工作者、运动员。用人单位应当保障被招用的不满16周岁的未成年人的身心健康,保障其接受义务教育的权利。学校、其他教育机构以及职业培训机构按照国家有关规定组织不满16周岁的未成年人进行不影响其人身安全和身心健康的教育实践劳动、职业技能培训劳动,不属于使用童工。

(4) 企业招用员工的程序。用人单位招用人员时,必须核查被招用人员的身份证;对不满16周岁的未成年人,一律不得录用,并妥善保管录用人员的录用登记、核查材料。

(5) 对未成年工的使用和特殊保护实行登记制度。用人单位招收使用未成年工,除符合一般用工要求外,还须向所在地的县级以上劳动行政部门办理登记。劳动行政部门根据《未成年工健康检查表》、《未成年工登记表》,核发《未成年工登记证》,未成年工须持《未成年工登记证》上岗。

 案例 7.7 "未成年工"劳动特殊保护现状堪忧

我国法律规定,禁止雇用未满16周岁人从事生产劳动。但是对于16至18岁这一年龄段的未成年人来说,他们可以就业,被称为"未成年工"。

我国未成年人保护法明确规定,招用已满16周岁未满18周岁未成年人的,应当执行国家在工种、劳动时间、劳动强度和保护措施等方面的规定,不得安排其从事过重、有毒、有害等危害未成年人身心健康的劳动或危险作业。

劳动法也规定,国家对未成年工实行特殊劳动保护。不得安排未成年工从事矿山井下、有毒有害、国家规定的第四级体力劳动强度的劳动和其他禁忌从事的劳动。用人单位应当对未成年工定期进行健康检查。

尽管法律对"未成年工"有特殊保护规定,但在梳理近年来未成年工遭遇劳动事故致伤残的案件后,湖北省武汉市中级人民法院的法官指出,因身体、智力的不成熟和生活经验、工作技能的缺乏,这些16至18岁的未成年人在劳动用工关系中处于弱势,常因工作不当或工作环境恶劣引发伤残,亟待引起全社会关注。

1. 打工女孩患上慢性职业病

1993年10月出生的李丽,是湖北省黄冈市红安县人。

2009年10月,刚满16岁的李丽就到武汉一鞋业有限公司从事鞋制品翻后围打胶工作。双方未签订书面劳动合同,约定每月平均工资1 200元,鞋业公司也没有为李丽办理和缴纳社会保险。

因四肢麻木无力,2010年3月26日起,李丽先后4次到包括武汉市职业病防治院在内的武汉市3家医院住院治疗,前后共计473天。

2010年7月和9月,武汉市职业病防治院、市职业病诊断鉴定委员会分别作出职业病诊断证明书和鉴定书,认定李丽为职业性慢性正乙烷重度中毒。

随后,2011年1月和3月,武汉市人保局、市劳动能力鉴定委员会分别作出工伤认定书和职工劳动能力鉴定书,分别认定李丽为工伤以及四级伤残,生活护理等级为部分护理依赖。

后因损失赔偿问题,2011年9月,李丽向武汉市硚口区劳动仲裁委提出仲裁申请,后又起诉至法院,要求与所在公司保留劳动关系,双方签订无固定期限劳动合同,公司依规定为其办理并缴纳社保,并按月支付伤残津贴1 551.50元,同时支付一次性伤残补助金、停工留薪期工资待遇、医疗费、住院护理费等各项损失共计113.3万余元。

此案经两级法院审理。武汉市中院审理查明,李丽住院治疗期间,鞋业公司共垫付医疗费14 937.87元。

2012年3月,武汉市中院二审判决:李丽与鞋业公司签订无固定期限劳动合同、鞋业公司依规为李丽缴纳社保;鞋业公司按月支付李丽伤残津贴1 649.75元,支付李丽一次性伤残补助金、医疗费、停工留薪工资待遇、住院期间护理费等共计12.5万余元。

2. 17岁少年务工被压断双手

虽然最终获赔116万元,郭翔却永远失去了双手。

1992年出生的郭翔,是武汉本地人。17岁时,郭翔到一公司担任压冲工,双方未签订书面劳动合同,每月领取计件工资。

2009年9月,工作仅一个多月,郭翔在生产车间操作冲压机时致双手压断损伤。他住院治疗19天,医疗费由所在公司垫付。

2009年12月、2010年1月,武汉市劳保局、市劳动能力鉴定委员会分别作出工伤认定书和职工劳动能力鉴定书,认定郭翔为工伤及二级伤残,生活护理等级为大部分护理依赖。

为争取经济赔偿,2010年4月,郭翔提起仲裁申请,请求依法解除劳动关系,由所在公司支付一次性伤残补助金、一次性医疗补助金、伤残津贴、护理费等各项经济损失共计

344.9万余元。仲裁委裁决后,郭翔所在公司不服,起诉至区法院。

一审法院判决:被告公司与郭翔解除劳动关系以及工伤保险关系,被告公司向郭翔支付一次性伤残补助金、一次性医疗补助金、一次性伤残津贴、一次性护理费、停工留薪期工资、残疾辅助器具费、残疾辅助器具维修保养费等共计116.4万余元。

一审判决后,双方当事人均不服,向武汉市中院上诉。2011年9月,武汉市中院判决驳回上诉,维持原判。

3. 企业守法意识明显偏低

"我们在案件审理时发现,一些不规范的用人单位不仅不能按照未成年人的特殊保护标准对未成年工进行劳动保护,甚至连普通劳动者的劳动保护程度都未达到。"武汉市中院法官杨玲告诉《法制日报》记者。

杨玲分析说,目前,一些用人单位不与未成年工签订劳动合同,不为其购买包括工伤保险在内的社会保险,不进行安全生产教育,未配备完善的安全生产器具等。

杨玲认为,未成年人在从事劳动前一定要与用人单位签订劳动合同,要求用人单位为自己购买各项社会保险;同时,要不断提高自身安全生产意识,对有毒、有害等危险作业的劳动任务予以拒绝。

"此外,各级劳动行政部门应当加大对用人单位执行未成年工劳动保护的监督检查力度,对已发现的违法行为严格处罚,将未成年工的劳动伤害减小到最低。"杨玲建议。

资料来源:《法制日报》,2013-10-22。

7.5.2 未成年工体检规定

我国《劳动法》及《未成年工特殊保护规定》中规定了用人单位对未成年工进行健康检查的一般义务,规定了未成年工体检和登记,由用人单位统一办理和承担费用,且在下列条件下,用人单位应对未成年工进行健康检查:安排工作岗位之前;工作满一年时;年满十八周岁,距前一次的体检时间已超过半年。

未成年工的健康检查,应按照劳动部制定的《未成年工健康检查表》中列出的项目进行。

对不同检查结果的不同安排。用人单位应根据未成年工的健康检查结果安排其从事适合的劳动,对不能胜任原劳动岗位的,应根据医务部门的证明,予以减轻劳动量或安排其他劳动。

7.5.3 未成年工劳动范围规定

1. 一般情况下企业不得安排未成年工从事的作业

用人单位依照国家有关规定招收已满16周岁未满18周岁的未成年人的,应当在工种、劳动时间、劳动强度和保护措施等方面执行国家有关规定,不得安排其矿山井下、有毒有害、国家规定的第四级体力劳动强度的劳动和其他禁忌从事的劳动。"其他禁忌从事的劳动"是指:森林业伐木、归楞及流放作业;凡在坠落高度基准面5米以上(含5米)有可能坠落的高处进行的作业,即二级高处作业;作业场所放射性物质超过《放射防护规定》中规定剂量的作业;其他对未成年工的发育成长有影响的作业或接触职业病危害的作业等(见表 7-4)。

表 7-4 用人单位不得安排未成年工从事的劳动

《生产性粉尘作业危害程度分级》国家标准中第一级以上的接尘作业	《有毒作业分级》国家标准中第一级以上的有毒作业
《高处作业分级》国家标准中第二级以上的高处作业	《冷水作业分级》国家标准中第二级以上的冷水作业
《高温作业分级》国家标准中第三级以上的高温作业	《低温作业分级》国家标准中第三级以上的低温作业
《体力劳动强度分级》国家标准中第四级体力劳动强度的作业	矿山井下及矿山地面采石作业；森林业中的伐木、流放及守林作业
工作场所接触放射性物质的作业	有易燃易爆、化学性烧伤和热烧伤等危险性大的作业
地质勘探和资源勘探的野外作业	锅炉司炉
连续负重每小时在 6 次以上并每次超过 20 公斤，间断负重每次超过 25 公斤的作业	使用凿岩机、捣固机、气镐、气铲、铆钉机、电锤的作业
工作中需要长时间保持低头、弯腰、上举、下蹲等强迫体位和动作频率每分钟大于 50 次的流水线作业	潜水、涵洞、涵道作业和海拔 3 000 米以上的高原作业(不包括世居高原者)

资料来源：《未成年工特殊保护规定》第 3 条(劳动部 1994 年 12 月 9 日颁布)。

2. 未成年工患有某种疾病或具有某些生理缺陷(非残疾型)时，用人单位不得安排其从事的作业

疾病和生理缺陷是指有以下一种或一种以上情况者：

心血管系统，包括先天性心脏病；克山病；收缩期或舒张期二级上以心脏杂音。

呼吸系统，包括中度以上气管炎或支气管哮喘；呼吸音明显减弱；各类结核病；体弱儿，呼吸道反复感染者。

消化系统，包括各类肝炎；肝、脾肿大；胃、十二指肠溃疡；各种消化道疝。

泌尿系统，包括急、慢性肾炎；泌尿系感染。

内分泌系统，包括甲状腺机能亢进；中度以上糖尿病。

精神神经系统，包括智力明显低下；精神忧郁或狂暴。

肌肉、骨骼运动系统，包括身高和体重低于同龄人标准；一个及一个以上肢体存在明显功能障碍；躯干 1/4 以上部位活动受限，包括强直或不能旋转。

其他，如结核性胸膜炎；各类重度关节炎；血吸虫病；严重贫血，其血色素每升低于 95 克。

未成年工患有某种疾病或具有某些生理缺陷(非残疾型)时，用人单位不得安排其从事以下范围的劳动：

《高处作业分级》国家标准中第一级以上的高处作业；

《低温作业分级》国家标准中第二级以上的低温作业；

《高温作业分级》国家标准中第二级以上的高温作业；

《体力劳动强度分级》国家标准中第三级以上体力劳动强度的作业；

接触铅、苯、汞、甲醛、二硫化碳等易引起过敏反应的作业。

第 8 章
工会与职工管理

- 概述
- 工会的职权
- 工会的组织结构及成员构成
- 工会经费
- 外企和私企建立工会的相关问题
- 职工民主管理和企业内部规则

8.1 概述

工会，或称劳工总会、工人联合会。工会原意是指基于共同利益而自发组织的社会团体。这个共同利益团体通常为同一雇主工作的员工，或在某一产业领域的个人等。工会组织成立的主要意图，可以与雇主谈判工资薪水、工作时限和工作条件等。

8.1.1 世界工会运动的发展史

工会最早产生于 18 世纪中叶的英国。在无产阶级和资产阶级的斗争过程中，工人们认识到必须团结起来、联合起来，才能适应同资产阶级斗争的需要，才能维护自身的利益，取得斗争的胜利。因而，根据工人阶级斗争的需要，便产生了工会。所以说，工会是工人阶级的群众组织。随后其他各国也相继建立了工会，并大多争得了合法地位，成为世界性的普遍社会现象。工会组织快速发展的时期是在"二战"后至 20 世纪 60 年代。当时各国的工人队伍得到很大发展。一批社会主义国家的出现和民族解放运动的兴起，使各国工会组织程度有了很大提高。1871年英国颁布的工会法是世界上第一个以保护工会法律地位为宗旨的工会法。

按工会成立的组织原则，可分为产业工会和职业工会。将凡从事同一职业的熟练工人，都组织在同一工会内，即为职业工会。一个企业内的工人，由于职业的不同而可能分属于不同的职业工会，因此，这种工会形式分散了同一企业内工人的团结和统一，不利于工人阶级的斗争。在资本主义国家早期，工会大多为职业工会。随着工人运动的发展，按产业原则组织工会逐渐为工人接受，越来越多的工人群众按产业系统组织起来，即凡在同一企业内的工人都参加同一产业工会，这样有利于工人阶级的团结和统一，增强了工会的战斗力。

200多年来，工会为争取和维护工会的自身权益取得了不少成果，其中包括赢得了组织工会权、罢工权、集体谈判权、劳动争议诉讼权等。工会的地位和作用得到加强。至今，全世界已有数百个国家级工会、众多的产业与地方工会组织，以及多个地区性和国际性工会组织。在数量扩大的同时，世界工会队伍在结构上也发生了改变。从以蓝领工人为主发展到包括蓝领工人和白领工人在内的庞大的劳动大军。其中，在工人队伍里不仅有体力劳动者，也有脑力劳动者和脑体结合的各类工人。特别是第三产业的工人队伍发展很快。

随着20世纪后期新自由主义的兴起，各已发展国家的工会势力都有所衰减。在美国，1950年大约有1/3的工人加入工会，而2003年时仅剩13%；一些高移动性的产业（如制造业）在面临工会运动时，往往以迁厂作为要挟。此外，美国工人组成工会须向全国劳动关系局连署，并在监督下进行选举；但在连署后至投票前这段时间，资方可以采用各种手段对付尚无谈判权的劳工。

8.1.2 我国工会运动的发展概况

伴随着中国近100年来的政治经济大变动，工会制度也在不同的时期扮演着不同的角色。中国工会的发展历程可以分为以下三个阶段。

1. 第一阶段（1914—1949年）

我国工会组织的萌芽可以追溯到1914年上海海员成立的"炎益社"，1916年上海商务印书社组织成立的"集成同志社"。现代意义上的工会则以1920年上海共产主义小组领导的上海机器工会为标志。随后1922年5月1日的全国劳动大会和1925年5月1日的第二次全国劳动大会，建立了中国历史上第一个全国总工会。与此同时，孙中山于1924年以大元帅的名义颁布了《工会条例》，至此，旧中国的工会体制正式形成。

在此体制中，工会的功能基本上依上述工会定义所述，主要为反抗资本家经济压迫、保护工人权益等。但由于此时中国国内政治动荡、外来经济大量入侵的因素的影响，工会也同时被赋予了反帝反封的历史特征。

2. 第二阶段（1950—1992年）

1950年6月29日，毛泽东发布中央人民政府命令，宣布实施《中华人民共和国工会法》，新中国工会制度从此建立。

但由于我国的社会主义性质和新中国成立后的计划经济体制的影响,我国计划经济下的劳动关系实质上是一种纵向化的行政劳动关系,劳动者本质上直接与政府发生劳动关系,而企业则从属于政府,不具有事实上的独立人格。因此,在这个大前提下,工会不可能真正进入劳动关系中,更不可能起到保护劳动者权益的目的。此时工会的主要职能和地位被彻底政治化,其原始职能消亡殆尽。

3. 第三阶段(1992年至今)

1992年我国开始实行社会主义市场经济体制,同年4月3日,七届全国人民代表大会五次会议经过表决,通过了新的《中华人民共和国工会法》(1950年《中华人民共和国工会法》自动废止),2001年10月27日第九届全国人民代表大会常务委员会第二十四次会议又通过了《中华人民共和国工会法》修正案,至此,我国现代意义上的工会制度重新建立,工会职能开始恢复。

值得注意的是,我国现行的社会主义工会体制既非计划经济体制下的"政治工会",也非西方意义上的传统工会,具有鲜明的初级阶段中国特色。

自1978年我国实行改革开放以来,由于企业成为独立的市场经济主体,国家不再插手干涉企业内部事务。但劳动关系双方力量的失衡,已影响到经济发展和社会稳定。劳动者参加和组织工会,由工会作为劳动关系中劳动者代表的身份来维护劳动者的利益,以使劳动关系更加稳定和协调,从而推动经济和社会的协调发展。截至2002年6月底,全国已建基层工会组织165.8万个,会员达到1.3亿人。

 知识链接:工会基本问题解答

1. 各级工会是否都具备法人资格?

答:根据2001年修订的《中华人民共和国工会法》(以下简称《工会法》):中华全国总工会、地方总工会、产业工会具有社会团体法人资格。基层工会组织具备民法通则规定的法人条件的,依法取得社会团体法人资格。

2. 企业必须组织成立工会吗?

答:不是。根据《工会法》第2条:工会是职工自愿结合的工人阶级的群众组织。但当工人提出申请组建工会时,企业不能阻挠。

8.2 工会的职权

工会维护职工合法权益主要包括两大方面的内容:一是维护职工的劳动权益,包括就业的权利,获取劳动报酬的权利,得到劳动保护和社会保障的权利,休息休假的权利等;二是维护职工的民主权利,主要是指维护职工依法对企业、事业单位事务进行民主管理、民主参与和民主监督的权利。

根据《工会法》的规定,工会协调劳动关系,维护职工合法权益有两个主要的机制和手段:一是平等协商与集体合同制度;二是职工代表大会制度。

8.2.1 工会代表劳动者与用人单位签订集体劳动合同

我国《劳动法》第33条规定:"企业职工一方与企业可以就劳动报酬、工作时间、休息休假、劳动安全卫生、保险福利等事项,签订集体合同。集体合同草案应当提交职工代表大会或者全体职工讨论通过。集体合同由工会代表职工与企业签订;没有建立工会的企业,由职工推举的代表与企业签订。"

《工会法》第20条规定:"工会帮助、指导职工与企业以及实行企业化管理的事业单位签订劳动合同。工会代表职工与企业以及实行企业化管理的事业单位进行平等协商,签订集体合同。集体合同草案应当提交职工代表大会或者全体职工讨论通过。工会签订集体合同,上级工会应当给予支持和帮助。"

"企业违反集体合同,侵犯职工劳动权益的,工会可以依法要求企业承担责任;因履行集体合同发生争议,经协商解决不成的,工会可以向劳动争议仲裁机构提请仲裁,仲裁机构不予受理或者对仲裁裁决不服的,可以向人民法院提起诉讼。"

 案例8.1　工会有权要求企业履行集体合同

某棉纺集团现有职工3246人,先后与企业签订了劳动合同,2001年9月5日,棉纺集团与工会签订集体合同,并于9月29日经劳动行政部门审查。该集体合同规定:"公司根据国家有关规定,为员工办理社会统筹保险,并按时足额缴纳养老、工伤、生育、失业等保险费。工会有权监督,并向职工定期公开。"棉纺集团每月从职工工资中按规定扣缴了个人应缴的社会保险费,却没有及时上缴职工已缴给企业部分和企业应缴的社保费。截至2003年3月底,企业累计欠缴社会保险费5 219 828.71元,其中养老保险费4 955 140.34元、工伤保险费132 397.22元、生育保险费28 421.39元、失业保险费103 869.76元。2003年4月,棉纺集团工会委员会向劳动争议仲裁委员会申请仲裁,要求棉纺集团补缴拖欠的社会保险费。

仲裁委在受理此案后依法组成仲裁庭,经审理后认为,本案属于履行集体合同发生的争议,申诉人要求补缴社会保险费的请求应予以支持。遂裁决棉纺集团公司依法补缴拖欠职工的社会保险费5 219 828.71元。

案情评析:根据《劳动法》第33条规定:"企业职工一方与企业可以就劳动报酬、工作时间、休息休假、劳动安全卫生、保险福利等事项,签订集体合同。"原劳动部办公厅《关于〈劳动法〉若干条文的说明》第33条规定:"本条中的'企业职工一方'是指企业工会或者职工推举的代表。"

从实践情况来看,通过集体协商与企业行政签订集体合同的一方基本都是企业工会。因此因履行集体合同的争议主要发生在企业工会与企业行政之间。《劳动法》第84条规定:"因履行集体合同发生争议,当事人协商解决不成的,可以向劳动争议仲裁委员会申请仲裁。"本案中,某棉纺集团行政与工会在2001年9月5日专门就社会保险等事项签订了集体合同,该合同经劳动行政部门审查,合法有效。现棉纺集团工会作为签订合同的一方具备申诉人主体资格,有权要求合同另一方——棉纺集团按时足额缴纳社会保险费。

案例来源：法律教育网。

8.2.2 对不适当解除劳动合同提出意见权

《劳动法》第30条规定：用人单位解除劳动合同，工会认为不适当的，有权提出意见。如果用人单位违反法律、法规或者劳动合同，工会有权要求重新处理；劳动者申请仲裁或者提起诉讼的，工会应当依法给予支持和帮助。

《工会法》第21条规定：企业、事业单位处分职工，工会认为不适当的，有权提出意见。企业单方面解除职工劳动合同时，应当事先将理由通知工会；工会认为企业违反法律、法规和有关合同，要求重新研究处理时，企业应当研究工会的意见，并将处理结果书面通知工会。职工认为企业侵犯其劳动权益而申请劳动争议仲裁或者向人民法院提起诉讼的，工会应当给予支持和帮助。

8.2.3 对用人单位经济性裁员提出意见权

《劳动法》第27条规定：用人单位濒临破产进行法定整顿期间或者生产经营状况发生严重困难，确需裁减人员的，应当提前30日向工会或者全体职工说明情况，听取工会或者职工的意见，经向劳动行政部门报告后，可以裁减人员。用人单位依据本条规定裁减人员，在6个月内录用人员的，应当优先录用被裁减的人员。

8.2.4 工会有维护职工劳动权益的权利

我国《工会法》规定：

企业、事业单位违反劳动法律、法规规定，有下列侵犯职工劳动权益情形，工会应当代表职工与企业、事业单位交涉，要求企业、事业单位采取措施予以改正；企业、事业单位应当予以研究处理，并向工会作出答复；企业、事业单位拒不改正的，工会可以请求当地人民政府依法作出处理：①克扣职工工资的；②不提供劳动安全卫生条件的；③随意延长劳动时间的；④侵犯女职工和未成年工特殊权益的；⑤其他严重侵犯职工劳动权益的。

工会发现企业违章指挥、强令工人冒险作业，或者生产过程中发现明显重大事故隐患和职业危害，有权提出解决的建议，企业应当及时研究答复；发现危及职工生命安全的情况时，工会有权向企业建议组织职工撤离危险现场，企业必须及时做出处理决定。

职工因工伤亡事故和其他严重危害职工健康问题的调查处理，必须有工会参加。工会应当向有关部门提出处理意见，并有权要求追究直接负责的主管人员和有关责任人员的责任。对工会提出的意见，应当及时研究，给予答复。

8.2.5 工会有依法调查的权利

按照《工会法》的规定，工会有权对企业、事业单位侵犯职工合法权益的问题进行调查，有关单位应当予以协助。职工因工伤亡事故和其他严重危害职工健康问题的调查处理，必须有工会参加。工会应当向有关部门提出处理意见，并有权要求追究直接负责的主管人员和有关责任人员的责任。对工会提出的意见,应当及时研究,给予答复。妨碍工会参加职工因工伤亡事故以及其他侵犯职工合法权益问题的调查处理的,由县级以上人民政府责令改正,依法处理。

8.2.6 工会参加劳动争议的调解和仲裁

根据《劳动法》的规定,在用人单位内可以设立劳动争议调解委员会。劳动争议调解委员会由职工代表、用人单位代表和工会代表组成。劳动争议调解委员会主任由工会代表担任。劳动争议仲裁委员会由劳动行政部门代表、同级工会代表、用人单位方面的代表组成。劳动争议仲裁委员会主任由劳动行政部门代表担任。

案例8.2 国内职工起诉企业工会第一案始末

因向无锡市新区劳动保障大队赠送"不为人民服务"锦旗,周力迅速在网络蹿红,被网友惊呼为"锦旗哥"。意外走红网络后,周力一度受到便衣的跟踪,但这丝毫不影响他继续未完成的维权事业的斗志和勇气。

继将通用电气医疗系统(中国)有限公司(下称通用电气)和劳动保障监察部门告上法庭后,锦旗哥周力又将矛头指向通用电气工会委员会(下称"工会")。2010年12月20日,周力向法院正式递交诉状,起诉企业工会作出的"关于同意通用电气实施不定时工作制的工会意见"无效。在整个中国,职工起诉工会这是头一遭,通用电气工会不幸成为第一个被诉的工会。

企业用工黑幕、劳动行政部门的不作为和乱作为,以及中国工会与企业连体的弊端,"锦旗哥"周力一个都不想放过。只是这一次周力给中国的法院、中国的法律学者乃至中国的法治提出了一个难题:职工起诉工会是基于什么样的法律?法院是否应该受理?

1. 通用电气工会"三宗罪"

在周力眼里,通用电气工会有"三宗罪"。

头一宗就是通用电气工会违反《关于加强对企业实行综合计算工时制和不定时工作制管理的通知》。

周力向《法人》记者表示,他在通用电气工作期间的2008年6月30日,通用电气工会出具了一份"关于通用电气实施不定时工作制的工会意见",意见内称"同意该方案的施行",该意见出具后,通用电气向无锡市劳动和社会保障局申请了实行不定时工作制的行政许可,并于2008年10月15日获批。

周力认为,通用电气对包括软件工程师(周力在职期间的职位)在内的研发岗位实行不定时工作制违反了《劳动法》、《行政许可法》、《江苏省工资支付条例》等法律法规,严重侵犯了职工的劳动报酬权、休息休假权和劳动保护权,完全不具备申请实行不定时工作制的条件。而且,根据江苏省劳动和社会保障厅下发的《关于加强对企业实行综合计算工时制和不定时工作制管理的通知》,研发人员不在该审批办法规定的不定时工作制适用范围内。

"在这种情况下,通用电气工会仍对公司实施不定时工作制方案出具同意意见,实属侵犯了职工的正当权益。"周力说。

通用电气工会的第二宗罪是产生和组成不合法。

《工会法》第9条规定,各级工会委员会由会员大会或者会员代表大会民主选举产生;《企业工会工作条例》第23条规定,职工200人以上的企业工会应依法配备专职工会主席;该条例第24条规定,企业行政负责人、合伙人及其近亲属不得作为本企业工会委员会成员的人选。

但是周力告诉《法人》记者,通用电气工会未经法定的民主选举程序产生,在职工超过200人的情况下没有依法配备专职工会主席,公司的兼职主席徐莉莉同时先后在通用公司总经理办公室担任总经理秘书和人力资源部经理。

通用电气工会的第三宗罪是会议制度违法。

《工会法》第16条规定,基层工会委员会定期召开会员大会或者会员代表大会,讨论决定工会的重大问题,《企业工会工作条例》第8条规定,会员大会或会员代表大会是企业工会的权力机关,每年召开1~2次会议。

而根据周力的说法,在他工作的两年时间内,通用电气工会从未依法召开过会员大会或会员代表大会。

2. 起诉工会,法院懵了

2010年12月20日的起诉,并不是周力第一次起诉通用电气工会。周力告诉《法人》记者,早在今年7月他就依据《民法通则》和《工会法》将通用电气工会诉至无锡市高新技术产业开发区法院(以下称无锡高新区法院),但是该院一直不予受理,也不出具不予受理通知书。

也难怪高新区法院不予受理,长期与工会打交道的全国律协公益法律委员会秘书长时福茂向《法人》记者表示,他迄今为止都没有见过这样的诉讼。可以说因为不妥协的周力,高新区法院非常不幸地成为第一个接到烫手山芋的法院。

周力起诉4个月后,高新区法院副院长亲自跟周力沟通。周力向《法人》记者提供了本次谈话录音,录音中副院长向周力表示:"你的案子属于劳动争议,你先去提起劳动争议仲裁申诉。"周力立即反驳:"劳动争议有明确的受案范围,我和工会明显不属于劳动关系,怎么能算作劳动争议?"副院长的解释是:"工会作出的决议产生于周力与通用电气劳动争议期间,属于相关一部分。"

已经成为法律通的周力很明白,高新区法院这是很无奈的缓兵之计。尽管知道高新区法院的要求很无理,周力还是照做了。

12月9日,周力向无锡新区劳动争议仲裁院申请仲裁,在这份劳动争议仲裁申请书的最后,《法人》记者看到非常奇怪的请求:"申诉人认为本案明显不属于劳动争议受案范围,请你院依法决定不予受理。"

如周力所愿,无锡新区劳动争议仲裁院果然裁定不予受理。紧接着,周力就再次向无锡高新区法院提起诉讼,但是至今还没有收到受理通知书。

无锡高新区法院让周力先去劳动仲裁,这个缓兵之计连燃眉之急都没有解决就让高新区法院陷入更大困境。按照高新区法院副院长的定性,职工起诉工会侵权属于劳动争议,那么仲裁院不予受理周力的仲裁申请后,法院依法必须受理。但是如果高新区法院真依照劳动争议受理了,必然会贻笑大方。

3. 难题：职工拿什么理由起诉工会

职工起诉工会，时福茂听到这个消息的时候，第一反应就是不知道如何反应，这似乎是闻所未闻的新鲜事。要知道时福茂并不是普通人，他是律师界内的常年与工会打交道的农民工维权律师。

职工与工会是什么关系，如果工会侵犯了职工的合法权益，职工应当基于何种诉权起诉工会？周力同时为中国的司法实务界和法律学界抛下了一个难题。

时福茂向《法人》记者坦言，帮劳动者维权这么多年，确实没有见过职工起诉工会的情形，他对这个问题没有研究。但是他指出一点，职工与工会之间的争议不属于行政诉讼，也不属于劳动争议，如果说是民事诉讼，也不是普通的民事诉讼。

另一位不愿透露姓名的劳动法专家向《法人》记者表示，现行的《劳动争议调解仲裁法》没有将职工与工会之间的这种工会关系的争议纳入受理范围，职工与工会之间的争议不属于劳动争议，另一方面《民事诉讼法》也没有明确将这种工会关系的争议纳入受理范围，因此如果法院以没有法律明确规定为由拒绝受理此类案件也是可以理解的。

问题的根源在于，《工会法》等相关法律只规定了工会的权利和义务，却没有直接规定如果工会与员工之间产生争议怎样救济，上述专家认为这是法律上的空白，没有救济的权利等于没有权利。工会作为一个具有独立法人资格的主体，不能只享有权利和职权，不承担义务和责任。

专家接着指出，下一步《工会法》和《劳动调解仲裁法》应该对这种工会关系的争议处理作出更明确的规定。他个人认为，从长远来看，应将工会性质的争议纳入劳动争议的范畴，当成特殊的劳动争议来看待，因为这种争议发生在劳动关系中。

当然对于周力来说，也不是完全没有救济的方法。《工会法》第55条规定，工会工作人员违反本法规定，损害职工或者工会权益的，给劳动者造成损失的，应当承担赔偿责任，周力可以将工会主席、副主席等全部工会成员以民事侵权为由告上法庭。只要做一点技术上的处理，周力还是可以根据民事诉讼法实现曲线救国。

此外，该法第55条还规定了其他三种救济途径：由同级工会或者上级工会责令改正，或者予以处分；情节严重的，依照《中国工会章程》予以罢免；构成犯罪的，依法追究刑事责任。时福茂建议，在当前起诉工会有争议的情况下，当事人可以更多地考虑通过向同级或上级工会投诉的方式，由上级工会纠正企业工会的不当行为。

发稿前不久，周力给《法人》记者回复，无锡高新区法院果然没有受理他的案件，理由是电脑录入系统中没有这种案件的案由。

资料来源：《法人》（作者：马丽），法制网，http://www.legaldaily.com.cn/economical/content/2011-02/11/content_2468110.htm?node=21507。

8.3 工会的组织结构及成员构成

8.3.1 工会的组织结构

《工会法》中对工会组织的相关规定主要有：

(1) 企业、事业单位、机关有会员25人以上的，应当建立基层工会委员会；不足25人的,可以单独建立基层工会委员会,也可以由两个以上单位的会员联合建立基层工会委员会。

(2) 女职工人数较多的,可以建立工会女职工委员会。

(3) 基层工会、地方各级总工会、全国或者地方产业工会组织的建立,必须报上一级工会批准。上级工会可以派员帮助和指导企业职工组建工会,任何单位和个人不得阻挠。

(4) 职工 200 人以上的企业、事业单位的工会,可以设专职工会主席。工会专职工作人员的人数由工会与企业、事业单位协商确定。

(5) 基层工会委员会定期召开会员大会或者会员代表大会,讨论决定工会工作的重大问题。经基层工会委员会或者 1/3 以上的工会会员提议,可以临时召开会员大会或者会员代表大会。

8.3.2 工会成员的加入和罢免

根据《中国工会章程》第 1 条:凡在中国境内的企业、事业、机关单位中以工资收入为主要生活来源的体力劳动者和脑力劳动者,不分民族、种族、性别、职业、宗教信仰、教育程度,承认工会章程,都可以加入工会为会员。

但同时《工会法》中第 9 条规定:企业主要负责人的近亲属不得作为本企业基层工会委员会成员的人选。

1. 职工加入工会的程序及规定

(1) 须由本人自愿申请,经工会小组讨论通过。

(2) 工会基层委员会批准并发给会员证。

(3) 各级工会委员会由会员大会或者会员代表大会民主选举产生。

(4) 企业主要负责人的近亲属不得作为本企业基层工会委员会成员的人选。

(5) 基层工会委员会每届任期三年或者五年。各级地方总工会委员会和产业工会委员会每届任期五年。

2. 罢免工会主席、副主席必须经过三个程序

(1) 必须有 1/3 的会员提出罢免请求;

(2) 必须召开会员大会或者会员代表大会充分讨论;

(3) 作出的罢免决定必须经会员大会的全体会员,或者会员代表大会的全体代表过半数通过。

这三个程序都是必经程序,缺一不可。

8.3.3 非专职工会委员工作时间

《工会法》第 40 条第 2 款对非专职工会委员从事工会活动的时间作了规定:基层工会的非专职委员占用生产或者工作时间参加会议或者从事工会工作,每月不超过 3 个工作日,其工资照发,其他待遇不受影响。

8.3.4 针对工会成员的特殊保护

《工会法》第 52 条规定：违反本法规定，有下列情形之一的，由劳动行政部门责令恢复其工作，并补发被解除劳动合同期间应得的报酬，或者责令给予本人年收入 2 倍的赔偿：

(1) 职工因参加工会活动而被解除劳动合同的；
(2) 工会工作人员因履行本法规定的职责而被解除劳动合同的。

案例 8.3　工会主席期满未换届被解除劳动合同案

案例简介：原告王某于 1998 年 3 月 24 日到被告青岛某佛檀制品公司（以下简称佛檀公司）从事总务工作。后来双方签订了劳动合同，期限自 2000 年 9 月 1 日至 2005 年 9 月 1 日。2000 年 6 月 5 日，原告经胶州市总工会批复担任被告处的工会主席一职（专职工会主席）。2005 年 8 月 29 日，被告向原告下达了《解除劳动合同通知书》，宣布自 2005 年 8 月 31 日起与原告解除劳动合同。原告在被告处工作期间月平均工资为 2 570 元。

2005 年 9 月 14 日，原告王某向胶州市劳动争议仲裁委员会申请劳动仲裁，请求：①由被告支付原告赔偿金 61 680 元；②支付因被告提出解除合同的经济补偿金 20 560 元及 50% 的额外经济补偿金 10 280 元；③支付违约金 77 100 元；④仲裁费由被告负担。

该仲裁委员会经审理作出胶劳仲案字(2005)第 161 号裁决书，裁决：①被告于裁决书生效后 10 日内支付原告解除劳动合同经济补偿金 20 560 元；②驳回原告的其他仲裁请求；③仲裁费 3 764 元，由原告承担 3 308 元，被告承担 456 元。原告不服该裁决诉至法院。2006 年 1 月 26 日，被告支付原告经济补偿金 20 000 元（已扣除个人所得税 428 元）。

原审法院认为，被告在合同未到期的情况下，向原告下达了《解除（终止）劳动合同通知书》，该通知书明确写明被告决定自 2005 年 8 月 31 日起解除（终止）与原告签订的 5 年劳动合同，违反双方所签劳动合同的约定，应按《劳动法》第 28 条、《违反和解除劳动合同的经济补偿办法》第 10 条的规定支付原告王某经济补偿金 20 560 元及额外经济补偿金 10 280 元（20 560 元的 50%）。仲裁裁决后，原告起诉前，被告已支付原告经济补偿金，现原告主张额外经济补偿金 10 280 元，法院予以支持。原审法院据此判决：①被告佛檀公司于判决生效后 10 日内支付原告王某额外经济补偿金 10 280 元；②被告佛檀公司于判决生效后 10 日内付给原告王某仲裁费 684 元；③驳回原告王某的其他诉讼请求。

宣判后，原、被告均提起上诉。王某上诉请求佛檀公司支付其因担任工会主席期间被解除劳动合同的年收入 2 倍的赔偿金。佛檀公司上诉请求撤销原判，依法改判。

二审法院认为，按照法律规定，工会主席主张年收入 2 倍的赔偿金应当是以其参加工会活动或履行工会法规定的职责而被解除劳动合同为前提，而王某与佛檀公司解除劳动合同是因佛檀公司认为双方合同期满不再与王某续签劳动合同所致。因此，王某请求法院支持其年收入 2 倍的赔偿金的请求，没有法律依据。按照法律规定，工会主席在任职期间，用人单位除法定事由外不能擅自与其解除或终止劳动合同。2005 年 9 月 1 日，双方签订的劳动合同终止，但佛檀公司仍未举行换届选举，王某作为工会主席仍在任期内，佛檀公司在 2005 年 8 月 29 日作出的《解除（终止）劳动合同通知书》，无论是解除劳动合同，还是终止劳动合同，均不符合《工会法》的有关规定，故佛檀公司应当向王某支付相应的经济补偿金及额外经济补偿金。综上，原判并无不当，双方的上诉理由均不充分，双方的上诉请求，二审法院均不予支持。判决驳回上诉，维持原判。

案例评析：针对双方当事人的诉请，结合案件事实，本案有三个焦点值得探讨。

焦点一：王某任工会主席期满未换届，此期间是否仍是"工会主席"？

因为《工会法》等相关法律对工会主席进行特殊保护，所以确定王某在 2005 年 6 月 5 日以后是否具有工会主席身份至关重要，对于本案的认定也有关键作用。王某于 2000 年 6 月 5 日经胶州市总工会批复担任佛檀公司的工会主席一职，任期 5 年，应于 2005 年 6 月 5 日任期届满，但其任期届满后，佛檀公司并未组织换届选举工作，也未将其罢免，此期间应当认定王某仍然是工会主席，履行工会主席一职，直至下届新的工会主席产生。因此，不能简单地认为，王某担任工会主席已经任期届满，其就不具有"工会主席"的身份了。本案认定王某在担任工会主席期满未换届的情况下仍是"工会主席"也是符合选举法的立法精神的。

焦点二：如何理解"年收入 2 倍赔偿金"的适用条件？

《工会法》第 52 条规定，给予"年收入 2 倍的赔偿"的条件是：①职工因参加工会活动而被解除劳动合同的；②工会工作人员因履行本法规定的职责而被解除劳动合同的。最高院在《适用〈工会法〉解释》第 6 条中又进一步规定，针对此类劳动争议案件："可以根据当事人的请求裁判用人单位恢复其工作，并补发被解除劳动合同期间应得的报酬；或者根据当事人的请求裁判用人单位给予本人年收入 2 倍的赔偿，并参照《违反和解除劳动合同的经济补偿办法》第 8 条规定给予解除劳动合同时的经济补偿金。"从上述规定可以看出，当事人请求用人单位给予年收入 2 倍的赔偿，其前提条件是该当事人（或是工会工作人员）因参加工会活动或者履行《工会法》规定的职责而被用人单位解除劳动合同。

本案中，王某请求佛檀公司支付其年收入 2 倍的赔偿，必须先举证证明其是因履行工会职责而被解除劳动合同的。虽然王某在任期届满后仍具有"工会主席"身份，仍在履行工主席的职责，但是佛檀公司并没有因为王某参加工会活动或履行《工会法》规定的职责而与其解除劳动合同，相反，佛檀公司与王某解除劳动合同的原因是认为其与王某签订的为期 5 年的劳动合同已经到期，不愿意再与王某续签劳动合同才解除的，并且王某也认可是因双方所签劳动合同到期、用人单位不愿续签而解除这一事实。所以，王某要求佛檀公司支付其年收入 2 倍的赔偿不符合最高院《适用〈工会法〉解释》第 6 条的规定，其应当承担无法证明因履行工会职责而被解除劳动合同的不利后果，即该项请求不能得到支持，佛檀公司的辩解理由成立。一、二审法院对此的认定是正确的。

焦点三：用人单位应否支付王某解除劳动合同经济补偿金和额外经济补偿金？

解除劳动合同经济补偿金，是用人单位对劳动者在劳动关系存续期间为用人单位已做贡献的积累所给予的经济补偿，其数额一般与该单位工龄挂钩。

本案中，虽然王某与佛檀公司之间的劳动合同期限自 2005 年 9 月 1 日届满，但由于王某自 2000 年 6 月 5 日起担任该公司工会主席（专职），依据《工会法》第 18 条和《最高人民法院适用〈工会法〉解释》第 2 条，其劳动合同期限又自动延长 5 年。《工会法》第 18 条规定:"基层工会专职主席、副主席或者委员自任职之日起,其劳动合同期限自动延长,延长期限相当于其任职期间……但是,任职期间个人严重过失或者达到法定退休年龄的除外。"

根据上述规定,王某的劳动合同期限自2005年6月5日其工会主席任职届满时自动延长5年,因此,佛檀公司于2005年8月31日宣布与王某解除(终止)劳动合同时,仍在双方劳动合同(延长)期限内,在没有证据证明王某有"个人严重过失"的情况下,佛檀公司应当向王某支付解除劳动合同经济补偿金。根据有关法律规定,用人单位解除劳动合同后,未按规定给予劳动者经济补偿的,除全额发给经济补偿金外,还须按该经济补偿金额的50%支付额外经济补偿金。因此,佛檀公司还应当向王某支付50%的额外经济补偿金。一、二审对此的认定是正确的。

资料来源:纵横法律网,http://jdal.m148.com/article/149800/。

8.4 工会经费

工会经费主要用于为职工服务和工会活动。依《工会法》中规定,工会经费的主要来源:
(1) 工会会员缴纳的会费;
(2) 建立工会组织的企业、事业单位、机关按每月全部职工工资总额的2%向工会拨缴的经费;
(3) 工会所属的企业、事业单位上缴的收入;
(4) 人民政府的补助;
(5) 其他收入。

《工会法》第41条规定:"企业、事业单位、机关工会委员会的专职工作人员的工资、奖励、补贴,由所在单位支付。"

关于中外合资经营企业中的工会经费的来源,根据国务院《中外合资经营企业法实施条例》第99条规定:"合营企业每月按企业职工实际工资总额的2%拨交工会经费,由本企业工会按照中华全国总工会制订的有关工会经费管理办法使用。"

如果企业、事业单位无正当理由拖延或者拒不拨缴工会经费,基层工会或者上级工会可以向当地人民法院申请支付令;拒不执行支付令的,工会可以依法申请人民法院强制执行。侵占工会经费和财产拒不返还的,工会可以向人民法院提起诉讼,要求返还,并赔偿损失。

案例8.4 合资企业应该怎样计算应拨付的工会经费

原告上海国际贵都大饭店工会于1991年5月依法成立。被告上海国际贵都大饭店有限公司迟至同年12月才拨付部分工会经费,至1993年7月共拨付工会经费人民币9万元。经上海市总工会经费审查委员会对贵都大饭店工会的工会经费收支情况进行检查、审计,确认贵都大饭店从1991年5月起至1993年7月,按规定应拨付给其工会经费422 508.48元(其中包括外汇兑换券240 356.48元),实际拖欠工会经费332 508.48元。

1993年9月6日,上海市外商投资企业工会联合会致函贵都大饭店,通报了上述经费审计情况,并通知其于1993年9月12日前将上述欠付经费拨付给贵都大饭店工会,否则每日按欠付金额的万分之五计算滞纳金。

贵都大饭店系中外合资经营企业。其中中方认为,国家法律规定中外合资经营企业每月应按全部职工工资总额的2%拨付工会经费,企业就应如数拨付;外方认为,只能按中方员工工资总额的2%拨付工会经费,外方员工工资部分不应包括在内。因不能协商解决,贵都大饭店工会向上海市中级人民法院提起诉讼。

案例分析:《中华人民共和国中外合资经营企业法实施条例》明确规定:"合营企业每月按企业职工实际工资总额的2%拨交工会经费。"据此,贵都大饭店作为中外合资企业,应遵守我国法律,依法如数向贵都大饭店工会拨交工会经费。应拨交的工会经费总额,已明确规定为企业职工实际工资总额,理应包括外籍职工的工资部分,因此,贵都大饭店认为外籍职工的工资部分可不拨交工会经费一节,缺乏依据,不予支持。

案例来源:找法网。

8.5 外企和私企建立工会的相关问题

8.5.1 外资企业中的工会权限

根据2001年4月12日修正的《中华人民共和国外资企业法实施细则》的规定,外资企业内的工会的权利有:

(1) 外资企业的工会有权代表职工同本企业签订劳动合同,并监督劳动合同的执行。
(2) 依照法律、法规维护职工的合法权益。
(3) 协助企业合理安排和使用职工福利、奖励基金。
(4) 外资企业研究决定有关职工奖惩、工资制度、生活福利、劳动保护、保险问题时,工会代表有权列席会议。外资企业应当听取工会意见,取得工会的合作。

8.5.2 合资企业中的工会组织

根据2000年10月31日修正的《中华人民共和国中外合作经营企业法》第14条规定:合作企业职工依法建立工会组织,开展工会活动,维护职工的合法权益。合作企业应当为本企业工会提供必要的活动条件。

8.6 职工民主管理和企业内部规则

8.6.1 职工民主管理的概念

职工代表大会是国有企业实行民主管理的基本形式,是职工行使民主管理权力的机构。企业工会委员会是职工代表大会的工作机构,负责职工代表大会的日常工作。

中国工会依法维护企事业单位职工享有的民主参与权。基层工会组织代表和组织职工通过职工代表大会和职工代表议事会、职工代表巡视制度、职工董事和职工监事制度以及民主评议、民主咨询、厂务公开等形式,参与企事业单位的民主决策、民主管理和民主监督,实现民主参与权。中国工会依法享有代表和组织职工行使民主参与的权利和责任。

根据《中华人民共和国工会法》第37条关于国有、集体企业以外的其他企业、事业单位的工会委员会,依照法律规定组织职工采取与企业、事业单位相适应的形式,参与企业、事业单位民主管理的规定,积极探索非公有制企业职工参与民主管理的制度、形式和方法。

8.6.2 职工民主管理的立法

中国工会积极参与有关职工民主参与权利的制度建设和立法工作。中华全国总工会先后于1981年和1986年参与起草了《国营工业企业职工代表大会暂行条例》和《全民所有制工业企业职工代表大会条例》,并由国务院颁布实施。《条例》对职工代表大会的性质、职权和组织制度等作出了明确规定。

1988年全国人大通过的《中华人民共和国全民所有制工业企业法》。该法规定了职工代表大会的性质和法律地位、职工代表大会的权利和义务,同时规定了工会与职工代表大会的关系等。

8.6.3 职工代表大会的职权

职工代表大会是企业实行民主管理的基本形式,是职工行使民主管理权力的机构。主要任务是:贯彻执行党和国家的方针、政策,正确处理国家、企业、职工三者的利益关系,在法律范围内行使职权,保障职工的主人翁地位,调动职工积极性,办好社会主义企业。

职工代表大会行使下列职权:

(1) 听取和审议厂长关于企业的经营方针、长远规划、年度计划、基本建设方案、重大技术改造方案、职工培训计划、留用资金分配和使用方案、承包和租赁经营责任制方案的报告,提出意见和建议。

(2) 审查同意或者否决企业的工资调整方案、奖金分配方案、劳动保护措施、奖惩办法以及其他重要的规章制度。

(3) 审议决定职工福利基金使用方案、职工住宅分配方案和其他有关职工生活福利的重大事项。

(4) 评议、监督企业各级行政领导干部,提出奖惩和任免的建议。

(5) 根据政府主管部门的决定选举厂长,报政府主管部门批准。

案例8.5 企业员工手册未经民主程序被确认无效

用人单位通常会将本单位的规章制度作为附加条款写入劳动合同,这些条款通常会被载于《员工手册》,而因《员工手册》引发的公司与职工之间的纠纷也逐年增多。8月17日,北京市宣武区人民法院审结了一起因新、旧《员工手册》更新引发的《员工手册》效力官司,判决未通过民主程序的新《员工手册》无效。据悉,企业员工手册因程序问题被确认无效的在北京市尚属首例。

某食品有限公司在2004年12月31日以前实施的是旧版《员工手册》,该手册规定员工的病假工资是其基本工资的60%。员工李女士自去年7月28日至今一直在家休病假。按照这个规定,李女士的病假工资在2004年12月31日以前每月应为4 440元。今年1月,食品公司公布并实施新的《员工手册》。按照新《员工手册》规定:当年病假累计超过10天,病假工资待遇按员工工作地政府规定的最低标准执行。在这期间,由于李女士多次提出劳动争议仲裁,食品公司分5次向她支付了有关的工资和病假工资共2.6万元。而按照新规定,李女士此期间应得的工资及病假工资、独生子女费等,在扣除各项社会保险及个人所得税后应为2.1万元。新《员工手册》规定该手册生效日期为2005年1月,以前的公司政策、规程及规章制度与本手册内容不一致的,按本手册内容执行。因此,食品公司不同意劳动仲裁要求其支付李女士2005年1月、2月的工资差额的决定,并为此起诉到宣武区法院。

法院经审理查明,李女士与食品公司最后一份劳动合同的有效期至2004年8月。李女士自2004年7月28日进入医疗期,至今仍在医疗期内。食品公司按照旧版《员工手册》规定,向李女士支付了病假工资至同年12月。今年1、2月,食品公司依据新规定支付了李女士的病假工资。案件审理中,食品公司将新员工手册向其职工公布并已送达职工,但未履行相应的民主程序。

宣武法院认为,用人单位制定的员工手册应当在通过民主程序制定并向劳动者公示后,在本单位内颁布施行。某食品有限公司的员工手册未经民主程序制定,故应按照旧员工手册的标准向李女士支付工资。据此,依照《中华人民共和国劳动法》第4条之规定,判决某食品有限公司支付李女士今年1月、2月的工资差额1 900余元。

资料来源:劳动仲裁网,http://www.ldzc.com/html/2007/case_0501/1075.html。

8.6.4 企业内部劳动规则

所谓企业内部劳动规则,是指用人单位依法制定并在本单位实施的组织劳动和进行劳动管理的规则。内部劳动规则与劳动合同、集体合同都是调整劳动法律关系的重要手段。

 知识链接:内部劳动规则基本问题解答

1. 企业内部劳动规则具有法律效力需要具备哪些条件?

答:2001年《最高人民法院关于审理劳动争议案件适用法律若干问题的解释》(法释〔2001〕14号)第19条规定,用人单位通过民主程序制定的规章制度,不违反国家法律、行政法规及政策之规定,并已向劳动者公示的,可以作为人民法院审理劳动争议案件的依据。

用人单位有权基于管理的需要制定内部劳动规则,但用人单位的内部劳动规则要拥有法律效力,唯有完全具备法定有效要件。总结起来,这些法定有效要件主要有:

（1）制定主体必须合法。一般认为，有权代表用人单位制定内部劳动规则的，应当是单位行政系统中处于最高层次、对用人单位的各个组成部分和全体职工有权实行全面和统一管理的机构。

（2）内容必须合法。内部劳动规则其内容不得与劳动法律法规政策和集体合同的规定相悖。

（3）制定程序必须合法。在制定内部劳动规则的过程中，凡属于法定必要程序，都必须严格履行；违反法定程序制定的内部劳动规则有可能导致无效。

2. 内部劳动规则与劳动合同哪个具有更大的法律效力？

答：在法律效力上，内部劳动规则与劳动合同关系具体可以表述为以下三个层面：

（1）内部劳动规则作为劳动合同的附件，具有补充劳动合同内容的效力。

（2）劳动合同所规定的劳动条件和劳动待遇不得低于内部劳动规则所规定的标准，否则以内部劳动规则所规定劳动条件和劳动待遇为准。

（3）劳动合同中可以特别约定其当事人不受内部劳动规则中特定条款的约束，但这种约定应当以对劳动者更有利为前提。这是因为，劳动合同作为主件，对作为其附件的内部劳动规则的效力，可以在合法的范围内予以一定制约。

资料来源：《最高人民法院关于审理劳动争议案件适用法律若干问题的解释》（2001年实施）。

同时，内部劳动规则有其特点：

（1）内部劳动规则只在本单位范围内适用。

（2）它是劳动者和用人单位在劳动过程中的行为规则，凡是关于劳动过程之外事项的规定，一般都不属于内部劳动规则。

（3）劳动者作为劳动过程的要素和主体，既有权参与内部劳动规则的制定，又有权对用人单位遵守内部劳动规则实行监督。

案例8.6　企业按内部规定处罚员工时有举证的义务

吴浩是工厂保安员，月薪800元。可是，在他进工厂还差一个月就满一年的时候，老板突然要求立即把他辞退，理由是：吴浩经常在上班时间喝酒、听收音机、下象棋、上夜班时睡觉，对进出公司的人员不进行登记管理，导致公司及员工丢失财物，严重违反劳动纪律，并经主管部门领导多次口头教育和警告均无效。吴浩不服，认为老板的决定违反了劳动法律法规，于是向区劳动争议仲裁委员会申请仲裁，要求裁决工厂支付经济补偿金。仲裁期间，工厂除了提供一份上面并没有记载制定和实施日期的《工厂保安人员管理制度》外，并没有举出充分的证据证明吴浩有严重违反劳动纪律和规章制度的行为。劳动仲裁委员会认为工厂违反法律规定解除劳动关系，于是裁决工厂应一次性支付吴浩因解除劳动关系未提前30日通知的补偿金800元、经济补偿金800元及额外经济补偿金400元，共计2 000元，并负担案件受理费。

案件评析：根据法律规定，工厂以吴浩严重违反劳动纪律和规章制度为由解除劳动关系，应承担相应的举证责任，证明吴浩有严重违反劳动纪律和规章制度的行为。工厂提供的《工厂保安人员管理制度》上面并没有记载制定和实施日期,既没有公开张贴,也没有印发给吴浩等保安人员,即没有向吴浩进行公示。故《工厂保安人员管理制度》不能作为本案工厂解除与吴浩劳动关系的依据。

另外,工厂主张吴浩违反劳动纪律,并未明确吴浩何时何地违反劳动纪律,证据不足,理由不充分。因此,工厂以吴浩严重违反劳动纪律和规章制度为由解除与吴浩的劳动关系,违反了法律规定,应按照法律规定对吴浩作出补偿,并负担案件的仲裁费用和诉讼费用。

工厂解除与吴浩的劳动关系没有提前30日通知吴浩,应补偿吴浩一个月的工资即800元;工厂与吴浩解除劳动关系时未按规定进行补偿,应按吴浩的工作年限计算一个月的工资800元作为经济补偿金给付吴浩,且还须支付该经济补偿金50%的额外经济补偿金400元给吴浩。

资料来源:深圳法律网。

第 9 章
劳动人事

- 概述
- 专业技术人员
- 专家与留学回国人员
- 博士后
- 军转安置
- 人才流动

9.1 概述

本章主要介绍针对一些特殊人员的法律和政策，如专业技术人员、专家、留学回国人员、博士后、军队复员转业人员等，为企业介绍聘用及管理这些人员的注意事项，另外还介绍人才流动中的法律问题。

劳动人事制度是劳动力和人才资源使用的运行机制及其各种规范的总称。劳动人事制度不仅为人力资源和劳动力的管理提供了必要的规范，也是调节经济发展中人才流动的砝码。它既是人力资源管理体制的重要组成部分，也是对人力资源使用和开发的重要制度。

如果劳动人事制度与社会经济运行和经济发展不适应，就会造成人力、物力、财力和信息资源的浪费，使社会处在一个低效率的运行状态下。因此劳动人事制度必须不断地变革并与社会经济水平、经济制度相适应。

9.2 专业技术人员

9.2.1 专业技术人员及其分类

对于专业技术人员,有广义和狭义两种理解。广义理解,指拥有特定的专业技术(不论是否得到有关部门的认定),并以其专业技术从事专业工作,并因此获得相应利益的人。狭义理解,专业技术人员指依照国家人才法律、法规,经过国家人事部门全国统考合格,并经国家主管部委注册备案,颁发注册执业证书,在企业或事业单位从事专业技术工作的技术人员及具有前述执业证书并从事专业技术管理工作,在 1983 年以前评定了专业技术职称或 1984 年以后考取了国家执行资格并具有专业技术执业证书的人员。

俗话说,"三百六十行,行行出状元",不同的行业不同的系列,有不同类别、不同等级的专业技术人员。表 9-1 是比较粗略的一个分类。

表 9-1 专业技术人员分类

序号	系 列	专业技术职务名称				
		高级	中级	初级		
01	高等学校教师	教授	副教授	讲师	助教	
02	中等专业学校教师	高级讲师	讲师	助理讲师	教员	
03	中学教师	中学高级教师	中学一级教师	中学二级教师	中学三级教师	
04	小学(幼儿园)教师	小学高级教师	小学一级教师	小学二级教师	小学三级教师	
		幼儿园高级教师	幼儿园一级教师	幼儿园二级教师	幼儿园三级教师	
05	实验技术人员	高级实验师	实验师	助理实验师	实验员	
06	自然科学研究人员	研究员	副研究员	助理研究员	研究实习员	
07	社会科学研究人员	研究员	副研究员	助理研究员	研究实习员	
08	技工学校教师	高级讲师	讲师	助理讲师、教员		
		高级实习指导教师	一级实习指导教师	二级、三级实习指导教师		
09	工程技术人员	高级工程师	工程师	助理工程师	技术员	
10	经济专业人员	高级经济师	经济师	助理经济师	经济员	
11	会计专业人员	高级会计师	会计师	助理会计师	会计员	
12	统计专业人员	高级统计师	统计师	助理统计师	统计员	
13	农业技术人员					
	农艺	高级农艺师	农艺师	助理农艺师	农业技术员	
	兽医	高级兽医师	兽医师	助理兽医师	兽医技术员	
	畜牧	高级畜牧师	畜牧师	助理畜牧师	畜牧技术员	
	农经	高级农经师	农经师	助理农经师	农业技术员	
14	卫生技术人员					
	医疗	主任医师	副主任医师	主治医师、主管医师	医师	医士

续表

序号	系 列	专业技术职务名称			
	中、西药	主任药师	副主任药师	主管药师	药师	药士
	护理	主任护师	副主任护师	主管护师	护师	护士
	其他	主任技师	副主任技师	主管技师	技师	技士
15	新闻专业人员	高级记者	主任记者	记者	助理记者	
		高级编辑	主任编辑	编辑	助理编辑	
16	体育教练员	国家级教练	高级教练	一级教练	二级教练	三级教练
17	翻译	译审	副译审	翻译	助理翻译	
18	广播电视播音	播音指导	主任播音员	一级播音员	二级播音员	三级播音员
19	出版专业人员					
	编辑	编审	副编审	编辑	助理编辑	
	技术编辑	技术编辑	助理技术编辑	技术设计员		
	校对	一级校对	二级校对	三级校对		
20	工艺美术专业人员	高级工艺美术师	工艺美术师	助理工艺美术师	工艺美术员	
21	律师	一级律师	二级律师	三级律师	四级律师	律师助理
22	公证员	一级公证员	二级公证员	三级公证员	四级公证员	公证员助理
23	图书资料专业人员	研究馆员	副研究馆员	馆员	助理馆员	管理员
24	文物博物专业人员	研究馆员	副研究馆员	馆员	助理馆员	管理员
25	档案专业人员	研究馆员	副研究馆员	馆员	助理馆员	管理员
26	艺术专业人员	一级编剧	二级编剧	三级编剧	四级编剧	
		一级作曲	二级作曲	三级作曲	四级作曲	
		一级导演	二级导演	三级导演	四级导演	
		一级演员	二级演员	三级演员	四级演员	
		一级演奏员	二级演奏员	三级演奏员	四级演奏员	
		一级指挥	二级指挥	三级指挥	四级指挥	
		一级美术师	二级美术师	三级美术师	美术员	
		一级舞美设计师	二级舞美设计师	三级舞美设计师	舞美设计员	
		主任舞台技师	舞台技师	舞台技术员		
27	海关	高级关务监督	关务监督	助理关务监督	关务员	
28	船舶技术人员	高级船长	船长、大副	二副	三副	
		高级轮机长	轮机长、大管轮	二管轮	三管轮	
		高级电机员	通用电机员、一等电机员	二等电机员		
		高级报务员	通用报务员、一等报务员	二等报务员	限用报务员	
		高级引航员	一等引航员、二等引航员	三等引航员	助理引航员	
29	民用航空飞行技术人员	一级飞行员	二级飞行员	三级飞行员	四级飞行员	
		一级领航员	二级领航员	三级领航员	四级领航员	

续表

序号	系 列	专业技术职务名称				
		一级飞行通信员	二级飞行通信员	三级飞行通信员	四级飞行通信员	
		一级飞行机械员	二级飞行机械员	三级飞行机械员	四级飞行机械员	
30	培训行业咨询师	高级咨询师	中级咨询师	初级咨询师	助理咨询师	

资料来源:"百度百科:专业人员"。

9.2.2 专业技术人员职称和职业资格制度的历史发展

专业技术人员的水平和等级,是通过职称,如大学教师的教授、副教授、讲师等的不同来体现的。职称制度是我国专业技术人员管理的一项基本制度,新中国成立以来,我国的职称制度主要经历了1949—1966年:计划体制阶段;1977—1983年:停滞与恢复阶段;1986—1994年:改革阶段;1994年至今:建设市场经济体制阶段四个阶段。

第一阶段:1949—1966年的计划体制阶段,实行的是技术职务任命制度。新中国成立初期,科研机构与高等院校基本上沿用了旧中国的职称制度,对原有的学术等级予以保留,对已取得的学术职务进行考核认定。20世纪50年代中期,借鉴苏联对科学技术人员的管理模式,把专业技术人员归为"国家干部"序列,其职务等同于行政级别,实行任命制;同时积极探索"学衔"制度,并把其明确为"国家根据科学研究人员、高等学校教师在工作岗位上所达到的学术水平、工作能力和工作成就予以的学术职务称号"。

第二阶段:1977—1983年的停滞与恢复阶段,实行的是技术职称评定制度。1977年《中共中央关于召开全国科学大会的通知》提出:"应该恢复技术职称,建立考核制度,实行技术岗位责任制。"邓小平同志指示,"大专院校也应该恢复教授、讲师、助教等职称"。"职称"的概念由此被明确提出。随后国家把职称评定作为"尊重知识、尊重人才"的一项重要措施,开始启动。1978年国务院率先恢复了《关于高等学校教师职务名称及其确定与提升办法的暂行规定》,并指出,原已确定提升的各等级职务一律有效,恢复名称,不需重新办理报批手续。1979年国务院批准卫生部颁发了《卫生技术人员职称及晋升条例(试行)》,随后又在保留原有5个学术、技术职称的同时,增加了业务职称,到1983年中央决定暂停职称评定工作、进行全面整改前,正式批准的职称暂行条例共有22个。

第三阶段:1986—1994年的改革阶段,开始实行专业技术职务聘任制度。当时我国实行的是有计划的商品经济体制。1986年中央决定改革职称评定,实行专业技术职务聘任制度。同年1月,中共中央、国务院转发了中央职称改革领导小组《关于改革职称评定,实行专业技术职务聘任制度的报告》,2月,国务院颁布了《关于专业技术职务聘任制度的规定》,至此,以实施专业技术职务聘任制为核心的职称改革工作正式展开。截至1988年,经批准下发的专业技术职务试行条例达29个。1989年,专业技术职务聘任制工作再次出现停顿,1990年解冻,随即进入正常化、规范化的轨道。

这个阶段职称工作的特点是:专业技术职务不同于一次获得后终生拥有的学位、学衔等各种学术、技术称号,它具有明确的岗位职责、任职条件和任期限制,与工资待遇挂钩,所聘职务只在单位内部有效,成为集评价、使用、待遇三位一体的人事管理制度。这项制度通过资格评定给予专业技术人员以专业技术水平和能力水平的认可,同时通过岗位职务聘任,将岗位要求和技术人员的资格、待遇、责任等统一起来,并通过设置一定的任期保证专业技术人员的整体质量和水平。专业技术职务聘任制的实施吸引和选拔了大批优秀专业技术人才。

第四阶段:自1994年开始,逐步推行专业技术人员职业资格证书制度。1994年我国开始建立社会主义市场经济体制,我国职称制度开始探索与市场经济相适应的机制。在继续实行专业技术职务聘任制度的同时,逐步推行专业技术人员职业资格证书制度。主要有两类资格制度:一是依照有关法律、法规的要求,在关系公共利益和人民生命财产安全的关键领域和岗位,建立实施强制的职业准入资格制度,强化对个人的资质要求;二是职业水平评价制度,在借鉴一些经济发达国家的做法的基础上,结合经济社会发展的实际,对服务领域广阔、社会需求量大的领域,建立职业水平认证制度,其目的是提高从业人员的素质,为社会提供更好的服务。

有关职称制度和职业资格制度的两个决定性文件:一是1986年1月24日,中共中央、国务院联合下发《关于转发〈关于改革职称评定、实行专业技术职务聘任制度的报告〉的通知》(中发〔1986〕3号),其中明确指出:"改革的中心是实行专业技术职务聘任制度,并相应地实行以职务工资为主要内容的结构工资制度。"这标志着我国专业技术职务聘任制度建设工作的开始。二是中国共产党第十四届中央委员会第三次全体会议1993年11月14日通过《中共中央关于建立社会主义市场经济体制若干问题的决定》,提出:"要制定各种职业的资格标准和录用标准,实行学历文凭和职业资格两种证书制度,逐步实行公开招聘,平等竞争,促进人才合理流动。"这标志着我国职业资格制度开始建立。

1995年《中华人民共和国劳动法》第8章第69条规定:"国家确定职业分类,对规定的职业制定职业技能标准,实行职业资格证书制度,由经过政府批准的考核鉴定机构负责对劳动者实施职业技能考核鉴定。"《职业教育法》第1章第8条明确指出:"实施职业教育应当根据实际需要,同国家制定的职业分类和职业等级标准相适应,实行学历文凭、培训证书和职业资格证书制度。"这些法规确定了国家推行职业资格证书制度和开展职业技能鉴定的法律依据。

 知识链接:国家实行就业准入的职业

生产、运输设备操作人员:

车工、铣工、磨工、镗工、组合机床操作工、加工中心操作工、铸造工、锻造工、焊工、金属热处理工、冷作钣金工、涂装工、装配钳工、工具钳工、锅炉设备装配工、电机装配工、高低压电器装配工、电子仪器仪表装配工、电工仪器仪表转配工、机修钳工、汽车修理工、摩托车维修工、精密仪器仪表维修工、锅炉设备安装工、变电设备安装工、维修电工、计算机维修工、手工木工、精细木工、音响调音员、贵金属首饰手工制作工、土石方机械操作工、砌筑工、混凝土工、钢筋工、架子工、防水工、装饰装修工、电气设备安装工、管工、汽车驾驶员、起重装卸机械操作工、化学检验工、食品检验工、纺织纤维检验工、贵金属首饰钻石珠宝检验员、防腐蚀工。

农林牧渔水利业生产人员：

动物疫病防治员、动物检疫检验员、沼气生产工。

商业、服务业人员：

营业员、推销员、出版物发行员、中药购销员、鉴定估价师、医药商品购销员、中药调剂员、冷藏工、中式烹调师、中式面点师、西式烹调师、西式面点师、调酒师、营养配餐员、前厅服务员、客房服务员、保健按摩师、职业指导员、物业管理员、锅炉操作工、美容师、美发师、摄影师、眼镜验光员、眼镜定配工、家用电子产品维修工、家用电器产品维修工、钟表维修工、办公设备维修工、养老护理员。

办事人员和有关人员：

秘书、公关员、计算机操作员、制图员、话务员、用户通信终端维修员。

资料来源：劳动与社会保障部网站，http://www.molss.gov.cn/gb/ywzn/2006-02/14/content_106387.htm。

9.2.3 专业技术人员的职业资格证书制度

中华人民共和国1995年1月7日颁发的《职业资格证书制度暂行办法》规定：专业技术人员职业资格是对从事某一职业所必备的学识、技术和能力的基本要求，职业资格包括从业资格和执业资格。从业资格是政府规定专业技术人员从事某种专业技术性工作的学识、技术和能力的起点标准；执业资格是政府对某些责任较大，社会通用性强，关系公共利益的专业技术工作实行的准入控制，是专业技术人员依法独立开业或独立从事某种专业技术工作学识、技术和能力的必备标准。

1. 从业资格与执业资格

（1）从业资格

从业资格通过学历认定或考试取得。具备下列条件之一者，可确认从业资格：具有本专业中专以上学历，见习一年期满，经单位考核合格者；按国家有关规定已担任本专业初级专业技术职务或通过专业技术资格考试取得初级资格，经单位考核合格者；在本专业岗位工作，经过国家或国家授权部门组织的从业资格考试合格者。

（2）执业资格

执业资格通过考试方法取得。参加执业资格考试的报名条件根据不同专业另行规定。执业资格考试工作由人事部会同国务院有关业务主管部门按照客观、公正、严格的原则组织进行。执业资格考试由国家定期举行。考试实行全国统一大纲、统一命题、统一组织、统一时间，所取得的执业资格经注册后，全国范围有效。凡符合规定条件的中华人民共和国公民，均可报名参加执业资格考试。国务院有关业务主管部门负责组织执业资格考试大纲的拟定、培训教材的编写和命题工作，并组织考前培训和对取得执业资格人员的注册管理工作。培训要坚持考培分开、自愿参加的原则，参与考试管理工作的人员不得参与培训工作和参加考试。人事部负责审定考试科目、考试大纲和审定命题；确定合格标准；会同有关部门组织实施执业资格考试的有关工作。各地人事（职改）部门会同当地有关业务部门负责本地区执业资格考试的考务工作。

2. 资格证书与注册

(1) 资格证书

经职业资格考试合格的人员,由国家授予相应的职业资格证书。职业资格证书是证书持有人专业水平能力的证明。可作为求职、就业的凭证和从事特定专业的法定注册凭证。职业资格证书在中华人民共和国境内有效。职业资格证书分为《从业资格证书》和《执业资格证书》。证书由人事部统一印制,各地人事(职改)部门具体负责核发工作。

办理职业资格证书的程序为:职业技能鉴定所(站)将考核合格人员名单报经当地职业技能鉴定指导中心审核,再报经同级劳动保障行政部门或行业部门劳动保障工作机构批准后,由职业技能鉴定指导中心按照国家规定的证书编码方案和填写格式要求统一办理证书,加盖职业技能鉴定机构专用印章,经同级劳动保障行政部门或行业部门劳动保障工作机构验印后,由职业技能鉴定所(站)送交本人。

(2) 注册

执业资格实行注册登记制度。注册是对专业技术人员执业管理的重要手段。未经注册者,不得使用相应名称和从事有关业务。国务院有关业务主管部门为执业资格的注册管理机构。各省、自治区、直辖市业务主管部门负责审核、注册,并报国务院业务主管部门备案。各省、自治区、直辖市人事(职改)部门负责对注册工作的监督、检查。取得《执业资格证书》者,应在规定的期限内到指定的注册管理机构办理注册登记手续。逾期不办者,执业资格证书及考试成绩不再有效。

申请执业资格注册,必须同时具备下列条件:遵纪守法,遵守职业道德;取得《执业资格证书》;身体健康,并能坚持在相应的岗位工作;经所在单位考核合格。再次注册者,应经单位考核合格并取得知识更新、参加业务培训的证明。

国务院业务主管部门负责确定必须由取得执业资格的人员充任的关键岗位及工作规范,并负责检查监督关键岗位的执业人员上岗及执业情况,对违反岗位工作规范者要进行处罚。对已在须由取得执业资格人员充任的关键岗位工作,但尚未取得《执业资格证书》的人员,要进行强化培训,限期达到要求。对经过培训仍不能取得执业资格者,必须调离关键岗位。

3. 证书等级

我国职业资格证书分为以下五个等级。

(1) 高级技师(一级/高级职称):能够熟练运用专门技术和特殊能力在本职业的各个领域完成复杂的、非常规性工作;熟练掌握本职业的关键操作技术,能够独立处理和解决高难度的技术难题;在技术攻关方面有创新。能组织开展技术改造、技术革新活动;能组织开展系统的专业技术培训;具有技术管理能力。

(2) 技师(二级/中级职称):能够熟练运用基本技术和专门能力完成较为复杂的工作,包括完成部分非常规性工作;能够独立处理工作中出现的问题;能指导他人进行工作或协助培训一般人员。

(3) 高级(三级/助理职称):能够熟练运用专门技术和特殊能力完成复杂的、非常规性的工作;掌握本职业的关键技术,能够独立处理和解决技术难题;在技术方面有创新;

能组织指导他人进行工作;能培训一般人员;具一定的技术管理能力。

(4) 中级(四级):能够熟练运用基本技能独立完成本职业的常规工作;在特定情况下,能运用专门技能完成技术较为复杂的工作,能够与他人进行合作。

(5) 初级(五级):能够运用基本技能独立完成本职业的常规工作。

4. 技能鉴定

职业技能鉴定是一项基于职业技能水平的考核活动,属于标准参照型考试。它是由考试考核机构对劳动者从事某种职业所应掌握的技术理论知识和实际操作能力做出客观的测量和评价。职业技能鉴定是国家职业资格证书制度的重要组成部分。

(1) 人员资格

参加不同级别鉴定的人员,其申报条件不尽相同,考生要根据鉴定公告的要求,确定申报的级别。一般来讲,不同等级的申报条件为:

① 参加初级鉴定的人员必须是学徒期满的在职职工或职业学校的毕业生;

② 参加中级鉴定的人员必须是取得初级技能证书并连续工作5年以上,或是经劳动行政部门审定的以中级技能为培养目标的技工学校以及其他学校毕业生;

③ 参加高级鉴定人员必须是取得中级技能证书5年以上、连续从事本职业(工种)生产作业可少于10年,或是经过正规的高级技工培训并取得了结业证书的人员;

④ 参加技师鉴定的人员必须是取得高级技能证书,具有丰富的生产实践经验和操作技能特长、能解决本工种关键操作技术和生产工艺难题,具有传授技艺能力和培养中级技能人员能力的人员;

⑤ 参加高级技师鉴定的人员必须是任技师3年以上,具有高超精湛技艺和综合操作技能,能解决本工种专业高难度生产工艺问题,在技术改造、技术革新以及排除事故隐患等方面有显著成绩,而且具有培养高级工和组织带领技师进行技术革新和技术攻关能力的人员。

(2) 职业技能鉴定的内容与方式

国家实施职业技能鉴定的主要内容包括:职业知识、操作技能和职业道德三个方面。这些内容是依据国家职业(技能)标准、职业技能鉴定规范(即考试大纲)和相应教材来确定的,并通过编制试卷来进行鉴定考核。

职业技能鉴定分为知识要求考试和操作技能考核两部分。知识要求考试一般采用笔试,技能要求考核一般采用现场操作加工典型工件、生产作业项目、模拟操作等方式进行。计分一般采用百分制,两部分成绩都在60分以上为合格,80分以上为良好,95分以上为优秀。

(3) 职业技能鉴定所(站)

职业技能鉴定所(站)是经劳动保障行政部门批准设立的实施职业技能鉴定的场所,它是职业技能鉴定的基层组织,承担规定范围内的职业技能鉴定活动。具体工作任务包括:

受理职业技能鉴定的申请,对申报人的资格条件进行审查,经鉴定指导中心核准后,签发准考证;组织申报人员按规定的时间、地点和方式进行考核或考评;协调鉴定过程中的有关事务;汇总鉴定成绩,并负责报送鉴定指导中心;向鉴定指导中心提供鉴定报告,对考评小组的工作提出评价意见;协助鉴定指导中心办理证书手续,并负责向鉴定合格者发放职业资格证书。负责鉴定的咨询服务和信息统计等工作。

 案例 9.1　专业技术人员要尊重合同

原告南京亚伟电脑速录培训中心起诉说,2004 年 8 月,原告花巨资送被告于某至北京一家公司培训实习速录技术。学习结束后,双方于 2004 年 10 月 1 日签订为期 3 年的劳动合同。此后,原告又花费大量财力和精力为被告做宣传,使被告成为江苏省为数不多的知名高级速录师。然而,被告在成名之后,在为原告服务不到一年时间后,趁原告法定代表人身在国外之机,于去年 9 月 2 日提前解除劳动合同,致使原告在十运会业务高峰期因速录师短缺而陷入窘境,造成了一定的经济损失。被告在其所谓辞职的程序上违反法律规定,并在实体上违反双方协议的内容,擅自解除协议,被告应当承担违约责任,赔偿原告培训费、交通费等 1 万元。

被告于某则说,由于原告安排工作的时间不固定,影响其正常的家庭生活,故于去年 7 月 31 日向原告递交了辞职信,当时因原告法定代表人出国在外,由原告处的罗老师收下辞职信,并当场电话告知了原告法定代表人。自去年 9 月 1 日起,被告不再到原告处上班,因被告已提前 1 个月书面通知原告解除劳动合同,并未违反《劳动法》规定和双方的约定,故被告不应承担违约责任;另外,虽然原告安排被告至北京公司实习一个月,但一切食宿费用均由被告自理,原告是否交过 3 000 元培训费给北京公司,被告并不清楚,且与被告无关,故被告不应返还培训费。

玄武区法院经审理,最后判决,被告提前解除劳动合同,应当一次性赔偿原告南京亚伟电脑速录培训中心培训费用 3 417 元。

资料来源:中国劳动争议网。

9.3　专家与留学回国人员

杰出的专业技术人员,通常被称为专家。很多专家都是从海外归国的留学回国人员。这里将专家和留学回国人员的相关政策合并进行简单介绍。

事业发展,人才为先。新中国成立以来特别是改革开放以来,党和国家提出了一系列加强人才工作的政策措施,培养造就了各个领域的大批人才。进入新世纪新阶段,党中央、国务院作出了实施人才强国战略的重大决策,人才强国战略已成为我国经济社会发展的一项基本战略。2010 年、2011 年,国家制定了《国家中长期人才发展规划纲要(2010—2020 年)》(中发〔2010〕6 号)和《专业技术人才队伍建设中长期规划(2010—2020 年)》(中组发〔2011〕7 号),明确提出,要进一步实施并完善百千万人才工程,制订不同层次、不同类别、不同地区的人才培养计划。

各种人才培养和发展计划是我国人才政策的重要表现形式。《国家中长期人才发展规划纲要(2010—2020 年)》提出建设的重大人才工程即有:创新人才推进计划、青年英才开发计划、企业经营管理人才素质提升工程、高素质教育人才培养工程、文化名家工程、全民健康卫生人才保障工程、海外高层次人才引进计划、专业技术人才知识更新工程、国家高技能人才振兴计划、现代农业人才支撑计划、边远贫困地区、边疆民族地区和革命老区人才支持计划、高校毕业生基层培养计划。除了国家的有关人才计划外,各地为了吸引人才,也纷纷制订了各地的人才吸引计划。

我国的人才政策,通常就体现在这些计划中。本节就以"千人计划"和"万人计划"为例,来说明国家的有关人才政策。"海外高层次人才引进计划"简称"千人计划","国家高层次人才特殊支持计划"也称"万人计划",两个计划分别针对海外和国内的高层次人才。

9.3.1 人才引进和支持的目标任务

1. "千人计划"的目标任务

主要是围绕国家发展战略目标,从 2008 年开始,在国家重点创新项目、学科、实验室以及中央企业和国有商业金融机构、以高新技术产业开发区为主的各类园区等,引进 2 000 名左右海外高层次人才并有重点地支持一批能够突破关键技术、发展高新产业、带动新兴学科的战略科学家和领军人才来华创新创业。同时,各省(区、市)也结合本地区经济社会发展和产业结构调整的需要,有针对性地引进一批海外高层次人才,即地方"百人计划"。

2. "万人计划"的目标任务

围绕建设创新型国家的战略部署,从 2012 年起,用 10 年左右时间,有计划、有重点地遴选支持一批自然科学、工程技术和哲学社会科学领域的杰出人才、领军人才和青年拔尖人才,形成与"千人计划"相互衔接的高层次创新创业人才队伍建设体系。

9.3.2 引进和支持的人才的标准

1. "千人计划"引才标准

引进的人才应在海外取得博士学位,不超过 55 岁,引进后每年在国内工作不少于 6 个月,并符合下列条件之一:①在国外著名高校、科研院所担任相当于教授职务的专家学者;②在国际知名企业和金融机构担任高级职务的专业技术人才和经营管理人才;③拥有自主知识产权或掌握核心技术,具有海外自主创业经验,熟悉相关产业领域和国际规则的创业人才;④国家急需紧缺的其他高层次创新创业人才。

2. "万人计划"引才标准

"国家特支计划"杰出人才。计划支持 100 名,每年遴选一批,每批 10 名左右。具体标准为:研究方向处于世界科技前沿领域,基础学科、基础研究有重大发现,具有成长为世界级科学家的潜力,能够坚持全职潜心研究。重视遴选中青年杰出人才。

"国家特支计划"领军人才。计划支持 8 000 名,每年遴选一批,每批 800 名左右。

(1) 科技创新领军人才。计划支持 3 000 名,每批 300 名左右。具体标准为:在国家中长期科学和技术发展规划确立的重点方向,主持重大科研任务、领衔高层次创新团队、领导国家级创新基地和重点学科建设的科技人才和科研管理人才,其研究工作具有重大创新性和发展前景。以 50 周岁以下中青年人才为主。

(2) 科技创业领军人才。计划支持 2 000 名,每批 200 名。具体标准为:运用自主知识产权创建科技企业的科技人才,或具有卓越经营管理才能的高级管理人才,创业项目符合我国战略性新兴产业发展方向并处于领先地位。以近 5 年内创办企业的主要创始人为主。

(3) 哲学社会科学领军人才。计划支持 1 000 名,每批 100 名左右。具体标准为:坚持中国特色社会主义方向,拥护党的路线、方针、政策,在哲学社会科学重点领域主持重大课题任务、领导重点学科建设的专业人才和科研管理人才,其研究成果有重要创新和重大影响。

(4) 教学名师。计划支持 1 000 名,每批 100 名左右。具体标准为:长期从事一线教学工作,培养优秀青少年有突出贡献,对教育思想和教学方法有重要创新,为人师表,师德高尚,在教育领域和全社会享有较高声望。

(5) 百千万工程领军人才。计划支持 1 000 名,每批 100 名左右。具体标准为:50 周岁以下,潜心基础研究,揭示自然规律和社会发展规律,为社会提供新知识、新原理、新方法,引导基础理论原始创新,对基础学科发展具有重要推动作用。

"国家特支计划"青年拔尖人才。计划支持 2 000 名,每年遴选一批,每批 200 名左右。具体标准为:35 周岁以下,具有特别优秀的科学研究和技术创新潜能,课题研究方向和技术路线有重要创新前景。

9.3.3 人才引进和遴选的程序

1. "千人计划"引才程序

"千人计划"专项办综合有关地方和部门的意见,汇总形成人才引进目录和年度工作计划,报工作小组审定后发布执行。①人才引进目录主要内容为各领域今后 5~10 年的人才需求,用于引进人才的重要岗位、重点项目及经费支持计划等;②年度工作计划根据人才引进目录制定,主要内容是各领域每年的人才引进规模、提供的主要岗位和项目、事业平台建设意见等。

用人单位物色拟引进人选,进行接洽并达成初步引进意向后,向牵头组织单位申报。牵头组织单位组织专家对申报人选进行评审,提出建议并报专项办。专项办征求有关部门意见后,报工作小组审批。经工作小组批准的引进人才名单,由专项办通知有关部门落实相关特殊政策。用人单位根据批复意见,按照相关法律法规,与引进人才签订工作合同,办理引进手续。符合基本条件的海外高层次人才可以自荐的方式直接向专项办申报。通过自荐、其他渠道推荐,或需要以特殊方式引进的人才,由专项办商有关部门按既定程序个案处理。

2. "万人计划"人才遴选程序

领导小组研究制定"国家特支计划"各类人才遴选办法。根据整体工作安排,专项办每年制定下发遴选工作通知,明确年度目标任务、时间进度和工作要求等。

(1) 初选。各评选平台结合重大人才工程等相关计划项目的组织实施,采取部门推荐或专家联名推荐等方式,面向各地各行业开展申报推荐工作,申报范围应覆盖重点学科和优秀创新团队。组建专家评审小组,按照同行评审原则进行初选。

(2)复评。专项办组建"国家高层次人才特殊支持计划评选委员会",由各领域高级专家和有关部门负责同志组成。评选委员会下设若干学科组,负责"国家特支计划"各类人才复评工作。评选委员会按照"国家特支计划"目标要求可对初选结果进行综合平衡,提出调整意见。

(3)公示。根据评选委员会评选结果,专项办对拟入选人员进行公示。对公示期间反映的问题,由有关部门进行核查并提出意见。最终入选名单由领导小组审定发布。

9.3.4 人才支持和服务政策

1. "千人计划"人才支持和服务政策

有关职能部门制定特殊政策措施,在担任领导职务、承担重大科技项目、申请科技资金、参与国家标准制订、创新工作机制、参加院士评选、参加政府奖励等方面做出规定,为引进人才创新创业提供良好条件。

有关职能部门在居留和出入境、落户、资助、薪酬、医疗、保险、住房、税收、配偶安置、子女就学等方面制定特殊政策,妥善解决引进人才生活方面的困难和问题。

鼓励和支持有条件的中央企业、大学和科研机构以及部分国家级高新技术产业开发区,建立海外高层次人才创新创业基地,推进产学研紧密结合,探索实行国际通行的科学研究和科技研发、创业机制,凝聚一批海外高层次人才和团队。

建立统一的海外高层次人才信息库,为人才引进提供支持。专项办协调科技部、教育部、国资委、人民银行、中科院、人力资源和社会保障部、外交部、外专局、国家自然科学基金委、共青团中央、中国科协等单位,建立海外人才信息共建共享机制。

实施海外高层次人才跟踪计划。专项办协调有关部门和单位,通过组织国情考察等活动,及时掌握海外人才的相关信息,促进各方面人才与用人单位的沟通联系。

通过"千人计划"引进的人才列入中央联系的专家范围。专项办为引进人才建立档案,制定日常联系和服务办法,建立跟踪服务和沟通反馈机制,解决他们工作和生活中的困难和问题。每年年终,专项办评价引才工作效果,总结年度引才工作,向中央人才工作协调小组报告。

人力资源和社会保障部建立专门服务窗口,为引进人才落实居留和出入境、落户、医疗、保险、住房、子女就学、配偶安置等方面的特殊政策。

引进人才因个人原因未履行协议,由牵头组织单位提出意见,经工作小组审核,取消其享受的相关待遇。

2. "万人计划"人才支持和服务政策

中央组织部、人力资源社会保障部为"国家特支计划"杰出人才和领军人才授予"国家特殊支持人才"称号,颁发"国家高层次人才特殊支持计划入选证书"。

统筹国家重大人才工程支持经费、国家科技计划专项经费和相关基金,为"国家特支计划"杰出人才、科技创新领军人才、哲学社会科学领军人才、百千万工程领军人才、教学名师安排每人不高于100万元的特殊支持,用于自主选题研究、人才培养和团队建设等。

特殊支持经费由财政部专管,商各主管部门统一拨付。各评选平台部门对入选者提出支持额度、用途及监管意见。各申报单位负责经费的有效使用和管理。地方和用人单位可配套给予适当经费支持。

领导小组协调有关部门在科研管理、事业平台、人事制度、经费使用、考核评价、激励保障等方面,制定落实重点培养支持政策。有关部门可参照"千人计划"有关政策规定,结合国内人才实际,制定落实相应特殊政策。

杰出人才:设立科学家工作室,实行首席科学家负责制,采取"一事一议、按需支持"方式给予经费保障,支持其开展探索性、原创性研究。

领军人才:改革科研项目管理办法,优先立项、滚动支持。创新经费支持方式,落实期权、股权和企业年金等激励措施。支持组建创新团队。

青年拔尖人才:按照《青年英才开发计划实施方案》提供支持经费,用于开展前瞻性、预研性自主选题研究等,并赋予相应自主支配权。

积极培养支持高层次人才到国际组织任职。在政治、经济、文化和社会等重要领域,通过国际学术交流、政府推荐、专项培训、经费支持等方式,有计划地培养推荐"国家特殊支持人才"到国际组织任职。

将"国家特支计划"杰出人才和领军人才纳入中央联系的高级专家范围,加强联系,提供服务。鼓励"国家特殊支持人才"积极建言献策。

各用人单位加强对"国家特殊支持人才"的管理。对违反学术道德规范,产生不良社会影响以及因个人原因不能发挥作用的,由用人单位提出意见,不再提供特殊支持。

9.3.5 为外籍高层次人才来华提供签证及居留便利

2012年,《中共中央组织部人力资源社会保障部等五部门关于为外籍高层次人才来华提供签证及居留便利有关问题的通知》(人社部发〔2012〕57号)为外籍高层次人才出入境和居留提供了便利。

1. 对象

凡纳入下列海外高层次人才引进计划引进的外籍来华高层次人才及其外籍配偶和未满18周岁外籍子女,或中国籍回国高层次人才的外籍配偶和未满18周岁外籍子女,可以为其提供签证及居留便利。

(1) 中央海外高层次人才引进计划("千人计划");

(2) 中央和国家机关各部委、各直属机构、中央企业开展并报中共中央组织部、人力资源社会保障部或国家外国专家局备案同意的各类海外高层次人才引进计划;

(3) 各省、自治区、直辖市和副省级城市开展并报中共中央组织部、人力资源社会保障部或国家外国专家局备案同意的各类海外高层次人才引进计划;

(4) 省级以下开展的规模较大、层次较高、具有较强影响力,经各省(自治区、直辖市)和副省级城市党委组织部、人力资源社会保障部门或外国专家主管部门审核,报中共中央组织部、人力资源社会保障部或国家外国专家局审批同意的各类海外高层次人才引进计划。

2. 措施

（1）需多次临时入、出境的，可办理5年多次有效、每次停留不超过180天的长期多次签证。

（2）需在中国工作或长期居留的，可办理工作签证或2～5年有效的外国人居留证件。

（3）符合办理永久居留条件的，可申请办理永久居留手续。

（4）符合条件的，颁发来华定居专家证或外国专家证。

案例9.2　留学人员回国可买免税车

《车辆购置税征收管理办法》已于2006年1月1日施行，近日，留学归国人员赵先生想买一辆国产小车，听说可以免税，但他不知道究竟幅度有多大，怎样办手续，那我们就帮助他解读相关的条文。

《车辆购置税征收管理办法》（以下简称《办法》）中明确了中国港、澳留学人员可比照回国留学人员享受税收优惠，对留学人员购置的、来华专家进口自用的符合免税条件的车辆可直接到主管税务机关办理免税事宜，不需再到省级主管税务机关审批。《办法》中还明确了中国港、澳留学人员可比照回国留学人员享受税收优惠，北京留学生购车服务公司的有关负责人表示，新政策使留学生购车市场正在逐渐升温。

据了解，早在1992年10月，海关总署、国家计委、国务院经贸办公室、财政部、交通部、国家税务总局、中国汽车工业总公司就联合发布了《关于回国服务的在外留学人员用现汇购买个人自用国产小汽车有关问题的通知》，规定凡在国外正规大学（学院）注册学习毕（结）业和进修期限在一年以上的留学人员，在其免税限量和从境外带进的外汇额度内，可用现汇购买免税国产小汽车一辆，以鼓励在外留学人员回国工作。

解读：据北京中汽总回国留学人员购车服务公司刘先生称，学生购买免税车可以免去进口零部件海关关税和上牌照时免交车辆购置附加费。目前市场上有90款国产车型在政策规定范畴内，免税幅度从几千元到几万元不等。所购的车越新越大，售价越高，免税的幅度也越大。一般来说，10万元上下的车可能免去6 000元以上的税，而20万元左右的车免去的税就可能超过了1万元以上。

购车条件：毕业后一年内回国才能买免税车。

（1）在国外正规大学（学院）注册学习毕（结）业或进修（包括合作研究、访问学者、企事业海外研修人员）期限在一年以上。

（2）完成学业后一年内回国。

（3）毕业后首次入境未超过半年。

（4）初次购买免税汽车。

（5）购买免税车计一个免税指标（在国外连续停留180天有一个免税指标），中途回国不超过一个月的可连续计算在外时间。

所需资料：首次入境之日起半年内提出申请。

申请购买免税车必须备齐以下材料：留学回国人员证明（回国前到中国使馆教育处

开具);毕业证书或学习证明;护照;户口簿;身份证;《进出境自用物品申请表》(在户口所在地海关、供职单位盖章);在职证明(供职单位开具)。需要注意的是,必须在首次入境之日起半年内提出购车申请。

特别提示:在国外正规大学(学院)注册学习毕(结)业的和进修(包括出国进修、合作研究)期限在一年以上并回国工作的留学人员、访问学者,购买国产汽车时可享受以下优惠政策:①购车时享受进口零部件海关关税及增值税的优惠价格。②上牌照的时候免交车辆购置附加费。

资料来源:搜狐网。

9.4 博士后

为保证博士后事业健康发展,使博士后工作纳入制度化、规范化的轨道,更好地为培养高层次人才服务,国家博士后管委会印发《博士后管理工作规定》,自2002年2月1日起施行。

国家建立博士后制度,旨在吸引、培养和使用高层次特别是创新型优秀人才,建立有利于人才流动的灵活机制,促进产学研结合。

在博士后流动站或工作站从事研究工作的人员称为博士后研究人员(以下简称博士后人员)。博士后流动站是指在高等院校或科研院所具有博士授予权的一级学科内,经批准可以招收博士后研究人员的组织。博士后工作站是指在具备独立法人资格的企业等机构内,经批准可以招收博士后研究人员的组织。

9.4.1 流动站和工作站的设立

根据国家经济社会发展需要和博士后工作发展规划,开展增设流动站、工作站工作,一般每两年开展一次。

高等院校和科研院所申请设立流动站,应当具备以下基本条件:①具有相应学科的博士学位授予权,并已培养出一届以上的博士毕业生。②具有一定数量的博士生指导教师。③具有较强的科研实力和较高的学术水平,承担国家重大研究项目,科研工作处于国内前列,博士后研究项目具有理论或技术创新性。④具有必需的科研条件和科研经费,并能为博士后人员提供必要的生活条件;另外,具有博士学位一级学科授予权、建有国家重点实验室的学科和国家重点学科可优先设立流动站。

企业、从事科学研究和技术开发的事业单位、省级以上高新技术开发区、经济技术开发区和留学人员创业园区申请设立工作站,应当具备以下基本条件:①具备独立法人资格,经营或运行状况良好;②具有一定规模,并具有专门的研究与开发机构;③拥有高水平的研究队伍,具有创新理论和创新技术的博士后科研项目;④能为博士后人员提供较好的科研条件和必要的生活条件。另外,建有省级以上研发和技术中心,承担国家重大项目的单位可优先设立工作站。

流动站的设立,由拟设站单位提出申请,各省、自治区、直辖市人事部门或国务院有关部委及直属机构人事部门审核汇总后报人事部。经专家评审委员会评审,由人事部和全国博士后管理委员会审核批准。工作站的设立,由拟设站单位提出申请,各省、自治区、直辖市人事部门或国务院有关部委及直属机构人事部门组织初评后报人事部。经专家评议,由人事部审核批准。

9.4.2 博士后人员的招收

具有博士学位、品学兼优、身体健康、年龄一般在40岁以下的人员,可申请进站从事博士后研究工作。申请从事博士后研究工作的人员,应当向设站单位提出书面申请,提交证明材料。委托培养、定向培养、在职工作以及具有现役军人身份的人员申请从事博士后研究工作,应当向设站单位提交其委托单位、定向培养单位、工作单位或者所在部队同意其脱产从事博士后研究工作的证明材料。在职人员不得兼职从事博士后研究工作。除经人事部博士后管理部门批准的特殊情况外,申请人不得进入授予其博士学位的单位同一个一级学科流动站从事博士后研究工作。

设站单位应面向社会公开招收博士后人员,要对申请者的科研能力、学术水平和已取得的科研成果进行严格审核,采用考核、考试、答辩等形式择优招收。设站单位应与博士后人员签订协议,明确双方的权利、义务以及工作目标、课题要求、在站工作期限、产权成果归属、违约处罚等。设站单位按有关规定在人事部博士后管理部门或有关省、自治区、直辖市人事部门办理博士后人员进站和户口迁落等有关手续。申请到军队设站单位从事博士后研究工作的人员凭军队博士后管理机构的审批通知,按上述程序办理。对承担国家重大科研项目的非设站单位或已设站单位的非设站学科,经人事部博士后管理部门批准可以依托国家重大科研项目,招收项目博士后人员。

工作站应与流动站联合招收、培养博士后人员,合作双方应当按照优势互补、互惠互利、保证质量、共同受益的原则签订协议书,明确双方及相关博士后人员的权利和义务。流动站应向工作站提供科研支持和专家指导,帮助工作站做好确定博士后研究项目、招收博士后人员等联合招收工作。以工作站为主做好联合招收博士后研究人员工作,并视导师指导和设备试验等情况向流动站支付一定费用,费用数额由双方协商确定。联合招收的博士后人员在工作站所在省、自治区和直辖市办理博士后研究人员进出站手续。学术、技术实力强,具备独立培养博士后人员能力的工作站,经人事部博士后管理部门批准可以单独招收博士后人员。

9.4.3 博士后人员的管理

各设站单位应建立在站博士后人员的考核指标体系,以及博士后人员进站招收、中期考核和出站考核制度。制定对博士后人员目标管理、绩效评价、奖励惩处等具体管理办法,对博士后人员进行定期考核。对研究成果突出、表现优秀的博士后人员,应当给予适当的表彰和奖励;对中期考核不合格的博士后人员予以劝退和解约。

各设站单位应将博士后人员纳入本单位人事管理范围,其人事、组织关系、福利待遇等比照本单位同等人员对待,或按协议执行。博士后人员实行岗位绩效工资制度。博士后人员应与设站单位职工享受同等的医疗保障待遇,所需资金的筹集应当执行设站单位职工医疗保障资金的筹集办法。

博士后人员进站报到后,可在设站单位所在地落常住户口,凭人事部博士后管理部门或有关省、自治区、直辖市人事部门介绍信和其他有效证明材料,到公安户政管理部门办理户口迁出和落户手续,其配偶及未成年子女可以随其流动,按有关规定到当地公安派出所办理暂住手续。博士后人员在站期间,可以凭人事部博士后管理部门或有关省、自治区、直辖市人事部门的介绍信,在其子女暂住户口所在地办理入幼儿园、上小学和初中,报考(转入)高中以及报考高等院校或中等专业学校等事宜,享受当地常住户口居民的同等待遇。

博士后人员在站工作时间为两年,一般不超过3年。承担国家重大项目,获得国家自然科学基金、国家社会科学基金等国家基金资助项目或中国博士后科学基金特别资助项目的博士后人员,如需延长在站时间,经设站单位批准后,可根据项目和课题研究的需要适当延长。博士后人员工作期满后应按时出站,确有需要可转到另一个流动站或工作站从事博士后研究工作。博士后人员从事博士后研究工作最长不超过6年。博士后人员在站期间,根据研究项目需要,经设站单位批准,可以到国外开展合作研究、参加国际学术会议或进行短期学术交流,时间一般不超过3个月。经设站单位批准,可根据项目情况适当延长。

博士后人员的研究成果归属,依照国家有关知识产权的法律、法规办理。博士后人员期满出站前,设站单位可以根据其在站期间的科研能力、学术水平、工作成果,对其提出专业技术职称评定意见或建议。

博士后人员工作期满,须向设站单位提交博士后研究报告(以下简称报告)和博士后工作总结等书面材料,报告要严格按照格式编写。设站单位应将报告报送国家图书馆。博士后人员出站时,设站单位要及时组织有关专家对其科研工作、个人表现等进行评定,形成书面材料归入其个人档案。对出站考核合格的博士后人员,由人事部和全国博士后管理委员会颁发博士后证书。

博士后人员期满出站,到人事部博士后管理部门或有关省、自治区、直辖市办理出站手续。凭人事部博士后管理部门或有关省、自治区、直辖市人事部门的介绍信和其他有效证明材料,到当地公安户政管理部门办理本人及配偶和未成年女的户口迁出和落户手续。

博士后人员工作期满出站,除有协议的以外,其就业实行双向选择、自主择业。各级政府人事部门和设站单位要为出站博士后人员的合理使用创造条件,做好出站博士后人员的就业引荐等服务工作。

博士后人员在站期间,有下列情形之一者,应予退站:①考核不合格的;②在学术上弄虚作假,影响恶劣的;③受警告以上行政处分的;④无故旷工连续15天或一年内累计旷工30天以上的;⑤因患病等原因难以完成研究工作的;⑥出国逾期不归超过30天的;⑦其他情况应予退站的。

退站的博士后人员,不享受国家对期满出站博士后人员规定的相关政策,其户口迁落和有关人事关系手续由人事部博士后管理部门或有关省、自治区、直辖市人事部门办理。

9.4.4 博士后日常经费和公寓管理

博士后日常经费是用于博士后人员日常生活和日常公用的专项经费,主要来源于中央财政拨款、地方财政拨款和设站单位筹资。人事部和财政部确定国家资助博士后日常经费标准,制订国家日常经费资助年度计划。各省、自治区、直辖市和设站单位资助招收博士后人员,其日常经费标准参照国家规定的博士后日常经费标准。留学博士回国从事博士后研究工作,国家按照博士后日常经费标准给予专门资助。

博士后日常经费由设站单位统一管理,单独立账,专款专用。对国家下拨的博士后日常经费,设站单位博士后工作主管部门可以提取不高于博士后日常经费总额的3%,作为博士后管理工作经费。人事部和各省、自治区、直辖市人事部门负责对其下拨的博士后日常经费的管理、使用情况进行检查和监督,对违反规定使用不当的,按照有关财务规定处理。

国家、地方和设站单位共同出资,在设站单位和在站博士后人员数量较多的城市集中建造博士后公寓。有条件的设站单位也可自筹经费建造博士后公寓。有关省、自治区、直辖市和设站单位应根据当地的实际情况制定博士后公寓管理办法。博士后公寓是在站博士后人员居住的专门住房,不得挪作他用。博士后出站时,应及时从博士后公寓中迁出。

9.4.5 评估和表彰

人事部和全国博士后管理委员会统一组织全国博士后工作评估。评估工作一般每三年进行一次。人事部和全国博士后管理委员会负责制定评估办法和评估指标体系,各省、自治区、直辖市和国务院有关部委、直属机构人事部门按照人事部和全国博士后管理委员会的要求,负责组织实施本地区、本部门博士后工作评估,并将评估情况报人事部。

人事部、全国博士后管理委员会根据评估结果,划分评估等级并予以公布。对管理工作优秀的流动站和工作站进行表彰;对管理不善、评估不合格、不具备设站条件的流动站和工作站视情况予以警告、限期整改直至撤销,并向社会公布。人事部博士后管理部门或有关省、自治区、直辖市人事部门对受到警告并限期整改的设站单位在制度建设、组织机构、博士后人员在站管理等方面进行专门的指导和帮助,并在整改期满时组织考核,将考核结果报人事部。人事部和全国博士后管理委员会根据考核结果作出撤销警告或撤销设站资格的决定,并向社会公布。撤销的流动站和工作站三年后方可重新申请设立流动站和工作站。对在科学技术、教育事业和经济建设中做出突出贡献的优秀博士后人员,人事部和全国博士后管委会通过组织开展全国优秀博士后评选活动进行表彰。

9.4.6 科研资助

国家设立中国博士后科学基金,为博士后人员开展科研工作提供资助。基金主要来源于中央财政拨款,同时接受国内外各种机构、团体、单位或个人的捐赠。

博士后科学基金设普通资助和特别资助两种方式。普通资助是对博士后人员从事自主创新研究的科研启动或补充经费;特别资助是为鼓励博士后人员增强创新能力,对在站期间取得重大科研成果和研究能力突出的博士后人员的资助。中国博士后科学基金资助按照《中国博士后科学基金资助条例》和配套办法执行。各地方政府和中央有关部门的人事(干部)部门,以及博士后设站单位应对获得中国博士后科学基金资助的博士后人员给予配套资助。

案例9.3 博士后夫人遭遇"就业歧视"

1993年,王文平从部队转业后来到河北省廊坊市地球物理地球化学勘查研究所(以下简称物化探所)工作,不久与同单位的刘大文相识并结婚。婚后,丈夫刘大文先后取得硕士和博士学位。

2003年10月23日,刘大文向单位提出申请,要求进入北京某大学博士后流动站继续深造。单位的答复是:"从下个月起,单位不再安排配偶工作,停发工资,脱离劳动关系"。

同月,物化探所责令王文平交接工作,11月开始停发其工资及一切福利待遇。12月1日强行解除了王文平的劳动关系。单位随后还把房子收走,使他们一家人无处栖身,甚至请求一间暂时住房都不应允。

王文平平时在单位工作积极,没有违反任何劳动纪律,凭什么以内部的一份规定做出这样的处理呢?丈夫要读书深造,自己凭什么就得失去工作?

2004年1月29日,王文平向廊坊市劳动争议仲裁委员会提起仲裁申请。请求恢复与单位的劳动关系,此外要求单位按照法律规定缴纳自己应享受的养老保险、失业保险和医疗保险等。

4月29日,廊坊市劳动争议仲裁委员会做出了仲裁裁决:

(1) 被诉人自2003年12月起每月支付申诉人生活费280元,共计5个月1 400元;
(2) 被诉人依法为申诉人缴纳养老、失业和医疗保险;
(3) 仲裁费由被诉人承担。

尽管王文平对这个结果不甚满意,因为这个裁决中没有涉及她提出的恢复与单位的劳动关系的问题,但总算还是部分权利得到了保障。

可没想到,随后物化探所却把她告上法庭。物化探所向法院的诉讼请求是:①撤销廊坊市劳动争议委员会仲裁裁决书;②确认被告与原告已自愿解除劳动关系,原告不再为被告支付生活费;③诉讼费由被告承担。

这样一个判决结果,令王文平很难接受。因为她不算作下岗,此时的她甚至不能享有城市居民最低生活保障,而且还要承受巨大的精神压力。

案例评述:北京大学法学院的李莹律师分析了王文平的案件,认为这是现在对妇女性别歧视、对博士后家属不适当安置的一个典型案例。女人不是男人的附属品,而是独立的个体,享有平等的劳动与就业的权利。

国外不少国家有健全的公益诉讼制度,当劳动者的就业平等权被破坏时,这些反歧视的公益机构代表劳动者个人提起公诉。而我国没有这样的机构,一旦劳动者在就业中受到歧视,也只能个人起诉,以个人力量对抗一个庞大的机构或者团体,这样悬殊的较量明显是不公平的。

资料来源：《法律与生活》2005 年第 3 期。

9.5 军转安置

退役士兵是指依照《中国人民解放军现役士兵服役条例》的规定退出现役的义务兵和士官。我国现行的有关退役军人就业保障的相关法律主要有《兵役法》(1984 年通过，1998 年、2009 年、2011 年三次修正)和《退役士兵安置条例》(2011 年)。

按照《退役士兵安置条例》，国家建立以扶持就业为主，自主就业、安排工作、退休、供养等多种方式相结合的退役士兵安置制度，妥善安置退役士兵。国家机关、社会团体、企业事业单位，都有接收安置退役士兵的义务，在招收录用工作人员或者聘用职工时，同等条件下应当优先招收录用退役士兵。退役士兵报考公务员、应聘事业单位职位的，在军队服现役经历视为基层工作经历。接收安置退役士兵的单位，按照国家规定享受优惠政策。

退役士兵的具体安置办法包括自主就业、安排工作、退休与供养三种情况。

9.5.1 移交和接收

1. 手续办理

国务院退役士兵安置工作主管部门和中国人民解放军总参谋部应当制定全国退役士兵的年度移交、接收计划。退役士兵所在部队应当将退役士兵移交安置地县级以上人民政府退役士兵安置工作主管部门。安置地县级以上人民政府退役士兵安置工作主管部门负责接收退役士兵。

自主就业的退役士兵应当自被批准退出现役之日起 30 日内，持退出现役证件、介绍信到安置地县级人民政府退役士兵安置工作主管部门报到。安排工作的退役士兵应当在规定的时间内，持接收安置通知书、退出现役证件和介绍信到规定的安置地人民政府退役士兵安置工作主管部门报到。退休、供养的退役士兵应当到规定的安置地人民政府退役士兵安置工作主管部门报到。

退役士兵所在部队应当按照国家档案管理的有关规定，在士兵退役时将其档案及时移交安置地县级以上人民政府退役士兵安置工作主管部门。退役士兵安置工作主管部门应当于退役士兵报到时为其开具落户介绍信。公安机关凭退役士兵安置工作主管部门开具的落户介绍信，为退役士兵办理户口登记。自主就业和安排工作的退役士兵的档案，由安置地退役士兵安置工作主管部门按照国家档案管理有关规定办理。退休、供养的退役士兵的档案，由安置地退役士兵安置工作主管部门移交服务管理单位。

退役士兵发生与服役有关的问题，由其原部队负责处理；发生与安置有关的问题，由安置地人民政府负责处理。退役士兵无正当理由不按照规定时间报到超过 30 天的，视为放弃安置待遇。

2. 退役士兵安置地选择

退役士兵安置地为退役士兵入伍时的户口所在地。但是，入伍时是普通高等学校在校学生的退役士兵,退出现役后不复学的,其安置地为入学前的户口所在地。

退役士兵有下列情形之一的,可以易地安置:服现役期间父母户口所在地变更的,可以在父母现户口所在地安置;符合军队有关现役士兵结婚规定且结婚满两年的,可以在配偶或者配偶父母户口所在地安置;因其他特殊情况,由部队师(旅)级单位出具证明,经省级以上人民政府退役士兵安置工作主管部门批准易地安置的。易地安置的退役士兵享受与安置地退役士兵同等安置待遇。

退役士兵有下列情形之一的,根据本人申请,可以由省级以上人民政府退役士兵安置工作主管部门按照有利于退役士兵生活的原则确定其安置地:因战致残的;服现役期间平时荣获二等功以上奖励或者战时荣获三等功以上奖励的;是烈士子女的;父母双亡的。

9.5.2 自主就业

1. 条件

义务兵和服现役不满12年的士官退出现役的,由人民政府扶持自主就业。

2. 退役金和经济补助

对自主就业的退役士兵,由部队发给一次性退役金;地方人民政府可以根据当地实际情况给予经济补助,一次性退役金和一次性经济补助按照国家规定免征个人所得税。

自主就业的退役士兵根据服现役年限领取一次性退役金。服现役年限不满6个月的按照6个月计算,超过6个月不满1年的按照1年计算。

获得荣誉称号或者立功的退役士兵,由部队按照下列比例增发一次性退役金:获得中央军事委员会、军队军区级单位授予荣誉称号,或者荣获一等功的,增发15%;荣获二等功的,增发10%;荣获三等功的,增发5%。多次获得荣誉称号或者立功的退役士兵,由部队按照其中最高等级奖励的增发比例,增发一次性退役金。

3. 退役士兵来源与待遇

(1)城市兵:入伍前是国家机关、社会团体、企业事业单位工作人员或者职工的退役士兵,退出现役后可以选择复职复工,其工资、福利和其他待遇不得低于本单位同等条件人员的平均水平。

(2)农村兵:入伍前通过家庭承包方式承包的农村土地,承包期内不得违法收回或者强制流转;通过招标、拍卖、公开协商等非家庭承包方式承包的农村土地,承包期内其家庭成员可以继续承包;承包的农村土地被依法征收、征用或者占用的,与其他农村集体经济组织成员享有同等权利。自主就业的退役士兵回入伍时户口所在地落户,属于农村集体经济组织成员但没有承包农村土地的,可以申请承包农村土地,村民委员会或者村民小组应当优先解决。

(3)学生兵:入伍前已被普通高等学校录取并保留入学资格或者正在普通高等学校就学的,退出现役后两年内允许入学或者复学,并按照国家有关规定享受奖学金、助学金和减免学费等优待,家庭经济困难的,按照国家有关规定给予资助;入学后或者复学期间可以免修公共体育、军事技能和军事理论等课程,直接获得学分;入学或者复学后参加国防生选拔、参加国家组织的农村基层服务项目人选选拔,以及毕业后参加军官人选选拔的,优先录取。

4. 其他待遇

退役士兵退役1年内参加职业教育和技能培训的,费用由县级以上人民政府承担;各级人民政府举办的公共就业人才服务机构,应当免费为退役士兵提供档案管理、职业介绍和职业指导服务。

从事个体经营的,按照国家规定给予税收优惠,给予小额担保贷款扶持,从事微利项目的给予财政贴息。除国家限制行业外,自其在工商行政管理部门首次注册登记之日起3年内,免收管理类、登记类和证照类行政事业性收费。

有劳动能力的残疾退役士兵,优先享受国家规定的残疾人就业优惠政策。

9.5.3 安排工作

1. 条件

退役士兵符合下列条件之一的,由人民政府安排工作:士官服现役满12年的;服现役期间平时荣获二等功以上奖励或者战时荣获三等功以上奖励的;因战致残被评定为5～8级残疾等级的;是烈士子女的。

符合前款规定条件的退役士兵在艰苦地区和特殊岗位服现役的,优先安排工作;因精神障碍基本丧失工作能力的,予以妥善安置。

2. 待遇

承担安排退役士兵工作任务的单位在退役士兵安置工作主管部门开出介绍信1个月内安排退役士兵上岗,并与退役士兵依法签订期限不少于3年的劳动合同或者聘用合同。接收退役士兵的单位裁减人员的,应当优先留用退役士兵。合同存续期内单位依法关闭、破产、改制的,退役士兵与所在单位其他人员一同执行国家的有关规定。

由人民政府安排工作的退役士兵,服现役年限和符合本条例规定的待安排工作时间计算为工龄,享受所在单位同等条件人员的工资、福利待遇。

非因退役士兵本人原因,接收单位未按照规定安排退役士兵上岗的,应当从所在地人民政府退役士兵安置工作主管部门开出介绍信的当月起,按照不低于本单位同等条件人员平均工资80%的标准逐月发给退役士兵生活费至其上岗为止。

9.5.4 退休与供养

1. 条件

中级以上士官符合下列条件之一的,作退休安置:年满55周岁的;服现役满30年的;因战、因公致残被评定为1～6级残疾等级的;经军队医院证明和军级以上单位卫生部门审核确认因病基本丧失工作能力的。

被评定为1～4级残疾等级的义务兵和初级士官退出现役的,由国家供养终身。

2. 待遇

国家供养分为集中供养和分散供养。分散供养的残疾退役士兵购(建)房所需经费的标准,按照安置地县(市)经济适用房平均价格和60平方米的建筑面积确定;没有经济适用住房的地区按照普通商品住房价格确定。购(建)房屋产权归分散供养的残疾退役士兵所有。分散供养的残疾退役士兵自行解决住房的,按照上述标准将购(建)房费用发给本人。因战、因公致残被评定为1～4级残疾等级的中级以上士官,本人自愿放弃退休安置的,可以选择由国家供养。

9.5.5 社保关系接续

在保险关系的接续上,退役士兵服现役年限计算为工龄,与所在单位工作年限累计计算,享受国家和所在单位规定的与工龄有关的相应待遇。退役士兵到城镇企业就业或者在城镇从事个体经营、以灵活方式就业的,按照国家有关规定参加职工基本养老保险,服现役年限视同职工基本养老保险缴费年限,并与实际缴费年限合并计算。退役士兵回农村的,按照国家有关规定参加新型农村社会养老保险。退役士兵参加基本医疗保险的,其军人退役医疗保险金,按照国家有关规定转入退役士兵安置地的社会保险经办机构。实行工龄视同参加基本医疗保险缴费年限规定的地区,退役士兵的服现役年限视同参保缴费年限。退役士兵就业应当随所在单位参加失业保险,其服现役年限视同失业保险缴费年限,并与实际缴费年限合并计算。参加失业保险的退役士兵失业,并符合《失业保险条例》规定条件的,按照规定享受失业保险待遇和相应的促进再就业服务。

案例9.4　银行无用人权,退伍军人要求安置未获支持

退伍军人甲某持"退休军人分配通知书"要求银行安排工作,银行以没有编制为由,拒绝安排正式工作,只与甲某签订临时用工合同,后银行被仲裁委员会裁决与甲某签订无固定期限劳动合同,银行无奈之好诉至法院,要求确认与甲某未形成劳动关系。日前,黑龙江省密山市人民法院判决,军人安置"通知书"不是形成劳动关系的依据,对甲某要求银行安置的请求不予支持。

退伍军人甲某于1999年4月持黑龙江省密山市退伍军人安置办公室的"退休军人分配通知书",到密山市农业银行支行等待分配工作,但该支行称银行人权、物权、财权的决定权都在省分行,省分行不给编制指标,支行无法安排正式工作,后该支行又考虑到甲某系职工子弟,便与其签订了临时用工合同,约定月工资600元。

2003年11月末合同期满,甲某要求支行安排正式工作,与其签订无固定期限劳动合同,支行仍称省行不给编制,无法解决。2003年12月20日,甲某向某市劳动争议仲裁委员会申请仲裁。该仲裁委员会于2004年1月2日下发了仲裁裁决书:①被诉人与申请人签订无固定期限劳动合同;②被诉人从2003年11月起至申诉人上岗止,按月支付申请人工资600元。该支行不服仲裁裁决,便提起诉讼,要求法院确认与被告甲某未形成劳动关系。

法院经审理认为,《最高人民法院关于审理劳动争议适用法律若干问题的解释》第1条对《中华人民共和国劳动法》第2条规定的劳动争议的内容做出了三项规定:"①劳动者与用人单位在履行劳动合同过程中发生的纠纷;②劳动者与用人单位之间没有订立书面劳动合同,但已形成劳动关系后发生的纠纷;③劳动者退休后,与尚未参加社会保险统筹的原用人单位因追索养老金、医疗费、工伤保险待遇和其他社会保险而发生的纠纷。"劳动争议的主要内容是劳动者与用人单位之间基于劳动合同关系发生的纠纷,劳动法调整的是在实现劳动过程中,劳动者与用人单位之间所发生的关系。本案的纠纷既不是上述三项规定内容的纠纷,也不是用人单位对其辞退、开除、除名和扣工资引起的争议,而是被告甲某要求原告银行接收为正式职工,签订无固定期限的劳动合同。因原告无人事决定权,拒绝接收被告的行为,有其人事管辖权的特殊性和特定性,原告未接收被告应视为未形成劳动关系,不能把军人安置"通知书"当作形成劳动关系的依据。形成劳动关系是双方法律行为,单方要求成立合同,不具备合同成立的要件。因此本案的纠纷不属劳动争议。

退伍军人安置办公室系人民政府的职能部门,其发出的退伍军人分配通知书的安置行为系政府行为,其行为来源于国务院《退伍义务兵安置条例》和《黑龙江省义务兵征集、优待、退役安置条例》的规定,具有指令性和接收单位的无条件性,其条例系行政法规和地主法规。执行该条例的主体,系政府的主管部门;因安置的指令性和接收单位的无条件性所产生的纠纷,显然不是平等主体之间的纠纷。军人安置纠纷是安置部门与被安置单位和当事人之间纠纷,其纠纷带有政策性问题和行政职权履行不能的问题,属于行政法律关系,民事法律不能代替政策和行政部门去解决军人安置问题,法院既不能强制原告接收被告,也不能代替行政部门解决编制和工资等一系列劳动人事问题,所以,军人安置纠纷不是民法调整范围,当然也不属于民事案件。

因此,法院对被告甲某要求原告某市农业银行支行安置的请求不予支持。

资料来源:劳动仲裁网,http://www.ldzc.com/html/2007/case_0501/1055.html。

9.6 人才流动

9.6.1 干部夫妻两地分居

对于做出特殊贡献的人员,包括获得省部级以上荣誉称号者、获得省部级以上科研成果奖的主要完成者、有突出贡献的中青年专家、被聘任为高级专业技术职务的人员、被聘任为中级专业技术职务满三年的人员、处级以上管理人员、博士学位获得者及工作满三年的硕士学位获得者,解决他们夫妻两地分居问题,不受年龄、分居时间、指标方面的限制,及时予以解决。

对于因解决干部夫妻两地分居而在城市落户人员,各地区、各部门均不得收取城市增容费和类似增容费的费用。

9.6.2 工人夫妻两地分居

为解决工人夫妻两地分居的调动,各地区、各单位不得收取城市人口增容、城市建设、城市综合开发补偿等费用。

9.6.3 人事档案管理

根据《中共中央组织部、人事部关于加强流动人员人事档案管理工作的通知》(人调发〔1988〕5号)规定,流动人员人事档案的管理,统一由党委组织部门、政府人事部门及其所属的人才流动服务中心等机构负责。其他机构不得承担流动人员人事档案的管理工作;任何人不得私自保管他人或本人档案,所以企业没有权利自行管理人事档案。

9.6.4 大专以上毕业生择业

企业招(录)用大专以上毕业生,需参照《国家不包分配大专以上毕业生择业暂行办法》(人发〔1996〕5号)。

企业应与接收的毕业生签订聘用合同。聘用合同由用人单位所在地政府人事部门签证。毕业生档案,由政府人事部门所属人才流动服务机构管理。

企业如录(聘)用原系农业户口的毕业生,需按照有关规定办理"农转非"手续。

第 10 章
劳动争议

- 概述
- 调解
- 仲裁
- 诉讼

10.1 概述

随着国民经济的发展,各类企业日益增多,其规模也逐渐扩大。企业的主体是员工,在履行劳动关系的同时,企业与员工的摩擦、矛盾、纠纷不可避免,这就构成了所谓的劳动争议。适应这一经济社会发展趋势,我国有关劳动争议方面的法律也日益健全与完善。2008 年 5 月 1 日起施行的《劳动争议调解仲裁法》(2007 年 12 月 29 日通过)是我国关于劳动争议问题的最新、最基础的法律。若无特别说明,本章内容所引用的法条主要来源于该法。

 知识链接:《劳动争议调解仲裁法》的九大亮点

《劳动合同法》自 2007 年 6 月 29 日通过,随后,全国人大常委会又于 2007 年 12 月 29 日通过了《劳动争议调解仲裁法》,上述法律的相继实施及通过,有力地完善了我国的劳动法律制度。

《劳动合同法》对于劳动者的权利作了非常详尽的规定,而新颁布的《劳动争议调解仲裁法》则在程序上进一步保障了劳动者的权利,使劳动者能真正享受到便捷、免费的解决程序。与此前的《中华人民共和国劳动争议处理条例》及相关配套法律相比,《劳动争议调解仲裁法》的进步是显而易见的,共有九大亮点:

1. 存在劳动派遣关系的,用人单位及劳动派遣单位均为仲裁当事人

根据新法规定,劳务派遣单位或者用工单位与劳动者发生劳动争议的,劳务派遣单位和用工单位为共同当事人。

2. 劳动者可持调解协议书向法院直接申请支付令

新法规定:因支付拖欠劳动报酬、工伤医疗费、经济补偿或者赔偿金事项达成调解协议,用人单位在协议约定期限内不履行的,劳动者可以持调解协议书依法向人民法院申请支付令。

3. 仲裁申请时效由原来的60日延长至1年,在职期间追讨拖欠工资不受时效限制

依照原劳动法的规定,劳动争议发生之日起60日内要申请仲裁。而此前实践表明,由于时效过短,劳动者权益受到损害的事件大量发生。为有效解决这一问题,《劳动争议调解仲裁法》将"时效"延长为:当事人知道或者应当知道自己权利被损害时起,1年内可以提起仲裁申请。

而且,新法还对劳动者追索劳动报酬的争议时效作了特别规定:只要是存在劳动关系期间,劳动者追讨拖欠的工资不受仲裁时效的限制。换言之,劳动者可以追究入职后用人单位所欠的任何劳动报酬(包括未支付的加班费),而不受时效限制。

同时新法还规定了时效中止和中断制度。

4. 仲裁期限明显缩短,仲裁裁决时间一般为45日,最长不超过60日

仲裁受理的时间、送达仲裁申请书副本的时间均由过去7日变成5日;答辩书提交的时间由过去15日缩短至10日;仲裁裁决的时间也由60日缩短至45日,特殊情况下,可延长的期限由过去的30日变为15日。同时新法还规定了仲裁庭未在期限内完成裁决的,当事人即可向人民法院提起诉讼,这对劳动仲裁也是种有力的监督。

5. 实行举证倒置制度,解决劳动者举证能力较弱的问题

根据新法规定,劳动者无法提供由用人单位掌握管理的与仲裁请求有关的证据,仲裁庭可以要求用人单位在指定期限内提供。用人单位在指定期限内不提供的,应当承担不利后果。

6. 部分案件实行一裁终局

根据新法规定,对于部分数额较小、事实简单、有明确国家标准的案件,实行一裁终局制度,不必再走完劳动争议处理的全部程序。

同时,劳动者不服的,可以继续向法院起诉。用人单位不服的,只能在有证据证明的情况下向中级法院申请撤销仲裁。这样规定,可以有效地抑制用人单位恶意诉讼的现象。

7. 追索劳动报酬、工伤医疗费、经济补偿或者赔偿金案件可以先予执行

针对实践中工伤事故存在的用人单位恶意拖延,而法院在劳动仲裁时往往不给先予执行的两难境地,新法第44条规定:"仲裁庭对追索劳动报酬、工伤医疗费、经

济补偿或者赔偿金的案件,根据当事人的申请,可以裁决先予执行,移送人民法院执行。"该规定对保障劳动者在危急情况下获得救济意义重大。

8. 申请劳动仲裁全免费

新法明确规定劳动争议仲裁不收费,劳动争议委员会的经费由财政保证,这样可以大大降低劳动者的维权成本。

9. 事业单位的聘用制员工亦适用《劳动争议调解仲裁法》

根据新法规定,事业单位实行聘用制的工作人员与本单位发生劳动争议的,依照新法执行。

上述九个方面实际上构成了劳动争议调解仲裁法规定的主要内容。另外,提醒广大劳动者,《劳动争议调解仲裁法》已于 2008 年 5 月 1 日开始实施,如此前仲裁时效申请时效有可能丧失的或想节省仲裁申请费或想简化程序的,对相关劳动争议可以选择在 5 月 1 日后再行申请仲裁。

资料来源:福建法律咨询网,http://www.fj148.cn/subshow.asp? id=2830。

10.1.1 劳动争议的基本概念

劳动争议是指劳动关系双方当事人因执行劳动法律、法规或履行劳动合同、集体合同发生的纠纷。

劳动争议必然会涉及劳动关系双方当事人。劳动关系双方当事人指用人单位和与其建立劳动关系的劳动者,这包括:在中国境内的企业、个体经济组织和与之形成劳动关系的劳动者;在我国境内签订、履行的劳动合同的当事人,如中国境外的企业或劳动者与我国境内企业和公民;国家机关、事业组织、社会团体与本单位工人以及与之建立劳动合同关系的劳动者;个体工商户与学徒、帮工,以及军队、武警部队的事业组织与其无军籍的职工。

至于劳动争议的范围,根据《劳动争议调解仲裁法》,包括如下几个方面:①因确认劳动关系发生的争议;②因订立、履行、变更、解除和终止劳动合同发生的争议;③因除名、辞退和辞职、离职发生的争议;④因工作时间、休息休假、社会保险、福利、培训以及劳动保护发生的争议;⑤因劳动报酬、工伤医疗费、经济补偿或者赔偿金等发生的争议;⑥法律、法规规定的其他劳动争议。

10.1.2 劳动争议的处理程序

劳动争议的处理程序,最多有四步:协商、调解、仲裁、诉讼。只要在其中一个程序处理成功,就不必经历下一个程序。反之,可以一步步递进,直至通过法律诉讼解决。

发生劳动争议,劳动者可以与用人单位协商,也可以请工会或者第三方共同与用人单位协商,达成和解协议。当事人不愿协商、协商不成或者达成和解协议后不履行的,可以向调解组织申请调解;不愿调解、调解不成或者达成调解协议后不履行的,可以向劳动争议仲裁委员会申请仲裁;对仲裁裁决不服的,除本法另有规定的外,可以向人民法院提起诉讼。程序具体内容见表 10-1。

表 10-1 劳动争议处理程序

处理程序	备注
协商解决	劳动争议发生后,当事人就争议事项进行商量,使双方消除矛盾,找出解决争议的方法。 注:协商解决并不是解决劳动争议的必经程序
企业调解	劳动争议发生后,当事人可以向本单位劳动争议调解委员会申请调解,企业调解达成协议的,制作调解书,双方当事人应自觉履行;如果从当事人申请之日起 30 日内未达成协议,则视为调解不成。 注:①调解协议不具有法律约束力。②当事人可以在规定的期限 60～90 天内,向劳动争议仲裁委员会申请仲裁。③当事人不愿调解或调解达成协议后反悔的,也可直接向仲裁委员会申请仲裁
劳动仲裁	劳动争议一般由所在行政区域内的劳动争议仲裁委员会受理。 注:如果当事人任何一方对裁决不服,则应在收到裁决书 15 日内向当地人民法院起诉,期满不起诉的,裁决书即发生法律效力,当事人对发生法律效力的调解书和裁决书应当依照规定的期限履行
法院判决	当事人任何不服裁决向人民法院起诉的,法院将按照民事诉讼法的有关程序进行。首先对双方当事人进行民事调解,如果双方当事人就劳动争议达成协议,法院将制定民事调解书,调解书一经送达当事人立即生效,与判决书具有同等法律效力;如果调解不成,法院应当在规定的时间内做出书面判决。原被告任何一方对判决不服的,可在法定期限(自收到判决书起 15 日)内向上级人民法院提起上诉

从实际情况来看,发生劳动争议后,当事人很难平心静气地坐下来协商,因此在实践中运用得较多的是调解、仲裁、诉讼三种形式。这也是本章将要讨论的内容。

发生劳动争议,当事人对自己提出的主张,有责任提供证据。与争议事项有关的证据属于用人单位掌握管理的,用人单位应当提供;用人单位不提供的,应当承担不利后果。

发生劳动争议的劳动者一方在 10 人以上,并有共同请求的,可以推举代表参加调解、仲裁或者诉讼活动。

10.2 调解

10.2.1 调解组织

发生劳动争议,当事人可以到下列调解组织申请调解:①企业劳动争议调解委员会;②依法设立的基层人民调解组织;③在乡镇、街道设立的具有劳动争议调解职能的组织。

最常见的是劳动争议调解委员会。企业劳动争议调解委员会由职工代表和企业代表组成。职工代表由工会成员担任或者由全体职工推举产生,企业代表由企业负责人指定。企业劳动争议调解委员会主任由工会成员或者双方推举的人员担任。劳动争议调解组织的调解员应当由公道正派、联系群众、热心调解工作,并具有一定法律知识、政策水平和文化水平的成年公民担任。

除《劳动法》、《劳动争议调解仲裁法》的有关规定外,《企业劳动争议调解委员会组织及工作规则》有如下规定：企业可以设立调解委员会。设有分厂（或者分公司、分店）的企业，可以在总厂（总公司、总店）和分厂（分公司、分店）分别设立调解委员会。调解委员会委员应当由具有一定劳动法律知识、政策水平和实际工作能力，办事公道、为人正派、密切联系群众的人员担任。调解委员会委员调离本企业或需要调整时，应由原推选单位或组织按规定另行推举或指定。调解委员会委员名单应报送地方总工会和地方仲裁委员会备案。

在具体的劳动争议调解中，为保证调解的公正，调解委员遇有法定的回避事由时，必须回避，不得参与调解工作。按照有关规定，这些事由有：①是劳动争议当事人或者当事人近亲属的；②与劳动争议有利害关系的；③与劳动争议当事人有其他关系，可能影响公正调解的。

调解委员会对回避申请应及时做出决定，并以口头或书面形式通知当事人。调解委员的回避由调解委员会主任决定；调解委员会主任的回避，由调解委员会集体研究决定。

10.2.2 调解要点

当事人申请劳动争议调解可以书面申请，也可以口头申请。口头申请的，调解组织应当当场记录申请人基本情况、申请调解的争议事项、理由和时间。

调解劳动争议，应当充分听取双方当事人对事实和理由的陈述，耐心疏导，帮助其达成协议。

经调解达成协议的，应当制作调解协议书。调解协议书由双方当事人签名或者盖章，经调解员签名并加盖调解组织印章后生效，对双方当事人具有约束力，当事人应当履行。自劳动争议调解组织收到调解申请之日起15日内未达成调解协议的，当事人可以依法申请仲裁。达成调解协议后，一方当事人在协议约定期限内不履行调解协议的，另一方当事人也可以依法申请仲裁。

因支付拖欠劳动报酬、工伤医疗费、经济补偿或者赔偿金事项达成调解协议，用人单位在协议约定期限内不履行的，劳动者可以持调解协议书依法向人民法院申请支付令。人民法院应当依法发出支付令。

10.3 仲裁

10.3.1 仲裁组织

劳动仲裁的法定组织是劳动争议仲裁委员会。劳动争议仲裁委员会按照统筹规划、合理布局和适应实际需要的原则设立。省、自治区人民政府可以决定在市、县设立；直辖市人民政府可以决定在区、县设立。直辖市、设区的市也可以设立一个或者若干个劳动争议仲裁委员会。劳动争议仲裁委员会不按行政区划层层设立。国务院劳动行政部门依照本法有关规定制定仲裁规则。省、自治区、直辖市人民政府劳动行政部门对本行政区域的劳动争议仲裁工作进行指导。

劳动争议仲裁委员会由劳动行政部门代表、工会代表和企业方面代表组成。劳动争议仲裁委员会组成人员应当是单数。

劳动争议仲裁委员会依法履行下列职责：①聘任、解聘专职或者兼职仲裁员；②受理劳动争议案件；③讨论重大或者疑难的劳动争议案件；④对仲裁活动进行监督。

劳动争议仲裁委员会下设办事机构，负责办理劳动争议仲裁委员会的日常工作。

劳动争议仲裁委员会应当设仲裁员名册。仲裁员应当公道正派并符合下列条件之一：①曾任审判员的；②从事法律研究、教学工作并具有中级以上职称的；③具有法律知识，从事人力资源管理或者工会等专业工作满5年的；④律师执业满3年的。

仲裁员有下列情形之一的，应当回避，当事人也有权以口头或者书面方式提出回避申请：①是本案当事人或者当事人、代理人的近亲属的；②与本案有利害关系的；③与本案当事人、代理人有其他关系，可能影响公正裁决的；④私自会见当事人、代理人，或者接受当事人、代理人的请客送礼的。劳动争议仲裁委员会对回避申请应当及时做出决定，并以口头或者书面方式通知当事人。

仲裁员有私自会见当事人、代理人，或者接受当事人、代理人的请客送礼的，或者有索贿受贿、徇私舞弊、枉法裁决行为的，应当依法承担法律责任。劳动争议仲裁委员会应当将其解聘。仲裁庭应当在开庭5日前，将开庭日期、地点书面通知双方当事人。当事人有正当理由的，可以在开庭3日前请求延期开庭。是否延期，由劳动争议仲裁委员会决定。申请人收到书面通知，无正当理由拒不到庭或者未经仲裁庭同意中途退庭的，可以视为撤回仲裁申请。被申请人收到书面通知，无正当理由拒不到庭或者未经仲裁庭同意中途退庭的，可以缺席裁决。

10.3.2 劳动仲裁的管辖与参加

劳动争议仲裁委员会负责管辖本区域内发生的劳动争议。劳动争议只要发生在劳动合同履行地，或者用人单位所在地，就由该地的劳动争议仲裁委员会管辖。劳动争议双方当事人分别向劳动合同履行地和用人单位所在地的劳动争议仲裁委员会申请仲裁的，由劳动合同履行地的劳动争议仲裁委员会管辖。

发生劳动争议的劳动者和用人单位为劳动争议仲裁案件的双方当事人。劳务派遣单位或者用工单位与劳动者发生劳动争议的，劳务派遣单位和用工单位为共同当事人。与劳动争议案件的处理结果有利害关系的第三人，可以申请参加仲裁活动或者由劳动争议仲裁委员会通知其参加仲裁活动。

当事人可以委托代理人参加仲裁活动。委托他人参加仲裁活动，应当向劳动争议仲裁委员会提交有委托人签名或者盖章的委托书，委托书应当载明委托事项和权限。丧失或者部分丧失民事行为能力的劳动者，由其法定代理人代为参加仲裁活动；无法定代理人的，由劳动争议仲裁委员会为其指定代理人。劳动者死亡的，由其近亲属或者代理人参加仲裁活动。

劳动争议仲裁公开进行，但当事人协议不公开进行或者涉及国家秘密、商业秘密和个人隐私的除外。

案例 10.1　多个仲裁委有管辖权怎么确定管辖

赵某与某外企北京代表处建立劳动关系后,被安排到山东负责销售工作,同时工资由济南某外服公司代为发放。与单位发生劳动争议后,赵某能否向工资发放地的劳动争议仲裁委员会提起申诉呢?

赵某于 2008 年 2 月 15 日应聘到法国某医疗公司北京代表处(以下简称北京代表处)从事销售主管工作,具体负责山东省,月工资 8 000 元,但双方一直未签订劳动合同。2008 年 3 月 13 日,北京代表处与济南某外企服务公司签订协议,受北京代表处委托,赵某的工资由外企服务公司发放;养老保险费由其缴纳。赵某工作至 2009 年 2 月 15 日。2009 年 3 月 10 日,北京代表处口头通知赵某离职,并由外企服务公司发放了赵某 2 月的劳动报酬,但未支付赵某经济补偿。赵某于 2010 年 2 月 1 日向济南市历下区劳动争议仲裁委员会提起申诉,要求北京代表处和外企服务公司支付未签订劳动合同的双倍工资及解除劳动合同经济补偿。

外企服务公司辩称,自己与赵某系人事代理关系,无实际用工关系。北京代表处辩称,法国某医疗公司才是本案中的用人单位,其有义务与赵某签订劳动合同;本代表处只是用工单位,没有与赵某直接签订劳动合同的义务与责任。同时,北京代表处对管辖权提出异议。

仲裁委审理后认为,赵某与北京代表处存在事实劳动关系。根据《劳动人事争议仲裁办案规则》第 12 条、第 14 条规定,劳动合同履行地为劳动者实际工作场所地,用人单位所在地为用人单位注册、登记地。多个仲裁委员会都有管辖权的,由先受理的仲裁委员会管辖。当事人提出管辖异议的,应当在答辩期满前书面提出。外企服务公司的注册地在济南市历下区,此案涉及两个被诉主体,故属于历下区劳动争议仲裁委的管辖范围。赵某要求被申请人支付 2008 年 2 月 15 日至 2009 年 2 月 1 日期间未签订劳动合同的双倍工资的仲裁请求,已经超过劳动仲裁申请时效;根据《劳动合同法》第 82 条规定,赵某要求被申请人支付 2009 年 2 月 2 日至 15 日期间未签订劳动合同双倍工资的仲裁请求,应予支持;赵某要求被申请人支付补偿金的仲裁请求,应予支持。

因北京代表处未按时到庭,无法进行调解。根据《劳动合同法》、《劳动争议调解仲裁法》、《劳动人事争议仲裁办案规则》等规定,仲裁庭裁决:北京代表处支付赵某 2009 年 2 月 2 日至 15 日期间未签订劳动合同的双倍工资 4 000 元、补偿金 8 000 元。

资料来源:劳动仲裁网.http://www.ldzc.com/html/2010/case_0315/2590.html。

10.3.3　劳动仲裁的申请与受理

劳动争议申请仲裁的时效期间为一年。仲裁时效期间从当事人知道或者应当知道其权利被侵害之日起计算。这里规定的仲裁时效,因当事人一方向对方当事人主张权利,或者向有关部门请求权利救济,或者对方当事人同意履行义务而中断。从中断时起,仲裁时效期间重新计算。因不可抗力或者有其他正当理由,当事人不能在本条上述规定的仲裁时效期间申请仲裁的,仲裁时效中止。从中止时效的原因消除之日起,仲裁时效期间继续计算。劳动关系存续期间因拖欠劳动报酬发生争议的,劳动者申请仲裁不受本条前面规定的仲裁时效期间的限制;但是,劳动关系终止的,应当自劳动关系终止之日起一年内提出。

申请人申请仲裁应当提交书面仲裁申请,并按照被申请人人数提交副本。仲裁申请书应当载明下列事项:①劳动者的姓名、性别、年龄、职业、工作单位和住所,用人单位的名称、住所和法定代表人或者主要负责人的姓名、职务;②仲裁请求和所根据的事实、理由;③证据和证据来源、证人姓名和住所。

书写仲裁申请确有困难的,可以口头申请,由劳动争议仲裁委员会记入笔录,并告知对方当事人。

劳动争议仲裁委员会收到仲裁申请之日起5日内,认为符合受理条件的,应当受理,并通知申请人;认为不符合受理条件的,应当书面通知申请人不予受理,并说明理由。对劳动争议仲裁委员会不予受理或者逾期未作出决定的,申请人可以就该劳动争议事项向人民法院提起诉讼。劳动争议仲裁委员会受理仲裁申请后,应当在5日内将仲裁申请书副本送达被申请人。被申请人收到仲裁申请书副本后,应当在10日内向劳动争议仲裁委员会提交答辩书。劳动争议仲裁委员会收到答辩书后,应当在5日内将答辩书副本送达申请人。被申请人未提交答辩书的,不影响仲裁程序的进行。

10.3.4　劳动仲裁的开庭与裁决

劳动争议仲裁委员会裁决劳动争议案件实行仲裁庭制。仲裁庭由三名仲裁员组成,设首席仲裁员。简单劳动争议案件可以由一名仲裁员独任仲裁。劳动争议仲裁委员会应当在受理仲裁申请之日起5日内将仲裁庭的组成情况书面通知当事人。

仲裁庭对专门性问题认为需要鉴定的,可以交由当事人约定的鉴定机构鉴定;当事人没有约定或者无法达成约定的,由仲裁庭指定的鉴定机构鉴定。根据当事人的请求或者仲裁庭的要求,鉴定机构应当派鉴定人参加开庭。当事人经仲裁庭许可,可以向鉴定人提问。

当事人在仲裁过程中有权进行质证和辩论。质证和辩论终结时,首席仲裁员或者独任仲裁员应当征询当事人的最后意见。当事人提供的证据经查证属实的,仲裁庭应当将其作为认定事实的根据。劳动者无法提供由用人单位掌握管理的与仲裁请求有关的证据,仲裁庭可以要求用人单位在指定期限内提供。用人单位在指定期限内不提供的,应当承担不利后果。

仲裁庭应当将开庭情况记入笔录。当事人和其他仲裁参加人认为对自己陈述的记录有遗漏或者差错的,有权申请补正。如果不予补正,应当记录该申请。笔录由仲裁员、记录人员、当事人和其他仲裁参加人签名或者盖章。

当事人申请劳动争议仲裁后,可以自行和解。达成和解协议的,可以撤回仲裁申请。仲裁庭在做出裁决前,应当先行调解。调解达成协议的,仲裁庭应当制作调解书。调解书应当写明仲裁请求和当事人协议的结果。调解书由仲裁员签名,加盖劳动争议仲裁委员会印章,送达双方当事人。调解书经双方当事人签收后,发生法律效力。调解不成或者调解书送达前,一方当事人反悔的,仲裁庭应当及时做出裁决。

仲裁庭裁决劳动争议案件,应当自劳动争议仲裁委员会受理仲裁申请之日起45日内结束。案情复杂需要延期的,经劳动争议仲裁委员会主任批准,可以延期并书面通知当事人,但是延长期限不得超过15日。逾期未作出仲裁裁决的,当事人可以就该劳动争议事项向人民法院提起诉讼。

仲裁庭裁决劳动争议案件时,其中一部分事实已经清楚,可以就该部分先行裁决。仲裁庭对追索劳动报酬、工伤医疗费、经济补偿或者赔偿金的案件,根据当事人的申请,可以裁决先予执行,移送人民法院执行。仲裁庭裁决先予执行的,应当符合下列条件:①当事人之间权利义务关系明确;②不先予执行将严重影响申请人的生活。劳动者申请先予执行的,可以不提供担保。

裁决应当按照多数仲裁员的意见作出,少数仲裁员的不同意见应当记入笔录。仲裁庭不能形成多数意见时,裁决应当按照首席仲裁员的意见做出。

裁决书应当载明仲裁请求、争议事实、裁决理由、裁决结果和裁决日期。裁决书由仲裁员签名,加盖劳动争议仲裁委员会印章。对裁决持不同意见的仲裁员,可以签名,也可以不签名。

下列劳动争议,除本法另有规定的外,仲裁裁决为终局裁决,裁决书自做出之日起发生法律效力:①追索劳动报酬、工伤医疗费、经济补偿或者赔偿金,不超过当地月最低工资标准12个月金额的争议;②因执行国家的劳动标准在工作时间、休息休假、社会保险等方面发生的争议。

劳动者对上述仲裁裁决不服的,可以自收到仲裁裁决书之日起15日内向人民法院提起诉讼。用人单位有证据证明上述仲裁裁决有下列情形之一的,可以自收到仲裁裁决书之日起30日内向劳动争议仲裁委员会所在地的中级人民法院申请撤销裁决:①适用法律、法规确有错误的;②劳动争议仲裁委员会无管辖权的;③违反法定程序的;④裁决所根据的证据是伪造的;⑤对方当事人隐瞒了足以影响公正裁决的证据;⑥仲裁员在仲裁该案时有索贿受贿、徇私舞弊、枉法裁决行为的。

人民法院经组成合议庭审查核实裁决有前款规定情形之一的,应当裁定撤销。仲裁裁决被人民法院裁定撤销的,当事人可以自收到裁定书之日起15日内就该劳动争议事项向人民法院提起诉讼。

当事人对除上述仲裁裁决以外的其他劳动争议案件的仲裁裁决不服的,可以自收到仲裁裁决书之日起15日内向人民法院提起诉讼;期满不起诉的,裁决书发生法律效力。

当事人对发生法律效力的调解书、裁决书,应当依照规定的期限履行。一方当事人逾期不履行的,另一方当事人可以依照民事诉讼法的有关规定向人民法院申请执行。受理申请的人民法院应当依法执行。

 案例 10.2 劳动仲裁时公司拒不出庭被判败诉

职工被企业辞退,向劳动仲裁申诉,要求企业支付解除劳动合同经济补偿金及拖欠工资,因用人单位拒不到庭,也未向仲裁委提交答辩书等材料,仲裁最终对职工提交的申诉请求予以采信,裁决企业支付经济赔偿及拖欠工资。

李先生于 2008 年 1 月 1 日到某物流公司工作,月工资 2 600 元,2008 年 12 月 15 日某物流公司将其辞退,未支付其解除劳动合同经济补偿金,其自 2008 年 12 月 15 日后未到某物流公司工作,某物流公司未支付其 2008 年 12 月 1 日至 15 日期间的工资。李先生向劳动争议仲裁委提出仲裁申请,要求某物流公司支付其 2008 年 12 月 1 日至 15 日的工资、2008 年 1 月 1 日至 12 月 15 日期间的法定节假日加班工资及解除劳动合同经济补偿金。

仲裁委向某物流公司送达了出庭通知书、举证通知书等法律文书。某物流公司无正当理由未到庭,也未向仲裁委提交答辩书等材料。庭审中,李先生提交了《劳动合同书》。《劳动合同书》表明李先生于 2008 年 1 月 1 日到某物流公司工作,该劳动合同期限为 2008 年 1 月 1 日至 2012 年 12 月 31 日,合同签字确认处落有某物流公司公章。

《劳动争议调解仲裁法》第 36 条规定:被申请人收到书面通知,无正当理由拒不到庭或者未经仲裁庭同意中途退庭的,可以缺席裁决。

《劳动争议调解仲裁法》第 6 条规定:发生劳动争议,当事人对自己提出的主张,有责任提供证据。与争议事项有关的证据属于用人单位掌握管理的,用人单位应当提供;用人单位不提供的,应当承担不利后果。

《北京市工资支付规定》第 13 条规定:"用人单位应当按照工资支付周期编制工资支付记录表,并至少保存两年备查。工资支付记录表应当包括用人单位名称、劳动者姓名、支付时间以及支付项目和金额、加班工资金额、应发金额、扣除项目和金额、实发金额等事项。"

由此可见,用人单位对其单位支付员工的工资情况负有举证责任。本案中,某物流公司未参加庭审,也未提交其单位的工资支付记录等相关材料,故仲裁委对李先生提交的劳动合同予以采信,对李先生称其月工资 2 600 元,某物流公司于 2008 年 12 月 15 日提出与其解除劳动合同,未支付其解除劳动合同经济补偿金,某物流公司未支付其 2008 年 1 月 1 日至 12 月 15 日期间法定节假日加班工资及 2008 年 12 月 1 日至 15 日期间工资的说法均予采信,对李先生各项申诉均予支持。

资料来源:劳动仲裁网,http://www.ldzc.com/html/2010/case_0119/2478.html。

10.4 诉讼

劳动争议的诉讼程序是指人民法院在劳动者、用人单位及其他诉讼参与人参加下,审理和解决劳动争议案件的程序。解决劳动争议的诉讼是一种民事诉讼,而不是行政诉讼,因为在劳动合同关系中,劳动者与用人单位是平等的民事主体。

劳动争议诉讼,需要在劳动争议双方当事人不服劳动争议仲裁委员会的裁决处理前提下,在法定的期限内,依法向人民法院起诉的,人民法院按照法律规定的程序进行审理和判决。

10.4.1 劳动争议案件的诉讼条件

提起劳动争议诉讼必须具备以下几个条件:

(1) 起诉人必须是当事人。当事人因故不能起诉的,可以委托代理人代行起诉。

(2) 必须经劳动争议仲裁机关裁决后,当事人不服该仲裁裁决的。当事人一方或双方不能就劳动争议直接向人民法院提起诉讼,只能在先向仲裁机关申请仲裁而对仲裁结果不服后,才有权起诉;如果当事人就劳动争议问题在仲裁机关的主持下,达成了调解协议且协议已经生效,则当事人无权再向人民法院起诉。

(3) 必须有明确的被告。必须明确对方当事人是谁,是谁侵犯了自己的合法权益。但是,仲裁委员会和劳动行政部门不得作为劳动争议案件的被告和第三人。

(4) 必须有具体的诉讼请求,即必须提出要求解决什么问题。包括:请求人民法院认定原告的请求权,责令对方履行义务,给付工资、劳动保险费等。请求人民法院确认原告与被告之间存在或不存在某种实体上的法律关系,如确认劳动合同关系有效无效,确认职工与企业存在劳动关系,企业不得开除、除名、辞退。请求人民法院改变或消灭当事人之间原有的劳动法律关系,如改变劳动合同的内容,解除劳动合同或劳动关系等。

(5) 必须有事实依据。提出的诉讼请求,要有诉讼根据,包括劳动纠纷案情的事实,即劳动纠纷是如何发生的、纠纷的内容等,还包括劳动纠纷的证据材料。

(6) 必须在法律规定的时效期限内提起诉讼。即当事人对仲裁裁决不服的,应当自收到仲裁裁决之日起15日内向人民法院起诉,超过期限起诉的,一般不予受理。如由于不可抗力等原因造成逾期,则应向人民法院提供有关证据,予以说明。

案例10.3　花甲老师退休之诉被法院驳回,不在受理范围

因国务院调整对企业办中小学退休教师待遇,引起了退休多年的蔡阿婆对宝钢集团上海梅山有限公司将她作为技校教师退休处理的不满。为此,蔡阿婆把梅山公司告上法院,要求确认自己不是梅山技校退休老师,而是上海梅山冶金公司第一中学退休高级教师,请求给予相应的退休待遇,赔偿律师代理费3 000元。近日,上海市静安区人民法院对蔡阿婆之诉,裁定驳回起诉。因蔡阿婆究竟该属学校退休还是属技校退休,不属于人民法院受理劳动争议案件的受案范围。

1971年8月,蔡阿婆至梅山公司下属梅山第一中学担任教师工作。涉及蔡阿婆的干部调动介绍信、对有特殊贡献职工晋级审批表、技术职务聘任呈报表、关于继续聘任黄××等十六位同志高级技术职务的通知及职工退休审批表均显示:蔡阿婆自1990年12月由上海梅山第一技校聘任,1991年9月从该技校退休。1991年9月,上海梅山冶金公司开具的蔡阿婆的干部退休证,原工作单位一栏记载为上海梅山冶金公司第一中学。2008年4月,为解决企业办学校的教师退休待遇调高等事宜,蔡阿婆与梅山公司产生分歧。

2008年12月29日,蔡阿婆向劳动仲裁委申请仲裁,却未被受理。遂蔡阿婆又向法院起诉称,1963年7月,她从上海师范大学文学系毕业后,在上海普陀区某中学担任教师工作。1971年8月,她又参加了"支重",到梅山公司下属梅山第一中学担任教师工作,直至1991年退休。期间在1990年8月,梅山公司开办的梅山技校为提高办学水平,向上海市教育部门申请从B级升为A级,要求临近退休属高级教师的她,到该技校暂时支教,组织关系仍保留在梅山一中。

现年73岁的蔡阿婆说,考虑到自己是一名老党员,为企业发展尽自己能力是义不容辞的职责,故在1990年11月底到梅山技校支教。1991年9月,从梅山一中教师岗位退休,

退休证上登记的原工作单位为"上海梅山冶金公司第一中学",原职务为"中学高级教师"。

她还说,2008年4月,梅山公司在落实《国务院办公厅关于第二批中央企业分离办社会职能工作有关问题的通知》(国发办〔2005〕4号)文时,竟否认自己为梅山一中退休教师的身份,该行为严重侵害了自己的合法权益,要求"落实政策"。

法庭上,梅山公司辩称,对蔡阿婆诉称的时间节点没有异议,涉及蔡阿婆至梅山技校工作的理由也无异议,但认为当时蔡阿婆是被调至梅山技校工作,而非从梅山一中借用,故蔡阿婆在1991年9月是从梅山技校退休的,表示不同意蔡阿婆的诉请。

法院查明,1998年上海梅山冶金公司并入宝钢集团,更名为宝钢集团上海梅山有限公司。法院认为,本案系因国务院对国有企业办中小学退休教师待遇进行政策性调整而引发的纠纷。蔡阿婆要求确认她是梅山一中退休的高级教师,应该享受国务院对退休教师待遇调整的诉求,并不属于人民法院受理劳动争议案件的范围,应当向相关职能部门申请解决。涉及蔡阿婆要求赔偿律师代理费等诉求,也均不属法院受理劳动争议案件范围,遂驳回了蔡阿婆诉讼请求。

资料来源:劳动仲裁网,http://www.ldzc.com/html/2009/case_1210/2211.html。

10.4.2 法院受理劳动争议案件范围

人民法院受理的劳动争议案件,就其内容而言,包括:因履行劳动合同发生的争议;因企业开除、除名、辞退职工以及职工辞职、自动离职发生的劳动争议;因执行有关工资、社会保险、福利待遇、培训、劳动保护方面的法律、法规、政策发生的争议;因女职工劳动保护的权益受到侵害而发生的争议;法律、法规规定的其他劳动争议。

法院受理的劳动争议案件应同时具备以下4个条件:

(1)争议的主体必须合格,即《劳动法》第2条规定的,劳动争议的主体应是我国境内的企业、个体经济组织、国家机关、事业组织、社会团体及与之形成劳动关系或建立劳动合同关系的劳动者。

(2)争议的主体之间订立有书面劳动合同,或者双方虽未订立书面劳动合同,但有口头约定或其他现实表现的。

(3)双方已实际履行了劳动合同,劳动者事实上已成为用人单位的成员,提供有偿劳动,获得了劳动报酬、劳动保护等权利,同时接受用人单位的管理、遵守用人单位的内部劳动规章制度。

(4)争议的内容和事项必须是《劳动法》及其法规调整的范围。

案例10.4 单位处分是否属于劳动争议处理范围

案情简介:王某于2005年10月19日到武汉一家期货经纪公司(以下简称公司)工作。2007年5月王某的工作地由武汉调动至上海,担任业务管理部副经理职务,每月工资4500元,并约定公司有权根据王某的工作表现,依据公司奖惩制度的规定,给予王某相应的奖励或处罚等。2008年1月公司作出《关于对开户岗手续费设置问题稽查结果的通报》,该通报称:2007年12月起公司对开户环节开展稽查工作,发现客户手续费设置出现错误,致使公司损失8万余元,对相关当事人和开户岗的直接领导即王某予以通报批评,并扣发其一个月的工资。公司因此扣发王某2008年2月份工资2 500元和3月份工资2 000元。2008年12月18日王某向劳动争议仲裁委员会提出仲裁申请,要求公司返还2008年2月和3月违法扣罚的工资共4 500元并支付赔偿金4 500元。劳动争议仲裁委员会在审限内未结案,王某遂诉至法院。

裁判结果:法院经审理后认为,单位处分是用人单位对违纪的劳动者作出的处罚措施,为用人单位维持其正常生产经营的方法。我国相应的劳动法律和行政法规规定了用人单位有权制定劳动纪律和规章制度,对于违反劳动纪律和规章制度的劳动者,用人单位应当有权作出处理。用人单位作出的处分只要不涉及劳动合同的变更或解除,及经济扣罚不影响劳动者基本生活的,不作为劳动争议案件处理。公司于2008年1月对王某作出扣发一个月工资的处罚决定,并从2008年2月和3月的工资中分别扣发2 500元和2 000元的行为,并没有影响到王某的基本生活保障。因此,法院认为该处罚决定不属于劳动争议纠纷,王某要求公司返还2008年2月和3月扣发工资及支付赔偿金的请求,不予处理。最后法院驳回了王某的诉讼请求。

案例评析:对于因单位处分发生的争议是否作为劳动争议,实践中一直存在分歧。一种观点认为用人单位有用工自主权,对劳动者处分就属于用工自主权范畴,劳动争议仲裁委员会和法院不应干预;另一种观点认为,单位处分如果完全不干预,发生争议也不受理,将导致劳动者权利受侵害时无从救济。根据目前上海的司法实践,用人单位与劳动者之间因单位处分发生争议的,是否作为劳动争议案件根据具体情形的不同而有所区分:①单位处分虽涉及经济扣罚等内容,但属于特定性、阶段性的,不涉及劳动合同的解除、变更的,单位有权对劳动者进行管理,不宜作为劳动争议案件;②用人单位作出的处分涉及劳动合同的变更或解除的,或者经济扣罚影响劳动者基本生活的,则应当赋予当事人救济的途径,可作为劳动合同履行中引起的争议,按劳动争议案件进行处理。

在本案中,公司对王某的进行通报批评的处分并未涉及劳动合同的变更、解除,而且扣发一个月工资的经济处罚也没有影响王某的基本生活,因此,法院未将该案纳入劳动争议的范围,对公司的这一行为不进行干预。

资料来源:110法律咨询网,http://www.110.com/ziliao/article-240502.html,有改动。

10.4.3 劳动争议审判的基本原则

在对劳动争议案件进行审理的过程中必须坚持以下原则:
(1) 以事实为根据,以法律为准绳的原则。
(2) 双方当事人在法律适用上一律平等的原则。
(3) 人民法院独立行使审判权原则;回避原则。
(4) 着重进行调解的原则。
(5) 密切与有关单位配合的原则。

第 11 章
涉外劳动管理

- 概述
- 外国人在中国就业
- 台港澳居民在中国内地就业
- 中国人出国就业

11.1 概述

随着经济全球化的不断深化,国际投资、服务贸易和知识产权等领域的合作与交流不断深入,跨国企业的建立和劳动者的跨境、跨区流动已经成为促进国际经济发展的核心问题。然而,与此同时,这也成为近年来导致我国涉外劳动争议日益增多的原因之一。

本书所指的涉外劳动争议包括外国人在中国内地就业产生的劳动争议、外商投资企业劳动争议以及中国人出国就业引发的劳动争议,对这些劳动争议给予相应的法律、法规的指导以及实际问题的解决就形成了涉外劳动管理。虽然中国台港澳居民在内地就业的劳动管理与涉外劳动管理没有任何关系,但是由于中国台港澳居民在内地就业劳动管理的重要性以及方便与外国人在中国内地就业劳动管理做以对比,本章也对这方面进行了介绍。

外国人在中国内地就业和中国人出国就业引起的劳动争议在管辖权问题上目前存在很大的争议,相关的法律、法规也并不健全。目前我国相关法规主要有《外国人入境出境管理法》(1986 年实施,2013 年修订实施)、《外国人在中国就业管理规定》(1996 年发布,2010 修订)、《境外就业中介管理规定》(2002 年实施)等。

对于中国台港澳居民在中国内地就业所引发的劳动争议,适用于《台湾香港澳门居民在内地就业管理规定》(2005年实施)。

当然,我国的《劳动法》、《合同法》等也适用于相关的涉外劳动争议。

11.2 外国人在中国就业

这里所称外国人,指依照中华人民共和国国籍法规定不具有中国国籍的人员。外国人在中国就业,指没有取得定居权的外国人在中国境内依法从事社会劳动并获取劳动报酬的行为。我国在这方面的政策法规性文件主要是《外国人在中国就业管理规定》,该规定适用于在中国境内就业的外国人和聘用外国人的用人单位,但该规定不适用于外国驻华使、领馆和联合国驻华代表机构、其他国际组织中享有外交特权与豁免的人员。各省、自治区、直辖市人民政府劳动行政部门及其授权的地市级劳动行政部门负责外国人在中国就业的管理。

 知识链接:中国入境签证类别与所需提交的材料

外国人进入中国境内的签证分为四种:外交签证、礼遇签证、公务签证和普通签证,前三种的签发范围和签发办法由外交部规定。普通签证的类别和签发办法由国务院规定。

签发普通签证时,按照外国人进入中国的事由,分为以下类别(如表11-1所示),并在签证上标明相应的汉语拼音字母,一般就简称为C字签证、D字签证等。

表11-1 中国入境签证类别与所需材料

类别	签证对象	提交材料
C	执行乘务、航空、航运任务的国际列车乘务员、国际航空器机组人员、国际航行船舶的船员及船员随行家属和从事国际道路运输的汽车驾驶员	外国运输公司出具的担保函件或者中国境内有关单位出具的邀请函件
D	入境永久居留的人员	公安部签发的外国人永久居留身份确认表
F	入境从事交流、访问、考察等活动的人员	中国境内的邀请方出具的邀请函件
G	经中国过境的人员	前往国家(地区)的已确定日期、座位的联程机(车、船)票
J1	外国常驻中国新闻机构的外国常驻记者	应当按照中国有关外国常驻新闻机构和外国记者采访的规定履行审批手续并提交相应的申请材料
J2	入境进行短期采访报道的外国记者	
L	入境旅游的人员;以团体形式入境旅游的,可以签发团体L字签证	提交旅行计划行程安排等材料;以团体形式入境旅游的,还应当提交旅行社出具的邀请函件
M	入境进行商业贸易活动的人员	中国境内商业贸易合作方出具的邀请函件
Q1	因家庭团聚申请入境居留的中国公民的家庭成员和具有中国永久居留资格的外国人的家庭成员,以及因寄养等原因申请入境居留的人员	因家庭团聚申请入境居留的,应当提交居住在中国境内的中国公民、具有永久居留资格的外国人出具的邀请函件和家庭成员关系证明,因寄养等原因申请入境的,应当提交委托书等证明材料

续表

类别	签证对象	提交材料
Q2	申请入境短期探亲的居住在中国境内的中国公民的亲属和具有中国永久居留资格的外国人的亲属	居住在中国境内的中国公民、具有永久居留资格的外国人出具的邀请函件等证明材料
R	国家需要的外国高层次人才和急需紧缺专门人才	应当符合中国政府有关主管部门确定的外国高层次人才和急需紧缺专门人才的引进条件和要求,并按照规定提交相应的证明材料
S1	申请入境长期探亲的因工作、学习等事由在中国境内居留的外国人的配偶、父母、未满18周岁的子女、配偶的父母,以及因其他私人事务需要在中国境内居留的人员	因工作、学习等事由在中国境内停留居留的外国人出具的邀请函件、家庭成员关系证明,或者入境处理私人事务所需的证明材料
S2	申请入境短期探亲的因工作、学习等事由在中国境内停留居留的外国人的家庭成员,以及因其他私人事务需要在中国境内停留的人员	
X1	申请在中国境内长期学习的人员	招收单位出具的录取通知书和主管部门出具的证明材料
X2	申请在中国境内短期学习的人员	招收单位出具的录取通知书等证明材料
Z	申请在中国境内工作的人员	工作许可等证明材料

外国人申请办理签证,应当填写申请表,提交本人的护照或者其他国际旅行证件以及符合规定的照片和申请事由的相关材料(见表11-1)。

外国人有下列情形之一的,应当按照驻外签证机关要求接受面谈:①申请入境居留的;②个人身份信息、入境事由需要进一步核实的;③曾有不准入境、被限期出境记录的;④有必要进行面谈的其他情形。

签证机关经审查认为符合签发条件的,签发相应类别签证。对入境后需要办理居留证件的,签证机关应当在签证上注明入境后办理居留证件的时限。

资料来源:根据《外国人入境出境管理法》(2013年修订实施)、《外国人入境出境管理条例》(2013年实施)整理。

11.2.1 就业许可

禁止个体经济组织和公民个人聘用外国人。

用人单位聘用外国人须为该外国人申请就业许可,经获准并取得《中华人民共和国外国人就业许可证书》(以下简称许可证书)后方可聘用。用人单位聘用外国人从事的岗位应是有特殊需要,国内暂缺适当人选,且不违反国家有关规定的岗位。用人单位不得聘用外国人从事营业性文艺演出,但经文化部批准持《临时营业演出许可证》进行营业性文艺演出的外国人除外。

外国人在中国就业须具备下列条件:①年满18周岁,身体健康;②具有从事其工作所必需的专业技能和相应的工作经历；③无犯罪记录；④有确定的聘用单位；⑤持有有效护照或能代替护照的其他国际旅行证件(以下简称代替护照的证件)。

在中国就业的外国人应持职业签证入境(有互免签证协议的,按协议办理)，入境后取得《外国人就业证》(以下简称就业证)和外国人居留证件，方可在中国境内就业。未取得居留证件的外国人(即持F、L、C、G字签证者)、在中国留学、实习的外国人及持职业签证外国人的随行家属不得在中国就业。特殊情况，应由用人单位按本规定规定的审批程序申领许可证书,被聘用的外国人凭许可证书到公安机关改变身份,办理就业证、居留证后方可就业。外国驻中国使、领馆和联合国系统、其他国际组织驻中国代表机构人员的配偶在中国就业,应按《中华人民共和国外交部关于外国驻中国使领馆和联合国系统组织驻中国代表机构人员的配偶在中国任职的规定》执行,并按规定的审批程序办理有关手续。许可证书和就业证由劳动部统一制作。

凡符合下列条件之一的外国人可免办就业许可和就业证：①由我国政府直接出资聘请的外籍专业技术和管理人员，或由国家机关和事业单位出资聘请,具有本国或国际权威技术管理部门或行业协会确认的高级技术职称或特殊技能资格证书的外籍专业技术和管理人员，并持有外国专家局签发的《外国专家证》的外国人；②持有《外国人在中华人民共和国从事海上石油作业工作准证》从事海上石油作业、不需登陆、有特殊技能的外籍劳务人员；③经文化部批准持《临时营业演出许可证》进行营业性文艺演出的外国人。

凡符合下列条件之一的外国人可免办许可证书,入境后凭职业签证及有关证明直接办理就业证：①按照我国与外国政府间、国际组织间协议、协定，执行中外合作交流项目受聘来中国工作的外国人；②外国企业常驻中国代表机构中的首席代表、代表。

11.2.2　申请与审批

用人单位聘用外国人,须填写《聘用外国人就业申请表》(以下简称申请表)，向其与劳动行政主管部门同级的行业主管部门(以下简称行业主管部门)提出申请，并提供下列有效文件：①拟聘用外国人履历证明；②聘用意向书；③拟聘用外国人原因的报告；④拟聘用的外国人从事该项工作的资格证明；⑤拟聘用的外国人健康状况证明；⑥法律、法规规定的其他文件。

行业主管部门应按照本规定有关条文及有关法律、法规的规定进行审批。经行业主管部门批准后,用人单位应持申请表到本单位所在地区的省、自治区、直辖市劳动行政部门或其授权的地市级劳动行政部门办理核准手续。省、自治区、直辖市劳动行政部门或授权的地市级劳动行政部门应指定专门机构(以下简称发证机关)具体负责签发许可证书工作。发证机关应根据行业主管部门的意见和劳动力市场的需求状况进行核准，并在核准后向用人单位签发许可证书。

中央级用人单位、无行业主管部门的用人单位聘用外国人,可直接到劳动行政部门发证机关提出申请和办理就业许可手续。外商投资企业聘雇外国人,无须行业主管部门审批,可凭合同、章程、批准证书、营业执照和本规定第11条所规定的文件直接到劳动行政部门发证机关申领许可证书。

获准聘用外国人的用人单位,须由被授权单位向拟聘用的外国人发出通知签证函及许可证书,不得直接向拟聘用的外国人发出许可证书。获准来中国就业的外国人,应凭劳动部签发的许可证书、被授权单位的通知函电及本国有效护照或能代替护照的证件,到中国驻外使、领馆、处申请职业签证。

用人单位应在被聘用的外国人入境后15日内,持许可证书、与被聘用的外国人签订的劳动合同及其有效护照或能代替护照的证件到原发证机关为外国人办理就业证,并填写《外国人就业登记表》。就业证只在发证机关规定的区域内有效。已办理就业证的外国人,应在入境后30日内,持就业证到公安机关申请办理居留证。居留证件的有效期限可根据就业证的有效期确定。

 案例11.1 未办理就业证的涉外劳动合同的效力及处理

案情：上诉人(原审原告)：熊大立。

被上诉人(原审被告)：发弥工位器具制造(上海)有限公司。

熊大立系意大利公民,于2009年12月8日被发弥工位器具制造(上海)有限公司(以下简称发弥公司)任命为总经理。2009年12月31日,双方签订劳动合同,约定期限为自2010年1月1日起至2012年12月31日止,其中试用期为6个月,试用期内任何一方可随时以书面形式通知对方解除合同。2010年6月11日,熊大立收到发弥公司解除劳动合同、停止支付工资的书面通知。2010年6月13日,上海市人力资源和社会保障局签发了熊大立的《外国人就业证》,有效期至2011年6月11日。2010年7月8日,熊大立申请劳动仲裁。同年7月9日,上海市劳动人事争议仲裁委员会以双方的争议不属于该会的审理范围为由,决定不予受理。

熊大立遂向一审法院提起诉讼称,因其拒绝发弥公司降低工资标准的决定,发弥公司单方面解除劳动合同,要求发弥公司继续履行劳动合同,并补发相应工资。发弥公司辩称,熊大立因工作能力缺陷无法胜任总经理职务,而熊大立作为总经理未及时办理《外国人就业证》,致双方间的劳动关系不符合法律规定,且根据合同之约定,发弥公司于试用期内可随时解除合同。

审判：一审法院经审理认为,熊大立系在2010年6月13日取得外国人就业许可证,故在此之前,熊大立、发弥公司间的雇佣关系并不受《劳动法》的保护,应按一般民事法律的规定处理。双方关于试用期内任何一方可随时以书面的形式通知对方解除合同的约定并未违反一般民事法律、法规的规定,应为合法有效。熊大立现基于双方仍存在劳动关系为基础要求发弥公司继续履行劳动合同以及支付工资的诉讼请求已无相应的法律依据和合同依据。据此,判决驳回熊大立的全部诉讼请求。

熊大立不服判决,提起上诉称,办理就业证是用人单位的当然义务,发弥公司未及时为熊大立办理就业证存在违法过错,其不应就此获益,更不能将不利后果转嫁由熊大立承担。本案应作为劳动合同纠纷处理。请求撤销原判,依法改判继续履行劳动合同,并支付此间劳动报酬。

二审法院经审理认为：未取得就业证的涉外劳动者不具有劳动合同主体资格,其所签劳动合同当然无效,熊大立、发弥公司之间系劳务雇佣关系。双方合同中关于试用期内任何一方可随时以书面形式通知对方解除合同的条款系真实意思表示,合法有效,发弥公司据此解除合同并无不妥。据此,判决驳回上诉,维持原判。

评析：本案涉及的是一起因外国人在我国就业未办理就业证而引发的涉外劳动合同纠纷,在涉外劳动争议案件中具有一定典型性。该类案件的处理通常需要解决以下几个问题：一是在未办理就业证的情况下,劳动者与就业单位能否形成劳动关系,双方所签劳动合同是否有效；二是如果认定未能形成劳动关系,则双方之间的关系性质如何,权利义务应如何加以判断。

就本案而言,发弥公司与熊大立在合同中约定了6个月试用期内双方均可随时以书面通知形式解除合同的条件。如果从劳动合同的视角观之,该约定明显违反了《劳动合同法》第21条的规定,扩张了用人单位的合同解除权。但本案的劳动合同因主体不适格被确认无效,双方形成劳务雇佣关系,并不受劳动立法的规制。而从民法的理论而言,应充分尊重并保护当事人的意思自治。熊大立虽未能依法取得在中国就业的资格,但作为具有完全民事行为能力的主体,熊大立认可合同中的上述约定,可以视为其真实的意思表示,其也应该完全认识到并承担该约定所产生的行为后果。并且,双方的该项约定不违反法律强制性规定。因此,法院认可发弥公司享有约定解除权并无不妥。

资料来源：百度文库,http://wenku.baidu.com,作者：陈樱、张明良。

11.2.3 劳动管理

用人单位与被聘用的外国人应依法订立劳动合同。劳动合同的期限最长不得超过5年。劳动合同期限届满即行终止,但按规定履行审批手续后可以续订。被聘用的外国人与用人单位签订的劳动合同期满时,其就业证即行失效。如需续订,该用人单位应在原合同期满前30日内,向劳动行政部门提出延长聘用时间的申请,经批准并办理就业证延期手续。外国人被批准延长在中国就业期限或变更就业区域、单位后,应在10日内到当地公安机关办理居留证件延期或变更手续。被聘用的外国人与用人单位的劳动合同被解除后,该用人单位应及时报告劳动、公安部门,交还该外国人的就业证和居留证件,并到公安机关办理出境手续。用人单位支付所聘用外国人的工资不得低于当地最低工资标准。在中国就业的外国人的工作时间、休息、休假劳动安全卫生以及社会保险按国家有关规定执行。

外国人在中国就业的用人单位必须与其就业证所注明的单位相一致。外国人在发证机关规定的区域内变更用人单位但仍从事原职业的,须经原发证机关批准,并办理就业证变更手续。外国人离开发证机关规定的区域就业或在原规定的区域内变更用人单位且从事不同职业的,须重新办理就业许可手续。因违反中国法律被中国公安机关取消居留资格的外国人,用人单位应解除劳动合同,劳动部门应吊销就业证。劳动行政部门对就业证实行年检。用人单位聘用外国人就业每满1年,应在期满前30日内到劳动行政部门发证机关为被聘用的外国人办理就业证年检手续。逾期未办的,就业证自行失效。外国人在中国就业期间遗失或损坏其就业证的,应立即到原发证机关办理挂失、补办或换证手续。

11.2.4　在中国境内就业的外国人参加社会保险问题

2011年,《在中国境内就业的外国人参加社会保险暂行办法》颁布并实施。

按照该办法,国内用人单位依法招用的外国人,应当依法参加职工基本养老保险、职工基本医疗保险、工伤保险、失业保险和生育保险,由用人单位和本人按照规定缴纳社会保险费。与境外雇主订立雇用合同后,被派遣到在中国境内注册或者登记的分支机构、代表机构(以下简称境内工作单位)工作的外国人,应当依法参加职工基本养老保险、职工基本医疗保险、工伤保险、失业保险和生育保险,由境内工作单位和本人按照规定缴纳社会保险费。

用人单位招用外国人的,应当自办理就业证件之日起30日内为其办理社会保险登记。受境外雇主派遣到境内工作单位工作的外国人,应当由境内工作单位按照前款规定为其办理社会保险登记。依法办理外国人就业证件的机构,应当及时将外国人来华就业的相关信息通报当地社会保险经办机构。社会保险经办机构应当定期向相关机构查询外国人办理就业证件的情况。

参加社会保险的外国人,符合条件的,依法享受社会保险待遇。在达到规定的领取养老金年龄前离境的,其社会保险个人账户予以保留,再次来中国就业的,缴费年限累计计算;经本人书面申请终止社会保险关系的,也可以将其社会保险个人账户储存额一次性支付给本人。外国人死亡的,其社会保险个人账户余额可以依法继承。

在中国境外享受按月领取社会保险待遇的外国人,应当至少每年向负责支付其待遇的社会保险经办机构提供一次由中国驻外使、领馆出具的生存证明,或者由居住国有关机构公证、认证并经中国驻外使、领馆认证的生存证明。外国人合法入境的,可以到社会保险经办机构自行证明其生存状况,不再提供前款规定的生存证明。

社会保险经办机构应当根据《外国人社会保障号码编制规则》,为外国人建立社会保障号码,并发放中华人民共和国社会保障卡。

社会保险行政部门应当按照社会保险法的规定,对外国人参加社会保险的情况进行监督检查。用人单位或者境内工作单位未依法为招用的外国人办理社会保险登记或者未依法为其缴纳社会保险费的,按照社会保险法、《劳动保障监察条例》等法律、行政法规和有关规章的规定处理。

11.2.5　罚则

对违反《外国人在中国就业管理规定》,未申领就业证擅自就业的外国人,在终止其任职或者就业的同时,可以处1 000元以下的罚款;情节严重的,并处限期出境。对未办理许可证书擅自聘用外国人的用人单位,在终止其雇用行为的同时,可以处5 000元以上50 000元以下的罚款,并责令其承担遣送私自雇用的外国人的全部费用。对拒绝劳动行政部门检查就业证、擅自变更用人单位、擅自更换职业、擅自延长就业期限的外国人,由劳动行政部门收回其就业证,并提请公安机关取消其居留资格。对需该机关遣送出境的,遣送费用由聘用单位或该外国人承担。对伪造、涂改、冒用、转让、买卖就业证和许可证书的外国人和用人单位,由劳动行政部门收缴就业证和许可证书,没收其非法所得,并处以1万元以上10万元以下的罚款;情节严重构成犯罪的,移送司法机关依法追究刑事责任。发证机关或者有关部门的工作人员滥用职权、非法收费、徇私舞弊,构成犯罪的,依法追究刑事责任;不构成犯罪的,给予行政处分。

11.3 台港澳居民在中国内地就业

《台湾香港澳门居民在内地就业管理规定》自2005年10月1日起施行。

按照该规定,在内地就业的台、港、澳人员,是指:①与用人单位建立劳动关系的人员;②在内地从事个体经营的香港、澳门人员;③与境外或台、港、澳地区用人单位建立劳动关系并受其派遣到内地一年内(公历1月1日起至12月31日止)在同一用人单位累计工作3个月以上的人员。

台、港、澳人员在内地就业实行就业许可制度。用人单位拟聘雇或者接受被派遣台、港、澳人员的,应当为其申请办理《台港澳人员就业证》(以下简称就业证);香港、澳门人员在内地从事个体工商经营的,应当由本人申请办理就业证。经许可并取得就业证的台、港、澳人员在内地就业受法律保护。用人单位聘雇或者接受被派遣台、港、澳人员,实行备案制度。就业证由劳动保障部统一印制。

用人单位拟聘雇或者接受被派遣的台、港、澳人员,应当具备下列条件:①年龄18~60周岁(直接参与经营的投资者和内地急需的专业技术人员可超过60周岁);②身体健康;③持有有效旅行证件(包括内地主管机关签发的台湾居民来往大陆通行证、港澳居民往来内地通行证等有效证件);④从事国家规定的职业(技术工种)的,应当按照国家有关规定,具有相应的资格证明;⑤法律、法规规定的其他条件。

用人单位为台、港、澳人员在内地就业申请办理就业证,应当向所在地的地(市)级劳动保障行政部门提交《台湾香港澳门居民就业申请表》和下列有效文件:①用人单位营业执照或登记证明;②拟聘雇或者接受被派遣人员的个人有效旅行证件;③拟聘雇或者接受被派遣人员的健康状况证明;④聘雇意向书或者任职证明;⑤拟聘雇人员从事国家规定的职业(技术工种)的,提供拟聘雇人员相应的职业资格证书;⑥法律、法规规定的其他文件。劳动保障行政部门应当自收到用人单位提交的《台湾香港澳门居民就业申请表》和有关文件之日起10个工作日内作出就业许可决定。对符合规定条件的,准予就业许可,颁发就业证;对不符合条件者不予就业许可的,应当以书面形式告知用人单位并说明理由。用人单位应当持就业证到颁发该证的劳动保障行政部门办理聘雇台、港、澳人员登记备案手续。

香港、澳门人员在内地从事个体工商经营的,由本人持个体经营执照、健康证明和个人有效旅行证件向所在地的地(市)级劳动保障行政部门申请办理就业证。劳动保障行政部门应当自收到香港、澳门人员提交的文件之日起5个工作日内办理。

台、港、澳人员的就业单位应当与就业证所注明的用人单位一致。用人单位变更的,应当由变更后的用人单位到所在地的地(市)级劳动保障行政部门为台、港、澳人员重新申请办理就业证。

用人单位与聘雇的台、港、澳人员应当签订劳动合同,并按照《社会保险费征缴暂行条例》的规定缴纳社会保险费。用人单位与聘雇的台、港、澳人员终止或者解除劳动合同,或者被派遣台、港、澳人员任职期满的,用人单位应当自终止、解除劳动合同或者台、港、澳人员任职期满之日起10个工作日内,到原发证机关办理就业证注销手续。在内地从事个体工商经营的香港、澳门人员歇业或者停止经营的,应当在歇业或者停止经营之日起30日内到颁发该证的劳动保障行政部门办理就业证注销手续。就业证遗失或损坏的,用人单位应当向颁发该证的劳动保障行政部门申请为台、港、澳人员补发就业证。

用人单位聘雇或者接受被派遣台、港、澳人员,未为其办理就业证或未办理备案手续的,由劳动保障行政部门责令其限期改正,并可以处1 000元罚款。用人单位与聘雇台、港、澳人员终止、解除劳动合同或者台、港、澳人员任职期满,用人单位未办理就业证注销手续的,由劳动保障行政部门责令改正,并可以处1 000元罚款。用人单位伪造、涂改、冒用、转让就业证的,由劳动保障行政部门责令其改正,并处1 000元罚款,该用人单位一年内不得聘雇台、港、澳人员。

案例11.2 港澳台人未办理就业证,仍可依据合同主张经济补偿金

台湾人陈某在上海一兆韦德工作,双方签订了《劳动合同》,但迟迟未办理就业证。2009年8月,陈某突然收到一兆韦德的解聘通知。陈某认为一兆韦德不仅拖欠了他两个月的工资,而且直接解除劳动合同也侵害了其合法权益,于是向上海市劳动争议仲裁委员会申请仲裁。市仲裁委认为陈某未办理就业证,双方不属于劳动关系,决定不予受理。

陈某就此事向张律师咨询,张律师认为如果劳动者有充分证据证明是单位拒绝与其办理就业证,致使劳动者不受劳动合同法保护,单位还应当按照劳动合同法的相关规定承担相应赔偿责任。退一步讲,即便未办理就业证,双方成立的是雇佣关系,双方签订的《劳动合同》实质为"劳务合同",仍对双方有约束力,劳动者仍然可以按照合同约定要求单位承担违约责任。

张律师接受委托后,按照双方签订的"劳动合同"向浦东新区人民法院提起民事诉讼,要求一兆韦德支付拖欠的工资和加班费,支付提前一个月通知的代通金,支付经济补偿金等。后浦东新区法院采纳张律师的观点,最终判决一兆韦德支付拖欠的工资2万元,支付替代通知期工资8 000元,支付经济补偿金8 000元。

本案对于港澳台人员在大陆就业具有较大的借鉴意义,当劳动仲裁委员会不予受理时,不必惊慌失措,虽然得不到《劳动法》的保护,但还是能得到《民法》、《合同法》等的保护,可以按照双方签订的"合同"主张权利。

资料来源:法律快车,http://www.lawtime.cn/article/lll14219891427083oo26436,作者:张清涛。

11.4 中国人出国就业

对外劳务合作,是指组织劳务人员赴其他国家或者地区为国外的企业或者机构(以下统称国外雇主)工作的经营性活动。一般地,国外的企业、机构或者个人不得在中国境内

招收劳务人员赴国外工作。对此的国务院规范性文件《对外劳务合作管理条例》自2012年8月1日起施行。

11.4.1 从事对外劳务合作的企业与劳务人员

1. 资格申请

从事对外劳务合作,应当按照省、自治区、直辖市人民政府的规定,经省级或者设区的市级人民政府商务主管部门批准,取得对外劳务合作经营资格。

申请对外劳务合作经营资格,应当具备下列条件:①符合企业法人条件;②实缴注册资本不低于600万元人民币;③有3名以上熟悉对外劳务合作业务的管理人员;④有健全的内部管理制度和突发事件应急处置制度;⑤法定代表人没有故意犯罪记录。

申请对外劳务合作经营资格的企业,应当向所在地省级或者设区的市级人民政府商务主管部门(以下称负责审批的商务主管部门)提交相关的证明材料。负责审批的商务主管部门应当自收到证明材料之日起20个工作日内进行审查,做出批准或者不予批准的决定。予以批准的,颁发对外劳务合作经营资格证书;不予批准的,书面通知申请人并说明理由。申请人持对外劳务合作经营资格证书,依法向工商行政管理部门办理登记。未依法取得对外劳务合作经营资格证书并办理登记,不得从事对外劳务合作。负责审批的商务主管部门应当将依法取得对外劳务合作经营资格证书并办理登记的企业(以下称对外劳务合作企业)名单报至国务院商务主管部门,国务院商务主管部门应当及时通报中国驻外使馆、领馆。

2. 风险处置备用金

对外劳务合作企业应当自工商行政管理部门登记之日起5个工作日内,在负责审批的商务主管部门指定的银行开设专门账户,缴存不低于300万元人民币的对外劳务合作风险处置备用金(以下简称备用金)。备用金也可以通过向负责审批的商务主管部门提交等额银行保函的方式缴存。负责审批的商务主管部门应当将缴存备用金的对外劳务合作企业名单向社会公布。

备用金用于支付对外劳务合作企业拒绝承担或者无力承担的下列费用:①对外劳务合作企业违反国家规定收取,应当退还给劳务人员的服务费;②依法或者按照约定应当由对外劳务合作企业向劳务人员支付的劳动报酬;③依法赔偿劳务人员的损失所需费用;④因发生突发事件,劳务人员回国或者接受紧急救助所需费用。

备用金使用后,对外劳务合作企业应当自使用之日起20个工作日内将备用金补足到原有数额。备用金缴存、使用和监督管理的具体办法由国务院商务主管部门会同国务院财政部门制定。

3. 行为规范

对外劳务合作企业不得允许其他单位或者个人以本企业的名义组织劳务人员赴国外工作。任何单位和个人不得以商务、旅游、留学等名义组织劳务人员赴国外工作。

对外劳务合作企业不得组织劳务人员赴国外从事与赌博、色情活动相关的工作。

对外劳务合作企业、劳务人员应当遵守用工项目所在国家或者地区的法律,尊重当地的宗教信仰、风俗习惯和文化传统。

对外劳务合作企业、劳务人员不得从事损害国家安全和国家利益的活动。

4. 劳务人员的权益保障

对外劳务合作企业应当安排劳务人员接受赴国外工作所需的职业技能、安全防范知识、外语以及用工项目所在国家或者地区相关法律、宗教信仰、风俗习惯等知识的培训；未安排劳务人员接受培训的，不得组织劳务人员赴国外工作。劳务人员应当接受培训，掌握赴国外工作所需的相关技能和知识，提高适应国外工作岗位要求以及安全防范的能力。

对外劳务合作企业应当为劳务人员购买在国外工作期间的人身意外伤害保险。但是，对外劳务合作企业与国外雇主约定由国外雇主为劳务人员购买的除外。

对外劳务合作企业应当为劳务人员办理出境手续，并协助办理劳务人员在国外的居留、工作许可等手续。对外劳务合作企业组织劳务人员出境后，应当及时将有关情况向中国驻用工项目所在国使馆、领馆报告。

对外劳务合作企业应当跟踪了解劳务人员在国外的工作、生活情况，协助解决劳务人员工作、生活中的困难和问题，及时向国外雇主反映劳务人员的合理要求。

对外劳务合作企业向同一国家或者地区派出的劳务人员数量超过100人的，应当安排随行管理人员，并将随行管理人员名单报中国驻用工项目所在国使馆、领馆备案。对外劳务合作企业应当制定突发事件应急预案。国外发生突发事件的，对外劳务合作企业应当及时、妥善处理，并立即向中国驻用工项目所在国使馆、领馆和国内有关部门报告。

用工项目所在国家或者地区发生战争、暴乱、重大自然灾害等突发事件，中国政府作出相应避险安排的，对外劳务合作企业和劳务人员应当服从安排，予以配合。

对外劳务合作企业停止开展对外劳务合作的，应当对其派出的尚在国外工作的劳务人员作出妥善安排，并将安排方案报负责审批的商务主管部门备案。负责审批的商务主管部门应当将安排方案报至国务院商务主管部门，国务院商务主管部门应当及时通报中国驻用工项目所在国使馆、领馆。

劳务人员有权向商务主管部门和其他有关部门投诉对外劳务合作企业违反合同约定或者其他侵害劳务人员合法权益的行为。接受投诉的部门应当按照职责依法及时处理，并将处理情况向投诉人反馈。

案例 11.3　打洋工莫名染洋病，出国劳务迷雾重重

苏先生出国打洋工莫名染上传染病，为此惹出一连串的纠纷，迷雾重重。目前，北京市顺义区人民法院正在进一步审理此案。

经朋友介绍，苏先生得知北京一家公司可以提供出国打工赚钱的机会，在出国劳务方兴未艾的今天，苏先生也很想猛赚一笔，荣归故里。于是在 2008 年 11 月 30 日其与公司签订了劳动合同，双方约定年薪 10 万元人民币，工作地点在安哥拉，期限为 12～24 个月。2008 年 12 月经公司安排飞抵安哥拉，本想出国打工多赚些钱回来，不曾想安哥拉气温很高，工作环境恶劣，公司又未提供任何降温、卫生方面的措施，苏先生在 2009 年 3 月染上当地一种传染病，病因不详，一直高烧不退，当地医疗条件很差，远在人生地不熟的异国他

乡，不免心存恐慌。2009年4月3日苏先生请求了回国治疗。回国前，苏先生应公司要求，签了一张欠条：2009年1月1日至3月29日工资合计23 055元人民币，扣除往返机票、签证、看病借款共计36 420元人民币，苏先生尚欠公司13 365元人民币。正是这一纸临回国打下的欠条引发了本案，近日，公司将苏先生起诉至法院。

公司诉称，2009年3月19日，苏先生从公司借款13 365元，并出具借条一张。经多次催要，其至今未主动履行还款义务。为维护公司合法权益，故诉至法院，请求判令苏先生返还借款13 365元。

苏先生辩称："2009年1月8日，公司按约定将第一个月的工资8 300元打入我的账户，以后数月工资一直拖欠。我与公司的劳动关系并未解除，2009年4月3日回国至2009年5月11日我提出了劳动仲裁，此期间均为病假期间，公司应向我支付2009年1月至5月的工资合计36 280元，而不只是欠条所结算的日期和工资。另外，按照合同约定，往返机票、签证费用不应由我承担，我虽签了欠条，但是欠条所计算的数字与事实不符，我是在被逼无奈的情况下才签的欠条，我的签证、机票都在公司手上，如果不签就不让我回国治病，所以我才签的。早知有安哥拉如此的经历，我宁可不赚钱也要在国内生活。"

资料来源：劳动仲裁网，http://www.ldzc.com/html/2009/case_1210/2207.html。

11.4.2 与对外劳务合作有关的合同

1. 对外劳务合作企业与国外雇主的劳务合作合同

对外劳务合作企业应当与国外雇主订立书面劳务合作合同；未与国外雇主订立书面劳务合作合同的，不得组织劳务人员赴国外工作。

劳务合作合同应当载明与劳务人员权益保障相关的下列事项：①劳务人员的工作内容、工作地点、工作时间和休息休假；②合同期限；③劳务人员的劳动报酬及其支付方式；④劳务人员社会保险费的缴纳；⑤劳务人员的劳动条件、劳动保护、职业培训和职业危害防护；⑥劳务人员的福利待遇和生活条件；⑦劳务人员在国外居留、工作许可等手续的办理；⑧劳务人员人身意外伤害保险的购买；⑨因国外雇主原因解除与劳务人员的合同对劳务人员的经济补偿；⑩发生突发事件对劳务人员的协助、救助；⑪违约责任。

对外劳务合作企业与国外雇主订立劳务合作合同，应当事先了解国外雇主和用工项目的情况以及用工项目所在国家或者地区的相关法律。用工项目所在国家或者地区法律规定企业或者机构使用外籍劳务人员需经批准的，对外劳务合作企业只能与经批准的企业或者机构订立劳务合作合同。对外劳务合作企业不得与国外的个人订立劳务合作合同。

2. 对外劳务合作企业与劳务人员的合同

一般地，对外劳务合作企业应当与劳务人员订立书面服务合同；未与劳务人员订立书面服务合同的，不得组织劳务人员赴国外工作。服务合同应当载明劳务合作合同中与劳务人员权益保障相关的事项，以及服务项目、服务费及其收取方式、违约责任。

对外劳务合作企业组织与其建立劳动关系的劳务人员赴国外工作的，与劳务人员订立的劳动合同应当载明劳务合作合同中与劳务人员权益保障相关的事项；未与劳务人员订立劳动合同的,不得组织劳务人员赴国外工作。

对外劳务合作企业与劳务人员订立服务合同或者劳动合同时,应当将劳务合作合同中与劳务人员权益保障相关的事项以及劳务人员要求了解的其他情况如实告知劳务人员,并向劳务人员明确提示包括人身安全风险在内的赴国外工作的风险,不得向劳务人员隐瞒有关信息或者提供虚假信息。对外劳务合作企业有权了解劳务人员与订立服务合同、劳动合同直接相关的个人基本情况,劳务人员应当如实说明。

对外劳务合作企业向与其订立服务合同的劳务人员收取服务费,应当符合国务院价格主管部门会同国务院商务主管部门制定的有关规定。对外劳务合作企业不得向与其订立劳动合同的劳务人员收取服务费。对外劳务合作企业不得以任何名目向劳务人员收取押金或者要求劳务人员提供财产担保。

对外劳务合作企业应当自与劳务人员订立服务合同或者劳动合同之日起10个工作日内,将服务合同或者劳动合同、劳务合作合同副本以及劳务人员名单报负责审批的商务主管部门备案。负责审批的商务主管部门应当将用工项目、国外雇主的有关信息以及劳务人员名单报至国务院商务主管部门。商务主管部门发现服务合同或者劳动合同、劳务合作合同未依照条例规定载明必备事项的,应当要求对外劳务合作企业补正。

对外劳务合作企业应当负责协助劳务人员与国外雇主订立确定劳动关系的合同,并保证合同中有关劳务人员权益保障的条款与劳务合作合同相应条款的内容一致。对外劳务合作企业、劳务人员应当信守合同,全面履行合同约定的各自的义务。

劳务人员在国外实际享有的权益不符合合同约定的,对外劳务合作企业应当协助劳务人员维护合法权益,要求国外雇主履行约定义务、赔偿损失;劳务人员未得到应有赔偿的,有权要求对外劳务合作企业承担相应的赔偿责任。对外劳务合作企业不协助劳务人员向国外雇主要求赔偿的,劳务人员可以直接向对外劳务合作企业要求赔偿。劳务人员在国外实际享有的权益不符合用工项目所在国家或者地区法律规定的,对外劳务合作企业应当协助劳务人员维护合法权益,要求国外雇主履行法律规定的义务、赔偿损失。因对外劳务合作企业隐瞒有关信息或者提供虚假信息等原因,导致劳务人员在国外实际享有的权益不符合合同约定的,对外劳务合作企业应当承担赔偿责任。

案例11.4 打洋工变非法滞留,风餐露宿百般周折回国索赔

原告解某为了获得出国务工机会向被告王某和被告某国际经贸公司交纳中介费80 000元,2008年3月,解某等69人来到罗马尼亚某地做建筑工,但三个月后原告等人的签证到期,被罗马尼亚当局通知限期出境,后经我国使馆帮助回到祖国。回国后,原告等人多次找二被告要求赔偿未果,遂诉至法院。近日,北京市西城区人民法院受理了此案。

原告解某诉称:2007年年末,被告王某和某国际经贸公司工作人员宋某告诉原告,可以代表某国际经贸公司办理合法的出国劳务签证,把原告派到罗马尼亚务工,务工时间3~5年,每小时工资3欧元。

2008年年初,被告王某和某国际经贸公司收取了原告80 000元中介费。在被告的安

排下,2008年3月原告解某等69人来到罗马尼亚某地做建筑工,但仅仅三个月后,原告就得知自己的签证到期,原因是二被告恶意违反国家法律规定,没有给原告办理正规的劳务输出工作证,只办理了临时居留签证,致使原告在2008年7月开始成为非法滞留罗马尼亚人员,并被罗马尼亚移民局通知限期离境。在此期间,原告居无定所,风餐露宿,只能到野外拣剩菜叶做食物,后经我国使馆和当地华人华侨帮助回到祖国。

在罗马尼亚非法居留期间,被告某国际经贸公司工作人员宋某等曾向我国使馆工作人员保证由公司承担赔偿责任,退还中介费等。但回国后,二被告没有兑现承诺,故原告诉至法院,要求法院判令二被告返还原告中介费80 000元,出国办证费4 800元,支付原告在罗马尼亚期间直接经济损失13 300元和非法居留期间生活费9 000元,本案诉讼费由二被告承担。

目前,本案正在进一步审理中。

资料来源:劳动仲裁网,http://www.ldzc.com/html/2009/case_1210/2225.html。

11.4.3 法律责任

未依法取得对外劳务合作经营资格,从事对外劳务合作的,由商务主管部门提请工商行政管理部门依照《无照经营查处取缔办法》的规定查处取缔;构成犯罪的,依法追究刑事责任。

对外劳务合作企业有下列情形之一的,由商务主管部门吊销其对外劳务合作经营资格证书,有违法所得的予以没收:①以商务、旅游、留学等名义组织劳务人员赴国外工作;②允许其他单位或者个人以本企业的名义组织劳务人员赴国外工作;③组织劳务人员赴国外从事与赌博、色情活动相关的工作。

对外劳务合作企业未依照条例规定缴存或者补足备用金的,由商务主管部门责令改正;拒不改正的,吊销其对外劳务合作经营资格证书。

对外劳务合作企业有下列情形之一的,由商务主管部门责令改正;拒不改正的,处5万元以上10万元以下的罚款,并对其主要负责人处1万元以上3万元以下的罚款:①未安排劳务人员接受培训,组织劳务人员赴国外工作;②未依照条例规定为劳务人员购买在国外工作期间的人身意外伤害保险;③未依照条例规定安排随行管理人员。

对外劳务合作企业有下列情形之一的,由商务主管部门责令改正,处10万元以上20万元以下的罚款,并对其主要负责人处2万元以上5万元以下的罚款;在国外引起重大劳务纠纷、突发事件或者造成其他严重后果的,吊销其对外劳务合作经营资格证书:①未与国外雇主订立劳务合作合同,组织劳务人员赴国外工作;②未依照条例规定与劳务人员订立服务合同或者劳动合同,组织劳务人员赴国外工作;③违反条例规定,与未经批准的国外雇主或者与国外的个人订立劳务合作合同,组织劳务人员赴国外工作;④与劳务人员订立服务合同或者劳动合同,隐瞒有关信息或者提供虚假信息;⑤在国外发生突发事件时不及时处理;⑥停止开展对外劳务合作,未对其派出的尚在国外工作的劳务人员作出安排;⑦对外劳务合作企业拒不将服务合同或者劳动合同、劳务合作合同副本报商务主管部门备案,且合同未载明本条例规定的必备事项,或者在合同备案后拒不按照商务主管部门的要求补正合同必备事项的。有前述相应款项规定情形,构成犯罪的,依法追究刑事责任。

对外劳务合作企业向与其订立服务合同的劳务人员收取服务费不符合国家有关规定，或者向劳务人员收取押金、要求劳务人员提供财产担保的，由价格主管部门依照有关价格的法律、行政法规的规定处罚。对外劳务合作企业向与其订立劳动合同的劳务人员收取费用的，依照《中华人民共和国劳动合同法》的规定处罚。

对外劳务合作企业有下列情形之一的，由商务主管部门责令改正；拒不改正的，处1万元以上2万元以下的罚款，并对其主要负责人处2 000元以上5 000元以下的罚款：①未将服务合同或者劳动合同、劳务合作合同副本以及劳务人员名单报商务主管部门备案；②组织劳务人员出境后，未将有关情况向中国驻用工项目所在国使馆、领馆报告，或者未依照条例规定将随行管理人员名单报负责审批的商务主管部门备案；③未制定突发事件应急预案；④停止开展对外劳务合作，未将其对劳务人员的安排方案报商务主管部门备案。

商务主管部门、其他有关部门在查处违反条例行为的过程中，发现违法行为涉嫌构成犯罪的，应当依法及时移送司法机关处理。

商务主管部门和其他有关部门的工作人员，在对外劳务合作监督管理工作中有下列行为之一的，依法给予处分；构成犯罪的，依法追究刑事责任：①对不符合条例规定条件的对外劳务合作经营资格申请予以批准；②对外劳务合作企业不再具备条例规定的条件而不撤销原批准；③对违反条例规定组织劳务人员赴国外工作以及其他违反条例规定的行为不依法查处；④其他滥用职权、玩忽职守、徇私舞弊，不依法履行监督管理职责的行为。

11.4.4　例外情形

组织劳务人员赴香港特别行政区、澳门特别行政区、台湾地区工作的，参照《对外劳务合作管理条例》的规定执行。

对外承包工程项下外派人员赴国外工作的管理，依照《对外承包工程管理条例》以及国务院商务主管部门、国务院住房城乡建设主管部门的规定执行。外派海员类（不含渔业船员）对外劳务合作的管理办法，由国务院交通运输主管部门根据《中华人民共和国船员条例》以及《对外劳务合作管理条例》的有关规定另行制定。

对外劳务合作企业组织劳务人员赴国务院商务主管部门会同国务院外交等有关部门确定的特定国家或者地区工作的，应当经国务院商务主管部门会同国务院有关部门批准。

第 12 章
事业单位

- 概述
- 岗位设置
- 公开招聘和竞聘上岗
- 聘用合同
- 考核和培训
- 奖励和处分
- 工资福利和社会保险
- 人事争议处理与法律责任

12.1 概述

12.1.1 事业单位的概念

事业单位是指为了社会公益目的,由国家机关举办或者其他组织利用国有资产举办的,从事教育、科技、文化、卫生等活动的社会服务组织。中国的事业单位在功能上对应国外的是非营利组织(NPO)、非政府组织(NGO)。国外的这些组织是社会自治组织,而在中国,事业单位和政府的关系比较密切。这种不同点,有些是社会制度不同造成的,有的是由于中国的社会自治能力不足造成的。

一般地,事业单位都具有以下四大特征:①依法设立。事业单位的设立,应区分不同情况由法定审批机关批准,依法登记,或者依照法律规定直接进行法人登记。②从事公益服务。事业单位从事的是教育、科技、文化、卫生等涉及人民群众公共利益的服务活动,一般不履行行政管理职能。③不以营利为目的。事业单位一般不从事生产经营活动,经费来源有的需要财政完全保证,有的可通过从事一些经批准的服务活动取得部分收入,但取得的收入只能用于事业单位的再发展,不得用于管理层和职员分红等。④社会组织。事业单位是组织机构而不是个人,要有自己的名称、组织机构和场所,有与其业务活动相适应的从业人员和经费来源,能够独立承担民事责任。

与企业相比,事业单位的差别非常明显,企业的存在就是为了盈利,事业单位则不以盈利为目的,而是为了从事公益服务。与行政单位相比,事业单位与之有三点显著差别:①内涵不同。行政单位是国家机关,而事业单位是社会服务组织。②担负的职责不同。行政单位是负责对国家各项行政事务进行组织、管理和指挥;而事业单位是为了社会的公益目的从事教育、文化、卫生、科技等活动。③编制和工资待遇的来源不同。行政单位使用行政编制,由国家行政经费负担。事业单位使用事业编制,由国家事业经费负担。事业单位有全额拨款的,有部分拨款的,还有事业单位是企业化管理的。行政单位人员的工资按《公务员法》由国家负担,而事业单位则根据不同的管理模式实行不同的待遇。

 知识链接:非政府组织(NGO)

非政府组织是英文 Non-Governmental Organizations 的意译,英文缩写为 NGO。20 世纪 80 年代以来,非政府组织(NGO)与非营利组织(NPO)在公共管理领域的作用日益重要,被视为有别于政府和企业的一种新兴组织形式。

一般认为,非政府组织一词最初是在 1945 年 6 月签订的《联合国宪章》第 71 款正式使用的。该条款授权联合国经社理事会"为同那些与该理事会所管理的事务有关的非政府组织进行磋商作出适当安排"。1952 年联合国经社理事会在其决议中将非政府组织定义为"凡不是根据政府间协议建立的国际组织都可被看作非政府组织"。可见在当时,NGO 主要是指国际性的民间组织。1968 年,在联合国经社理事会通过的第 1296 号决议中,规定了联合国同非政府组织关系的法律框架。该决议允许非政府组织在联合国经社理事会以及联合国体系中的其他机构中获得咨询地位。自此以后,非政府组织的活动被有意识地、越来越广泛地引入了联合国体系的运作。1996 年,联合国经社理事会通过的 1996/31 号决议对联合国同非政府组织之间的咨询关系再次作了规定,进一步承认了在各国和各地区活动的非政府组织。允许各国和各地区的非政府组织以自己的名义独立地在经社理事会发表意见,而不必像以往那样必须通过在经社理事会里有咨询地位的国际非政府组织去间接地表达自己的主张。

世界银行则把任何民间组织,只要它的目的是援贫济困,维护穷人利益,保护环境,提供基本社会服务或促进社区发展,都称为非政府组织。

总的来说,非政府组织(NGO)这一概念主要是指"处于政府与私营企业之间的那块制度空间"。它是现代社会结构分化的产物,是一个社会政治制度与其他非政治制度不断趋向分离过程中所衍生的社会自组织系统的重要组成部分。

学者萨拉蒙和安海尔在综合比较研究的基础上,提出了非政府组织所具备的五个特征:组织性、民间性、非营利性、自治性和志愿性。政治学者王绍光在此基础上又提出了第六个特征,即公益性。其中公益性和非营利性是区分非政府组织与利益集团的最重要区别。

与追求专属于本集团的、其利益具有强烈排他性的利益集团不同的是,非政府组织从事的是社会公益事业,提供的是公共物品,其涉及的领域也相当广泛,包括环境保护、社会救济、医疗卫生、教育、文化等领域。

说非政府组织具有民间性和自治性,只是意味着这种组织在体制上独立于政府,它们不属于政府建制的一部分,也不直接受制于政府权威,但并不意味着非政府组织与政府或政治不发生任何关系。事实上,同利益集团一样,非政府组织也时常介入政治,力图影响政府有关政策,只不过它们通过政治参与传达给政府的政策意愿的性质具有某种公益性罢了。由于非政府组织自身的非营利性特征,其活动的资金来源若仅仅依靠志愿者的主动捐助是远远不够的,而且这些组织本身的资金动员能力相当有限,而政府在动员资金方面的特殊优势使得它成为各种非政府组织财力上的主要依靠对象。

1997年9月初,联合国秘书长安南在向第52届联合国大会提交的工作报告中,列举和阐述了影响当前全球发展的八大因素,其中的第五大因素即跨国性的民间社会组织的迅速发展,非政府组织的作用越来越大。确实,非政府组织在国际事务中所发挥的作用和影响是多方面的,主要体现在以下几方面:①从事咨询和信息活动;②对政府和政府间国际组织的行为进行监督;③参与执行国际组织的项目,协助政府间国际组织提供特定的产品与服务;④影响政府间国际组织的决策过程;⑤在不同的利益冲突角色之间促成协调和妥协。

进入20世纪90年代以来,发展中国家从事多项管理与发展的非政府组织相当活跃,据估计,20世纪80年代初,发展中国家在非政府组织服务的人数约有1亿人,其中6000万人在亚洲,2500万人在拉丁美洲,1200万人在非洲。而1993年据联合国开发计划署在《人文发展报告》中估计,20世纪90年代初发展中国家非政府机构服务的对象已达到2.5亿人。

资料来源:根据百度百科等整理。

12.1.2 事业单位的分类

根据目的不同,对事业单位可以进行各种不同的分类。

事业单位一般是国家设置的带有一定的公益性质的机构,但不属于政府机构。国家通常会对事业单位予以财政补助。按照资金来源的差别,事业单位可以分为全额拨款事业单位、差额拨款事业单位,还有一种是自主事业单位,是国家不拨款的事业单位。

全额拨款事业单位也称为全供事业单位,其所需的事业经费全部由国家预算拨款提供。这种管理形式,一般适用于没有收入或收入不稳定的事业单位,如学校、科研单位、卫生防疫、工商管理等事业单位。

差额拨款事业单位,按差额比例,财政承担部分,由财政列入预算;单位承担部分,由单位在税前列支,如医院等。按照国家有关规定,差额拨款单位要根据经费自主程度,实行工资总额包干或其他符合自身特点的管理办法,促使其逐步减少国家财政拨款,向经费自收自支过渡。

自主事业单位实行自收自支,国家不拨款。因此也被称为自收自支事业单位。由于不需要地方财政直接拨款,因而一些地方往往放松对它的管理,造成自收自支事业单位有不断膨胀的趋势。

按照社会功能,我国现在的事业单位可划分为承担行政职能、从事生产经营活动和从事公益服务三个类别(参见表12-1)。根据《关于分类推进事业单位改革的指导意见》,对承担行政职能的事业单位,逐步将其行政职能划为行政机构或转为行政机构;对从事生产经营活动的,逐步将其转为企业;对从事公益服务的,继续将其保留在事业单位序列,强化其公益属性。

表 12-1 事业单位类别划分标准表

类 别		定 义	划 分 标 准
承担行政职能的事业单位		承担行政决策、行政执行和行政监督等职能的事业单位	① 完全承担或主要承担行政职能;② 承担的行政职能必须是法律、行政法规、全国人大常委会法律解释授权和中央有关政策(党中央、国务院文件)规定;③ 国家法律、法规和中央政策规定的行政职能必须是明确由指定的机构承担;④ 能够独立承担法律责任
从事生产经营活动的事业单位		所提供的产品或服务可以由市场配置资源、不承担公益服务职责的事业单位	① 主要从事生产经营活动,以营利为目的;② 所提供的产品和服务不属于政府必须提供的公益服务范围;③ 所提供的产品和服务可以完全由市场配置资源
从事公益服务的事业单位	公益一类	面向社会提供公益服务和为机关行使职能提供支持保障的事业单位	承担义务教育、基础性科研、公共文化、公共卫生及基层的基本医疗服务等基本公益服务,不能或不宜由市场配置资源的事业单位	① 承担应由政府提供的基本公益服务或仅为机关行使职能提供支持保障服务;② 不能或不宜由市场配置资源;③ 不开展经营活动和收取服务费用,其宗旨、业务范围和服务规范由国家确定
	公益二类		承担高等教育、非营利性医疗等公益服务,可部分由市场配置资源的事业单位	① 主要为社会提供公益服务或主要为机关行使职能提供支持保障服务;② 不以营利为目的,可部分由市场配置资源。③ 在确保公益目标的前提下,可依据相关法律、法规和政策规定提供与主业相关的服务,收益的使用按国家规定执行

更细致的分类可参见表12-2。

表 12-2 事业单位分类参考目录

类 别	职 能 任 务
承担行政职能的事业单位	渔政(渔港)监管、草原监督管理、海事和航运管理(港口管理)、公路行政管理、道路运输管理、动物卫生监督等,及符合条件的其他事业单位
从事生产经营活动的事业单位	① 技术开发类科研、工程勘察设计等 ② 演出中介服务,非时政类报刊出版、经营性出版,一般文艺院团,影视音像制作,新闻媒体的发行、印刷、广告、传输等经营性部分等 ③ 经济鉴证类服务,咨询服务、评估鉴定,社会中介服务等 ④ 宾馆、招待所、接待服务站、客车站、一般培训服务等 ⑤ 设备维修、房屋修缮、物业管理、物资供应等 ⑥ 经营性农(林)场,一般性农(畜)种场、试验场、示范场等

续表

类　　别		职　能　任　务
从事公益服务的事业单位	公益一类	① 教育：义务教育、特殊教育、党校、行政学院、干部学院(校)、普通高中教育、学前教育、教育辅助和助学等
		② 科研：基础性、社会公益类科研，政策(理论)研究和宣传，决策咨询，史志研究编纂等
		③ 文体：公共档案馆(中心)、基础资料馆、公共图书馆、纪念馆、文化馆、公共博物馆、考古及文物保护、非物质文化遗产保护、广播电视发射传输等
		④ 卫生：基层医疗卫生服务，公共卫生服务(包括疾病预防控制、健康教育、妇幼保健、精神卫生、应急救治、采供血、卫生监督、计划服务公益、生育技术服务、乡镇卫生院等)，计生药械管理服务等
		⑤ 农业：公益性农业服务、技术推广，农机管理服务，农村能源，种子(苗)管理，退耕还林，天然林保护，动物防疫，野生动植物保护，防汛抗旱等
		⑥ 福利：社会福利、慈善服务、社会救助、残疾服务、优抚安置、殡葬服务、应急服务、减灾防灾救灾服务、老龄妇幼工作、社会保险经办、公共就业服务、法律援助、民族宗教服务等
		⑦ 监测：网络监测，广播电视监测，价格监测，食品药品、农(畜)产品质量安全监测，地震、气象、环境、水文、水土、地质监测预报等
		⑧ 行政辅助和行政支持：保密管理服务，专用通信，强制性检验检疫，专利和版权审查，财政资金经办，政府资金和项目管理，投诉举报受理，城市综合、环境、安全生产、旅游、国土、劳动保障、建设规划、食品药品、质量技术、农业、林业、水利、文化、出版等监察执法，政府投资合作促进，政府派驻联络，离退休干部服务，军转干部服务，扶贫移民服务，安全生产服务，机关后勤服务，住房公积金经办，政府采购，外事服务，气象服务，其他仅为机关行使职能提供支持保障等
		⑨ 其他：基础测绘，公益性地质调查，自然资源保护，战略物资和能源储备，援外项目管理实施，公路、隧道、航道维护管理，国土事务，行业标准研究，世界遗产保护，消费者维权服务等
	公益二类	① 教育：普通高等教育、高职教育、留学服务、考试考务、中职教育等。从事公益服务的事业单位
		② 科研：一般性科研、一般性技术推广、发展促进，社科研究，科普等
		③ 文体：党报党刊，电台电视台，国家和省确定需要扶持的文艺院团，公益性出版，时政类报刊网络，文化宫，青少年宫，妇女儿童活动服务，职工活动服务，体育设施服务，体育运动项目管理等
		④ 卫生：非营利医疗、职业病疗养等
		⑤ 农业：农机技术服务，准公益性水利工程管理，国家和省确定的需要保护的原种场、林场等
		⑥ 其他：地质勘探，测绘服务，鉴定服务，评审认证，质量监督检验检测，对外交流促进，人才交流服务，专家服务，物资储备，一般性就业服务，资格注册，版权服务，制证服务，党委政府会务服务，美术馆，科技馆，指导服务，彩票发行，信息(计算机技术)服务保障，经济社会和民意调查，价格认证，风景名胜管理，政府举办的会展、公共资源交易服务平台，其他主要为机关行使职能提供支持保障等

12.1.3 事业单位人事管理制度变革

新中国成立后至1993年这段时间内,我国并不存在独立专业的事业单位人事管理及其相关制度,事业单位人事管理制度与国家机关人事管理制度同属于机关事业单位人事管理制度。1993年,国家决定推行国家公务员制度,在机关事业单位人事管理制度中剥离出国家公务员制度,并将国家行政机关(包括其他国家机关、党群机关)工作人员纳入公务员制度管理之中,这之后,事业单位人事管理制度才被动地成为有一定独立性的人事制度体系。

近年来,从国家到地方为了推进事业单位人事制度改革,先后制定出台了一系列事业单位人事管理制度的政策规定。目前,事业单位人事管理制度的主干环节中的政策规定主要包括:《事业单位工作人员考核暂行规定》(1995年)、《事业单位公开招聘人员暂行规定》(2005年)、《事业单位岗位设置管理试行办法》(2006年)、《〈事业单位岗位设置管理试行办法〉实施意见》(2006年)、《事业单位工作人员收入分配制度改革实施办法》(2006年)、《事业单位养老保险制度改革方案》(2009年)、《事业单位工作人员处分暂行规定》(2012年)等。但是,直至目前,我国行政机关有《公务员法》,企业有《劳动法》、《劳动合同法》,唯独事业单位没有一套整体的人事管理法律、法规,人事管理的单项政策规定也不健全。这阻碍了我国事业单位人事管理制度向前推进。

2011年,《中共中央、国务院关于分类推进事业单位改革的指导意见》确定了一张事业单位分类改革的时间表,共涉及超过126万个机构,4 000万余人。该表预计到2015年,中国将在清理规范基础上完成事业单位分类;到2020年,中国将形成新的事业单位管理体制和运行机制。

2014年5月15日,国务院公布《事业单位人事管理条例》,该条例作为中国第一部系统规范事业单位人事管理的行政法规,自2014年7月1日起施行。本章各节内容如无特殊说明,都引自该条例。

 知识链接:事业单位人事改革的思路调整

国务院总理李克强日前签署国务院令,公布《事业单位人事管理条例》(以下简称条例),7月1日起施行。条例对事业单位岗位设置、公开招聘和竞聘上岗、聘用合同、奖惩及争议处理等人事管理主要环节作出了明确规定。

值得注意的是,条例在对事业单位工资福利的规定中提出,事业单位工作人员的工资水平应当与国民经济发展相协调、与社会进步相适应。国家要"建立激励与约束相结合的事业单位工资制度","建立事业单位工作人员工资的正常增长机制"。

本轮事业单位的改革始自2011年,改革目标达成的截止时间是2015年年底。但从目前的情况来看,全国事业单位的改革进度并不理想,国家财政对事业单位的负担依然沉重。事业单位改革虽然初步建立了以聘用制度、岗位管理制度和公开招聘制度为主要内容的人事管理制度,但综合来看,触及事业单位改革核心的问题尚未解决,如能进能出、能上能下的用人机制并未真正建立;聘用合同的标准并不统一、人事争议处理也没有明确的法规依据;奖惩等激励保障机制仍然不够健全等。从本次条例的出台就可看出事业单位人事改革的复杂性与艰巨性：早在2003年，中央就提出要制定条例，到2011年条例才由人力资源和社会保障部完成，2011年11月国务院法制办公布了条例征求意见稿，一直到2014年2月26日召开的国务院常务会议才审议通过了条例(草案)。

我国现有事业单位111万个，事业编制3 153万人。事实上，中央政府已经充分认识到事业单位改革的复杂性和艰巨性，只有先建立科学、合理的岗位设置、招聘制度、奖酬制度、养老保险制度等，才有可能最终实现事业单位的企业化并轨。因此，条例的施行，充分表明事业单位人事制度改革"先理顺，后推进"的调整思路更加明确。而条例施行无疑会对加速推进事业单位人事管理制度改革产生积极作用，有助于形成科学化、合理化、规范化的事业单位人事管理制度，形成人事相符、权责一致的人员配置，在大幅度提高政府的公共服务效能的同时，促进就业的社会公平。

正如国务院总理李克强2013年在第七届夏季达沃斯论坛上回答美国铝业公司董事长兼首席执行官克劳斯·柯菲德关于中国就业市场的提问时表示，中国既要推行机关事业单位的人事管理制度改革，也要促进企业在用人制度方面的改革，公平公正地选择人才和员工。使更多的人乃至于每个人都能通过自己的努力、自己的本事、自己的职业才能来获得相应的岗位、应有的报酬。有了公平的就业机会，人们就更愿意接受培训，接受继续教育，选择和市场相适应的专业就会更有动力，就会感觉到有希望。

事业单位人事制度改革，实际上是一场涉及3 100多万人的利益再分配过程，聘用制度、薪酬增长机制、养老保险制度等问题不能通过专门的立法得以解决，事业单位人事制度改革就不可能获得真正成功，即使强行推进，也只能是增加了更多的社会不稳定因素。从这一角度来看，条例的正式施行意义重大，理顺制度、保障公平、依法推进，将是推进事业单位人事制度改革的新思路。

资料来源：《中国经济时报》，2014-05-16，作者：李成刚。

12.2 岗位设置

国家建立事业单位岗位管理制度，明确岗位类别和等级。事业单位根据职责任务和工作需要，按照国家有关规定设置岗位。岗位应当具有明确的名称、职责任务、工作标准和任职条件。事业单位拟订岗位设置方案，应当报人事综合管理部门备案。2006年颁布实施的《事业单位岗位设置管理试行办法》及其实施意见对此问题的规范最为明确。

12.2.1 岗位类别

事业单位岗位分为管理岗位、专业技术岗位和工勤技能岗位三种类别。管理岗位指担负领导职责或管理任务的工作岗位。管理岗位的设置要适应增强单位运转效能、提高工作效率、提升管理水平的需要。专业技术岗位指从事专业技术工作，具有相应专业技术水平和能力要求的工作岗位。专业技术岗位的设置要符合专业技术工作的规律和特点，适应发展社会公益事业与提高专业水平的需要。工勤技能岗位指承担技能操作和维护、后勤保障、服务等职责的工作岗位。工勤技能岗位的设置要适应提高操作维护技能,提升服务水平的要求,满足单位业务工作的实际需要。

事业单位三类岗位的结构比例由政府人事行政部门和事业单位主管部门确定,控制标准如下:①主要以专业技术提供社会公益服务的事业单位,应保证专业技术岗位占主体,一般不低于单位岗位总量的70%;②主要承担社会事务管理职责的事业单位,应保证管理岗位占主体,一般应占单位岗位总量的一半以上;③主要承担技能操作维护、服务保障等职责的事业单位,应保证工勤技能岗位占主体,一般应占单位岗位总量的一半以上;④事业单位主体岗位之外的其他两类岗位,应该保持相对合理的结构比例。

鼓励事业单位后勤服务社会化,已经实现社会化服务的一般性劳务工作,不再设置相应的工勤技能岗位。根据事业发展和工作需要,经批准,事业单位可设置特设岗位,主要用于聘用急需的高层次人才等特殊需要。

12.2.2 岗位等级

根据岗位性质、职责任务和任职条件,对事业单位管理岗位、专业技术岗位、工勤技能岗位分别划分通用的岗位等级。

管理岗位分为10个等级,即一级至十级职员岗位。事业单位现行的部级正职、部级副职、厅级正职、厅级副职、处级正职、处级副职、科级正职、科级副职、科员、办事员依次分别对应管理岗位一级到十级职员岗位。

专业技术岗位分为13个等级,包括高级岗位、中级岗位和初级岗位。高级岗位分7个等级,即一级至七级;中级岗位分3个等级,即八级至十级;初级岗位分3个等级,即十一级至十三级,其中十三级是员级岗位。

工勤技能岗位包括技术工岗位和普通工岗位,其中技术工岗位分为5个等级,即一级至五级。普通工岗位不分等级。特设岗位的等级根据实际需要,按照规定的程序和管理权限确定。

12.2.3 岗位条件

1. 各类岗位的基本条件

事业单位管理岗位、专业技术岗位和工勤技能岗位的基本条件,主要根据岗位的职责任务和任职条件确定。事业单位三类岗位的基本任职条件如下:①遵守宪法和法律;②具有良好的品行;③岗位所需的专业、能力或技能条件;④适应岗位要求的身体条件。

2. 管理岗位的基本条件

职员岗位一般应具有中专以上文化程度,其中六级以上职员岗位一般应具有大学专科以上文化程度,四级以上职员岗位一般应具有大学本科以上文化程度。

各等级职员岗位的基本任职条件如下:①三级、五级职员岗位,须分别在四级、六级职员岗位上工作两年以上;②四级、六级职员岗位,须分别在五级、七级职员岗位上工作三年以上;③七级、八级职员岗位,须分别在八级、九级职员岗位上工作三年以上。一级、二级职员岗位按照国家有关规定执行。

3. 专业技术岗位的基本条件

专业技术岗位的基本任职条件按照现行专业技术职务评聘的有关规定执行。实行职业资格准入控制的专业技术岗位的基本条件，应包括准入控制的要求。

专业技术一级岗位是国家专设的特级岗位。专业技术一级岗位的任职应具有下列条件之一：①中国科学院院士、中国工程院院士；②在自然科学、工程技术、社会科学领域做出系统的、创造性的成就和重大贡献的专家、学者；③其他为国家做出重大贡献，享有盛誉，业内公认的一流人才。

专业技术一级岗位由国家实行总量控制和管理，按照以下基本程序确定：①按照行政隶属关系，事业单位将符合专业技术一级岗位条件的人选逐级上报至省（自治区、直辖市）政府或国务院主管部门；②省（自治区、直辖市）政府或国务院主管部门对专业技术一级岗位人选进行审核后报人事部；③人事部会同有关部门对各地区、各部门上报的人选进行审核确定。

4. 工勤技能岗位的基本条件

工勤技能岗位基本任职条件如下：①一级、二级工勤技能岗位，须在本工种下一级岗位工作满5年，并分别通过高级技师、技师技术等级考评；②三级、四级工勤技能岗位，须在本工种下一级岗位工作满5年，并分别通过高级工、中级工技术等级考核；③学徒（培训生）学习期满和工人见习、试用期满，通过初级工技术等级考核后，可确定为五级工勤技能岗位。

12.2.4 岗位结构比例及等级确定

各事业单位要根据不同类型事业单位的职责任务、工作性质和人员结构特点，实行不同的岗位类别结构比例控制。事业单位管理岗位、专业技术岗位、工勤技能岗位实行最高等级控制和结构比例控制。

管理岗位的最高等级和结构比例根据单位的规格、规模、隶属关系，按照干部人事管理有关规定和权限确定。

专业技术岗位的最高等级和结构比例（包括高级、中级、初级之间的结构比例以及高级、中级、初级内部各等级之间的比例）按照单位的功能、规格、隶属关系和专业技术水平等因素综合确定。专业技术高级、中级、初级岗位之间的结构比例全国总体控制目标为1∶3∶6。高级、中级、初级岗位内部不同等级岗位之间的结构比例全国总体控制目标：二级、三级、四级岗位之间的比例为1∶3∶6；五级、六级、七级岗位之间的比例为2∶4∶4，八级、九级、十级岗位之间的比例为3∶4∶3；十一级、十二级岗位之间的比例为5∶5。

工勤技能岗位的最高等级和结构比例按照岗位等级规范、技能水平和工作需要确定。特设岗位的设置须经主管部门审核后，按程序报地区或设区的市以上政府人事行政部门核准。事业单位中的高级技师、技师、高级工、中级工、初级工，依次分别对应一级至五级工勤技能岗位。工勤技能岗位结构比例，一级、二级、三级岗位的总量占工勤技能岗位总量的比例全国总体控制目标为25%左右，一级、二级岗位的总量占工勤技能岗位总量的比例全国总体控制目标为5%左右。工勤技能一级、二级岗位主要应在专业技术辅助岗位承担技能操作和维护职责等对技能水平要求较高的领域设置。各地区、各部门要制定政策措施严格控制工勤技能一级、二级岗位的总量。

12.2.5　岗位设置程序及权限

事业单位设置岗位按照以下程序进行：①制定岗位设置方案，填写岗位设置审核表；②按程序报主管部门审核、政府人事行政部门核准；③在核准的岗位总量、结构比例和最高等级限额内，制定岗位设置实施方案；④广泛听取职工对岗位设置实施方案的意见；⑤岗位设置实施方案由单位负责人员集体讨论通过；⑥组织实施。

国务院直属事业单位的岗位设置方案报人事部核准。国务院各部门所属事业单位的岗位设置方案经主管部门审核后，报人事部备案。各省、自治区、直辖市政府直属事业单位的岗位设置方案报本地区人事厅（局）核准。各省、自治区、直辖市政府部门所属事业单位的岗位设置方案经主管部门审核后，报本地区人事厅（局）核准。地（市）、县（市）政府所属事业单位的岗位设置方案经主管部门审核后，按程序报地区或设区的市政府人事行政部门核准。

事业单位的岗位总量、结构比例和最高等级应保持相对稳定。有下列情形之一的，岗位设置方案可按照权限要求申请变更：①事业单位出现分立、合并，须对本单位的岗位进行重新设置的；②根据上级或同级机构编制部门的正式文件，增减机构编制的；③按照业务发展和实际情况，为完成工作任务确需变更岗位设置的。

12.2.6　岗位聘用

事业单位聘用人员，应在岗位有空缺的条件下，按照公开招聘、竞聘上岗的有关规定择优聘用，且应按照管理岗位、专业技术岗位、工勤技能岗位的职责任务和任职条件聘用人员。事业单位应当与聘用人员签订聘用合同，确定相应的工资待遇。聘用合同期限内调整岗位的，应对聘用合同的相关内容作出相应变更。

事业单位专业技术高级、中级和初级岗位的聘用条件应不低于国家规定的基本条件。实行职业资格准入控制的，应符合准入控制的要求。

事业单位人员原则上不得同时在两类岗位上任职，因行业特点确需兼任的，须按人事管理权限审批。

专业技术一级岗位人员的聘用，由事业单位按照行政隶属关系逐级上报，经省、自治区、直辖市或国务院部门审核后报人事部，人事部商有关部门确定。

　案例12.1　安徽巢湖事业单位因人设岗事件，称解决分居问题

案情简介：2011年1月9日，有网友发帖称，安徽省巢湖市居巢区在招聘机关、事业单位工作人员中，为公务员子女特意设定招聘条件。在该招聘公告中，招聘条件为"居巢区籍生源或父母一方在我区机关、事业单位工作"，从而被网友形象地比喻成"一个萝卜一个坑"的"萝卜招聘"，并引发质疑。安徽省巢湖市人力资源和社会保障局负责人回应："网友们有误解，我们是为了解决非本地户籍的机关事业单位工作人员的子女就业问题，而本地户籍生源不作任何限制。"

相应回应： 对于网友的质疑，安徽巢湖市人力资源和社会保障局负责人表示，他们对此事非常重视，巢湖市包含四县一区，这次是居巢区招聘，不包含四个县。招聘主要解决本地全日制普通高等院校本科及以上未就业毕业生的就业问题。"我们设置条件不是照顾机关工作人员的子女，因人设岗，而是解决夫妻孩子两地分居的情况。比如，机关事业单位有可能由于工作调动，从其他县到区里工作。有些父母有一方在居巢区工作，而其子女和爱人户籍不在居巢区，这样的情况，其子女也符合招聘条件。"

国家人事部《事业单位公开招聘人员暂行规定》第8条指出："事业单位招聘人员应当面向社会，凡符合条件的各类人员均可报名应聘。"而对于此次设定户籍条件的招聘是否符合有关规定，该负责人强调，他们没有违反规定，这次招聘我们也是面向社会。"为了解决本地生源就业，其他县的招聘都有类似的规定，都是首先解决本地区生源就业问题。这次招聘各岗位的要求，完全根据岗位需求，不分男女面向所有人，除了户籍没有任何其他特定条件。"

在居巢区人事人才网上，《2010年巢湖市居巢区部分事业单位招聘工作人员公告》已经删去此前的受争议招聘条款，取而代之的招聘条件仅为"居巢区范围的全日制普通高等院校本科及以上未就业的毕业生"。同时，也将1月7日的报名截止时间顺延到1月12日。

网友评论： "萝卜招聘"层出不穷。"萝卜招聘"是网友对"量身订制"招聘干部的一种形象比喻。对于此次安徽巢湖的招聘条件网友直呼："震惊啊，招考条件，太牛了！"还有网友说，"居然这么明目张胆地写出机关单位人员的子女！"、"难道现在还有世袭制？"、"因人设岗什么时候才是尽头啊？"事实上，"因人设岗"明显受到广泛关注，短短两个月的时间，各种"萝卜招聘"如雨后春笋般在网络爆发。

如福建屏南爆出财政局下属收费票据管理所的公开招聘条件只有宁德副市长女儿一人符合，一人报名，因此无须考试而被直接录取；江苏句容市政府接待服务中心公务接待人员为句容市一位副市长的侄女量身打造；随后浙江爆出上虞市招商局的"萝卜招聘"，只有王溯一人报名，王溯的父母就在政府部门身居要职。而几天前，安徽徽州公布招聘计划后，招聘到的全是"官二代"，笔试成绩最高才55分，引起社会热议。尽管最后的面试取消，安徽省人力社保厅也介入调查，但官方仍然称"程序合格"。

资料来源：百度百科，http://baike.baidu.com/view/5060684.htm?fr=aladdin。

12.3 公开招聘和竞聘上岗

事业单位新聘用工作人员，应当面向社会公开招聘。但是，国家政策性安置、按照人事管理权限由上级任命、涉密岗位等人员除外。事业单位招聘的人员，一般应具有中华人民共和国国籍。事业单位需要招聘外国国籍人员的，须报省级以上政府人事行政部门核准，并按照国家有关规定进行招聘。

《事业单位公开招聘人员暂行规定》自2006年1月1日起执行。

12.3.1 公开招聘和竞聘上岗程序

事业单位公开招聘工作人员按照下列程序进行：①制定公开招聘方案；②公布招聘岗位、资格条件等招聘信息；③审查应聘人员资格条件；④考试、考察；⑤体检；⑥公示拟聘人员名单；⑦订立聘用合同，办理聘用手续。

事业单位工作人员可以按照国家有关规定进行交流。事业单位内部产生岗位人选，需要竞聘上岗的，按照下列程序进行：①制定竞聘上岗方案；②在本单位公布竞聘岗位、资格条件、聘期等信息；③审查竞聘人员资格条件；④考评；⑤在本单位公示拟聘人员名单；⑥办理聘任手续。

12.3.2 考试与考核

事业单位招聘考试的考试内容应为招聘岗位所必需的专业知识、业务能力和工作技能。考试科目与方式根据行业、专业及岗位特点确定。考试可采取笔试、面试等多种方式。对于应聘工勤岗位的人员，可根据需要重点进行实际操作能力测试。

考试由事业单位自行组织，也可以由政府人事行政部门、事业单位上级主管部门统一组织。政府人事行政部门所属考试服务机构和人才服务机构可受事业单位、政府人事行政部门或事业单位上级主管部门委托，为事业单位公开招聘人员提供服务。

急需引进的高层次、短缺专业人才，具有高级专业技术职务或博士学位的人员，可以采取直接考核的方式招聘。对通过考试的应聘人员，用人单位应组织对其思想政治表现、道德品质、业务能力、工作实绩等情况进行考核，并对应聘人员资格条件进行复查。

12.3.3 聘用

经用人单位负责人员集体研究，事业单位可按照考试和考核结果择优确定拟聘人员。对拟聘人员应在适当范围进行公示，公示期一般为7～15日。用人单位与拟聘人员签订聘用合同前，按照干部人事管理权限的规定报批或备案。

用人单位法定代表人或者其委托人与受聘人员签订聘用合同，确立人事关系。事业单位公开招聘的人员按规定实行试用期制度。试用期包括在聘用合同期限内。试用期满合格的，予以正式聘用；不合格的，取消聘用。

12.3.4 纪律与监督

事业单位公开招聘人员实行回避制度。凡与聘用单位负责人员有夫妻关系、直系血亲关系、三代以内旁系血亲或者近姻亲关系的应聘人员，不得应聘该单位负责人员的秘书或者人事、财务、纪律检查岗位，以及有直接上下级领导关系的岗位。聘用单位负责人员和招聘工作人员在办理人员聘用事项时，涉及与本人有上述亲属关系或者其他可能影响招聘公正的，也应当回避。

招聘工作要做到信息公开、过程公开、结果公开，接受社会及有关部门的监督。政府人事行政部门和事业单位的上级主管部门要认真履行监管职责，对事业单位招聘过程中违反干部人事纪律及本规定的行为要予以制止和纠正,保证招聘工作的公开、公平、公正。

严格公开招聘纪律。对有下列违反本规定情形的,必须严肃处理;构成犯罪的,依法追究刑事责任。①伪造、涂改证件、证明,或以其他不正当手段获取应聘资格的;②应聘人员在考试考核过程中作弊的;③招聘工作人员指使、纵容他人作弊,或在考试考核过程中参与作弊的;④招聘工作人员故意泄露考试题目的;⑤事业单位负责人员违反规定私自聘用人员的;⑥政府人事行政部门、事业单位主管部门工作人员违反规定,影响招聘公平、公正进行的;⑦违反本规定的其他情形的。

对违反公开招聘纪律的应聘人员,视情节轻重取消考试或聘用资格;对违反本规定招聘的受聘人员,一经查实,应当解除聘用合同,予以清退。对违反公开招聘纪律的工作人员,视情节轻重调离招聘工作岗位或给予处分;对违反公开招聘纪律的其他相关人员,按照有关规定追究责任。

 案例 12.2　中组部曝光五大事业单位违规招聘案:内幕令人震惊

近期,我国个别地方出现了事业单位违规招聘和违规进人事件,"内部招聘"、"人情招聘"、"舞弊招聘"等频发。日前,中组部、人社部公布"关于个别地方事业单位违规招聘和违规进人事件的通报",曝光了五大事业单位违规招聘案例。两部门同时出台《关于进一步规范事业单位公开招聘工作的通知》,要求各地各部门确保到 2012 年基本实现公开招聘制度在各级各类事业单位的全覆盖。

案例一:考前漏题,局长之女考试得 99 分

2010 年 4 月,海南省三亚市人力资源和社会保障局组织所属新型农村养老保险服务中心和小额贷款担保中心两家事业单位开展公开招聘,将原本不符合资格条件的 8 名本系统工作人员亲属纳入招聘考试范围。其中,三亚市社会保险事业局局长温孝廉之女温某,在考前获知试题答案并取得 99 分。经调查核实后,取消了包括温某在内的 8 人考试成绩,将有关责任人移交纪检、监察机关查处。2011 年 2 月,三亚市纪委、监察局建议免去温孝廉市社会保险事业局局长职务,责令人力资源和社会保障局副局长陈明、副调研员龙海作书面检查,对两家事业单位主管部门即人力资源开发局局长黎达明、农村社会养老保险局局长胡大川诫勉谈话,免去邢福流人力资源和社会保障局人力资源管理科科长职务。

案例二:违规进人,领导亲属调进系统内

2010 年 12 月,湖南省武冈市卫生局无视有关规定和要求,擅自将该市外系统 19 人违规调入卫生系统。其中,部分人员为卫生局领导的亲属。邵阳市纪委决定对违规进入的人员予以清退,责成武冈市委常委、统战部部长朱爱媛和副市长毛学雄写出深刻检讨,并对朱爱媛诫勉谈话。武冈市决定,免去唐顺银武冈市卫生局局长职务,并给予党内严重警告处分;给予卫生局党组书记王祥迪、卫生局副局长尹雪亚、编办原主任唐顺术、人事局原局长李会校 4 人党内警告处分。

案例三：内部招聘，只允许职工家属报考

2009年下半年，江苏省南京市下关区劳动就业管理中心实行内部招聘，招聘信息仅在下关区劳动局系统内部发布，报考对象限定为区劳动局系统职工子女或配偶。最终聘用的4人中有3人为区人事局、劳动局领导的子女。2010年9月，此事经媒体曝光后，下关区委、区政府决定该招聘结果无效。2010年11月，下关区委决定，免去卞爱平下关区人力资源和社会保障局局长职务，并给予警告处分；给予原人事局局长徐基荣警告处分。

案例四：因人画像，仅领导千金符合条件

2010年11月，福建省屏南县财政局下属收费票据管理所招聘工作人员，将招聘条件限定为获得国外学士学位的25岁以下女性。最终只有宁德市某市领导之女一人符合条件，未经考试直接聘用。事件曝光后，宁德市人事局进行了调查和处理，并取消了本次招聘。

2010年12月，屏南县人大常委会决定免去游代进财政局局长职务和张功成人事局局长职务，给予游代进记大过处分、张功成党内严重警告处分。

案例五：擅改规则，陪吃陪唱成面试内容

2010年7月，江西省乐安县接待服务中心、旅游安源开发办公室组织公开招聘，随意更改考试规则，安排考生与评委及招聘工作领导小组成员就餐、唱歌跳舞，并将娱乐活动作为面试内容进行评分。事件曝光后，乐安县政府决定，终止本次招聘工作，取消考试结果。2010年11月，抚州市纪委对乐安县委副书记陈绍平进行诫勉谈话，对常务副县长李以庚、副县长章燕萍进行批评教育，给予副县长李新生、县人事劳动和社会保障局副书记兼考试中心主任龚敏文警告处分。

资料来源：《京华时报》，2011-04-07，作者：赵鹏。

12.4 聘用合同

事业单位与工作人员订立的聘用合同，期限一般不低于3年。初次就业的工作人员与事业单位订立的聘用合同期限3年以上的，试用期为12个月。事业单位工作人员在本单位连续工作满10年且距法定退休年龄不足10年，提出订立聘用至退休的合同的，事业单位应当与其订立聘用至退休的合同。

事业单位工作人员连续旷工超过15个工作日，或者1年内累计旷工超过30个工作日的，事业单位可以解除聘用合同。事业单位工作人员年度考核不合格且不同意调整工作岗位，或者连续两年年度考核不合格的，事业单位提前30日书面通知，可以解除聘用合同。

事业单位工作人员提前30日书面通知事业单位，可以解除聘用合同。但是，双方对解除聘用合同另有约定的除外。事业单位工作人员受到开除处分的，解除聘用合同。自聘用合同依法解除、终止之日起，事业单位与被解除、终止聘用合同人员的人事关系终止。

案例 12.3　没签合同可随意解聘吗

吴维到一家事业单位工作一年多了,但该单位内部管理混乱,至今吴维都没有与单位签订过任何的合同。今年 10 月,单位突然宣布,由于事业单位的改革,所以原先没有签订合同的员工将不再继续聘用。吴维一下子陷入了失业的尴尬境地。他觉得不公平,没有签订合同又不是自己的错,为什么就这样区别对待?

案例分析:劳动人事专家苗其巍先生指出,事业单位的改革依法处理是非常重要的。事业单位聘用员工应该按照规定签订聘用合同,传统的来了就做的方式不符合现在事业单位改革的意图和模式,单位内的相关负责人员应该树立起这样的思想,积极主动地处理人员进出问题。

没有合同的聘用所产生的关系称为事实聘用关系。《上海市事业单位聘用合同办法》第 39 条规定:"应当订立聘用合同而未订立的,受聘人员可以随时终止聘用关系。应当订立聘用合同而未订立,聘用单位提出终止聘用关系,应当提前 30 日通知受聘人员……"聘用单位并不能随心所欲地终止聘用。

对于没有签订聘用合同的过错,《关于实施〈上海市事业单位聘用合同办法〉有关问题的解释》中又进一步明确:"由于用人单位的原因,双方自始未订立聘用合同的,用人单位不得依据《聘用合同办法》第三十九条第二款的规定终止聘用关系。"所以事业单位迟迟不与聘用人员签订合同的,不能这样一甩了之,只提前 30 天就终止了事实聘用关系。

资料来源:文汇报,2005-08-10。

12.5　考核和培训

根据《事业单位人事管理条例》,事业单位应当根据聘用合同规定的岗位职责任务,全面考核工作人员的表现,重点考核工作绩效。考核应当听取服务对象的意见和评价。考核分为平时考核、年度考核和聘期考核。年度考核的结果可以分为优秀、合格、基本合格和不合格等档次,聘期考核的结果可以分为合格和不合格等档次。考核结果作为调整事业单位工作人员岗位、工资以及续订聘用合同的依据。

事业单位应当根据不同岗位的要求,编制工作人员培训计划,对工作人员进行分级分类培训。工作人员应当按照所在单位的要求,参加岗前培训、在岗培训、转岗培训和为完成特定任务的专项培训。培训经费按照国家有关规定列支。

关于考核问题,是为了正确评价事业单位工作人员,包括各级国家行政机关所属事业单位的各级各类职员、专业技术人员和工人的德才表现和工作实绩,激励督促事业单位工作人员提高政治业务素质,认真履行职责,并为其晋升、聘任、奖惩、培训、辞退以及调整工资待遇提供依据,《事业单位工作人员考核暂行规定》(1995 年)的条款更为详尽,下文的内容主要依照该规定。

12.5.1　考核的内容和标准

考核的内容包括德、能、勤、绩四个方面,重点考核工作实绩。德,主要考核政治、思想表现和职业道德表现;能,主要考核业务技术水平、管理能力的运用发挥、业务技术提高、知识更新情况;勤,主要考核工作态度、勤奋敬业精神和遵守劳动纪律情况;绩,主要考核履行职责情况、完成工作任务的数量、质量、效率,取得成果的水平以及社会效益和经济效益。

考核标准应以岗位职责及年度工作任务为基本依据,具体标准在政府人事部门与主管部门的指导下由各单位根据实际情况自行制定。考核标准应明确具体,不同专业和不同职务、不同技术层次的工作人员在业务水平和工作业绩方面应有不同的要求。

在《事业单位工作人员考核暂行规定》(1995年)(以下简称《暂行规定》(1995年))中,考核结果分为优秀、合格、不合格三个档次。但是在各地的实际执行中,通常在合格和不合格之间,增加了"基本合格"一个档次。这一点在《事业单位人事管理条例》(2014年)得到了确认。表12-3中的考核结果中"基本合格"这个档次的资料,来自重庆市的《事业单位工作人员考核办法》,其他都依据《暂行规定》(1995年)。

表12-3 事业单位工作人员考核等级

对象	结果	主 要 表 现
职员	优秀	正确贯彻执行党和国家的路线、方针、政策,模范遵守国家的法律、法规和各项规章制度,廉洁奉公,精通业务,工作勤奋,有改革创新精神,成绩突出
	合格	正确贯彻执行党和国家的路线、方针、政策,自觉遵守国家的法律、法规和各项规章制度,廉洁自律,熟悉业务,工作积极,能够完成工作任务
	基本合格	贯彻执行党和国家的路线、方针、政策,遵守国家的法律、法规和各项规章制度不力,政治、业务素质不够高,完成工作任务比较差,或在工作中造成一定失误
	不合格	政治、业务素质较低,组织纪律较差,难以适应工作要求,或工作责任心不强,不能完成工作任务,或在工作中造成严重失误
专业技术人员	优秀	拥护党和国家的路线、方针、政策,模范遵守国家的法律、法规及各项规章制度和职业道德,工作责任心强、勤奋敬业,专业技术能力强或提高快,工作有创新,在科研、教学、业务技术工作中成绩突出
	合格	拥护党和国家的路线、方针、政策、自觉遵守国家的法律、法规及各项规章制度和职业道德,工作负责,业务熟练,专业技术能力较强或提高较快,能够履行岗位职责、完成工作任务,无责任事故
	基本合格	贯彻执行党和国家的路线、方针、政策以及法律、法规和各项规章制度不力,职业道德欠缺,政治业务素质不够高,完成工作任务一般或在工作中造成一定失误
	不合格	政治、业务素质较低,组织纪律较差,难以适应工作要求,或工作责任心不强,履行岗位职责差,不能完成工作任务,在工作中造成严重失误或责任事故
工人	优秀	政治思想表现好,模范遵守法律、纪律和各项规章制度,精通业务,工作勤奋,责任心强,确保劳动安全,工作成绩突出
	合格	政治思想表现好,自觉遵守法律、纪律和各项规章制度,熟悉业务,工作积极,无责任事故,注重劳动安全,能够履行岗位职责、完成工作任务
	基本合格	政治思想表现一般,组织纪律和履行岗位职责、完成工作任务较差,责任心不强,忽视劳动安全,遵守工作或操作规程较差,造成一定失误,出现事故苗头或发生轻微事故
	不合格	组织纪律较差,难以适应工作要求,履行岗位职责差,不能完成工作任务;或工作责任心不强,在工作中造成严重失误;或忽视劳动安全、违反工作和操作规程,发生严重事故

年度考核要严格坚持标准,符合实际,被确定为优秀等次的人数,一般掌握在本单位工作人员总人数的10%。最多不超过15%。

12.5.2 考核的方法和程序

事业单位工作人员的考核,实行领导与群众相结合、平时与定期相结合、定性与定量相结合。考核要注重实效,简便易行,宜于操作。考核由事业单位负责人负责。必要时,事业单位负责人可以授权同级副职或有关机构负责人负责考核。考核分为平时考核和年度考核。平时考核随时进行,由被考核人根据工作任务定期记实,主管领导负责检查。年度考核一般每年年末或翌年年初进行。年度考核以平时考核为基础。

年度考核的基本程序是:①被考核人个人总结、述职;②主管领导人在听取群众意见的基础上,根据平时考核和个人总结写出评语,提出考核等次意见;③考核组织对主管领导人提出的考核意见进行审核;④事业单位负责人确定考核等次;⑤将考核结果以书面形式通知被考核人。

考核事业单位担任各级领导职务的工作人员,必要时,可以进行民主评议或民意测验。事业单位负责人的年度考核还需要参照上述程序,由主管部门组织实施。

事业单位工作人员对年度考核结果如有异议,可以在接到考核结果通知之日起10日内向考核组织申请复核,考核组织在10日内提出复核意见,经部门或单位负责人批准后以书面形式通知本人。其中,如复核结果仍被确定为不合格等次的人员对复核意见不服,可以向上一级主管单位人事机构提出申诉。年度考核工作结束后,考核结果存入本人档案。

12.5.3 考核结果的使用

事业单位工作人员在年度考核中被确定为合格以上等次的,按照下列规定办理:①按照有关规定晋升工资档次和发给奖金。②职员连续三年考核被确定为合格以上等次的,具有晋升职务的资格;连续两年以上被确定为优秀等次的,具有优先晋升职务的资格。③专业技术人员年度考核被确定为合格以上等次的,具有续聘的资格。④工人连续两年考核被确定为优秀等次的,具有聘任技师的优先资格。

年度考核被确定为不合格等次的,按照下列规定处理:①当年考核被确定为不合格等次的,不发年终奖金,并予以批评教育;②连续两年考核被确定为不合格等次的,根据不同情况,可予以降职、调整工作、低聘或解聘;③连续两年考核被确定为不合格等次,又不服从组织安排或重新安排后年度考核仍不合格的,予以辞退。

对年度考核实行告诫的人员,暂不兑现考核结果,待告诫期满,依据所定等次办理。考核结果的使用,应与事业单位评选先进活动、开展奖励表彰工作紧密结合。

12.5.4 考核的组织管理

事业单位在年度考核时设立非常设性的考核委员会或考核小组,在单位负责人的领导下,负责年度考核工作。考核组织由本单位负责人、人事机构和有关部门负责人及工作人员代表组成。考核组织的日常事务由本单位人事机构承担。

考核组织的职责是：①依据有关规定制定本单位年度考核实施办法；②组织、指导、监督本单位年度考核工作；③审核主管领导人写出的考核评语以及提出的考核等次意见；④审核事业单位工作人员对考核结果不服的复核申请。

事业单位的负责人、主管领导人、考核委员会或考核小组成员，必须按规定要求，实事求是地进行考核。对考核过程中有徇私舞弊、打击报复、弄虚作假行为的，必须严肃处理。建立事业单位年度考核工作审核备案制度。审核备案的方法是：年度考核基本结束时，各单位将考核工作总结报上一级主管单位人事机构进行审核。政府人事部门负责综合管理、监督指导事业单位年度考核工作。

12.6 奖励和处分

《事业单位工作人员处分暂行规定》自 2012 年 9 月 1 日起施行。

12.6.1 奖励

奖励坚持精神奖励与物质奖励相结合、以精神奖励为主的原则。奖励分为嘉奖、记功、记大功、授予荣誉称号。事业单位工作人员或者集体有下列情形之一的，给予奖励：①长期服务基层、爱岗敬业，表现突出的；②在执行国家重要任务、应对重大突发事件中表现突出的；③在工作中有重大发明创造、技术革新的；④在培养人才、传播先进文化中作出突出贡献的；⑤有其他突出贡献的。

12.6.2 处分的种类和适用

处分可分为以下几类：①警告；②记过；③降低岗位等级或者撤职；④开除。其中，撤职处分适用于行政机关任命的事业单位工作人员。受处分的期间为：①警告，6 个月；②记过，12 个月；③降低岗位等级或者撤职，24 个月。

事业单位工作人员受到警告处分的，在受处分期间，不得聘用到高于现聘岗位等级的岗位；在作出处分决定的当年，年度考核不能确定为优秀等次。事业单位工作人员受到记过处分的，在受处分期间，不得聘用到高于现聘岗位等级的岗位，年度考核不得确定为合格及以上等次。事业单位工作人员受到降低岗位等级处分的，自处分决定生效之日起降低一个以上岗位等级聘用，按照事业单位收入分配有关规定确定其工资待遇；在受处分期间，不得聘用到高于受处分后所聘岗位等级的岗位，年度考核不得确定为基本合格及以上等次。事业单位工作人员受到开除处分的，自处分决定生效之日起，终止其与事业单位的人事关系。事业单位工作人员受到记过以上处分的，在受处分期间不得参加本专业（技术、技能）领域专业技术职务任职资格或者工勤技能人员技术等级考试（评审）。应当取消专业技术职务任职资格或者职业资格的，按照有关规定办理。

事业单位工作人员同时有两种以上需要给予处分的行为的，应当分别确定其处分。应当给予的处分种类不同的，执行其中最重的处分；应当给予开除以外多个相同种类处分的,执行该处分,但处分期应当按照一个处分期以上、两个处分期之和以下确定。事业单位工作人员在受处分期间受到新的处分的,其处分期为原处分期尚未执行的期限与新处分期限之和,但是最长不得超过48个月。

事业单位工作人员两人以上共同违法违纪,需要给予处分的,按照各自应当承担的责任,分别给予相应的处分。有下列情形之一的,应当从重处分:①在两人以上的共同违法违纪行为中起主要作用的;②隐匿、伪造、销毁证据的;③串供或者阻止他人揭发检举、提供证据材料的;④包庇同案人员的;⑤法律、法规、规章规定的其他从重情节。有下列情形之一的,应当从轻处分:①主动交代违法违纪行为的;②主动采取措施,有效避免或者挽回损失的;③检举他人重大违法违纪行为,情况属实的。

事业单位工作人员主动交代违法违纪行为,并主动采取措施有效避免或者挽回损失的,应当减轻处分或者免予处分。违法违纪行为情节轻微,经过批评教育后改正的,可以免予处分。应当给予警告处分,又有减轻处分的情形的,免予处分。事业单位有违法违纪行为,应当追究纪律责任的,依法对负有责任的领导人员和直接责任人员给予处分。

12.6.3 违法违纪行为及其适用的处分

有下列行为之一的,给予记过处分;情节较重的,给予降低岗位等级或者撤职处分;情节严重的,给予开除处分:①散布损害国家声誉的言论,组织或者参加旨在损害国家利益的集会、游行、示威等活动的;②组织或者参加非法组织的;③接受境外资助从事损害国家利益或者危害国家安全活动的;④接受损害国家荣誉和利益的境外邀请、奖励,经批评教育拒不改正的;⑤违反国家民族宗教法规和政策,造成不良后果的;⑥非法出境、未经批准获取境外永久居留资格或者取得外国国籍的;⑦携带含有依法禁止内容的书刊、音像制品、电子读物进入国(境)内的;⑧其他违反政治纪律的行为。有前款第①~③项规定的行为,但属于不明真相被裹挟参加,经批评教育后确有悔改表现的,可以减轻或者免予处分。

有下列行为之一的,给予警告或者记过处分;情节较重的,给予降低岗位等级或者撤职处分;情节严重的,给予开除处分:①在执行国家重要任务、应对公共突发事件中,不服从指挥、调遣或者消极对抗的;②破坏正常工作秩序,给国家或者公共利益造成损失的;③违章指挥、违规操作,致使人民生命财产遭受损失的;④发生重大事故、灾害、事件,擅离职守或者不按规定报告、不采取措施处置或者处置不力的;⑤在项目评估评审、产品认证、设备检测检验等工作中徇私舞弊,或者违反规定造成不良影响的;⑥泄露国家秘密的;⑦泄露因工作掌握的内幕信息,造成不良后果的;⑧采取不正当手段为本人或者他人谋取岗位,或者在事业单位公开招聘等人事管理工作中有其他违反组织人事纪律行为的;⑨其他违反工作纪律失职渎职的行为。有前款第⑥项规定行为的,给予记过以上处分。

有下列行为之一的,给予警告或者记过处分;情节较重的,给予降低岗位等级或者撤职处分;情节严重的,给予开除处分:①贪污、索贿、受贿、行贿、介绍贿赂、挪用公款的;②利用工作之便为本人或者他人谋取不正当利益的;③在公务活动或者工作中接受礼金、各种有价证券、支付凭证的;④利用知悉或者掌握的内幕信息谋取利益的;⑤用公款旅游或者变相用公款旅游的;⑥违反国家规定,从事、参与营利性活动或者兼任职务领取报酬的;⑦其他违反廉洁从业纪律的行为。有前款第①项规定行为的,给予记过以上处分。

有下列行为之一的,给予警告或者记过处分;情节较重的,给予降低岗位等级或者撤职处分;情节严重的,给予开除处分:①违反国家财政收入上缴有关规定的;②违反规定使用、骗取财政资金或者社会保险基金的;③擅自设定收费项目或者擅自改变收费项目的范围、标准和对象的;④挥霍、浪费国家资财或者造成国有资产流失的;⑤违反国有资产管理规定,擅自占有、使用、处置国有资产的;⑥在招标投标和物资采购工作中违反有关规定,造成不良影响或者损失的;⑦其他违反财经纪律的行为。

有下列行为之一的,给予警告或者记过处分;情节较重的,给予降低岗位等级或者撤职处分;情节严重的,给予开除处分:①利用专业技术或者技能实施违法违纪行为的;②有抄袭、剽窃、侵吞他人学术成果,伪造、篡改数据文献,或者捏造事实等学术不端行为的;③利用职业身份进行利诱、威胁或者误导,损害他人合法权益的;④利用权威、地位或者掌控的资源,压制不同观点,限制学术自由,造成重大损失或者不良影响的;⑤在申报岗位、项目、荣誉等过程中弄虚作假的;⑥工作态度恶劣,造成不良社会影响的;⑦其他严重违反职业道德的行为。有前款第①项规定行为的,给予记过以上处分。

有下列行为之一的,给予警告或者记过处分;情节较重的,给予降低岗位等级或者撤职处分;情节严重的,给予开除处分:①制造、传播违法违禁物品及信息的;②组织、参与卖淫、嫖娼等色情活动的;③吸食毒品或者组织、参与赌博活动的;④违反规定超计划生育的;⑤包养情人的;⑥有虐待、遗弃家庭成员,或者拒不承担赡养、抚养、扶养义务等的;⑦其他严重违反公共秩序、社会公德的行为。有前款第②、③、④、⑤项规定行为的,给予降低岗位等级或者撤职以上处分。

事业单位工作人员被依法判处刑罚的,给予降低岗位等级或者撤职以上处分。其中,被依法判处有期徒刑以上刑罚的,给予开除处分。行政机关任命的事业单位工作人员,被依法判处刑罚的,给予开除处分。

12.6.4 处分的权限和程序

对事业单位工作人员的处分,按照以下权限决定:①警告、记过、降低岗位等级或者撤职处分,按照干部人事管理权限,由事业单位或者事业单位主管部门决定。其中,由事业单位决定的,应当报事业单位主管部门备案。②开除处分由事业单位主管部门决定,并报同级事业单位人事综合管理部门备案。对中央和地方直属事业单位工作人员的处分,按照干部人事管理权限,由本单位或者有关部门决定;其中,由本单位作出开除处分决定的,报同级事业单位人事综合管理部门备案。

对事业单位工作人员的处分,按照以下程序办理:①对事业单位工作人员违法违纪行为初步调查后,需要进一步查证的,应当按照干部人事管理权限,经事业单位负责人批准或者有关部门同意后立案;②对被调查的事业单位工作人员的违法违纪行为作进一步调查,收集、查证有关证据材料,并形成书面调查报告;③将调查认定的事实及拟给予处分的依据告知被调查的事业单位工作人员,听取其陈述和申辩,并对其所提出的事实、理由和证据进行复核,记录在案。被调查的事业单位工作人员提出的事实、理由和证据成立的,应予采信;④按照处分决定权限,作出对该事业单位工作人员给予处分、免予处分或者撤销案件的决定;⑤处分决定单位印发处分决定;⑥将处分决定以书面形式通知受处分事业单位工作人员本人和有关单位,并在一定范围内宣布;⑦将处分决定存入受处分事业单位工作人员的档案。处分决定自作出之日起生效。

事业单位工作人员涉嫌违法违纪,已经被立案调查,不宜继续履行职责的,可以按照干部人事管理权限,由事业单位或者有关部门暂停其职责。被调查的事业单位工作人员在违法违纪案件立案调查期间,不得解除聘用合同、出国(境)或者办理退休手续。

对事业单位工作人员违法违纪案件进行调查,应当由两名以上办案人员进行;接受调查的单位和个人应当如实提供情况。以暴力、威胁、引诱、欺骗等非法方式收集的证据不得作为定案的根据。

参与事业单位工作人员违法违纪案件调查、处理的人员有下列情形之一的,应当提出回避申请;被调查的事业单位工作人员以及与案件有利害关系的公民、法人或者其他组织有权要求其回避:①与被调查的事业单位工作人员有夫妻关系、直系血亲、三代以内旁系血亲关系或者近姻亲关系的;②与被调查的案件有利害关系的;③与被调查的事业单位工作人员有其他关系,可能影响案件公正处理的。

处分决定单位负责人的回避,按照干部人事管理权限决定;其他参与违法违纪案件调查、处理的人员的回避,由处分决定单位负责人决定。处分决定单位发现参与违法违纪案件调查、处理的人员有应当回避情形的,可以直接决定该人员回避。

给予事业单位工作人员处分,应当自批准立案之日起6个月内作出决定;案情复杂或者遇有其他特殊情形的可以延长,但是办案期限最长不得超过12个月。

处分决定应当包括下列内容:①受处分事业单位工作人员的姓名、工作单位、原所聘岗位(所任职务)名称及等级等基本情况;②经查证的违法违纪事实;③处分的种类、受处分的期间和依据;④不服处分决定的申诉途径和期限;⑤处分决定单位的名称、印章和作出决定的日期。

事业单位工作人员受到开除处分后,事业单位应当及时办理档案和社会保险关系转移手续,具体办法按照有关规定执行。

12.6.5 处分的解除

事业单位工作人员受开除以外的处分,在受处分期间有悔改表现,并且没有再出现违法违纪情形的,处分期满,经原处分决定单位批准后解除处分。事业单位工作人员在受处分期间终止或解除聘用合同的,处分期满后,自然解除处分。受处分事业单位工作人员要求原处分决定单位提供解除处分相关证明的,原处分决定单位应当予以提供。事业单位工作人员在受处分期间有重大立功表现,按照有关规定给予个人记功以上奖励的,经批准后可以提前解除处分。

事业单位工作人员处分的解除或者提前解除,按照以下程序办理:①按照干部人事管理权限,事业单位或者有关部门对受处分事业单位工作人员在受处分期间的表现情况,进行全面了解,并形成书面报告;②按照处分决定权限,作出解除或者提前解除处分的决定；③印发解除或者提前解除处分的决定；④将解除或者提前解除处分的决定以书面形式通知本人，并在原宣布处分的范围内宣布；⑤将解除或者提前解除处分的决定存入该工作人员的档案。解除处分决定自作出之日起生效。

事业单位工作人员处分的解除或者提前解除按本规定执行回避。解除或者提前解除处分的决定应当包括原处分的种类和解除或者提前解除处分的依据，以及该工作人员在受处分期间的表现情况等内容。处分解除后，考核、竞聘上岗和晋升工资按照国家有关规定执行，不再受原处分的影响。但是，受到降低岗位等级或者撤职处分的，不视为恢复受处分前的岗位等级和工资待遇。解除处分的决定应当在处分期满后一个月内作出。

12.6.6 复核和申诉

受到处分的事业单位工作人员对处分决定不服的，可以自知道或者应当知道该处分决定之日起 30 日内向原处分决定单位申请复核。对复核结果不服的，可以自接到复核决定之日起 30 日内，按照规定向原处分决定单位的主管部门或者同级事业单位人事综合管理部门提出申诉。受到处分的中央和地方直属事业单位工作人员的申诉，按照干部人事管理权限，由同级事业单位人事综合管理部门受理。

原处分决定单位应当自接到复核申请后的 30 日内作出复核决定。受理申诉的单位应当自受理之日起 60 日内作出处理决定；案情复杂的，可以适当延长，但是延长期限最多不超过 30 日。复核、申诉期间不停止处分的执行。事业单位工作人员不因提出复核、申诉而被加重处分。

有下列情形之一的，受理处分复核、申诉的单位应当撤销处分决定，重新作出决定或者责令原处分决定单位重新作出决定：①处分所依据的事实不清、证据不足的；②违反规定程序，影响案件公正处理的；③超越职权或者滥用职权作出处分决定的。

有下列情形之一的，受理复核、申诉的单位应当变更处分决定或者责令原处分决定单位变更处分决定：①适用法律、法规、规章错误的；②对违法违纪行为的情节认定有误的；③处分不当的。

事业单位工作人员的处分决定被变更，需要调整该工作人员的岗位等级或者工资待遇的，应当按照规定予以调整；事业单位工作人员的处分决定被撤销的，应当恢复该工作人员的岗位等级、工资待遇，按照原岗位等级安排相应的岗位，并在适当范围内为其恢复名誉。被撤销处分或者被减轻处分的事业单位工作人员工资待遇受到损失的，应当予以补偿。

12.7 工资福利和社会保险

根据《事业单位人事管理条例》，国家建立激励与约束相结合的事业单位工资制度。事业单位工作人员工资包括基本工资、绩效工资和津贴补贴。事业单位工资分配应当结合不同行业事业单位特点，体现岗位职责、工作业绩、实际贡献等因素。国家建立事业单位工作人员工资的正常增长机制。事业单位工作人员的工资水平应当与国民经济发展相协调、与社会进步相适应。事业单位工作人员享受国家规定的福利待遇。事业单位执行国家规定的工时制度和休假制度。事业单位及其工作人员依法参加社会保险,工作人员依法享受社会保险待遇。事业单位工作人员符合国家规定退休条件的,应当退休。

12.7.1 事业单位岗位绩效工资制度

2006年,国务院发布《事业单位工作人员收入分配制度改革实施办法》,在事业单位推行岗位绩效工资制度。

1. 岗位工资

国家制定事业单位岗位设置管理规定,对岗位总量、结构比例和最高岗位等级设置进行管理。各地区、各部门结合本地区、本部门实际制定实施意见,报人事部备案。各事业单位根据国家规定和本地区、本部门的实施意见,按上级主管部门核定的岗位总量、结构比例和最高岗位等级具体实施。事业单位岗位设置管理规定由人事部另行制定。

事业单位岗位设置与岗位工资级别对应关系如表12-4所示。

表12-4 岗位设置与岗位工资级别对应关系

人员类别	岗位	岗位工资级别	备注
专业技术人员	正高级	1~4级	正高级中执行1级岗位工资人员,需要经人事部批准副高级
	副高级	5~7级	
	中级	8~10级	
	助理级	11~12级	
	员级	13级	
管理人员	部级正职	1级	
	部级副职	2级	
	局级正职	3级	
	局级副职	4级	
	处级正职	5级	
	处级副职	6级	
	科级正职	7级	
	科级副职	8级	
	科员	9级	
	办事员	10级	
工人	高级技师	技术工1级	工人按本人现聘用的岗位(技术等级或职务)执行相应的岗位工资标准技师
	技师	技术工2级	
	高级工	技术工3级	
	中级工	技术工4级	
	初级工	技术工5级	
	普通工	普通工岗位工资	

2. 薪级工资

工作人员按照本人套改年限、任职年限和所聘岗位,结合工作表现,套改相应的薪级工资。套改年限是指工作所限与不计算工龄的在校学习时间合并计算的所限,其中须扣除1993年以来除见习期外年度考核不计考核等次或不合格的年限。不计算工龄的在校学习时间是指在国家承认学历的全日制大专以上院校未计算为工龄的学习时间（只适用于这次分配制度改革，不涉及工龄计算问题）。在校学习的时间以国家规定的学制为依据，如短于国家学制规定，按实习学习年限计算；如长于国家学制规定，按国家规定学制计算。

任职年限是指从聘用到现岗位当年起计算的年限。套改年限和任职年限的计算截至2006年6月30日。

工作人员按现聘岗位套改的薪级工资，如低于按本人低一级岗位套改的薪级工资，可按低一级岗位进行套改，并将现聘岗位的任职年限与低一级岗位的任职年限合并计算。

工作人员高等级的岗位聘用到较低等级的岗位，这次套改可将原聘岗位与现聘岗位的任职年限合并计算。

工作人员按套改办法确定的薪级工资，低于相同学历新参加工作人员转正定级薪级工资的，执行相同学历新参加工作人员转正定级薪级工资标准。

3. 绩效工资

国家对事业单位绩效工资分配实行总量调控和政策指导。各地区、各部门根据国家有关政策和规定，结合本地区、本部门实际，制定绩效工资分配的实施办法。

事业单位在上级主管部门核定的绩效工资总量内，按照规范的分配程序和要求，采取灵活多样的分配形式和办法，自主决定本单位绩效工资的分配。绩效工资分配应以工作人员的实绩和贡献为依据，合理拉开差距。

4. 津贴补贴

完善艰苦边远地区津贴制度。建立科学合理的艰苦边远地区津贴实施范围和类别的评估指标体系，建立艰苦边远地区津贴水平正常增长机制和实施范围、类别调整机制。完善艰苦边远地区津贴的方案另行制定。

规范特殊岗位津贴补贴管理。对在事业单位苦、脏、累、险及其他特殊岗位工作的人员，实行特殊岗位津贴补贴。国家统一制定特殊岗位津贴补贴政策和规范管理办法，规定特殊岗位津贴补贴的项目、标准和实施范围，明确调整和新建特殊岗位津贴补贴的条件，建立动态管理机制。除国务院和国务院授权的人事部、财政部外，任何地区、部门和单位不得自行建立特殊岗位津贴补贴项目、扩大实施范围和提高标准。

5. 工资分类管理

对从事公益服务的事业单位，按照事业单位分类改革所确定的不同类型，实行不同的绩效工资管理办法。具体由人事部、财政部另行制定。

在事业单位新的分类办法和地区附加津贴制度出台前，经费来源主要由财政拨款的事业单位，绩效工资总量暂按工作人员上年度12月基本工资额度和规范后的津贴补贴核定；经费来源部分由财政支持和经费自理的事业单位，绩效工资总量可分别高出一定幅度。

事业单位绩效工资总量应结合单位公益目标任务完成情况和绩效考核结果核定。对公益目标任务完成好、考核优秀的事业单位，适当增加绩效工资总量；对公益目标任务完成不好、考核较差的事业单位,相应核减绩效工资总量。

对知识技术密集、高层次人才集中的事业单位,核定绩效工资总量时可给予适当倾斜。

6. 正常调整工资办法

(1) 正常增加薪级工资

年度考核结果为合格及以上等次的工作人员,每年增加一级薪级工资,并从第二年的1月起执行。

(2) 岗位变动人员工资调整办法

工作人员岗位变动后,从变动的下月起执行新聘岗位的工资标准。岗位工资按新聘岗位确定,薪级工资按以下办法确定:由较低等级的岗位聘用到较高等级的岗位,原薪级工资低于新聘岗位起点薪级工资的,执行新聘岗位起点薪级工资,第二年不再正常增加薪级工资;原薪级工资达到新聘岗位起点薪级工资的,薪级工资不变。由较高等级的岗位调整到较低等级的岗位,薪级工资不变。在专业技术岗位、管理岗位、技术工岗位和普通工岗位之间变动的,薪级工资按新聘岗位比照同等条件人员重新确定。

(3) 调整基本工资标准

国家根据经济发展、财政状况、企业相当人员工资水平和物价变动等因素,适时调整事业单位工作人员的基本工资标准。基本工资标准的调整由国家统一部署,具体方案由人事部、财政部拟定,报国务院批准后实施。

(4) 调整津贴补贴标准

国家根据经济发展和财力增长及调控地区工资收入差距的需要,适时调整艰苦边远地区津贴标准;根据财政状况和对特殊岗位的倾斜政策,适时调整特殊岗位津贴补贴标准。

7. 高层次人才分配激励措施

中国科学院院士、中国工程院院士以及为国家做出重大贡献的一流人才,经批准,执行专业技术一级岗位工资标准。

对有突出贡献的专家、学者和技术人员,继续实行政府特殊津贴。

对承担国家重大科研项目和工程建设项目等为我国经济建设和社会发展做出重要贡献的优秀人才,给予不同程度的一次性奖励。具体办法另行制定。

对基础研究、战略高技术研究和重要公益领域的事业单位高层次人才,逐步建立特殊津贴制度。对重要人才建立国家投保制度。具体办法另行制定。

对部分紧缺或者急需引进的高层次人才,经批准可实行协议工资、项目工资等灵活多样的分配办法。具体办法另行制定。

8. 事业单位主要领导收入分配激励约束机制

国家对事业单位主要领导收入分配制定指导意见,选择有条件的事业单位进行试点,探索建立单位主要领导收入分配激励约束机制。政府人事、财政等部门制定事业单位主要领导的收入分配办法,结合考核合理确定其收入水平,使事业单位主要领导的收入与单位的社会经济效益及长远发展相联系,规范事业单位主要领导的收入分配,并加强监督管理。在试点的基础上,不断完善事业单位主要领导收入分配激励约束机制。

9. 其他相关政策

新参加工作的各类学校毕业生见习期工资执行期满后,上述人员按所聘专业技术岗位或管理岗位执行相应的岗位工资标准,薪级工资按以下办法确定:初中毕业生执行1级薪级工资标准,高中、中专毕业生执行2级薪级工资标准,大学专科毕业生执行5级薪级工资标准,大学本科毕业生执行7级薪级工资标准,获得双学士学位的大学本科毕业生(含学制为六年以上的大学本科毕业生)、研究生班毕业和未获得硕士学位的研究生执行9级薪级工资标准。获得硕士学位、博士学位的研究生明确岗位后,按所聘专业技术岗位或管理岗位执行相应的岗位工资标准,薪级工资分别执行11级和14级薪级工资标准。到艰苦边远地区或国家扶贫开发工作重点县工作的大中专及以上毕业生,可提前转正定级,转正定级时薪级工资高定1~2级。

中小学教师、护士的岗位工资和薪级工资标准提高10%。

军队转业干部按本人现聘岗位(职务)套改岗位工资和薪级工资。如现聘岗位低于转业时部队原职务的,根据其现执行工资待遇对应的岗位套改工资。

到事业单位工作的退役运动员按本人现聘岗位(职务)套改岗位工资,薪级工资按所聘岗位并参考本人原体育津贴水平和同等条件人员的工资水平确定。

这次套改增资,事业单位原工资构成中津贴比例统一按30%计算。单位工资构成中津贴比例高出30%的部分,套改后纳入绩效工资总量;特殊岗位工资构成比例提高部分,暂时予以保留,今后逐步纳入特殊岗位津贴补贴。

被授予省部级以上劳动模范和先进工作者等荣誉称号,且1993年工资制度改革以来按国家规定高定了工资档次的人员,仍保持荣誉的,薪级工资可适当高定。

12.7.2 事业单位养老保险

2009年,国务院下发《事业单位养老保险制度改革方案》,事业单位养老保险问题与企业接轨,明确实行社会统筹与个人账户相结合的基本养老保险制度。

1. 实行社会统筹与个人账户相结合的基本养老保险制度

基本养老保险费由单位和个人共同负担,单位缴纳基本养老保险费(以下简称单位缴费)的比例,一般不超过单位工资总额的20%,具体比例由试点省(市)人民政府确定,因退休人员较多、养老保险负担过重,确需超过工资总额20%的,应报劳动保障部、财政部审批。个人缴纳基本养老保险费(以下简称个人缴费)的比例为本人缴费工资的8%,由单位代扣。个人工资超过当地在岗职工平均工资300%以上的部分,不计入个人缴费工资基数;低于当地在岗职工平均工资60%的,按当地在岗职工平均工资的60%计算个人缴费工资基数。

按本人缴费工资8%的数额建立基本养老保险个人账户,全部由个人缴费形成。做实个人账户的起步比例为3%,以后每年提高一定比例,逐步达到8%。有条件的试点省(市)可以适当提高起步比例。个人账户储存额只能用于本人养老,不得提前支取。参保人员死亡的,其个人账户中的储存余额可以继承。

2. 基本养老金的计发办法

本方案实施后参加工作、个人缴费年限(含视同缴费年限,下同)累计满15年的人员,退休后按月发给基本养老金。基本养老金由基础养老金和个人账户养老金组成,退休时的基础养老金月标准以当地上年度在岗职工月平均工资和本人指数化月平均缴费工资的平均值为基数,缴费每满1年发给1%。个人账户养老金月标准为个人账户储存额除以计发月数,计发月数根据本人退休时城镇人口平均预期寿命、本人退休年龄、利息等因素确定。

本方案实施前参加工作、实施后退休且个人缴费年限累计满15年的人员,按照合理衔接、平稳过渡的原则,在发给基础养老金和个人账户养老金的基础上,再发给过渡性养老金。具体标准由各试点省(市)人民政府确定,并报劳动保障部、财政部备案。

本方案实施后达到退休年龄但个人缴费年限累计不满15年的人员,不发给基础养老金;个人账户储存额一次性支付给本人,终止基本养老保险关系。

本方案实施前已经退休的人员,继续按照国家规定的原待遇标准发放基本养老金,参加国家统一的基本养老金调整。

3. 基本养老金正常调整机制、职业年金制度和省级统筹

为使事业单位退休人员享受经济社会发展成果,保障其退休后的基本生活,根据职工工资增长和物价变动等情况,国务院统筹考虑事业单位退休人员的基本养老金调整。

为建立多层次的养老保险体系,提高事业单位工作人员退休后的生活水平,增强事业单位的人才竞争能力,在参加基本养老保险的基础上,事业单位建立工作人员职业年金制度。

进一步明确省、市、县各级人民政府的责任,建立、健全省级基金调剂制度。具备条件的试点省(市)可从改革开始即实行省级统筹;暂不具备条件的,可实行与企业职工基本养老保险相同的统筹层次。

12.7.3 职工在机关事业单位与企业之间流动时社会保险关系处理

2001年颁布的《关于职工在机关事业单位与企业之间流动时社会保险关系处理意见的通知》(劳社部发〔2001〕13号)是职工在机关事业单位与企业之间合理流动社会保险关系处理的规范性文件。

1. 养老保险关系处理

职工由机关事业单位进入企业工作之月起,参加企业职工的基本养老保险,单位和个人按规定缴纳基本养老保险费,建立基本养老保险个人账户,原有的工作年限视同缴费年限,退休时按企业的办法计发基本养老金。其中,公务员及参照和依照公务员制度管理的单位工作人员,在进入企业并按规定参加企业职工基本养老保险后,根据本人在机关(或单位)工作的年限给予一次性补贴,由其原所在单位通过当地社会保险经办机构转入本人的基本养老保险个人账户,所需资金由同级财政安排。补贴的标准为:本人离开机关上年度月平均基本工资×在机关工作年限×0.3%×120个月。

职工由企业进入机关事业单位工作之月起,执行机关事业单位的退休养老制度,其原有的连续工龄与进入机关事业单位后的工作年限合并计算,退休时按机关事业单位的办法计发养老金。已建立的个人账户继续由社会保险经办机构管理,退休时,其个人账户储存额每月按1/120计发,并相应抵减按机关事业单位办法计发的养老金。

公务员进入企业工作后再次转入机关事业单位工作的,原给予的一次性补贴的本金和利息要上缴同级财政。其个人账户管理、退休后养老金计发等,比照由企业进入机关事业单位工作职工的相关政策办理。

 案例 12.4　机关事业单位工作人员到企业工作退休养老金如何算

刘某是一名事业单位的工作人员,单位改革精减人员,刘某准备去企业工作。刘某在原单位已经工作了20多年,如去企业工作到退休,养老金该怎么算?

案例分析:就刘某提出的此类问题,2001年劳动和社会保障部《关于职工在机关事业单位与企业之间流动时社会保险关系处理意见的通知》(劳社部发〔2001〕13号)是这样规定的:职工由机关事业单位进入企业工作之月起,参加企业职工的基本养老保险,单位和个人按规定交纳基本养老保险费,建立养老保险个人账户,原有工作年限视同缴费年限,退休时按企业的办法计发基本养老金。其中公务员及参照和依照公务员制度管理的单位工作人员在进入企业并按规定参加企业职工基本养老保险后,根据本人在机关(或单位)工作的年限给予一次性补贴,由其原来所在单位通过当地社会保险经办机构转入本人的基本养老保险个人账户,所需资金由同级财政安排。

资料来源:中国劳动争议网,2005-06-16。

2. 失业保险关系处理

职工由机关进入企业、事业单位工作之月起,按规定参加失业保险,其原有的工作年限视同缴费年限。职工由企业、事业单位进入机关工作,原单位及个人缴纳的失业保险费不转移。

3. 医疗保险关系处理

职工在机关事业单位和企业之间流动,在同一统筹地区内的基本医疗保险关系不转移,跨统筹地区的基本医疗保险关系及个人账户随同转移。职工流动后,除基本医疗保险之外,其他医疗保障待遇按当地有关政策进行调整。

12.8　人事争议处理与法律责任

12.8.1　人事争议处理

事业单位工作人员与所在单位发生人事争议的,依照《中华人民共和国劳动争议调解仲裁法》等有关规定处理。事业单位工作人员对涉及本人的考核结果、处分决定等不服的,可以按照国家有关规定申请复核、提出申诉。负有事业单位聘用、考核、奖励、处分、人事争议处理等职责的人员履行职责,有下列情形之一的,应当回避:①与本人有利害关系的;②与本人近亲属有利害关系的;③其他可能影响公正履行职责的。

对事业单位人事管理工作中的违法违纪行为,任何单位或者个人可以向事业单位人事综合管理部门、主管部门或者监察机关投诉、举报,有关部门和机关应当及时调查处理。

案例12.5 事业单位人事纠纷,不适用劳动仲裁

郑女士:我在某事业单位工作了二十多年,属于事业编制。近年来,单位常常要求加班,又不发放加班工资。于是,我向劳动争议仲裁委员会申请了仲裁,但是劳动争议仲裁委员会认为这是人事争议,不属于劳动争议,不予受理。请问我的问题能通过劳动仲裁解决吗?

帮办记者刘秋宜:湖南弘一律师事务所律师表示,郑女士的问题不属于劳动争议,不能通过劳动仲裁解决。根据《最高人民法院关于人民法院审理事业单位人事争议案件若干问题的规定》第3条规定:人事争议是指事业单位与其工作人员之间因辞职、辞退及履行聘用合同所发生的争议。郑女士反映的问题符合该司法解释规定的情况,属于人事争议。

此外,事业单位与其工作人员之间因辞职、辞退及履行聘用合同所发生的争议,适用《中华人民共和国劳动法》的规定处理。若郑女士认为单位的行为违反了《中华人民共和国劳动法》的相关规定,侵犯了自己的权利,可以依据《人事争议处理规定》的相关规定,在知道其权利受到侵害之日起60日内,以书面形式向人事争议仲裁委员会申请仲裁。对仲裁裁决不服的,可向人民法院提起诉讼。

资料来源:株洲网,2012-12-22。

12.8.2 法律责任

事业单位违反本条例规定的,由县级以上事业单位人事综合管理部门或者主管部门责令限期改正;逾期不改正的,对直接负责的主管人员和其他直接责任人员依法给予处分。对事业单位工作人员的人事处理违反本条例规定给当事人造成名誉损害的,应当赔礼道歉、恢复名誉、消除影响;造成经济损失的,依法给予赔偿。事业单位人事综合管理部门和主管部门的工作人员在事业单位人事管理工作中滥用职权、玩忽职守、徇私舞弊的,依法给予处分;构成犯罪的,依法追究刑事责任。

知识链接:《事业单位人事管理条例》亮点解读

新华社15日受权播发《事业单位人事管理条例》。这一条例是我国第一部系统规范事业单位人事管理的行政法规,将于7月1日起施行。条例确立了事业单位人事管理的基本制度,在公开招聘、聘用合同、社会保险、工资收入等方面的相关规定呈现出改革亮点。

1. 实施公开招聘

条例:事业单位新聘用工作人员,应当面向社会公开招聘。

解读：近年来，个别地方出现了事业单位招聘中因人设岗的所谓"萝卜招聘"、"内部招聘"，引起广泛关注，受到强烈谴责。今年3月，中组部、人力资源社会保障部联合通报了湖南省严肃查处的江永县少数领导干部子女亲属违规调入事业单位案，当事人受到了党纪和行政处分。

事业单位公开招聘早有规定。2005年11月，原人事部发布了《事业单位公开招聘人员暂行规定》，明确提出事业单位招聘人员应当面向社会，凡符合条件的各类人员均可报名应聘。人力资源社会保障部2013年宣布，截至2012年年底，事业单位新进人员公开招聘已在全国范围内基本实现全覆盖。

"条例的出台，使事业单位公开招聘从部门规定上升为行政法规，有利于这项工作在现有基础上进一步强化和规范，从而有效杜绝事业单位违规招聘。"人力资源社会保障部事业单位人事管理司负责人说。

中国（海南）改革发展研究院院长迟福林认为，公开招聘漏洞频出的一个重要原因在于监督缺位，导致个别领导干部用权力破坏公开、平等的人事制度。

对此，人力资源社会保障部副部长王晓初指出，人社部门要切实发挥好督导员、裁判员的作用，加强对公开招聘工作的监督，及时发现和纠正问题，对违规操作、违法乱纪行为要严肃处理。

2. 规范聘用合同

条例：事业单位与工作人员订立的聘用合同，期限一般不低于3年。

解读：我国从2002年开始在事业单位试行人员聘用制度，目的是改革事业单位用人机制，由以前的行政任用关系向平等协商的聘用关系转变。原人事部发布的《关于在事业单位试行人员聘用制度的意见》提出，聘用合同分为短期、中长期和以完成一定工作为期限的合同。条例并没有对事业单位聘用合同进行分类，而是统一规定聘用期一般不低于3年。

"前程无忧"人力资源专家冯丽娟指出，事业单位聘用合同不同于劳动合同。劳动合同既有短期的，也有无固定期限的。她说："聘用合同期限定在3年以上，主要考虑到事业单位人员以专业技术人才为主，订立比较长期的合同有利于保持科学研究、公益服务等事业的延续性，建立起比较稳定的人才队伍。"

条例对签订长期合同也作出新规定。按照以往，在本单位工作满25年可以订立聘用至退休的合同。条例去掉了这一条，只规定在本单位连续工作满10年且距法定退休年龄不足10年，可以签订这样的长期合同。

3. 参加社会保险

条例：事业单位及其工作人员依法参加社会保险，工作人员依法享受社会保险待遇。

解读：党的十八届三中全会决定指出，推进机关事业单位养老保险制度改革。整合城乡居民基本养老保险制度、基本医疗保险制度。条例提出事业单位工作人员参加社会保险，再次从法律层次发出信号，事业单位医疗和养老保险"并轨"已箭在弦上。

目前，在多地进行的事业单位养老保险制度改革试点进展并不顺利，企业养老保险与机关事业单位养老金差距较大,因此广受诟病。人力资源社会保障部副部长胡晓义表示,下一步的方向是建立公平的规划,遵循市场化原则启动机关事业单位养老保险改革。

今年以来,一系列举措的出台预示着这项改革的有效推进。年初,国务院印发意见,部署在全国范围内建立统一的城乡居民基本养老保险制度,并提出在2020年前全面建成公平、统一、规范的城乡居民养老保险制度,明确了这项改革的时间表。

4. 工资增长机制

条例:国家建立事业单位工作人员工资的正常增长机制。

解读:我国事业单位收入分配改革始于2006年,目前事业单位工作人员工资包括基本工资、绩效工资和津贴补贴。近几年,我国进行了事业单位绩效工资改革。这项改革首先在义务教育学校、公共卫生与基层医疗卫生事业单位中开展,如今各地事业单位绩效工资已基本兑现到位。

"目前事业单位制定岗位绩效工资制度只是改革迈出的一步,更艰难的改革,是在不同地区、行业间以及不同资金来源的事业单位间,找到一种相对公平的收入分配方式。"中国人事科学研究院研究员何凤秋说。

她认为,下一步事业单位工资收入改革将与事业单位分类改革同步推进。条例所说的工资增长机制,应当是国家根据经济发展、财政状况、企业相当人员工资水平和物价变化等因素,定期调整公益类事业单位工作人员的工资水平,而对于转制为企业的事业单位,则应实行企业的分配制度;对于承担行政职能的事业单位,要回归到公务员队伍管理,实行公务员工资制度。

资料来源:新华网,2014-05-16,作者:赵超。

第 13 章
公务员

- 概述
- 公务员的条件、义务和权利
- 职务与级别
- 录用与职务聘任
- 考核、奖励与惩戒
- 职务任免和升降
- 培训、交流与回避
- 工资福利保险
- 辞职、辞退和退休
- 申诉、控告与法律责任

13.1 概述

13.1.1 公务员的概念

按照《公务员法》，公务员是指依法履行公职、纳入国家行政编制、由国家财政负担工资福利的工作人员。按照这一定义，公务员必须具备三个条件：一是依法履行公职，这使公务员与社会其他人员相区别；二是纳入国家行政编制，这使公务员与使用事业编制、企业编制和军事编制的人员相区别；三是由国家财政负担工资福利，这使公务员与不由国家财政负担工资福利的人员相区别。

各国对公务员的称谓有所不同,英国称"文职人员",法国称"职员"或"官员",美国称"政府雇员"。

 知识链接:世界各国公务员的三种类型

公务员的概念有大有小,范围不尽一致,在世界各国,大致说来有三种类型:

第一种是小范围的,公务员仅指中央政府中非选举产生和非政治任命的事务官,不包括由选举或政治任命产生的内阁成员及各部政务次官、政治秘书等政务官。这种范围同国家公务员法规的适用范围相一致,英国及许多英联邦国家基本属于此类。在英国,公务员是指那些不与内阁共进退,经过公开考试择优录用,没有过失可以长期任职的文职人员。

第二种是中等范围的,中央人民政府的所有公职人员,包括政务官与事务官都称为公务员,但适用于国家公务员法规的只是事务官。美国基本属于此类。美国把公务员称为"政府雇员","政府雇员"是范围很广的一种称谓,它包括了除军事人员以外的所有政府雇员。

第三种是大范围的,把从中央到地方政府机关的公职人员、国会除议员以外的工作人员、审判官、检察官、国有企业和事业单位的工作人员统称为公务员,并有"国家公务员"和"地方公务员"之别,有"特别职"与"一般职"之分。"一般职"公务员是指政府系统中非选举产生和非政府任命的工作人员,是国家政府系统中的事务官,即非选举产生和非政治任命的政府工作人员,适用于国家公务员法规的,只是"一般职"的国家公务员。日本、法国基本都属于此类。法国公务员是指在中央机关及其所属机关、地方行政机关、公共企事业单位被任命为常任官员的工作人员。

我国基本属于第二种概念的划分。

资料来源:根据"百度百科"有关资料整理。

13.1.2 我国公务员制度的建立

国家公务员制度是指党和国家对国家公务员进行管理的有关法律、法规、政策等的统称或总称。其中包括录用、考核、奖励、纪律、职务升降、培训、交流、回避、工资、保险、福利、辞职辞退、退休、申诉、控告等单项制度及实施办法、实施细则等。国家公务员制度的出现,是人事行政制度走向现代化的标志。

现代意义上的公务员制度,最初形成于英国。如果以英国1855年5月21日公布的《关于录用王国政府文官的枢密院令》作为现代公务员制度正式确立的标志,至今已有约160年历史。公务员制度是人类文明发展的共同成果,比如,中国的科举制度便为其注入大量经验。经历100多年发展的公务员制度,引入、发展、创造出许多反映现代社会化生产规律的管理方法、管理制度,如分类管理体制,公开、平等的激励竞争机制,专业化管理,完整的法律、法规体系等。

中国公务员制度大致经过了调研准备、推行实施、完善发展的三个阶段。从1980年开始,我国为建立国家公务员制度开展了大量的理论探讨和法规准备工作。1984年有关部门起草《国家工作人员法》,1985年改为《国家行政机关工作人员条例》,1986年改为《国家公务员暂行条例》。1988年5月,我国的公务员制度从理论探讨、法规起草进入实践探索阶段。1992年至1993年,党中央、国务院多次举行会议讨论了《国家公务员暂行条例》,该条例自1993年10月1日起施行。1993年以后,以《国家公务员暂行条例》为主,与之配套的几十个单项法规和实施细则相继颁布,如《国家公务员录用暂行规定》、《国家公务员考核暂行规定》、《国家公务员奖惩暂行规定》、《国家公务员职务任免暂行规定》等,逐步形成了公务员管理的法规体系。2005年《公务员法》颁布,公务员管理开始纳入法制化管理轨道。

知识链接:中国的科举制度

科举是历代封建王朝通过考试选拔官吏的一种制度。由于采用分科取士的办法,所以叫作科举。科举制从隋朝大业元年(605年)开始实行,到清朝光绪三十一年(1905年)举行最后一科进士考试为止,经历了1298年。1905年9月2日,清政府废除科举制度。

科举制度在人才选拔上是一次重大的革新。

1. 早期制度

秦代之前中国曾采用世袭制度取士。西周时,天子以及诸侯分封天下。周礼之下,社会阶级分明。管理国家由天子、诸侯、卿、士分级负责。而各阶层按伦常,依照血缘世袭。到了东周,制度开始崩溃,于是有"客卿"、"食客"等制度以外的人才,为各国国君服务。汉朝时分封制度逐渐被废,皇帝中央集权得以加强。当时采用的是察举制,由各级地方推荐德才兼备的民间人才。由州推举的称为秀才,由郡推举的称为孝廉。察举制缺乏客观的评选准则,虽有连坐制度,但后期逐渐出现地方官员徇私,所荐者不实的现象。至三国时代,魏文帝时,陈群创立九品中正制,由中央特定官员,按出身、品德等考核民间人才,分为九品录用。两晋、六朝时沿用此制,是察举制的改良,是将察举之权,由地方官改由中央任命的官员负责。但是,这种制度始终是由地方官选拔人才。魏晋时代,世族势力强大,常影响中正官考核人才,后来甚至所凭准则仅限于门第出身。于是造成"上品无寒门、下品无世族"的现象。不但堵塞了民间人才,还让世族得以把持朝廷人事,影响皇帝的权力。

2. 科举制的发展

到了隋代,隋文帝于开皇七年(587年)命各州"岁贡三人",应考"秀才"。隋炀帝在大业元年(605年)设进士科取士,这就是科举制度的起源。唐朝继承并发展了这一制度。唐朝的科举分为常科与制科两类。武则天主政时,曾首创了由皇帝主持,复核进士资格的殿试,和取武将的武科举。但是,二者在唐朝时并未成为定例。宋代的科举,大体同唐代一样,有常科、制科和武举。相比之下,宋代常科的科目比唐代大为减少,其中进士科仍然最受重视,进士一等多数可官至宰相,所以宋人以进士科为宰相科。宋代还确立了三年一考的三级考试制度,定期开考,三年一科。此制度之后为明、清二朝所沿袭,至科举被废为止。科考分为三级:解试(州试)、省试(由礼部举行)和殿试。解试由各地方进行,通过的举人可以进京参加省试。省试在贡院内进行,连考三天。而殿试则于宫内举行,由皇帝亲自主持及定出名次。自宋代起,凡于殿试中进士者皆即授官,不需要再经吏部选试。宋朝的科举制度已经相当完备,公平性大幅提升,许多大臣的子孙也未考上科举,仅能担任中低阶官员,因此当时还产生"富贵不过三代"的俗语。

明朝的科举在元代萎缩的基础上改良并得到发展,制度已完善,规模也增加,参加科举的人数大增;但考核的内容却开始僵化。明朝277年开科89次,取进士24 536人,正式由国家举行的科考分为三级:乡试、会试、殿试。

清代的科举考试制度分两个阶段:一个是科举的初步考试;另一个是科举的正式考试。科举的初步考试有三种:童试、岁试和科试。童试又称"小考"。凡童子开始应初试的时候称作"童生"。童生经过一定的考试选拔,在县里面选拔了以后到督学进行考试,督学考试合格就可以称作"秀才"了。秀才每一年考一次,这也是一个选优的过程,这叫"岁试"。每三年还要参加一次大的考试,叫"科试"。通过这个考试的提名,便有资格参加举人的考试。这是科举的初步考试。

接下来是科举的正式考试,它也有三种:乡试、会试、殿试。乡试每三年举行一次,即在子、卯、午、酉这四个年中的8月举行乡试。乡试考中了以后就称为举人,举人实际上是候补官员,有资格做官了。当然这个职位很少,每年大概就40~130人的名额。接下来是会试,会试紧接着乡试,在第二年的2月举行,到京城考试,所以也叫"春试"。会试如果考中了,称为贡士,贡士每年的名额大概有300名。会试考完以后的第二个月,还要进行第三场考试殿试,大概在4月前后。殿试是皇帝在太和殿亲自考试,考中后就是钦定的进士,可以直接做官了。清朝267年间开科112次,进士26 000人。

3. 科举考试的内容和形式

从科举的考试科目来看,隋文帝仅有策问,隋炀帝开考十科。唐朝考试科目很多,常设科目主要有明经(经义)、进士、明法(法律)、明字(文字)、明算(算学)。到明朝只设进士一科。清袭明制,但也开过特制(特别科),如博学鸿词科、翻译科、经济科等。

科举除了特制科目外,明经、进士科考的内容主要是儒家经典。考试形式在各个朝代也有不同,唐朝主要有墨义、口试、贴经、策问、诗赋等,宋朝主要是经义、策问、诗赋等,到明代只有经义一门了。

明清科举考试的文体也逐渐归于八股文这种形式。这种文体有一套固定的格式,规定由破题、承题、起讲、入手、起股、中股、后股、束股八个部分组成,每一部分的句数、句型也都有严格的限定。"破题"规定两句,说破题目意义;"承题"三句或四句,承接"破题"加以说明;"起讲"概括全文,是议论的开始;"入手"引入文章主体;从"起股"到"束股"是八股文的主要部分,尤以"中股"为重心。在正式议论的这四个段落中,每段都有两股相互排比对偶的文字,共为八股,八股文由此得名。八股文的题目,出自"四书"、"五经",八股文的内容,不许超出"四书"、"五经"范围,要模拟圣贤的口气,传达圣贤的思想,考生不得自由发挥。无论是内容还是形式,八股文起到了束缚思想、禁锢人才的作用。

4. 科举制的废止

19世纪末,辛亥革命元老、中国现代教育奠基人何子渊、丘逢甲等人开风气之先,排除顽固守旧势力的干扰,成功引进西学,推广新式学校。清政府迫于形势压力,对教育进行了一系列改革。1904年1月13日,清廷颁布张百熙等人重新拟定的《奏定学堂章程》,称为癸卯学制,标志着近代新式教育制度的确立。1905年9月2日,清廷下诏宣布自次年起,科举制度废止。并在全国范围内推广新式学堂。1909年,地方科举考试停止以后,西学逐渐成为学校教育的主要形式。也正是教育方式的这一根本性转变,为后来风起云涌的辛亥革命和国家建设培养造就了大批思想进步锐意创新的宝贵人才。此后,新式教育在中国各地得到迅速发展。

5. 科举制的影响

科举原来的目的是为政府从民间提拔人才,打破贵族世袭的现象,以整顿吏制。相对于世袭、举荐等选材制度,科举考试无疑是一种公平、公开及公正的方法,改善了用人制度。科举为中国历朝发掘、培养了大量人才。1300年间科举产生的进士接近10万人,举人、秀才数以百万。对隋唐以后中国的社会结构、政治制度、教育、人文思想,产生了深远的影响。

科举制对世界各国也产生了深远影响。最初东亚日本、韩国、越南均有效法中国举行科举,且越南科举的废除还要在中国之后。16至17世纪,欧洲传教士在中国看到科举取士制度,在他们的游记中把它介绍到欧洲。18世纪启蒙运动中,不少英国和法国思想家都推崇中国这种公平和公正的制度。英国在19世纪中期至末期建立的公务员叙用方法,规定政府文官通过定期的公开考试招取,渐渐形成后来为欧美各国仿效的文官制度。英国文官制所取的考试原则与方式与中国科举十分相似,很大程度是吸纳了科举的优点。故此有人称科举是中国文明的第五大发明。今天的考试制度在一定程度上仍是科举制度的延续。

资料来源:根据百度百科、维基百科等整理。

13.2 公务员的条件、义务与权利

公务员应当具备下列条件:具有中华人民共和国国籍;年满18周岁;拥护《中华人民共和国宪法》;具有良好的品行;具有正常履行职责的身体条件;具有符合职位要求的文化程度和工作能力;法律规定的其他条件。

公务员应当履行下列义务:模范遵守宪法和法律;按照规定的权限和程序认真履行职责,努力提高工作效率;全心全意为人民服务,接受人民监督;维护国家的安全、荣誉和利益;忠于职守,勤勉尽责,服从和执行上级依法作出的决定和命令;保守国家秘密和工作秘密;遵守纪律,恪守职业道德,模范遵守社会公德;清正廉洁,公道正派;法律规定的其他义务。

公务员享有下列权利:获得履行职责应当具有的工作条件;非因法定事由、非经法定程序,不被免职、降职、辞退或者处分;获得工资报酬,享受福利、保险待遇;参加培训;对机关工作和领导人员提出批评和建议;提出申诉和控告;申请辞职;法律规定的其他权利。

案例 13.1　全国首例公务员招录官司一审判决原告败诉

1. 下岗工被挡在门槛外

小杨是甘肃省通渭县毛纺织厂的一名下岗职工。自从企业效益不景气以来,他便四处打工维持生活。定西市即将举行乡镇公务员录用考试的消息传开后,小杨的精神十分振奋。

2004年4月,他满怀信心地报名参加了定西市招考录用国家公务员和机关工作人员考试,准备当一名乡镇公务员。经过一番充分准备,他顺利通过了笔试和面试。同年12月,他接到了县人事局的体检通知,公务员工作似乎就在眼前。但令他想不到的是,县人事局随后又通知:档案记载年龄与你的身份证上的年龄不符,大专学历证书也有疑点,录取资格被取消。"我的身份证是四年前办的,不是报考前才突击办理的,户籍和身份证上的出生日期均为1975年4月26日,具有法定效力,怎么说取消就取消了呢?"小杨想不通,当即查找相关证明进行交涉,但没有结果。随后,又提出行政复议、打市长热线电话及上访,希望事情能够有所转机,可惜均没有结果。

2. 法律援助帮他维权

万般无奈之余,小杨决定讨个公道,但打官司的道路也不是一帆风顺的。打官司前,小杨首先在通渭县聘请律师,但出于众所周知的原因,他在县上未聘到律师。后来,他又找到定西市,但结果同样令他失望。在许多热心人的帮助下,他找到省法律援助中心寻求帮助,中心的工作人员对小杨的遭遇十分同情,马上对他的情况进行审查,发现他是下岗职工,经济十分困难,完全符合法律援助的有关规定,于是,很快为他办理了相关手续,并指定甘肃经天地律师事务所刘辰律师免费帮他打官司。

有了专业律师帮助,诉讼过程也异常艰难。2005年3月,小杨向通渭县人民法院提出行政诉讼,请求法院判令通渭县人事局执行国家公务员录用规定,核查真实的出生日期和学历真伪,尽快办理公务员录用手续。

通渭县人民法院认为,此纠纷是人事部门办理公务员录用时采用的行政审查手段,不属于行政诉讼的受案范围,裁定不予受理。他不服上诉,终于赢得了案件的诉讼权。定西市人民法院下达终审裁定,认为"不予受理"不当,决定此案由通渭县人民法院立案受理。立案后,通渭县人事局提出:县上只是全市统一招录公务员的一个授权点,最终是否录用,其权利在市人事局,而不在县人事局。所以,起诉县人事局属诉讼主体不当。于是,经过近半年的多次反复,案件再次移交到定西市。2005年7月,这起因公务员录用而因引起的民告官案终于在定西市人民法院进行公开审理。

3. 一审判决原告败诉

审理中,原被告双方向法庭提交了常住人口登记表、身份证及档案材料等证据,经审查,这些证据均被法院确认。定西市人民法院审理后认为,原告小杨入伍审查表上填写的出生日期为1972年5月23日,派出所审核的身份证号码为622424720523221。依照我国《居民身份证条例实施细则》规定,显然,原告户口登记簿上的出生日期为1972年5月23日。当原告报考公务员时提交的户籍证明和身份证上记载的出生日期(1975年4月26日),与本人档案最早记载的出生日期(1972年5月23日)不一致时,参照劳动和社保障部《关于制止和纠正违反国家规定办理企业职工提前退休有关问题的通知》(劳社部发〔1999〕8号),以原告档案最早记载的出生日期为准,被告市人事局以此来确定原告的出生日期并无不妥,据此,原告的年龄超过了乡公务员年龄在30岁以下的条件,定西市人事局取消其录取资格也无不当。于是,一审判决驳回了原告的诉讼请求。

4. 律师:适用法律错误,认定事实不清

经天地律师事务所的刘律师认为,最高人民法院《关于贯彻执行〈中华人民共和国民法通则〉若干问题的意见》指出:"公民的出生时间以户籍证明为准;没有户籍证明的,以医院出具的出生证明为准。没有医院证明的,参照其他有关证明认定。"法院应以法律规定作为定案依据,不能以劳动和社会保障部的文件规定定案。退一步讲,能否报考公务员与报考人的身份无关,不能因为报考人是下岗职工,就优先使用劳动和社会保障部的相关文件。原告现在身份证上的出生日期为1975年4月26日,由于一审法院认定事实缺乏依据,导致原告出生日期混乱的问题并未解决,这给原告今后的生活带来很多不便。

资料来源:甘肃新闻网,http://www.gs.chinanews.com/news/2005-09-06/1/28796.html,作者:杨尚荣(甘肃晚报)。

13.3 职务与级别

国家实行公务员职位分类制度。公务员职位类别按照公务员职位的性质、特点和管理需要,划分为综合管理类、专业技术类和行政执法类等类别。国务院根据《公务员法》,对于具有职位特殊性,需要单独管理的,可以增设其他职位类别。各职位类别的适用范围由国家另行规定。

国家根据公务员职位类别设置公务员职务序列。公务员职务分为领导职务和非领导职务。其中,领导职务层次分为:国家级正职、国家级副职、省部级正职、省部级副职、厅局级正职、厅局级副职、县处级正职、县处级副职、乡科级正职、乡科级副职。非领导职务层次在厅局级以下设置。

综合管理类的领导职务根据宪法、有关法律、职务层次和机构规格设置确定。综合管理类的非领导职务分为:巡视员、副巡视员、调研员、副调研员、主任科员、副主任科员、科员、办事员。综合管理类以外其他职位类别公务员的职务序列,由国家另行规定。

各机关依照确定的职能、规格、编制限额、职数以及结构比例,设置本机关公务员的具体职位,并确定各职位的工作职责和任职资格条件。

公务员的职务应当对应相应的级别。公务员职务与级别的对应关系,由国务院规定。公务员的职务与级别是确定公务员工资及其他待遇的依据。公务员的级别根据所任职务及其德才表现、工作实绩和资历确定。公务员在同一职务上,可以按照国家规定晋升级别。国家根据人民警察以及海关、驻外外交机构公务员的工作特点,设置与其职务相对应的衔级。

在中国,国家公务员的级别分为二十七级。

公务员领导职务层次与级别的对应关系:

(1)国家级正职:一级。

(2)国家级副职:二级至四级。

(3) 省部级正职：四级至八级。
(4) 省部级副职：六级至十级。
(5) 厅局级正职：八级至十三级。
(6) 厅局级副职：十级至十五级。
(7) 县处级正职：十二级至十八级。
(8) 县处级副职：十四级至二十级。
(9) 乡科级正职：十六级至二十二级。
(10) 乡科级副职：十七级至二十四级。
(11) 股所级正职：十八级至二十六级。
(12) 股所级副职：十九级至二十七级。

综合管理类公务员与级别的对应关系：
(1) 巡视员：八级至十三级（相当于正厅局级）。
(2) 副巡视员：十级至十五级。
(3) 调研员：十二级至十八级（相当于正县处级）。
(4) 副调研员：十四级至二十级。
(5) 主任科员：十六级至二十二级（相当于正乡科级）。
(6) 副主任科员：十七级至二十四级。
(7) 科员：十八级至二十六级（相当于正村股级）。
(8) 办事员：十九级至二十七级。
注：股级并非公务员正式行政级别。

军队的职称级别（军衔）分为：上将、中将、少将、大校、上校、中校、少校、上尉、中尉、少尉，一级军士长、二级军士长、三级军士长、四级军士长，上士、中士、下士（见表13-1）。

表 13-1　中国公务员领导职务层次与级别

等级	领导职务序列	非领导职务序列	代表政府职务	对应军队级别
1	国家级正职		国家主席 国务院总理	中央军委主席
2～4	国家级副职		国务院副总理、国务委员	中央军委副主席
4～8	省部级正职		中央直属部门正职	中央军委委员、正大军区级、副大军区级
6～10	省部级副职		中央直属部门副职	正军级、副军级、省分军区正副职
8～13	厅局级正职	巡视员	省委下设部门正职	正师级
10～15	厅局级副职	副巡视员	省委下设部门副职	副师级
12～18	县处级正职	调研员	市委下设部门正职	正团级
14～20	县处级副职	副调研员	市委下设部门副职	副团级
16～22	乡科级正职	主任科员	县委下设部门正职	正营级
17～24	乡科级副职	副主任科员	县委下设部门副职	副营级
18～26		科员	乡镇下设部门正职	正副连级
19～27		办事员	乡镇下设部门副职	正副排级

13.4 录用和职位聘任

13.4.1 录用

录用担任主任科员以下及其他相当职务层次的非领导职务公务员,采取公开考试、严格考察、平等竞争、择优录取的办法。民族自治地方依照前款规定录用公务员时,依照法律和有关规定对少数民族报考者予以适当照顾。中央机关及其直属机构公务员的录用,由中央公务员主管部门负责组织。地方各级机关公务员的录用,由省级公务员主管部门负责组织,必要时省级公务员主管部门可以授权设区的市级公务员主管部门组织。

报考公务员,除应当具备作为公务员的基本条件外,还应当具备省级以上公务员主管部门规定的拟任职位所要求的资格条件。下列人员不得录用为公务员:曾因犯罪受过刑事处罚的;曾被开除公职的;有法律规定不得录用为公务员的其他情形的。

录用公务员,必须在规定的编制限额内,并有相应的职位空缺。录用公务员,应当发布招考公告。招考公告应当载明招考的职位、名额、报考资格条件、报考需要提交的申请材料以及其他报考须知事项。招录机关应当采取措施,便利公民报考。

招录机关根据报考资格条件对报考申请进行审查。报考者提交的申请材料应当真实、准确。公务员录用考试采取笔试和面试的方式进行,考试内容根据公务员应当具备的基本能力和不同职位类别分别设置。招录机关根据考试成绩确定考察人选,并对其进行报考资格复审、考察和体检。体检的项目和标准根据职位要求确定。具体办法由中央公务员主管部门会同国务院卫生行政部门规定。招录机关根据考试成绩、考察情况和体检结果,提出拟录用人员名单,并予以公示。公示期满,中央一级招录机关将拟录用人员名单报中央公务员主管部门备案;地方各级招录机关将拟录用人员名单报省级或者设区的市级公务员主管部门审批。

录用特殊职位的公务员,经省级以上公务员主管部门批准,可以简化程序或者采用其他测评办法。

新录用的公务员试用期为一年。试用期满合格的,予以任职;不合格的,取消录用。

案例 13.2　高中打架不宜从警？公务员考生告公安局胜诉

以第一名的成绩入围三门县公安局人民警察学员职位的考察、政审,但最终因为少年时打架被报考单位认为"不宜录用为人民警察"。梦想破灭,考生小郑将三门县公安局告上了法庭。12月15日,临海市人民法院对这起公务员录用纠纷进行了开庭审理。浙江在线记者独家获悉,今天下午,临海法院进行了不开庭宣判,一审判决小郑胜诉,三门县公安局败诉。

法庭上,被告三门县公安局出具了一系列法律文书,证明小郑"积极参与"了2003年5月5日的聚众斗殴,并且已有多名参与者受到了刑事、行政处罚。

小郑是三门县海游镇人,今年毕业于吉林某大学。为实现从小的梦想,今年7月,他报考了三门县公安局的人民警察学员职位,并获得体能和总分第一的成绩。就在这时,两桩早被他自己遗忘的"陈年旧事",在政审中被翻了出来。

11月2日,报考单位三门县公安局出具了一份"招录人民警察考察和政审结果告知书":"2003年1月5日,你因参与同学之间的打架被三门二高处以严重警告处分;2003年5月5日,你又参与了蟠龙公园孔某等人的聚众斗殴",在告知结果一栏,三门县公安局表示小郑不宜录用为人民警察。

对告知结果不服的小郑,选择了起诉,台州中院指令案件由临海法院审理。法庭上,被告三门县公安局出具了一系列法律文书,证明小郑"积极参与"了2003年5月5日的聚众斗殴,并且已有多名参与者受到了刑事、行政处罚。被告三门县公安局引用了公安部《公安机关人民警察录用办法》,以及浙江省相关规范性文件规定,认为要成为一名人民警察,必须具备良好的品行。被告表示,对于品行的规定,法律不可能做到列举穷尽,规范性法律文件可以予以补充。

法院今天也低调进行判决,并将判决书送达原、被告。

资料来源:浙江在线,http://zjnews.zjol.com.cn/05zjnews/system/2009/12/17/016159547.shtml,作者:李敏。

13.4.2 职位聘任

机关根据工作需要,经省级以上公务员主管部门批准,可以对专业性较强的职位和辅助性职位实行聘任制。

相关职位涉及国家秘密的,不实行聘任制。机关聘任公务员可以参照公务员考试录用的程序进行公开招聘,也可以从符合条件的人员中直接选聘。机关聘任公务员应当在规定的编制限额和工资经费限额内进行。

机关聘任公务员,应当按照平等自愿、协商一致的原则,签订书面的聘任合同,确定机关与所聘公务员双方的权利、义务。聘任合同经双方协商一致可以变更或者解除。聘任合同的签订、变更或者解除,应当报同级公务员主管部门备案。

聘任合同应当具备合同期限,职位及其职责要求,工资、福利、保险待遇,违约责任等条款。合同期限为1~5年。聘任合同可以约定试用期,试用期为1~6个月。聘任制公务员按照国家规定实行协议工资制,具体办法由中央公务员主管部门规定。国家机关依据相关法律和聘任合同对所聘公务员进行管理。

国家建立人事争议仲裁制度。人事争议仲裁应当根据合法、公正、及时处理的原则,依法维护争议双方的合法权益。人事争议仲裁委员会根据需要设立。人事争议仲裁委员会由公务员主管部门的代表、聘用机关的代表、聘任制公务员的代表以及法律专家组成。聘任制公务员与所在机关之间因履行聘任合同发生争议的,可以自争议发生之日起60日内向人事争议仲裁委员会申请仲裁。当事人对仲裁裁决不服的,可以自接到仲裁裁决书之日起15日内向人民法院提起诉讼。仲裁裁决生效后,一方当事人不履行的,另一方当事人可以申请人民法院执行。

知识链接：政府雇员

"政府雇员"指的是政府机关根据工作的特殊需要，从社会上雇用的法律、金融、经贸、城建、规划、信息、外语及高新技术等方面的专门人才。他们不占用行政编制，不具有行政职务，不行使行政权力，完全按契约化管理，只从事某项专业性工作。此外，雇员不执行公务员的工资标准，薪酬待遇相对较高。

2006年实施的《公务员法》明确规定：机关根据工作需要，经省级以上公务员主管部门批准，可以对专业性较强的职位和辅助性职位试行聘任制。机关聘任公务员可以参照公务员考试录用的程序进行公开招聘，也可以从符合条件的人员中直接选聘。机关聘任制公务员应当在规定的编制限额和工资经费限额内进行。也就是说，现在，"政府雇员"的叫法已经不再准确，今后政府可以根据需要，"按章办事"地聘用专业人才。于是，一个新的名称出现了："聘任制公务员。"

"政府雇员"形式来源于国外。这一制度，在德国、英国、澳大利亚等国家广泛实行，"政府雇员"在政府工作人员中所占比例为 $20\% \sim 40\%$，在日本，政府中也有 11.9% 的人是政府雇员。政府雇员制的用人模式与企业一样，是市场化的。不同之处在于，雇主不是企业而是政府。在《公务员法》相关细则出台后，类似于国外"政府雇员"的"聘任制公务员"岗位必将在中国各级政府中出现。

推出政府雇员制的背景主要有两点，其一是中国自2001年加入WTO，我国政府面临着严峻的考验，以及信息技术广泛运用于政府管理过程中，而中国目前的公务员普遍水平难以胜任相应的技术支持工作；另外，中国人才资源结构性矛盾比较突出，在政府机关，国际金融、信息技术、国际贸易、高新技术等领域的高端人才严重短缺，而且政府机关在高端人才的争夺战中处于劣势。而我国正朝着"服务型"政府改革。在这样的大背景下，推出政府雇员制来完善现有的公务员制度，充分利用社会现有的优势资源，提高政府工作效率是很正常的。其二是西方国家在推行政府雇员制带来的示范作用。而《公务员法》的相关规定则让政府雇员或曰聘任制公务员这种存在形式有了法律依据。

早在2002年6月《吉林省人民政府雇员管理试行办法》出台，成为中国国内首个"吃螃蟹"的地区后，上海、无锡、武汉、长沙、珠海、深圳等地纷纷试行政府雇员制。

政府雇员制的推出具有重要意义。第一，有利于提升政府公共服务能力与服务效率。政府雇员基本不占用编制，压缩了政府人员规模，节约了政府运作成本，符合现代政府从"大政府"向"小政府"、从"传统政府"向"电子政府"转变的趋势，有助于建立起服务型政府模式。政府雇员制的实施冲击了中国政府长期的官本位意识、遏制了官僚主义作风、淡化了行政色彩，促进了政府人员行政能力与公共服务能力的提高，提升了政府机构工作效率，最终促成中国"服务型政府"的出现与成熟。第二，政府雇员制的实施是对中国政府人力资源管理方式的大胆改革。政府雇员制度在我国的引入具有重要的创新意义。它突破了传统的政府人事制度模式，在政府内部引入了市场化的运作方式和契约化的管理理念，相比于中国旧有的单一的人事管理模式来讲，它开创了多元化的公共人事管理模式，体现了"任人唯贤"和"量才用人"的原则,有利于政府部门建立新的用人机制,在很大程度上可以避免传统人事制度的弊端,使得政府人力资源的制度建设更为完善。第三,政府雇员制是配套公务员制度改革的需要。公务员制度经过十几年建设,被证明是适应社会主义市场经济发展要求的。但随着社会和经济的发展,传统刻板的公务员制已不适应公共行政组织分散化、弹性化和专业化的需要。这就需要对公务员制度进行创新以适应发展的需要,于是政府雇员制的一些合理的、有益的观念和措施被我国公务员制度所吸纳,提出了适合中国国情的政府雇员制度。

资料来源:根据"百度百科:政府雇员"整理。

 案例 13.3　未完成任务,内地最高年薪政府雇员面临"下岗"

人物:颜兵,江苏人,1964 年出生,1995 年辞职赴日本留学,2000 年获日本横滨国立大学国际经济法硕士学位。此后,他在多家日本上市企业就职,负责对外投资决策等。

事件:2002 年颜兵归国,任天津松达食品有限公司(日本独资)董事长、总经理及另三家企业主要负责人职务。2004 年 4 月 1 日,40 岁的江苏泗洪人颜兵击败了 28 位竞争对手,受聘为无锡市对日招商首席代表。

两年前,颜兵受聘为无锡市对日招商首席代表,其税后年薪 50 万元,成为内地年薪最高的"政府雇员"。然而,在第二任期即将结束之际,他因未能完成 5 000 万美元的招商任务,下月可能无法与无锡市政府继续签约。

据悉,作为江苏首位特岗公务员,颜兵的任务主要有为无锡市委、市政府做好涉及招商各方面的提案工作以及代表政府与日本客商谈判做好对日招商工作。根据约定,颜兵每年必须介绍有效项目源 30 个,组织境外投资考察团来访 10 批次,招商引资 5 000 万美元,完成调研报告 2 篇等任务。虽然颜兵和无锡市人事局一再表示今年续约时间未到,谁也不能说颜兵将"下岗",但无锡市人事局人才开发处处长刘正焕称:"即使再给颜兵几个月时间,颜兵也无法完成招商 5 000 万美元的硬指标了。"

颜兵表示,很多项目都得到了各部门的帮助,也受到无锡市政府的重视,如引导日本黑田电气株式会社与无锡夏普联合投资 600 多万美元的物流中心一期工程落户无锡新区等。"但由于无章可循,无锡市的特聘制仍缺乏可操作性。"颜兵指出,制度的不完善也成为他未完成任务的障碍。

资料来源:人民网-《东方早报》,http://news.xinhuanet.com/politics/2006-05/12/content_4537919.html。

13.5　考核、奖励和惩戒

13.5.1　考核

公务员的考核分为平时考核和定期考核。定期考核以平时考核为基础。对公务员的考核,按照管理权限,全面考核公务员的德、能、勤、绩、廉,重点考核工作实绩。

对非领导成员公务员的定期考核采取年度考核的方式,先由个人按照职位职责和有关要求进行总结,主管领导在听取群众意见后,提出考核等次建议,由本机关负责人或者授权的考核委员会确定考核等次。对领导成员的定期考核,由主管机关按照有关规定办理。

定期考核的结果分为优秀、称职、基本称职和不称职四个等次。定期考核的结果应当以书面形式通知公务员本人。定期考核的结果作为调整公务员职务、级别、工资以及公务员奖励、培训、辞退的依据。

案例13.4　公务员考核不称职怎么办

案情: 李某大学毕业后,经过国家公务员考试成为某市工商局一名公务员。在日常工作中,他踏实肯干,正直热心,人缘较好。但与某位领导关系有些紧张。在某一年的年度考核中,他被考核为"不称职"。李某不服。

问题: 根据《公务员法》规定,他可以通过什么途径维护自己的权利?

评析: 每年的年度考核等次是由大家民主评议得出的,既然他被考核为不称职,说明多数人这样认为。

根据《公务员法》有关规定,公务员有申诉的权利,因为连续两年被考核为不称职,就会被辞退,所以当然有申诉的权利。参照《公务员法》第15章第90条:"公务员对涉及本人的下列人事处理不服的,可以自知道该人事处理之日起30日内向原处理机关申请复核;对复核结果不服的,可以自接到复核决定之日起15日内,按照规定向同级公务员主管部门或者作出该人事处理的机关的上一级机关提出申诉;也可以不经复核,自知道该人事处理之日起20日内直接提出申诉。"

因此,他可先向工商局申请复核,如果不服复核决定可向同级人事局或上一级工商部门提起申诉,也可不进行复核直接申诉。

资料来源:找法网,http://china.findlaw.cn/info/guojiafa/gwyf/gwyfal/20091127/78806.html。

13.5.2　奖励

对工作表现突出,有显著成绩和贡献,或者有其他突出事迹的公务员或者公务员集体,给予奖励。奖励坚持精神奖励与物质奖励相结合、以精神奖励为主的原则。公务员集体的奖励适用于按照编制序列设置的机构或者为完成专项任务组成的工作集体。

公务员或者公务员集体有下列情形之一的,给予奖励:忠于职守,积极工作,成绩显著的;遵守纪律,廉洁奉公,作风正派,办事公道,模范作用突出的;在工作中有发明创造或者提出合理化建议,取得显著经济效益或者社会效益的;为增进民族团结、维护社会稳定做出突出贡献的;爱护公共财产,节约国家资财有突出成绩的;防止或者消除事故有功,使国家和人民群众利益免受或者减少损失的;在抢险、救灾等特定环境中奋不顾身,做出贡献的;同违法违纪行为作斗争有功绩的;在对外交往中为国家争得荣誉和利益的;有其他突出功绩的。

奖励分为嘉奖、记三等功、记二等功、记一等功、授予荣誉称号。对受奖励的公务员或者公务员集体予以表彰,并给予一次性奖金或者其他待遇。给予公务员或者公务员集体奖励,按照规定的权限和程序决定或者审批。

公务员或者公务员集体有下列情形之一的,撤销奖励:弄虚作假,骗取奖励的;申报奖励时隐瞒严重错误或者严重违反规定程序的;有法律、法规规定应当撤销奖励的其他情形的。

13.5.3 惩戒

公务员必须遵守纪律,不得有下列行为:散布有损国家声誉的言论,组织或者参加旨在反对国家的集会、游行、示威等活动;组织或者参加非法组织,组织或者参加罢工;玩忽职守,贻误工作;拒绝执行上级依法作出的决定和命令;压制批评,打击报复;弄虚作假,误导、欺骗领导和公众;贪污、行贿、受贿,利用职务之便为自己或者他人谋取私利;违反财经纪律,浪费国家资财;滥用职权,侵害公民、法人或者其他组织的合法权益;泄露国家秘密或者工作秘密;在对外交往中损害国家荣誉和利益;参与或者支持色情、吸毒、赌博、迷信等活动;违反职业道德、社会公德;从事或者参与营利性活动,在企业或者其他营利性组织中兼任职务;旷工或者因公外出、请假期满无正当理由逾期不归;违反纪律的其他行为。

公务员执行公务时,认为上级的决定或者命令有错误的,可以向上级提出改正或者撤销该决定或者命令的意见;上级不改变该决定或者命令,或者要求立即执行的,公务员应当执行该决定或者命令,执行的后果由上级负责,公务员不承担责任;但是,公务员执行明显违法的决定或者命令的,应当依法承担相应的责任。公务员因违法违纪应当承担纪律责任的,依照本法给予处分;违纪行为情节轻微,经批评教育后改正的,可以免予处分。

处分分为警告、记过、记大过、降级、撤职、开除。对公务员的处分,应当事实清楚、证据确凿、定性准确、处理恰当、程序合法、手续完备。

公务员违纪的,应当由处分决定机关决定对公务员违纪的情况进行调查,并将调查认定的事实及拟给予处分的依据告知公务员本人。公务员有权进行陈述和申辩。处分决定机关认为对公务员应当给予处分的,应当在规定的期限内,按照管理权限和规定的程序作出处分决定。处分决定应当以书面形式通知公务员本人。

公务员在受处分期间不得晋升职务和级别,其中受记过、记大过、降级、撤职处分的,不得晋升工资档次。

受处分的期间为:警告,6个月;记过,12个月;记大过,18个月;降级、撤职,24个月。受撤职处分的,按照规定降低级别。

公务员受开除以外的处分,在受处分期间有悔改表现,并且没有再发生违纪行为的,处分期满后,由处分决定机关解除处分并以书面形式通知本人。解除处分后,晋升工资档次、级别和职务不再受原处分的影响。但是,解除降级、撤职处分的,不视为恢复原级别、原职务。

案例 13.5　公务员不得兼职案例

刘某是从事计算机软件设计的一名事业单位工作人员,1999年5月其单位被确认为依照公务员制度管理单位。自1998年以来,在单位不知道的情况下,刘某一直在朋友开的公司中从事计算机软件设计的兼职工作,并领取兼职报酬。2000年6月,单位知道了刘某在外兼职的情况,即找其谈话,晓之利害,刘某口头承认了错误。2002年3月,当地税务部门找到刘某单位要求刘某补交个人所得税,单位发现刘某还在兼职兼薪,于是给了刘某行政降级处分。"公务员利用业余时间就不能兼职吗?何况我供职的是一家事业单位,本人仅是一个技术人员,根本算不上公务员啊!"对此处分,刘某有些想不通。

法律规定:《公务员法》第42条规定:公务员因工作需要在机关外兼职,应当经有关机关批准,并不得领取兼职报酬。

第53条规定:"公务员必须遵守纪律,不得有下列行为:从事或者参与营利性活动,在企业或者其他营利性组织中兼任职务。"

提示: 各国一般都不允许政府机关工作人员兼其他工作,尤其不允许在营利性单位兼职。比如,日本《国家公务员法》第103条第1款规定:"职员不得兼任商业、工业、金融业等以营利为目的的私营企业公司和其他团体的负责人、顾问或评议员,也不得自办营利性企业。"该条第2款作了更严格的规定:"职员离职后两年内,不得在营利性企业中应允或担任与国家机关有密切关系的职务。"

我国的《公务员法》吸收了以往制度规定的合理成分,对公务员兼职作出新的规定:公务员因工作需要在机关外兼职,应当经有关机关批准,并不得领取兼职报酬。

对该条规定,应从两个方面进行把握:

一是对公务员在机关内兼职没有作出限制。主要是考虑,目前党政机关之间交叉兼职的做法是允许和必要的,如市长兼任市委副书记,市委书记兼人大常委会主任。这是根据我国政治体制的特点作出的制度安排。

二是对公务员在机关外兼职作出适当限制。

首先,公务员不得在企业或者其他营利性组织中兼任职务。

其次,公务员因工作需要可以在机关外兼职,比如兼任事业单位、社会团体中的某些职务,但必须经有关机关批准,并不得领取兼职报酬。

规定可以兼职,是工作上的需要;规定必须经有关机关批准,是对这种兼职进行严格规范和管理,避免过多过滥;规定公务员兼职不得兼薪,则是出于廉政方面的考虑。在处理兼职问题上,应当综合考虑以上各个因素,并严格按照法律规定办事。

本案中,刘某所在单位于1999年5月即被确认为依照公务员制度管理,其单位中除工勤人员以外的工作人员都应依照公务员制度管理,自然包括刘某这样的专业技术人员。公务员的职务类别包括专业技术类,因此,在单位实行依照公务员制度管理后,刘某就应当停止兼职兼薪,单位给刘某的处分是正确的。

资料来源:找法网.http://china.findlaw.cn/info/guojiafa/gwyf/gwyfal/20140605/1110242.html.

13.6 职务任免和升降

13.6.1 职务任免

公务员职务实行选任制和委任制。领导成员职务按照国家规定实行任期制。

选任制公务员在选举结果生效时即任当选职务；任期届满不再连任，或者任期内辞职、被罢免、被撤职的，其所任职务即终止。委任制公务员遇有试用期满考核合格、职务发生变化、不再担任公务员职务以及其他情形需要任免职务的，应当按照管理权限和规定的程序任免其职务。

公务员任职必须在规定的编制限额和职数内进行，并有相应的职位空缺。公务员因工作需要在机关外兼职，应当经有关机关批准，并不得领取兼职报酬。

13.6.2 职务升降

公务员晋升职务，应当具备拟任职务所要求的思想政治素质、工作能力、文化程度和任职经历等方面的条件和资格。公务员晋升职务，应当逐级晋升。特别优秀的或者工作特殊需要的，可以按照规定破格或者越一级晋升职务。

公务员晋升领导职务，按照下列程序办理：
(1) 民主推荐，确定考察对象；
(2) 组织考察，研究提出任职建议方案，并根据需要在一定范围内进行酝酿；
(3) 按照管理权限讨论决定；
(4) 按照规定履行任职手续。

公务员晋升非领导职务，也参照上述程序办理。

机关内设机构厅局级正职以下领导职务出现空缺时，可以在本机关或者本系统内通过竞争上岗的方式，产生任职人选。厅局级正职以下领导职务或者副调研员以上及其他相当职务层次的非领导职务出现空缺，可以面向社会公开选拔，产生任职人选。确定初任法官、初任检察官的任职人选，可以面向社会，从通过国家统一司法考试取得资格的人员中公开选拔。

公务员晋升领导职务的，应当按照有关规定实行任职前公示制度和任职试用期制度。公务员在定期考核中被确定为不称职的，按照规定程序降低一个职务层次任职。

13.7 培训、交流与回避

13.7.1 培训

机关根据公务员工作职责的要求和提高公务员素质的需要，对公务员进行分级分类培训。国家建立专门的公务员培训机构。机关根据需要也可以委托其他培训机构承担公务员培训任务。

机关对新录用人员应当在试用期内进行初任培训；对晋升领导职务的公务员应当在任职前或者任职后一年内进行任职培训；对从事专项工作的公务员应当进行专门业务培训；对全体公务员应当进行更新知识、提高工作能力的在职培训，其中对担任专业技术职务的公务员，应当按照专业技术人员继续教育的要求，进行专业技术培训。国家有计划地加强对后备领导人员的培训。

公务员的培训实行登记管理。公务员参加培训的时间由公务员主管部门按照有关法律、法规要求予以确定。公务员培训情况、学习成绩作为公务员考核的内容和任职、晋升的依据之一。

13.7.2 交流

国家实行公务员交流制度。公务员可以在公务员队伍内部交流，也可以与国有企业事业单位、人民团体和群众团体中从事公务的人员交流。交流的方式包括调任、转任和挂职锻炼。

国有企业事业单位、人民团体和群众团体中从事公务的人员可以调入机关担任领导职务或者副调研员以上及其他相当职务层次的非领导职务。调任人选应当具备相应的条件和拟任职位所要求的资格条件，并不得有法律规定不适任的情形。调任机关应当根据有关规定，对调任人选进行严格考察，并按照管理权限审批，必要时可以对调任人选进行考试。

公务员在不同职位之间转任应当具备拟任职位所要求的资格条件，在规定的编制限额和职数内进行。对省部级正职以下的领导成员应当有计划、有重点地实行跨地区、跨部门转任。对担任机关内设机构领导职务和工作性质特殊的非领导职务的公务员，应当有计划地在本机关内转任。

根据培养锻炼公务员的需要，可以选派公务员到下级机关或者上级机关、其他地区机关以及国有企业事业单位挂职锻炼。公务员在挂职锻炼期间，不改变与原机关的人事关系。公务员应当服从机关的交流决定。公务员本人申请交流的，按照管理权限审批。

13.7.3 回避

公务员之间有夫妻关系、直系血亲关系、三代以内旁系血亲关系以及近姻亲关系的，不得在同一机关担任双方直接隶属于同一领导人员的职务或者有直接上下级领导关系的职务，也不得在其中一方担任领导职务的机关从事组织、人事、纪检、监察、审计和财务工作。因地域或者工作性质特殊，需要变通执行任职回避的，由省级以上公务员主管部门规定。

公务员担任乡级机关、县级机关及其有关部门主要领导职务的，应当实行地域回避，法律另有规定的除外。公务员执行公务时，有下列情形之一的，应当回避：涉及本人利害关系的；涉及相关法律规定、与本人有亲属关系人员的利害关系的；其他可能影响公正执行公务的。

公务员有应当回避情形的，本人应当申请回避；利害关系人有权申请公务员回避。

案例 13.6　公务员经商所签订的合同有效性问题

2006 年 5 月,公务员李某(在卫生部门工作)和吴某共同创办了一所机动车驾驶员培训学校,双方订立合办驾校协议后,李某投入股金 50 万元,由于吴某管理混乱,2008 年 10 月李某遂提出退股。经双方协商后,李某退股,由吴某支付退股金 50 万元及红利 10 万元,由于吴某暂无钱支付,便出具了欠条一张,欠条内容为:今欠李某人民币 60 万元整,在一年内付清,利息按月息 2 分计算。李某多次催付无果后,诉至法院。现吴某以李某是公务员为由,认为其与李某订立合办驾校协议为无效协议,故不应给付红利 10 万元和 60 万元的利息。

分歧:对因李某是公务员的特殊身份其与吴某订立的《合办驾校协议》是否有效有两种不同意见。

第一种意见认为,因李某是公务员身份,其从事有偿经营活动违反了《公务员法》第 53 条第 14 项规定:公务员必须遵守纪律,不得从事或者参与营利性活动,不得在企业或者其他营利性组织中兼任职务。《合同法》第 52 条第 5 项规定:违反法律、行政法规的强制性规定的合同为无效合同,因此吴某与李某签订的《合办驾校协议》为无效合同,为此,吴某只需返还李某的投资本金 50 万元。

第二种意见认为,李某与吴某签订的《合办驾校协议》为真实、合法、有效合同,吴某应当支付其所欠的 60 万元及其利息。

评析:本案的焦点是公务员违反《公务员法》中的禁止性从业的规定而从事或者参与营利性活动,是否属于违反强制性规定而导致合同无效的问题。

支持第二种观点,其理由为:

首先,在法理上对强制性规定分为强制规定与禁止规定两种。强制规定是指当事人应为一定行为的法律规定。禁止规定是指令当事人不得为一定行为的法律规定。禁止性规定又分为取缔规定与效力规定,前者取缔违反规定的行为,对违反者加以制裁,并不否认其私法上的效力;后者不仅取缔违反规定的行为,而且否认其私法上的效力。因此,此类规定只在于管理和处罚违反规定的行为,但并不否认该行为在民商法上的效力。《合同法》第 52 条第 5 项明确规定"违反法律、行政法规的强制性规定的合同无效"。此处的强制性规定,理解为取缔性规定。由于李某违反的是《公务员法》中的取缔性规定,因此,并不影响其在民商法上的效力。

其次,《公务员法》的立法本意是加强公务员队伍管理,约束公务员言行,规范公务员晋升与奖惩,保障政府公务人员廉洁、效能。如违反了公务员法,受到的只是内部纪律惩处,但并不影响身为公务员的行为人从事民商法律行为的效力。本案中,李某身为公务员参与营利性活动虽违反了公务员管理方面法律、行政法规的强制性规定,但并未违反效力性强制性规定,为此,不影响其作为自然人订立合同的效力,其合同效力应为有效。

综上所述，李某与吴某订立的《合办驾校协议》为有效合同。由此衍生的欠款也是合法的民间借贷关系，为此，吴某应当支付其所欠的 60 万元及其利息。

资料来源：找法网，http://china.findlaw.cn/info/guojiafa/gwyf/gwyfal/20140502/1101888.html。

13.8 工资福利保险

公务员实行国家统一的职务与级别相结合的工资制度。公务员工资制度贯彻按劳分配的原则，体现工作职责、工作能力、工作实绩、资历等因素，保持不同职务、级别之间的合理工资差距。国家建立公务员工资的正常增长机制。

公务员工资包括基本工资、津贴、补贴和奖金。公务员按照国家规定享受地区附加津贴、艰苦边远地区津贴、岗位津贴等津贴。公务员按照国家规定享受住房、医疗等补贴、补助。公务员在定期考核中被确定为优秀、称职的，按照国家规定享受年终奖金。公务员工资应当按时足额发放。

公务员的工资水平应当与国民经济发展相协调、与社会进步相适应。国家实行工资调查制度，定期进行公务员和企业相当人员工资水平的调查比较，并将工资调查比较结果作为调整公务员工资水平的依据。

公务员按照国家规定享受福利待遇。国家根据经济社会发展水平提高公务员的福利待遇。公务员实行国家规定的工时制度，按照国家规定享受休假。公务员在法定工作日之外加班的，应当给予相应的补休。

国家建立公务员保险制度，保障公务员在退休、患病、工伤、生育、失业等情况下获得帮助和补偿。公务员因公致残的，享受国家规定的伤残待遇。公务员因公牺牲、死亡或者病故的，其亲属享受国家规定的抚恤和优待。

任何机关不得违反国家规定自行更改公务员工资、福利、保险政策，擅自提高或者降低公务员的工资、福利、保险待遇。任何机关不得扣减或者拖欠公务员的工资。公务员工资、福利、保险、退休金以及录用、培训、奖励、辞退等所需经费，应当列入财政预算，予以保障。

知识链接：公务员工资合理性在"高低"之外

一个含有湖南冷水江市财政统发工资信息的网站遭遇网友围观。因其查询密码设置得过于简单，很快有网友从该网站查到该市各政府机关、单位的公务员工资，发现绝大多数在 2 001~4 000 元之间，以至有跟帖者大呼意外。（2 月 11 日《南方都市报》）

一边是绝大多数公众对于公务员"超国民待遇"由来已久的想象，一边是随着"四风"整顿，不断有公务员自曝工资低，甚至"哭穷"，要求涨薪。在这种胶着的争议之下，一份被意外公开的公务员工资账单，貌似给出了一个让人信服的答案。但从舆论的反应来看，尽管不乏网友大呼"意外"，惊叹"太低了"，但寄望于一份公开的账单，成功消解争议甚至误解，注定不切实际。

客观而言，这份绝大多数在 2 001~4 000 元之间的工资单，虽然未必契合一些人猜想的"高福利"标准,但对于一个中部省份的县城来说,这样的工资水平也至少在当地社会平均工资之上,"太低"言过其实。事实上,随着各种"自曝"和揭露,公务员工资或并不如外人想象的那般"体面",很难说整个社会对此没有"心理准备"。它之所以依然成为"众矢之的",很多人依然选择相信所有公务员具有令人钦羡的待遇,恐怕更多是工资高低之外的原因。比如,受到贪腐现象的"连累",比如笼罩在信息公开上的雾霾等。当公务员薪酬、收入信息成为一种"不能说的秘密",自然会加剧公众的负面猜想。

因此某种程度上说,公众对于公务员和公务员工资的"偏见",绝非仅仅来自工资的多寡。公务员作为政府的一部分,人们对待这个群体的看法,很自然会附带上对于整个政府和公权力形象的印象。而公务员工资水平乃至公务员群体的整体形象,本身就与政府公信、政府清廉程度存在着不可分割的联系。从这个意义上看,公众的猜疑,一方面,可能确实带有偏见或是出现误差;但另一方面,它所指向的对公信力的质疑,却足够真实。

因此,这份"被公开"的账单,在某种程度确实回应了公众对于官员财产公示的吁求。但必须正视的现实是,即便所有公务员工资如这份账单般一目了然,如果不能确保权力运行的整体透明,尽可能杜绝灰色空间的存在,依然很难完全消除外界对于公务员"高福利"的猜想。虽然公务员工资的高低,确实是公众看待这一群体的一个重要"标准",但要想彻底消除笼罩其上的习惯性联想,一个透明的工资账单恐难载期望。

在公权力整体运行透明度和公众话语权稀薄的情形下,单纯地讨论公务员工资标准,其实并无多大意义。公务员工资本身并无绝对的标准,但它的形成总离不开一些底线原则,比如其产生,至少不能完全沦为自己给自己定工资。而在这之外,舆论和公众对于公务员工资的接纳度,又与政府的服务质量、办事效率和整个社会的薪酬分配体系,存在着不可忽视的对应联系。这些机制性的问题不解决,争议公务员工资高低,注定无法找到最大化的共识,很容易沦为互不买账的口水仗。

公开公务员工资账单或许并不难,难的是,即便是工资账单全部公开后,又如何确保让民众相信在工资之外没有其他灰色收入?必须看到,目前社会对公务员群体乃至工资水平的争议,只是政府公信力和权力运行透明度与民众期待之间,所形成的断裂面下的一个直接产物。明晰这一点,才算找到解决公务员工资争议的"七寸"。

资料来源:《郑州晚报》,2014-02-12,作者:朱昌俊。

13.9 辞职、辞退与退休

13.9.1 辞职

公务员辞去公职,应当向任免机关提出书面申请。任免机关应当自接到申请之日起30日内予以审批,其中对领导成员辞去公职的申请,应当自接到申请之日起90日内予以审批。

公务员有下列情形之一的,不得辞去公职:未满国家规定的最低服务年限的;在涉及国家秘密等特殊职位任职或者离开上述职位不满国家规定的脱密期限的;重要公务尚未处理完毕,且须由本人继续处理的;正在接受审计、纪律审查,或者涉嫌犯罪,司法程序尚未终结的;法律、行政法规规定的其他不得辞去公职的情形。

担任领导职务的公务员,因工作变动依照法律规定需要辞去现任职务的,应当履行辞职手续。担任领导职务的公务员,因个人或者其他原因,可以自愿提出辞去领导职务。

13.9.2 辞退

领导成员因工作严重失误、失职造成重大损失或者恶劣社会影响的,或者对重大事故负有领导责任的,应当引咎辞去领导职务。领导成员应当引咎辞职或者因其他原因不再适合担任现任领导职务,本人不提出辞职的,应当责令其辞去领导职务。

公务员有下列情形之一的,予以辞退:在年度考核中,连续两年被确定为不称职的;不胜任现职工作,又不接受其他安排的;因所在机关调整、撤销、合并或者缩减编制员额需要调整工作,本人拒绝合理安排的;不履行公务员义务,不遵守公务员纪律,经教育仍无转变,不适合继续在机关工作,又不宜给予开除处分的;旷工或者因公外出、请假期满无正当理由逾期不归连续超过15天,或者一年内累计超过30天的。

对有下列情形之一的公务员,不得辞退:因公致残,被确认丧失或者部分丧失工作能力的;患病或者负伤,在规定的医疗期内的;女性公务员在孕期、产假、哺乳期内的;法律、行政法规规定的其他不得辞退的情形。

辞退公务员,按照管理权限决定。辞退决定应当以书面形式通知被辞退的公务员。被辞退的公务员,可以领取辞退费或者根据国家有关规定享受失业保险。公务员辞职或者被辞退,离职前应当办理公务交接手续,必要时按照规定接受审计。

13.9.3 退休

公务员达到国家规定的退休年龄或者完全丧失工作能力的,应当退休。

公务员符合下列条件之一的,本人自愿提出申请,经任免机关批准,可以提前退休:工作年限满30年的;距国家规定的退休年龄不足5年,且工作年限满20年的;符合国家规定的可以提前退休的其他情形的。

公务员退休后,享受国家规定的退休金和其他待遇,国家为其生活和健康提供必要的服务和帮助,鼓励发挥个人专长,参与社会发展。

案例 13.7　退休后任职怎么会违法

南山市周某原系市商务局对外贸易处副处长,退休后第二年,到其原主管的国有贸易公司任董事长。经人反映,当地组织人事部门认为周某的做法是违法的,责令其限期改正,但周某认为自己已经退休,能够利用专业知识为社会服务,既可丰富自己的晚年生活,也可增加个人收入,而不愿辞去董事长职务,后市工商行政管理局进行了查处。试根据《公务员法》和有关法律进行分析。

分析：根据我国《公务员法》规定：公务员辞去公职或退休的，原系领导成员离职三年内，其他公务员离职两年内，不得到与原工作业务直接相关的企业任职，不得从事与原工作业务直接相关的营利性活动。

在本案例中，周某原是南山市商务局对外贸易处副处长，属于领导级别；他退休后的第二年，到与原工作业务直接相关的企业任职，这违反了我国《公务员法》的规定。其应该辞去职务。

资料来源：找法网，http://china.findlaw.cn/info/guojiafa/gwyf/gwyfal/20140605/1110246.html。

13.10 申诉、控告与法律责任

13.10.1 申诉和控告

公务员对涉及本人的下列人事处理不服的，可以自知道该人事处理之日起30日内向原处理机关申请复核；对复核结果不服的，可以自接到复核决定之日起15日内，按照规定向同级公务员主管部门或者作出该人事处理的机关的上一级机关提出申诉；也可以不经复核，自知道该人事处理之日起30日内直接提出申诉：处分；辞退或者取消录用；降职；定期考核定为不称职；免职；申请辞职、提前退休未予批准；未按规定确定或者扣减工资、福利、保险待遇；法律、法规规定可以申诉的其他情形。

对省级以下机关作出的申诉处理决定不服的，可以向作出处理决定的上一级机关提出再申诉。行政机关公务员对处分不服向行政监察机关申诉的，按照《中华人民共和国行政监察法》的规定办理。

原处理机关应当自接到复核申请书后的30日内作出复核决定。受理公务员申诉的机关应当自受理之日起60日内作出处理决定；案情复杂的，可以适当延长，但是延长时间不得超过30日。复核、申诉期间不停止人事处理的执行。公务员申诉的受理机关审查认定人事处理有错误的，原处理机关应当及时予以纠正。

公务员认为机关及其领导人员侵犯其合法权益的，可以依法向上级机关或者有关的专门机关提出控告。受理控告的机关应当按照规定及时处理。

公务员提出申诉、控告，不得捏造事实，诬告、陷害他人。

13.10.2 法律责任

对有下列违反本法规定情形的，由县级以上领导机关或者公务员主管部门按照管理权限，区别不同情况，分别予以责令纠正或者宣布无效；对负有责任的领导人员和直接责任人员，根据情节轻重，给予批评教育或者处分；构成犯罪的，依法追究刑事责任：不按编制限额、职数或者任职资格条件进行公务员录用、调任、转任、聘任和晋升的；不按规定条件进行公务员奖惩、回避和办理退休的；不按规定程序进行公务员录用、调任、转任、聘任、晋升、竞争上岗、公开选拔以及考核、奖惩的；违反国家规定，更改公务员工资、福利、保险待遇标准的；在录用、竞争上岗、公开选拔中发生泄露试题、违反考场纪律以及其他严重影响公开、公正的；不按规定受理和处理公务员申诉、控告的；违反公务员法规定的其他情形的。

公务员辞去公职或者退休的,原系领导成员的公务员在离职三年内,其他公务员在离职两年内,不得到与原工作业务直接相关的企业或者其他营利性组织任职,不得从事与原工作业务直接相关的营利性活动。公务员辞去公职或者退休后有违反前款规定行为的,由其原所在机关的同级公务员主管部门责令限期改正;逾期不改正的,由县级以上工商行政管理部门没收该人员从业期间的违法所得,责令接收单位将该人员予以清退,并根据情节轻重,对接收单位处以被处罚人员违法所得一倍以上五倍以下的罚款。机关因错误的具体人事处理对公务员造成名誉损害的,应当赔礼道歉、恢复名誉、消除影响;造成经济损失的,应当依法给予赔偿。

公务员主管部门的工作人员,违反法律规定,滥用职权、玩忽职守、徇私舞弊,构成犯罪的,依法追究刑事责任;尚不构成犯罪的,给予处分。

参考文献

一、著作

李珺.人力资源经理适用法律精解[M].西安：陕西人民出版社.2005.
姜红玲.新编劳动人事法规教程[M].北京：电子工业出版社.2005.
许明月.劳动法学[M].重庆：重庆大学出版社.2003.
王全兴.劳动法学[M].北京：中国法制出版社.2001.

二、报纸

《法制日报》
《文汇报》
《中国经济时报》
《成都晚报》
《南方都市报》
《东方早报》
《京华时报》
《郑州晚报》

三、期刊

《法人》
《HR经理世界》
《中国残疾人》
《法律与生活》

四、网站

中国劳动争议网 www.btophr.com/
中国人力资源法律网 www.hrlaw.cn/
法律教育网 www.chinalawedu.com/
找法网 www.findlaw.cn/
中国法律法规大全网 www.chnlaw.net
劳动仲裁网 http://www.ldzc.com/
华律网 http://www.66law.cn/
法律快车 http://anli.lawtime.cn/
北大法律信息网 http://vip.chinalawinfo.com/
法帮网 http://www.fabang.com/
110法律咨询网 http://www.110.com/
法制网 http://www.legaldaily.com.cn/
纵横法律网 http://jdal.m148.com/
中国普法网 http://www.legalinfo.gov.cn/

新华网 www.xinhuanet.com
人民网 http://www.people.com.cn/
中国新闻网 www.chinanews.com/
中国经济网 www.ce.cn/
国家税务总局网 www.chinatax.gov.cn/
中国保险监督管理委员会网 www.circ.gov.cn/
百度网 www.baidu.com/
互动百科网 www.baike.com/
搜狐网 www.sohu.com/
中国人力资源开发网 http://www.chinahrd.net/
中国养老金网 http://www.cnpension.net/
中国工会劳动保护网 http://www.acftulb.org/
劳动与社会保障部网站 http://www.molss.gov.cn/
慧择保险网 http://www.hzins.com/
江苏法院网 http://www.jsfy.gov.cn/
新郑市人力资源和社会保障局网 http://www.xzld.cn/
太仓市人民法院网 http://jstcfy.taicang.gov.cn/
深圳法律网 www.szdan.com/
甘肃新闻网 http://www.gs.chinanews.com/
浙江在线 http://zjnews.zjol.com.cn/
福建法律咨询网 http://www.fj148.cn/
株洲网 www.zhuzhouwang.com/
淮北市人力资源和社会保障局网 www.hbshrss.gov.cn/
无锡律师网 www.wuxilawyer.cn/
职工在线网 www.sxworker.com/